Johannes Reichmayr

Ethnopsychoanalyse

Das Anliegen der Buchreihe Bibliothek der Psychoanalyse besteht darin, ein Forum der Auseinandersetzung zu schaffen, das der Psychoanalyse als Grundlagenwissenschaft, als Human- und Kulturwissenschaft und als klinische Theorie und Praxis neue Impulse verleiht. Die verschiedenen Strömungen innerhalb der Psychoanalyse sollen zu Wort kommen, und der kritische Dialog mit den Nachbarwissenschaften soll intensiviert werden. Bislang haben sich folgende Themenschwerpunkte herauskristallisiert:

Die Wiederentdeckung lange vergriffener Klassiker der Psychoanalyse – wie beispielsweise der Werke von Otto Fenichel, Karl Abraham, W. R. D. Fairbairn und Otto Rank – soll die gemeinsamen Wurzeln der von Zersplitterung bedrohten psychoanalytischen Bewegung stärken. Einen weiteren Baustein psychoanalytischer Identität bildet die Beschäftigung mit dem Werk und der Person Sigmund Freuds und den Diskussionen und Konflikten in der Frühgeschichte der psychoanalytischen Bewegung.

Im Zuge ihrer Etablierung als medizinisch-psychologisches Heilverfahren hat die Psychoanalyse ihre geisteswissenschaftlichen, kulturanalytischen und politischen Ansätze vernachlässigt. Indem der Dialog mit den Nachbarwissenschaften wiederaufgenommen wird, soll das kultur- und gesellschaftskritische Erbe der Psychoanalyse wiederbelebt und weiterentwickelt werden.

Stärker als früher steht die Psychoanalyse in Konkurrenz zu benachbarten Psychotherapieverfahren und der biologischen Psychiatrie. Als das anspruchsvollste unter den psychotherapeutischen Verfahren sollte sich die Psychoanalyse der Überprüfung ihrer Verfahrensweisen und ihrer Therapie-Erfolge durch die empirischen Wissenschaften stellen, aber auch eigene Kriterien und Konzepte zur Erfolgskontrolle entwickeln. In diesen Zusammenhang gehört auch die Wiederaufnahme der Diskussion über den besonderen wissenschaftstheoretischen Status der Psychoanalyse.

Hundert Jahre nach ihrer Schöpfung durch Sigmund Freud sieht sich die Psychoanalyse vor neue Herausforderungen gestellt, die sie nur bewältigen kann, wenn sie sich auf ihr kritisches Potential besinnt.

Bibliothek der Psychoanalyse
Herausgegeben von Hans Jürgen Wirth

Johannes Reichmayr

Ethnopsychoanalyse

Geschichte, Konzepte, Anwendungen

Psychosozial-Verlag

Bibliografische Information Der Deutschen Bibliothek
Die Deutsche Bibliothek verzeichnet diese Publikation in der Deutschen
Nationalbibliografie; detaillierte bibliografische Daten sind im Internet
über <http://dnb.d-nb.de> abrufbar.

3., korrigierte Auflage 2013
© 2003 Psychosozial-Verlag
E-Mail: info@psychosozial-verlag.de
www.psychosozial-verlag.de
Erweiterte und grundlegend überarbeitete Ausgabe der »Einführung in
die Ethnopsychoanalyse«, Fischer Taschenbuch, Frankfurt/Main, 1995.
Umschlagabbildung:
Maria Biljan-Bilger »Die Nornen« (um 1980), Steinzeug.
Mit freundlicher Genehmigung von Prof. Dr. Fritz Kurrent, Wien.
Die Vignetten an den Textenden sind dem
»Journal of Psychoanalytic Anthropology« entnommen.
Umschlaggestaltung: Christof Röhl nach Entwürfen des
Ateliers Warminski, Büdingen
Satz: Hubert Walter, Freiburg
ISBN 978-3-89806-166-7

Inhalt

Vorwort — 11

Einleitung — 13

Einführung. Eine Geschichte zum Geleit — 21

1. Die Geschichte der Verbindung der Psychoanalyse mit der Ethnologie — 25

1.1. Die Anwendung von Gesichtspunkten und Ergebnissen der Psychoanalyse in der Ethnologie, die Idee einer psychoanalytischen Kulturtheorie und die Rezeption der Psychoanalyse in der Ethnologie — 26

1.2. Die Kontroverse zwischen Ernest Jones und Bronislaw Malinowski und die psychoanalytisch orientierten Feldforschungen von Géza Róheim — 43

1.3. Otto Fenichel: Psychoanalyse und Ethnologie, theoretische Grundlagen — 51

1.4. Die Psychoanalyse in der »Culture and Personality«-Forschung — 57

1.5. »Psychoanalytic Anthropology« in den Vereinigten Staaten — 71

2. Die Entstehung und Entwicklung der Ethnopsychoanalyse   89

2.1. Die Anwendung der vergleichenden charakteranalytischen Deutungstechnik   97

2.2. Die psychoanalytische Technik als ethnologische Forschungsmethode   106

2.2.1. Gespräche zur Einleitung von Psychoanalysen mit den Dogon   106

2.2.2. Ethnopsychoanalyse bei den Agni   116

2.2.3. Ethnopsychoanalytische Gespräche mit den Iatmul in Papua-Neuguinea   130

2.2.4. »Floating« – eine ethnopsychoanalytische Technik in Zentral- und Ostafrika   134

2.3. Ein Spektrum ethnopsychoanalytischer Forschungen   139

2.3.1. Das ethnopsychoanalytische Studium der Kultur mexikanischer Bäuerinnen   139

2.3.2. Eine zweite Reise zu den Iatmul   151

2.3.3. Verschiedene ethnopsychoanalytisch orientierte Ansätze und Untersuchungen   158

3. Die Ethnopsychoanalyse in der eigenen Kultur 179

3.1. Die Auswirkungen der ethnopsychoanalytischen Erfahrungen auf die Theorie und Praxis der Psychoanalyse und das Verfahren der ethnopsychoanalytischen Erfassung gesellschaftlicher Verhältnisse 179

3.2. Die ethnopsychoanalytische Erforschung der Frauenkultur 196

3.3. Die Subjektivität des Forschers 204

3.3.1. Beobachtung und Gegenübertragung 204

3.3.2. Ethnopsychoanalytische Forschungspraxis in den Sozial- und Kulturwissenschaften 211

3.3.3. Konvergenz der Methoden 229

3.4. Ethnopsychoanalytische Aspekte der Wissenschaftskritik und Kulturtheorie 232

3.5. Neuere Entwicklungen der Ethnopsychoanalyse 241

3.5.1. Ethnopsychoanalyse und interkulturelle psychoanalytische Therapie 243

3.5.2. Klinische Ethnopsychoanalyse in Frankreich 248

Epilog 254

4.	**Anhang**	257
4.1.	Kurzbiographien	257
4.2.	Zeitschriften, Institutionen, Internet	281
4.2.1.	Zeitschriften, Reihen	281
4.2.2.	Institutionen, Internet-Präsenz	286
4.3.	Gesamtbibliographie der medizinischen, psychoanalytischen, ethnopsychoanalytischen, kulturkritischen und literarischen Veröffentlichungen von Paul Parin 1944 bis 2001	288
4.4.	Literaturverzeichnis	317
4.5.	Personenregister	353

für ba.

Vorwort

Die erste und zweite Auflage meiner *Einführung in die Ethnopsychoanalyse – Geschichte, Theorien und Methoden* (Reichmayr 1995) war im Fischer Taschenbuch Verlag von 1995 bis 2001 erhältlich, was als Zeichen des anhaltenden Interesses an der Ethnopsychoanalyse gewertet werden kann. In diesem Zeitraum haben sich Entwicklungen auf diesem Gebiet ergeben, die eine Neubearbeitung und Erweiterung des Buches nötig machten, das nun unter dem Titel *Ethnopsychoanalyse – Geschichte, Konzepte, Anwendungen* im Psychosozial-Verlag erscheint. Hans-Jürgen Wirth und Traute Hensch vom Psychosozial-Verlag haben diese neue Ausgabe angeregt und begleitet. Für die Bearbeitung dieses Bandes konnten die Daten für ein in Vorbereitung befindliches *Lexikon der psychoanalytischen Ethnologie, Ethnopsychoanalyse und interkulturellen psychoanalytischen Therapie* (Reichmayr et al. 2003) genutzt werden. Der gesamte Text wurde aktualisiert und um einen vierten Teil und neue Kapitel erweitert.

Die Veränderungen im Feld der Ethnopsychoanalyse betreffen vor allem das Verhältnis und die Verbindungen ethnopsychoanalytischer Konzepte zur Praxis einer interkulturellen psychoanalytischen Psychotherapie. Diese werden im Kapitel »Neuere Entwicklungen der Ethnopsychoanalyse« behandelt, in dem die »Ethnopsychoanalyse und interkulturelle psychoanalytische Therapie« und die »Klinische Ethnopsychoanalyse in Frankreich« skizziert werden. Die in diesem Band gebotene Darstellung der Fülle bisher nicht erschlossener Leistungen der Pioniere der psychoanalytischen Ethnologie und der Ethnopsychoanalyse soll mit den Erfahrungen einer sich rasch entwickelnden psychoanalytisch orientierten interkulturellen Therapiepraxis in Zusammenhang gebracht werden, von der auch andere interkulturelle Psychotherapieansätze profitieren können. Die *119 Rundbriefe* von Otto Fenichel (Fenichel 1998) sind eine ergiebige Quelle für die Historiographie der psychoanalytischen Bewegung im Zeitraum von 1934 bis 1945 und haben neues Material zum Verhältnis von Psychoanalyse und Ethnologie zugänglich gemacht, das im ersten Teil im Kapitel »Otto Fenichel: Psychoanalyse und Ethnologie, theoretische Grundlagen« beschrieben wird. Ein neues Kapitel im zweiten Teil bezieht sich auf die Forschungen von Gerhard Kubik, der im letzten Jahrzehnt begonnen hat, seine ethnopsychologischen und ethnopsychoanalytischen Untersuchungen auszuwerten und zu veröffentlichen. Schließlich sind für die Entwicklung und den verstärkten Einsatz von qualitativen Forschungsmethoden im Bereich der Human- und Sozialwissenschaften die Erfahrungen der ethnopsychoanalytischen Forschungspraxis interessant geworden (Flick et al. 2000). Konstatiert wurde eine »Konvergenz der Methoden«, die sich in verschiedenen kultur- und sozialwissenschaftlichen Fächern abzeichnet und im dritten Teil berücksichtigt wird.

Der vierte Teil des vorliegenden Bandes enthält Angaben zu Personen, Zeitschriften, Institutionen und zur Präsenz der Ethnopsychoanalyse im Internet. In diesem lexikalischen Abschnitt werden Kurzbiographien zu Personen gegeben, die auf dem Gebiet der Ethnopsychoanalyse arbeiten und solchen, die ihre psychoanalytischen, ethnologischen und psychotherapeutischen Erfahrungen im Bereich der interkulturellen Psychotherapie in einem gesellschaftskritischen Rahmen reflektieren. Im vierten Teil ist auch eine Gesamtbibliographie der psychoanalytischen, ethnopsychoanalytischen und kulturkritischen Arbeiten von Paul Parin abgedruckt. Die meisten dieser Texte, von denen viele auf den gemeinsamen Forschungen mit Goldy Parin-Matthèy und Fritz Morgenthaler basieren, sind auf einer CD-ROM enthalten, die im Psychosozial-Verlag erschien (Parin 2004; siehe auch: www.paul-parin.info).

Die vier Teile des Buches können unabhängig voneinander gelesen und verwendet werden.

Einleitung

Sigmund Freud hat in seiner Arbeit *Totem und Tabu* (1912/13) den ersten Versuch unternommen, psychoanalytische Ideen und Erkenntnisse auf das Gebiet der Ethnologie anzuwenden. Diese Auseinandersetzung hat verschiedene Verbindungen zwischen Psychoanalyse und Ethnologie hervorgebracht, die hier nachgezeichnet werden. Im Mittelpunkt dieses Buches steht die Darstellung der *Zürcher Schule* der Ethnopsychoanalyse, die das theoretisch elaborierteste Konzept der Verbindung der beiden Disziplinen bietet und den Beginn der deutschsprachigen Tradition der Ethnopsychoanalyse markiert. Sie ist eine wichtige Weiterentwicklung der Psychoanalyse im deutschsprachigen Raum nach dem Ende des Zweiten Weltkrieges.

Dieses Buch über die Ethnopsychoanalyse folgt ihrer Entstehung und bezieht sich auf die Methode und die Theorie der Psychoanalyse, soweit beide durch die Auseinandersetzung mit der Ethnologie beeinflußt und verändert worden sind. Näher betrachte ich jene Konzepte der psychoanalytischen Ethnologie, die unmittelbar zur Entwicklung der Ethnopsychoanalyse beigetragen und auf die Praxis und die Theorie der Psychoanalyse zurückgewirkt haben. Anfang der 60er Jahre äußerten die Ethnologen und Psychoanalytiker Georges Devereux und Weston La Barre die Vermutung, »daß psychoanalytisch orientierte Untersuchungen von Kulturerscheinungen und Persönlichkeit sich zum wirksamsten Instrument der Forschung über Menschen in ihren Gesellschaften entwickeln werden« (Boyer 1982, S. 47). Diesen Anspruch hat die Ethnopsychoanalyse eingelöst.

Die Schweizer Psychoanalytiker Paul Parin, Fritz Morgenthaler und Goldy Parin-Matthèy haben bei ihren Feldforschungen in den 50er- und 60er Jahren des letzten Jahrhunderts erstmals die psychoanalytische Technik als Forschungsmethode angewandt (Parin/Morgenthaler/Parin-Matthèy 1993c; Parin/Morgenthaler/Parin-Matthèy 1971a; Parin 1978a, 1992a;

Parin/Parin-Matthèy 1986a, 1988a, 2000a; Morgenthaler/Weiss/Morgenthaler 1984). Mit ihren ethnopsychoanalytischen Untersuchungen bei den Dogon und den Agni in Westafrika ist ihnen der Nachweis gelungen, daß sich die Psychoanalyse praktisch und theoretisch eignet, Menschen einer uns fremden Kultur zu verstehen. Die Anwendung der Psychoanalyse macht es möglich, das Wechselspiel zwischen dem Individuum mit seinem bewußten und unbewußten Seelenleben und seiner Kultur und den Einrichtungen seines Gesellschaftsgefüges zu beschreiben.

»Erst die Ethnopsychoanalyse hat eine Theorie des Subjekts mit dem bestehenden Wissen um die verschiedenen Kulturen zu einem neuen Wissen vom Menschen und seinen so vielfältigen Lebensformen und -möglichkeiten verbunden« (Parin 1982e, S. 11). Der Ausdruck »Ethnopsychoanalyse« ist im deutschsprachigen Bereich mit den Arbeiten der drei Schweizer Psychoanalytiker verbunden. Im Anschluß an ihre Untersuchungen haben sich Mario Erdheim, Maya Nadig, Florence Weiss und andere Autoren, die in diesem Buch vorgestellt werden, mit der Erforschung der verinnerlichten und unbewußt wirksamen individuellen seelischen Kräfte und Strukturen im Zusammenhang mit unbewußt wirksamen gesellschaftlichen, sozio-kulturellen und politischen Mechanismen befaßt. Sie haben auch auf die Arbeiten des Ethnologen und Psychoanalytikers Georges Devereux zurückgegriffen, der sein theoretisches Konzept einer Verbindung von Psychoanalyse und Ethnologie als »Ethnopsychiatrie« bzw. »Ethnopsychoanalyse« bezeichnet hat. Die Rezeption der *Zürcher Schule* der Ethnopsychoanalyse ist jedoch im französischsprachigen Raum marginal. Devereux' methodologische Arbeiten (Devereux 1973, 1978) haben dazu beigetragen, daß sich eine ethnopsychoanalytische Forschungspraxis in den Sozial- und Kulturwissenschaften ausgebildet hat.

Ich stelle in diesem Buch verschiedene Ansätze dar, die sich zunächst bei der Anwendung der Psychoanalyse als Forschungsmethode und theoretisches Modell in fremden Kulturen bewährt haben und in der Folge für die Erforschung gesellschaftlich-kultureller und individueller Manifestationen der Unbewußtheit in der eigenen Kultur herangezogen wurden. Daraus enstand die Ethnopsychoanalyse als ethnozentrisch aufgeklärte Psychoanalyse in Theorie und Praxis. In den vergangenen Jahren haben diese Ansätze auch in der psychoanalytisch orientierten interkulturellen Psychotherapie Eingang gefunden. Dabei verhält sich die Ethnopsychoanalyse zur interkulturellen psychoanalytischen Therapie wie die Psychoanalyse zur psychoanalytischen Psychotherapie.

Von ethnologischer und ethnopsychoanalytischer Seite wurde die Tradition und Entwicklung der Ethnopsychoanalyse beschrieben (Boxberg 1976; Krafcyk 1978; Boyer 1980; Hauschild 1981; Zinser 1984; Reif 1989;

Erdheim/Nadig 1991; Heinrichs 1993). Matthias Adler hat eine Darstellung der Ethnopsychoanalyse veröffentlicht, deren Schwerpunkt auf dem Vergleich und der kritischen Diskussion der theoretischen Konzepte liegt und die Möglichkeit bietet, problemgeschichtliche Fragestellungen zu vertiefen. Er unterstreicht die Wichtigkeit des ethnopsychoanalytischen Ansatzes für eine psychologisch orientierte Ethnologie, die unbewußte Prozesse berücksichtigt (Adler 1993). Ein Sammelband mit ethnopsychoanalytischen Texten wurde von Helga Haase herausgegeben (Haase 1996). Zur Entwicklung der französischen Ethnopsychoanalyse liegen einzelne deutschsprachige Arbeiten vor (Saller 1995, 1999; Sturm 2001, 2002).

Die Verbindung der Psychoanalyse mit der Ethnologie berührt angrenzende Disziplinen. Das sind – um nur die wichtigsten zu nennen – Ethnomedizin, Ethnosoziologie, kulturvergleichende Psychologie und transkulturelle Psychiatrie. Diese werden nicht untersucht. Auch muß ich darauf verzichten, sie mit der Ethnopsychoanalyse zu verknüpfen. Denn sie arbeiten mit anderen Fragestellungen und Methoden und sind in ihrer Praxis und bei der Forschung oft von ihren Institutionen geprägt (Serpell 1976, 1993; Pfeiffer/Schoene 1980; Stubbe 1985, 2001; Berry et al. 1992; Marcella 1993; Pfleiderer et al. 1995; Santos-Stubbe 1995; Hoffmann/Machleidt 1997; Tseng 2001; Gottschalk-Batschkus et al. 2002). Die kulturvergleichenden Fächer sind nicht ohne Bindung an die Praxis, die Methoden und die Theorien von wissenschaftlichen Institutionen entstanden, haben sich aber mit Ideen und Methoden vernetzt, die sich vereinzelt in Ländern des Südens entwickelt haben und eigenständigen postkolonialen Traditionen folgen (Diefenbacher 1985; Peltzer 1995; Boroffka 1995/1996; Peltzer/Reichmayr 2002; Collignon 2000a, 2002; Pritz 2002).

Das vorliegende Buch besteht aus vier Teilen: einem wissenschaftshistorischen Abschnitt, einem Teil, der sich mit der Entstehung und Entwicklung der Ethnopsychoanalyse in fremden Kulturen beschäftigt, einem weiteren, der sich mit ethnopsychoanalytischen Untersuchungen in der eigenen Kultur befaßt und einem lexikalischen Anhang mit Informationen zu Personen, Zeitschriften, Institutionen und der Präsenz der Ethnopsychoanalyse im Internet.

Der erste Teil beginnt mit der Darstellung der wissenschaftsgeschichtlichen Diskussion um Sigmund Freuds *Totem und Tabu* und der Debatte zwischen dem Psychoanalytiker Ernest Jones und dem Ethnologen Bronislaw Malinowski, sowie dem Ethnologen und Psychoanalytiker Géza Róheim und dem Psychoanalytiker Otto Fenichel. Methodische Fragen und Probleme werden dabei ins Zentrum gerückt. Dann verlagert sich der Schauplatz der Darstellung von Europa nach den Vereinigten Staaten, die Ende der 30er Jahre zum neuen Zentrum der Psychoanalyse wurden. Hier entstanden die durch psychoanalytische Ideen und Methoden beeinflußte *Culture and Personality*-Forschung und die *Psychoanalytic Anthropology*, eine Richtung der psychoanalytischen Ethnologie in der Nachfolge Géza Róheims. Nach diesem historischen Teil wird die Entwicklung der Ethnopsychoanalyse vor dem geistes- und zeitgeschichtlichen Hintergrund Europas in den Mittelpunkt der Darstellung gerückt.

In ihrer Anfangsphase blieb für die Anwendung der Psychoanalyse auf die Ethnologie die von Sigmund Freud 1912/1913 veröffentlichte Arbeit *Totem und Tabu,* und seine darin dominierende evolutionistische Sichtweise und vergleichende Methode bestimmend. Vor allem handelt es sich weitgehend um eine Interpretation ethnologischer Materialien auf der Grundlage psychoanalytischer Einsichten in die Mechanismen und Gesetzmäßigkeiten des individuellen Seelenlebens, als deren Angelpunkt der Ödipuskomplex galt. Freuds Vorgehen ist vergleichend-spekulativ, er setzt seine Methode zur Erforschung des unbewußten Seelenlebens nicht ein, um – etwa durch die Analyse Angehöriger fremder Kulturen – Daten zu gewinnen. Von ethnologischer Seite wurden Freuds Erklärungsversuche in *Totem und Tabu* kritisiert und abgelehnt, ohne den Wert der psychoanalytischen Entdeckungen als Ganzes in Frage zu stellen. Die Jones-Malinowski Kontroverse wurde Mitte der 20er Jahre ausgetragen. Bronislaw Malinowski stellte die von den Psychoanalytikern postulierte Universalität des Ödipuskomplexes durch ethnologische Beobachtungen in Frage. Darauf sahen sich die Psychoanalytiker gezwungen, empirische Arbeiten aufzunehmen und ihre Thesen durch eigene Feldforschungen zu stützen.

Mit Géza Róheim, der erstmals psychoanalytisch orientierte Beobachtungen in außereuropäischen Kulturen durchgeführt hat, wird die spekulative psychoanalytische Kulturinterpretation und -theorie allmählich durch ein empirisches Vorgehen abgelöst. Róheim blieb bis zu seinem Tod (1953) der maßgebliche Exponent einer psychoanalytischen Ethnologie; seine Erklärung der Kultur beschränkte sich allerdings auf biologische (triebbedingte) und psychologische Faktoren. Otto Fenichel hat in seiner Auseinandersetzung mit ihm, Abram Kardiner, Alice Bálint, Karen Horney, Erich Fromm, Erik Erikson und anderen die theoretische Basis der Ethnopsychoanalyse entwickelt, deren praktische Umsetzung in den 50er Jahren gelang.

Die Bedeutung der Psychoanalyse für die amerikanische Ethnologie (*Cultural Anthropology*) wird am Beispiel der *Culture and Personality*-Forschung dargestellt, die sich ab Mitte der 30er Jahre durch die Zusammenarbeit von Psychoanalytikern und Ethnologen auszeichnete. Diese Richtung stellte die jeweiligen sozio-kulturellen Gegebenheiten als bestimmende Faktoren für das Individuum und seine Entwicklung in den Vordergrund; sie ist mit den Namen der Psychoanalytiker Abram Kardiner, Erik Erikson sowie der

Ethnologen Ralph Linton, Cora Du Bois und Margaret Mead und zahlreichen anderen verbunden.

Nach dem Zweiten Weltkrieg und dem Ende der *Culture and Personality*-Forschung ist die Anwendung der Psychoanalyse auf die Ethnologie in den Vereinigten Staaten vor allem in der von Géza Róheim 1947 gegründeten Reihe *Psychoanalysis and the Social Sciences* zu verfolgen. Von Werner Muensterberger und Bryce Boyer wurde diese Edition unter dem Titel *The Psychoanalytic Study of Society* fortgeführt. Einige Arbeiten von Autoren, die auch in dieser Reihe publizierten (Werner Muensterberger, Georges Devereux, Bryce und Ruth Boyer und Vincent Crapanzano) werden vorgestellt.

Der zweite Teil beschäftigt sich mit der Entstehung und Entwicklung der Ethnopsychoanalyse im deutschsprachigen Raum. Der Bedeutung des Ansatzes entsprechend, nimmt die Darstellung der ethnopsychoanalytischen Forschungen von Paul Parin, Fritz Morgenthaler und Goldy Parin-Matthèy einen bevorzugten Platz ein. Ausführlich wird die Entwicklung einer vergleichenden charakteranalytischen Deutungsmethode auf ihren beiden ersten Forschungsreisen in Westafrika geschildert, bevor sie auf weiteren Reisen die psychoanalytische Technik als Methode der Feldforschung anwendeten.

Die ethnopsychoanalytischen Studien über die Dogon und die Agni wurden vor allem durch die Studentenbewegung bekannt, deren theoretisches und praktisches Interesse der Kritik an den gesellschaftlichen Verhältnissen und möglichen anderen Formen der Beziehung zwischen Individuum und Gesellschaft galt. Die Züricher Forscher gehen grundsätzlich von einem materialistischen Weltverständnis aus, in dem die gesellschaftliche und ökonomische Organisation die Lebenswelt, die Ideen, Vorstellungen und Gefühle der Menschen bestimmt, und in dem Individuum und Gesellschaft in einem dialektischen Wechselverhältnis stehen. Vergleichbar mit Bedingungen, die bei der Ausbreitung der Psychoanalyse wirksam waren, vollzogen sich auch die ethnopsychoanalytischen Erfahrungen außerhalb eines engeren institutionellen universitären Rahmens. Ihre Ergebnisse wurden, wie es Sigmund Freud am Beispiel seiner *Traumdeutung* beobachtete, nicht von der Fachwissenschaft, sondern von »jenem weiteren Kreise von Gebildeten und Wißbegierigen« (Freud 1909, IX) aufgenommen, dem er sich deswegen auch verpflichtet fühlte. Das erste Publikum, das die Ethnopsychoanalyse zur Kenntnis nahm, waren die »Gebildeten und Wißbegierigen« der studentischen Protestbewegung.

In eigenen Kapiteln werden die Untersuchungen von Maya Nadig in der Gesellschaft der Otomi-Bäuerinnen, die Forschungen von Gerhard Kubik in Ost- und Zentralafrika und die Studien von Florence Weiss, Fritz Morgenthaler und Marco Morgenthaler bei den Iatmul in Papua Neuguinea geschildert. In einem weiteren Kapitel skizziere ich die Arbeiten von Lise Tripet, Markus

Weilenmann, Claudia Roth, Christian Maier, Alf Gerlach, Hans Bosse, Evelyn Heinemann, Sigrid Awart und Ute Meiser, die unterschiedliche Möglichkeiten der Anwendung ethnopsychoanalytischer Konzepte zeigen.

Auch der dritte Teil »Ethnopsychoanalyse in der eigenen Kultur« beginnt mit den Arbeiten von Paul Parin, Fritz Morgenthaler und Goldy Parin-Matthèy und beschreibt ihre praktischen und theoretischen Bemühungen, von den ethnopsychoanalytischen Erfahrungen in fremden Kulturen ausgehend, bestimmte Modifikationen und Erweiterungen der psychoanalytischen Theorie und Praxis vorzunehmen, ethnopsychoanalytische Gesichtspunkte auch bei Untersuchungen in der eigenen Gesellschaft zu berücksichtigen und die psychoanalytische Wissenschafts- und Kulturkritik zu vertiefen. Dies kann als Prozeß bezeichnet werden, in dessen Verlauf die Psychoanalyse von ihrem Ethnozentrismus befreit wird. Es wird gezeigt, wie die Verbindung der ethnopsychoanalytischen Forschung mit der psychoanalytischen Arbeit in der eigenen Kultur das Konzept und das Verfahren der ethnopsychoanalytischen Erfassung gesellschaftlicher Verhältnisse verfeinert hat.

In diesem dritten Teil wird auch auf den epistemologischen und methodenkritischen Ansatz von Georges Devereux eingegangen. Seine Frage nach der Subjektivität des Forschers ist aktuell. Auf diese Aktualität wird in einer Reihe von Forschungen hingewiesen. Maya Nadig hat mit Mitarbeiterinnen von 1988 bis 1991 eine Studie zur Frauenkultur in der eigenen Gesellschaft durchgeführt. Ihre Arbeit wird ebenso wie die von Mario Erdheim ausgearbeiteten Elemente einer ethnopsychoanalytischen Wissenschaftskritik und seine Überlegungen zur ethnopsychoanalytischen Kulturtheorie in eigenen Kapiteln dargestellt. Diese und weitere Untersuchungen von Klaus Ottomeyer, Gesa Koch-Wagner, César Rodríguez Rabanal, Sudhir Kakar, Jalil Bennani, sowie Ursula Hauser und Ruth Waldvogel zeigen, daß sich die Durchdringung und Vermittlung der Erfahrungen von Psychoanalytikern, Ethnologen und einer »Psychoanalyse in Migration« zu fruchtbaren praktischen und theoretischen Forschungen in der eigenen Kultur verbinden lassen und bei Fragestellungen in der Sozialpsychologie und Zeitgeschichte Anwendung finden.

Seit dem Erscheinen der *Einführung in die Ethnopsychoanalyse* (Reichmayr 1995) liegen die Schwerpunkte der Entwicklungen innerhalb der Ethnopsychoanalyse nicht allein auf dem Gebiet der Forschung, sondern auch auf der klinischen Praxis. Sie beruhen vor allem auf Erfahrungen bei einer psychoanalytisch orientierten interkulturellen Behandlung von Asyl Suchenden und kommen in einer Reihe von Veröffentlichungen in den letzten Jahren zum Ausdruck. In den Kapiteln »Ethnopsychoanalyse und interkulturelle psychoanalytische Therapie« und »Klinische Ethnopsychoanalyse in Frankreich« wird auf diese Anwendung der Ethnopsychoanalyse hingewiesen.

Der vierte Teil bringt Kurzbiographien zu Personen, deren Arbeiten in diesem Buch vorgestellt wurden und solchen, die in der interkulturellen psychoanalytischen Praxis tätig sind. Hier wurden auch Informationen über Zeitschriften, Institutionen und über die Präsenz der Ethnopsychoanalyse im Internet zusammengestellt. Im vierten Teil ist auch eine Gesamtbibliographie der psychoanalytischen, ethnopsychoanalytischen und kulturkritischen Arbeiten von Paul Parin abgedruckt. Die Mehrzahl dieser Texte ist auf einer CD-ROM zusammengestellt, die im Psychosozial-Verlag erschienen ist (Parin 2004).

Mit Dank an Funmi, Demi und Petulko für die notwendigen und hilfreichen Unterbrechungen.

»Ará aiyé o, ẹ má sònà dè mí o.
Oṣó aiyé ẹ má sònà dè mí o.
Ẹnyin àjẹ', aiyé o, ẹ má sònà dè mí o.
Igba ẹranko kò mà í sònà d'ẹkùn
Ẹkùn, baba ẹranko!«

[Menschen der Welt, versperrt mir nicht den Weg.
Zauberer der Welt, versperrt mir nicht den Weg.
Ihr Hexen, steht mir nicht im Weg.
Zweihundert Tiere können dem Leoparden nicht den Weg versperren.
Der Leopard ist der Schrecken der Tiere.]

(Duro Lapido)

»Společný jazyk. Nikoliv ten, kterým se mluví. Ten, kterým se chutná.«

[Der gemeinsamen Zunge wegen. Nicht die, mit der man spricht. Die, mit der man schmeckt.]

(Jan Werich)

(Thomas Fritz (Hg.): 280 Sprachen für Wien. Ein Almanach. Wien 2001, Edition Volkshochschule, S. 335,360).

Einführung

Eine Geschichte zum Geleit

Die Konzeption und der Aufbau dieses Buches beruhen auf Erfahrungen, die der Autor bei der Vermittlung der Ethnopsychoanalyse an verschiedenen Universitäten sammeln konnte. Bei der Arbeit mit den Studierenden standen neben den historischen und ethnologischen Grundlagen der verschiedenen ethnopsychoanalytischen Studien die dokumentierten Gespräche als gemeinsame Textlektüre im Vordergrund. Es konnte dabei die Erfahrung gemacht werden, daß über die affektive Verstrickung der Seminarteilnehmer mit den Texten auch die in den dokumentierten Gesprächen enthaltenen latenten und langsam sich klärenden unbewußten Konflikte Ausdruck fanden und wahrgenommen werden konnten. Auf diese Weise wurde der ethnopsychoanalytische Forschungsprozeß im Rahmen von Seminaren nachvollziehbar, den Teilnehmern emotional nähergebracht und in wichtigen Aspekten beobachtbar. Das vorliegende Buch kann an die »Entdeckungen« der Ethnopsychoanalyse heranführen, die über die Originalstudien am eindrücklichsten vermittelt werden können. Aus dem Buch der Züricher Ethnopsychoanalytiker *Die Weißen denken zuviel* hat sich als einführende Begleitperson Dommo, ein Dogon, empfohlen, den ich auch als Führer durch die Ethnopsychoanalyse und durch dieses Buch weiterempfehlen möchte.

»Zum Zeichen der Freundschaft, und weil er es schwierig fand, die zwiespältigen Gefühle, die er mir entgegenbrachte, in ein Gespräch zu fassen, ergriff Dommo eines Tages meine Hand und führte mich über hohe Felsen in sein Dorf Andiumbolo hinauf. Am Eingang blieb er stehen und sagte: ›Das ist mein Dorf.‹ Dann spuckte er aus, ergriff neuerdings meine Hand und sagte: ›Ich will dir mein Haus zeigen.‹

Von der felsigen Anhöhe sieht man weit ins Tal hinunter, über die Felder und den Tümpel hin auf einen anderen Hügel, der das ›Zwillingsdorf‹ Goloku trägt. Andiumbolo ist größer, als man glauben würde, wenn man vom Fuß des Hügels hinaufblickt. Von unten sieht man nur wenige Häuser, die am Rande der abfallenden Felsen gebaut sind. In manchen Höfen stehen kleine Bäume. Auf dem Platz zeigt mir Dommo das Schattendach, unter dem die Alten zu ruhen pflegen, und ›auch die Jungen‹, wie er hinzufügt. Als das geschehen ist, erklärte er noch einmal: ›Ich werde dir jetzt mein Haus zeigen, dann gehen wir hinunter zum Markt. Ihr fahrt nach Sanga, und ich gehe mein Bier trinken.‹ Er lacht und spuckt wiederum aus. Die engen gewundenen Gäßchen, durch die wir weitergehen, werden von den Lehmmauern der Höfe gebildet. Jeder Hof umschließt ein Wohnhaus und mehrere Speicher. Die turmartigen Speicher stehen auf Pflöcken wie auf Stelzen. Sie tragen oft ein spitzes Strohdach, das die Mauer überragt. Wir treffen drei Männer, denen mich Dommo vorstellt. Sie begrüßen mich wie einen alten Bekannten. Sie begleiten uns durch zahlreiche Gäßchen; ich weiß nicht mehr recht, in welcher Richtung wir gehen, und Dommo erklärt: ›Wir gehen zum Haus des Dorfchefs. Er ist mein Onkel, der leibliche Bruder meiner Mutter.‹ Das Haus des Dorfchefs ist größer als alle anderen. Um die zwei Türen herum, an der Vorderwand, sind zweiundzwanzig viereckige Nischen angeordnet. Darin liegen unbrauchbare Gegenstände verschiedener Art, eine zerbrochene Kürbisschale, ein paar verrostete Metallstücke und sogar zwei Eier. Dommo meint leutselig: ›Da nisten die Vögel drin.‹ Vom Sinn der Nischen des ›großen Hauses‹, welche die achtzig unsterblichen Vorfahren der dritten mythischen Generation darstellen sollen, weiß er nichts.

Nach der Begrüßung, und nachdem mir der Chef Bier angeboten hat, erinnere ich Dommo daran, daß es spät wird, und ich bald nach Sanga zurückfahren muß. Darauf Dommo: ›Gut. Ja. Aber ich will dir doch noch mein Haus zeigen.‹ Er wählt einen Weg, den wir noch nicht gegangen sind, an turmartigen Häusern vorbei. In einem Hof liegen große Steine, die von getrocknetem Hirsebrei weißlich überzogen sind, Altäre, an denen man geopfert hat. Ein alter, gebrechlicher Mann hinkt zwischen den Blöcken herum. Dommo grüßt nicht und zieht mich weg, als ob er befürchtete, daß ich mit dem alten Mann sprechen könnte: ›Da dürfen die Frauen nicht hereinschauen. Sie dürfen auch nicht an der Mauer stehen. Es ist das Haus des Hogon von Andiumbolo. Komm, komm! Wir müssen uns beeilen. Wir gehen zu meinem Haus.‹

Wieder scheint Dommo die Richtung zu ändern. Er bleibt vor einem großen Lehmbau stehen und klopft an das verschlossene Tor: ›Das ist das Haus meines Onkels‹, und auf meine erstaunte Frage erfahre ich, daß das die ›Ginna‹ ist, das große Haus der Familie, in dem Dommos Onkel väterlicherseits, der Familienälteste, der Ginna bana, lebt. In der dunklen Vorhalle trete ich beinahe auf die Kinder und Frauen, die überall kauern. Dommo erklärt: ›Mein Vater ist nicht da‹, und damit meint er den Bana. Sein leiblicher Vater ist seit langem tot. Wir gehen weiter durch die Gäßchen auf den Platz mit dem Schattendach. Ich dränge heim. Dommo fragt enttäuscht: ›Du willst mein Haus nicht sehen? Da, wo wir eben waren, esse ich nur, wenn meine Frau nicht für mich kochen kann, weil sie krank ist oder auf den Feldern arbeitet. Zu Hause bin ich hier!‹ Und wir treten in den Hof eines Gebäudes, das an der Stelle steht, an der wir das Dorf vor mehr als einer Stunde betreten haben. Im Innern sind alle Räume doppelt vorhanden, gut eingerichtet für Dommos beide Frauen. Jede hat ihren eigenen Speicher. Eine niedrige Lehmmauer trennt den Hof symbolisch in zwei Hälften. Beide Frauen stehen einträchtig nebeneinander und begrüßen uns. Dommo sagt: ›Mein Vater hat hier gewohnt. Auch er hatte zwei Frauen. Als er starb, habe ich das Haus übernommen. Seit fünfzehn Jahren wohne ich hier mit der ersten Frau, und seit kurzem wohnt die zweite im anderen Haus, das bisher leerstand.‹

Dommos Wunsch, mir sein Heim zu zeigen, hat uns der Reihe nach an den Sitz des Rates der Ältesten, den des Dorfchefs, des Priesters, des Familienältesten und schließlich erst in sein eigenes Wohnheim geführt. An jeden dieser Orte bindet ihn, wie jeden Dogon, ein ganz bestimmter Anteil seines Gefühls, ›zu Hause‹ zu sein. Ein Haus kann wohl verfallen, aber nie verkauft werden. Wenn man ein Haus nennt, meint man die Bewohner« (Parin/Morgenthaler/Parin-Matthèy 1993c, S. 48ff.).

1. Die Geschichte der Verbindung der Psychoanalyse mit der Ethnologie

Meine historische Beschreibung in diesem Teil basiert auf jener Literatur, in der Ethnologen und Psychoanalytiker die wichtigsten Phasen der Verbindung beider Disziplinen erfaßt haben. Diese ideen- und problemgeschichtlich orientierten Arbeiten (Schoene 1966; Harris 1968; Beuchelt 1974; Muensterberger 1974; Wallace 1983; Paul 1989; Spain 1992; Adler 1993) beziehen sich auf die Voraussetzungen, die Kritik und die Wirkungen von Sigmund Freuds *Totem und Tabu*, auf die Arbeiten von Géza Róheim und auf die Bedeutung der amerikanischen *Culture and Personality*-Forschung. Mit der Ethnopsychoanalyse, die sich seit Anfang der 60er Jahre von Zürich ausgehend entwickelte und im deutschsprachigen Raum unter diesem Namen bekannt wurde, hat sich der bisher elaborierteste Ansatz aus der Verbindung von Psychoanalyse und Ethnologie zu einer eigenen wissenschaftlichen Disziplin herausgebildet. In neueren Darstellungen des Verhältnisses von Psychoanalyse und Ethnologie wurde diese Entwicklung berücksichtigt (Boxberg 1976; Boyer 1980; Hauschild 1981; Erdheim 1982, 1988, 1992; Zinser 1984; Erdheim/Nadig 1991; Heinrichs 1993). Eine analoge Entwicklung vollzog sich in Frankreich, wobei sich verschiedene ethnopsychoanalytisch-ethnopsychiatrische Richtungen auf der Basis der Arbeiten von Georges Devereux vor allem auf dem Gebiet der interkulturellen Psychotherapie und transkulturellen Psychopathologie etablieren konnten (Nathan 2001; Moro 2002a).

1.1. Die Anwendung von Gesichtspunkten und Ergebnissen der Psychoanalyse in der Ethnologie, die Idee einer psychoanalytischen Kulturtheorie und die Rezeption der Psychoanalyse in der Ethnologie

»Ich bin ganz Totem und Tabu« schrieb Sigmund Freud an Sándor Ferenczi in seinem Brief vom 11. August 1911, als er mit seiner Familie in Klobenstein am Ritten in Südtirol seinen Sommerurlaub verbrachte und an *Totem und Tabu* arbeitete (Freud/Ferenczi 1993, S. 407). Sigmund Freuds Essay erschien zwischen 1912 und 1913 in vier Teilen unter dem Titel »Über einige Übereinstimmungen im Seelenleben der Wilden und der Neurotiker« im ersten und zweiten Band der neu gegründeten Zeitschrift *Imago* und Ende 1913 in Buchform. Für die Buchveröffentlichung wurde *Über einige Übereinstimmungen im Seelenleben der Wilden und der Neurotiker* als Untertitel übernommen. Die einzelnen Abschnitte hießen: I. »Die Inzestscheu« (1912); II. »Das Tabu und die Ambivalenz der Gefühlsregungen« (1912); III. »Animismus, Magie und Allmacht der Gedanken« (1913); IV. »Die infantile Wiederkehr des Totemismus« (1913). Diese Arbeit hat das Verhältnis von Psychoanalyse und Ethnologie entscheidend beeinflußt und setzte für lange Zeit innerhalb der Psychoanalyse den Maßstab zu ihrer Anwendung auf die Ethnologie. Die ethnologische Kritik, die von Alfred Louis Kroeber bereits 1920 in wesentlichen Punkten formuliert worden war, hatte erwiesen, daß *Totem und Tabu* nicht als ein echter Beitrag zur Ethnologie gelten kann (Kroeber 1920). Dennoch gab es immer wieder Impulse, sich mit *Totem und Tabu* zu beschäftigen, so wurde dieses Werk aus wissenschaftsgeschichtlichem Interesse rezipiert, und es kann als Text über die eigene Gesellschaft gelesen werden. Es soll für ethnopsychoanalytische Fragestellungen aufgeschlossen werden, ohne es als längst überholten Beitrag zur Völkerpsychologie abwerten zu müssen. »Nicht von den Wilden dort, sondern von den Wilden hier, nicht von den Anfängen der Gesellschaft überhaupt, sondern von der Einsetzung von Institutionen bei uns handelt die Geschichte« (Erdheim 1991, S. 23). Galten die von Freud übernommenen ethnologischen Konzepte schon zu seiner Zeit zum großen Teil als überholt (Urhorde, Gruppenehe etc.), blieb diese erste Anwendung auf dem Gebiet der Ethnologie im Hinblick auf die darin ausgeführten psychoanalytischen Erkenntnisse bis heute anregend, und führt, mit neuem Forschungsmaterial konfrontiert, zur Gewinnung neuer Einsichten (Freeman 1967; Juillerat 1991; Green 1999; Kubik 2003).

In der folgenden autobiographischen Mitteilung stellt Freud sein Interesse für die Archäologie, die antiken Kulturen, die Religion und für untergegangene

Zivilisationen, das bis zurück in seine Jugend und Kindheit verfolgt werden kann, in eine Reihe mit seinem ersten umfangreichen Beitrag auf dem Gebiet der Geistes- und Kulturwissenschaften, der Arbeit *Totem und Tabu* (Jones 1962, Bd. 3, S. 369ff.; Brückner 1975; Cassirer/Bernfeld 1981; Niederland 1988).

»Nach dem lebenslangen Umweg über die Naturwissenschaften, Medizin und Psychotherapie war mein Interesse zu jenen kulturellen Problemen zurückgekehrt, die dereinst den kaum zum Denken erwachten Jüngling gefesselt hatten. Bereits mitten auf der Höhe der psychoanalytischen Arbeit, im Jahre 1912, hatte ich in *Totem und Tabu* den Versuch gemacht, die neu gewonnenen analytischen Einsichten zur Erforschung der Ursprünge von Religion und Sittlichkeit auszunützen. Zwei spätere Essays *Die Zukunft einer Illusion* 1927 und *Das Unbehagen in der Kultur* 1930 setzten dann diese Arbeitsrichtung fort. Immer klarer erkannte ich, daß die Geschehnisse der Menschheitsgeschichte, Kulturentwicklung und jenen Niederschlägen urzeitlicher Erlebnisse, als deren Vertretung sich die Religion vordrängt, nur die Spiegelung der dynamischen Konflikte zwischen Ich, Es und Über-Ich sind, welche die Psychoanalyse beim Einzelmenschen studiert, die gleichen Vorgänge, auf einer weiteren Bühne wiederholt« (Freud 1935a, S. 32f.).

Sigmund Freud verband die Psychoanalyse mit der Ethnologie, um einen umfassenden Entwurf einer Kulturtheorie vorzulegen. Die Fragestellung in *Totem und Tabu* ist durchgängig evolutionistisch und bezieht sich auf den Ursprung und das Werden von Kultur und Religion, im Unterschied zu den kulturtheoretischen Arbeiten der 20er Jahre (*Massenpsychologie und Ich-Analyse, Die Zukunft einer Illusion, Das Unbehagen in der Kultur*), in denen Freud eher funktionalistisch nach den Kräften fragte, die eine Kultur aufbauen und zusammenhalten.

In *Totem und Tabu* untersuchte Freud Phänomene, die von der evolutionistischen Ethnologie mit Begriffen wie Tabu, Animismus, Magie, Exogamie und Totemismus zusammengefaßt und umschrieben wurden, und fragte nach den ihnen zugrundeliegenden psychischen Bedingungen, Wünschen und Konflikten des Seelenlebens. Zur Beantwortung dieser Fragen konfrontierte er die Einsichten und Ergebnisse, die er aus seiner Selbstanalyse und seiner klinischen Arbeit gewonnen hatte, mit ethnologischem Material, das er zum größten Teil dem Werk des Kulturevolutionisten James George Frazer entnommen hatte, dessen vierbändiges Werk *Totemism and Exogamy* 1910 erschien. Damit machte Freud auf Parallelen und Ähnlichkeiten von psychischen

Mechanismen aufmerksam, wie er sie im Unbewußten seiner zwangsneurotischen oder phobischen Patienten fand, mit religiösen Vorstellungen, mit Bräuchen und Sitten der »Primitiven«, die bei magischen Prozeduren anläßlich von Verletzungen von Tabus auftreten. Freud verwendete die Erfahrungen, die er in seinen klassischen Fallgeschichten über den »Rattenmann«, den »kleinen Hans« und seiner Studie über den »Senatspräsidenten Schreber« theoretisch verarbeitete. Wie jeder Wissenschaftler hat auch Freud das Material für seine Falldarstellungen im Hinblick auf die theoretischen Hypothesen und Ergebnisse, die er darlegen und diskutieren wollte, ausgewählt. Diese Auswahl ist ebenso geprägt von seinen Gegenübertragungen, die in seinen Darstellungen oft unberücksichtigt bleiben (Stroeken 1992).

Freuds Kulturtheorie in *Totem und Tabu* entwickelte sich vor dem Hintergrund seines evolutionistischen Denkens; er benutzte für seine historischen Rekonstruktionen im Sinne des Evolutionismus vorstrukturiertes Material. Die Urhordenkonstruktion bildete den Kern seiner phylogenetischen Kulturtheorie, mit der er im letzten Kapitel von *Totem und Tabu* den Zusammenhang zwischen Totemismus und Ödipuskomplex herstellte, in dem »die Anfänge von Religion, Sittlichkeit, Gesellschaft und Kunst zusammentreffen, in voller Übereinstimmung mit der Feststellung der Psychoanalyse, daß dieser Komplex den Kern aller Neurosen bildet, soweit sie bis jetzt unserem Verständnis nachgegeben haben« (Freud 1912-13a, S. 188). Nach dieser Konstruktion entstand das Totem und das Tabu in der menschlichen Vorgeschichte in einer Urhorde, in der ein tyrannisches Männchen die Weibchen beherrschte und seine geschlechtsreifen Söhne vertrieb. Diese rotteten sich eines Tages zusammen, töteten und verzehrten den Vater und nahmen sich die Mütter und Schwestern. Schuldgefühl und Reue, die dieser traumatischen Szene entstammen, bewirkten die Schaffung des Inzesttabus, den Verzicht auf die Frauen und das Verbot, das den Vater ersetzende Totemtier zu verzehren, womit für Freud der Beginn der Kulturfähigkeit des Menschen verbunden war.

Vor dem Hintergrund von Freuds evolutionistischem Verständnis der Kultur- und Menschheitsentwicklung wurde der Ödipuskomplex zum Ausgangspunkt der sozialen Organisation, der sittlichen Erscheinungen und der Religion. Freud sah in diesem Vorgehen einen vielversprechenden Ansatz zur Klärung allgemeiner Gesetzmäßigkeiten der menschlichen Kulturentwicklung, wenn er sich auch immer wieder über seine Unsicherheit gegenüber diesem »wissenschaftlichen Mythos« äußerte.

Vor allem diese Konstruktion hat die ethnologische Kritik von Kroeber über Mead bis Lévy-Strauss beschäftigt, und in der Tat beruht sie auf einem Zirkelschluß (Schoene 1966, S. 48). Weder ist das Postulat haltbar, daß der Akt des Urvatermordes wirklich stattfand, noch daß er phylogenetische

Gedächtnisspuren hinterließ. Das ödipale Drama blieb für Freud eine unumstößliche Realität, die unabhängig von sozialen und historischen Strukturen existierte. Die Psychoanalyse verharrte auf dem Stand einer naiven Ethnowissenschaft (Harding 1994).

Lange vor Beginn seiner systematischen Arbeit an *Totem und Tabu* zwischen 1911 und 1913 war Sigmund Freud mit dem Werk von Charles Darwin vertraut. Für seine Studienwahl und den Gang seiner Ausbildung waren die beiden Vorkämpfer des Darwinismus Ernst Haeckel und Carl Brühl mitbestimmend (Hemecker 1991). Freud hatte sich über sein Interesse an der archäologischen Forschung einen Zugang zur evolutionistischen Ethnologie und Anthropologie des 19. Jahrhunderts erschlossen (Sulloway 1982; Wallace 1983; Ritvo 1990). Die Mehrzahl der ethnologischen Autoren, die Freud zwischen 1870 und 1890 zu lesen begann, wandten die Evolutionstheorie im Bereich der Kulturwissenschaften an. Freud kannte die Schriften der Evolutionisten Spencer, Tylor und Lubbock und war vertraut mit Morgan, McLennan und Bachofen (Zinser 1981; Kohl 1993; Lanwerd 1993). Er hatte schon vor 1890 die in der evolutionistischen Ethnologie gebräuchliche Vorstellung einer Parallele zwischen »primitivem« und »neurotischem« Verhalten kennengelernt. Freud war Anhänger der Ideen des französischen Naturforschers Jean-Baptiste Lamarck, der die Hypothese vertrat, daß sich bestimmte Merkmale von Lebewesen durch Umwelteinflüsse verändern und diese Veränderungen vererbbar wären, sowie der Vorstellungen des deutschen Naturphilosophen und Zoologen Ernst Haeckel, der die Evolutionstheorie auf die Entstehung der Organismen angewandt hatte und das »Biogenetische Grundgesetz« aufstellte, nach dem die Individualentwicklung eines Lebewesens eine verkürzte Rekapitulation der Stammesgeschichte darstellt, Ontogenese und Phylogenese miteinander verbunden sind und auf die Entwicklung des Seelenlebens übertragen werden können. Beide Konzeptionen waren zur Zeit der Abfassung von *Totem und Tabu* bereits widerlegt.

Wesentliche theoretische, methodische und faktische Elemente, die Freud in *Totem und Tabu* verarbeitete, waren schon vor der Jahrhundertwende Bestandteile seines Wissens und standen in Wechselwirkung mit seiner Selbstanalyse, seiner klinischen Arbeit und seinen psychologischen Vorstellungen. Die Konzepte der »Projektion«, der »Allmacht der Gedanken«, seine biogenetisch-entwicklungspsychologische Denkweise ebenso wie die Analogien zwischen Verhaltensweisen »primitiver« und neurotischer Individuen, und die Ansicht von der Neurose als wiederkehrendem stammesgeschichtlichem Relikt sind nur einige Beispiele für diese Einflüsse aus der Ethnologie des 19. Jahrhunderts (Gould 1977). Bei den von ihm bevorzugten englischen Vertretern des Evolutionismus wählte Freud jene Konzepte, die neben rationalistischen Erklärungen affektive, irrationale und unbewußte Faktoren berücksichtigten.

Freud rezipierte auch Philosophen, die im evolutionistischen Bezugsrahmen standen, und war beeinflußt von Naturwissenschaftlern, wie zum Beispiel dem Biologen Carl Claus, einem Darwinisten, unter dem er seine erste Forschungsarbeit über die Lappenorgane der Aale anfertigte (Laible 1987; Ritvo 1990; Hemecker 1991). Reicheneder fand heraus, »daß Freud sich der ausdrücklichen Berufung auf die Darwinsche Evolutionstheorie fast durchgängig enthielt« (Reicheneder 1990, S. 525). Freuds anatomische und physiologische Arbeiten waren an der Deszendenztheorie orientiert. Diese Denkweise behielt er auch bei, nachdem er begann, sich mit psychopathologischen Phänomenen zu beschäftigen, und blieb auch Ausgangspunkt für seine theoretisch-psychologischen Überlegungen.

Die mit dem damaligen evolutionistischen Denkschema verbundene ahistorische, eurozentrische Betrachtungsweise einer einheitlichen, vom Einfachen zum Komplexen fortschreitenden Kulturentwicklung, hat Freud als Voraussetzung für seine Anwendung der Psychoanalyse auf die Ethnologie ebenso übernommen wie die damit in Verbindung stehende »vergleichende Methode«, mit der von einem ähnlichen Verhalten auf Ähnlichkeit in Ursprung und Funktion geschlossen wurde. Zum Beispiel verband Freud ein Zwangssymptom mit einem institutionalisierten religiösen Ritual unter der weiteren Annahme, daß Psychisches über Raum und Zeit sich einheitlich darstellt. Freud wählte Materialien und Daten von Autoren, die diese wiederum ohne Berücksichtigung der zeitlichen, geographischen oder institutionellen Kontexte ausgewählt hatten. Er konzentrierte sich auf Quellen und benutzte Beispiele und Annahmen, die zu seinen psychologischen und ethnologischen Ideen paßten, während er widersprüchliche Daten ausklammerte. Freud war sich dessen sicher, daß dieses Vorgehen erlaubt sei, da er von der psychischen Einheitlichkeit des Menschen ausging, und annehmen konnte, daß auch bei den »Primitiven« präsent sei, was er bei sich und seinen Patienten gefunden hatte. Die ahistorische Vorgehensweise in Freuds kulturtheoretischen Schriften steht im Gegensatz zu seiner detaillierten historischen Rekonstruktionsarbeit bei seiner klinischen Arbeit (Brunner 2001).

Freud hatte sich mit der Haltung und den Denkmodellen der im 19. Jahrhundert dominierenden evolutionistischen Ethnologie identifiziert und blieb ihren Grundprinzipien treu, auch nachdem diese in der ersten Dekade des neuen Jahrhunderts überholt waren. Ein Beispiel für eine öffentlich ausgetragene Kontroverse zum Thema »Darwinismus«: Die *Philosophische Gesellschaft an der Universität Wien* veranstaltete im Winter-Semester 1901/1902 eine Vortragsreihe unter dem Titel »Die Krisis des Darwinismus«, die großes Interesse fand. Unter den Vortragenden waren Max Kassowitz, Christian von Ehrenfels und Josef Breuer, die in Verbindung mit Sigmund Freud standen. Ethnologie blieb für Freud zeitlebens evolutionistische Ethnologie (Byer 2002). Sein Ethnozentrismus basierte auf seinen evolutionistischen Auffassungen, welche die Möglichkeiten, die Psychoanalyse auf die Ethnologie anzuwenden, auf eine vergleichend-spekulative und illustrierende Vorgehensweise beschränkten. Die mit dem Evolutionismus verbundenen ethnozentrischen Denkformen lassen sich auch in Freuds Metapsychologie nachweisen (Stockhammer 1985; Lütkehaus 1989).

Freuds Beschreibungen der »Wilden« und »Primitiven« im Zusammenhang mit seinen Ansichten über den Totemismus lassen sich in einem »Exotik-Syndrom« zusammenfassen:

> »Spekulativ in gefährlicherem Sinn sind indessen die Behauptungen Freuds, die sog. Wilden, die näher am menschlichen Urzustand lebten, seien durch größere Gefühlsambivalenz und stärkere Sexualisierung des Lebens gekennzeichnet. Solche Behauptungen erlauben unmittelbar die Errichtung einer Trennwand entlang der Achse zivilisiert/primitiv, die schnell gleichgesetzt wird mit einer anderen: wir/nicht-wir« (Oppitz 1993, S. 151).

Auch hier kann es nützlich sein, Freuds »Verschiebung und Exotisierung seiner Erkenntnisse« zu berücksichtigen, auf die Erdheim aufmerksam machte (Erdheim 1991, S. 25; Kohl 1987, S. 27). Bezugspunkt der evolutionistischen Sichtweisen ist das Konstrukt des europäischen, »normalen«, »fertigen«, »gesunden«, »erwachsenen«, »selbstbestimmenden«, »männlichen« Individuums, des »bürgerlichen Subjekts«. Davon abweichende Objekte (wie Tiere, Kinder, Wilde, Irre, Neurotiker, Frauen etc.) wurden bei der ethnologischen, medizinischen oder psychologischen Forschung auf eine bestimmte Stufe in der Entwicklungsreihe auf diesen Bezugspunkt hin eingeordnet (Kohl 1987, S. 123ff.; Wiesbauer 1982, S. 139ff.; Todorov 1985). Darcy Ribeiro formulierte seine Kritik am »unilinearen Evolutionismus« in Verbindung mit einem polyzentrischen, multilinearen Modell (Ribeiro 1971) und Stephen Gould hat die um die Jahrhundertwende beliebten Rekapitulationstheorien (die individuelle Entwicklung als Wiederholung der Entwicklung der Menschheit), die evolutionistische Vergleiche zwischen Wilden, Kindern, Irren und Frauen nahelegten, als pseudo-wissenschaftliche Legitimationsstrategien für Rassismus, Sklaverei und Imperialismus bloßgelegt (Gould 1977; Byer 2002).

»Totem und Tabu« in der frühen psychoanalytischen Bewegung

Seit dem Beginn der psychoanalytischen Bewegung wurden psychoanalytische Erkenntnisse über das Unbewußte für ein erweitertes Verständnis kultureller Phänomene eingesetzt. Die Mehrzahl der Mitglieder von Freuds *Psychologischer Mittwoch-Gesellschaft,* die von 1902 bis 1908 diesen Namen trug, bevor sie zur *Wiener Psychoanalytischen Vereinigung* wurde, befaßten sich mit ebensolchen Fragen der Anwendung der Psychoanalyse und nutzten ethnologische Materialien zum Verständnis und Beleg ihrer Auffassung des Individuums (Nunberg/Federn 1976–1981; Mühlleitner 1992). Die ersten psychoanalytischen Untersuchungen zu Mythen, Ritualen und Symbolen, zu Märchen und Folklore, zur Religion und Kunst gehören zum Bestand der angewandten Psychoanalyse in der Zeit vor dem Ersten Weltkrieg und haben dazu beigetragen, daß die Ethnologen auf die Psychoanalyse aufmerksam wurden. Sie sind mit den Namen der Psychoanalytiker Karl Abraham, Sigmund Freud, Carl Gustav Jung, Alphonse Maeder, Leo Kaplan, Ernest Jones, Otto Rank, Theodor Reik, Franz Riklin, Adolf Josef Storfer und anderen verbunden. Mit der von Sigmund Freud von 1907 bis 1925 herausgegebenen *Schriftenreihe zur angewandten Seelenkunde* war ein Forum für ein breites Spektrum dieser Anwendungen geschaffen worden, denen ab 1912 auch die eigens dafür gegründete *Imago-Zeitschrift für die Anwendung der Psychoanalyse auf die Geisteswissenschaften* zur Verfügung stand. Ethnologische Themen wurden in der *Imago* nach dem Ersten Weltkrieg, neben den bereits Genannten, unter anderem von Alice Bálint, Marie Bonaparte, Otto Fenichel, Flora Kraus, Emil Lorenz, Oskar Pfister, Wilhelm Reich, Alfred Winterstein und besonders von dem Ethnologen und Psychoanalytiker Géza Róheim bearbeitet.

Als erster Psychoanalytiker versuchte sich Karl Abraham mit seiner Studie über *Traum und Mythus* bereits 1909 auf ethnologischem Gebiet (Zinser 1992, S. 151f.). Der Umgang der Analytiker mit der Ethnologie war in ihren frühen Beiträgen meist dilettantisch und methodisch nicht gesichert. In der Regel war das Interesse der Psychoanalytiker kurzfristig; es beschränkte sich darauf, in der ethnologischen Literatur Belege zu finden, die Parallelen zu ihren klinischen Beobachtungen von Träumen, Symbolen, Phantasien, neurotischen Symptomatiken und weiteren seelischen Mechanismen aufzuweisen schienen. Mit der Anwendung und Bestätigung psychoanalytischer Ideen auf dem Gebiet der Ethnologie konnte der Gültigkeitsbereich der Psychoanalyse räumlich auf außereuropäische Kulturen und zeitlich auf die Ursprünge der kulturellen Entwicklung der Menschheit ausgedehnt werden. Damit sollte die universelle Geltung psychoanalytischer Theorien, insbesondere des Ödipuskomplexes und die Bedeutung der Psychoanalyse als Kulturtheorie, belegt werden (Gamm 1989).

Die Phase eines offenen Austausches zwischen Psychoanalyse und Ethnologie, die Zeit einer freien Zusammenarbeit bei offenen Grenzen (Hauschild 1981, S. 156), ist mit der von Friedrich Salomo Krauss ab 1904 in zehn Bänden herausgegebenen *Anthropophyteia-Jahrbücher für folkloristische Erhebungen und Forschungen zur Entwicklungsgeschichte der geschlechtlichen Moral* verbunden. Neben Sigmund Freud unterstützten weitere namhafte Gelehrte wie Franz Boas, Iwan Bloch, Giuseppe Pitrè und Albert Eulenburg die *Anthropophyteia*. F. S. Krauss führte 1884/1885 eine 17-monatige Forschungsreise durch, bei der er vor allem in Bosnien-Herzegowina ethnographisches Material sammelte. Er arbeitete bei seinen Feldforschungen im Sinne der »teilnehmenden Beobachtung« und könnte auch von seiner Aufbereitung des Materials her als Vorläufer einer »Ethno-Psychoanalyse« angesehen werden (Hauschild 1981; Burt 1990; Reichmayr 1994). Die Psychoanalytiker waren Leser und teilweise, wie Freud, Mitarbeiter der von Friedrich Salomo Krauss zwischen 1904 und 1913 herausgegebenen *Anthropophyteia*, in der folkloristische und ethnologische Materialien zum Sexualleben gesammelt und aufbereitet wurden, welche die psychoanalytischen Erkenntnisse und Erfahrungen aus der klinischen Praxis bereicherten und bestätigten. Die von Sigmund Freud und David Ernst Oppenheim 1911 verfaßte Schrift *Träume im Folklore* (Freud / Oppenheim 1958a) beruhte auf dem in der *Anthropophyteia* gesammelten Material. Freud setzte sich für die durch die Zensur bedrohte *Anthropophyteia* mit einem Unterstützungsschreiben ein (Freud 1910f) und schrieb 1913 ein Geleitwort zu dem Buch von J. G. Bourke *Der Unrat in Sitte, Brauch, Glauben und Gewohnheitsrecht der Völker*, das von Friedrich S. Krauss und H. Ihm verdeutscht, neubearbeitet und als Band 6 der Reihe *Beiwerke zum Studium der Anthropophyteia* herausgegeben wurde (Freud 1913k). »Die Psychoanalytiker, mögen es Ärzte, Juristen oder Kulturforscher sein, erweisen sich als die zuverlässigsten Freunde unserer ethnologischen Sexualforschung« (Krauss 1912, S. 570).

In den Einleitungspassagen zu seinem im ersten Heft der Zeitschrift *Imago* abgedruckten Aufsatz »Über einige Übereinstimmungen im Seelenleben der Wilden und der Neurotiker« von 1912 ist Freud ausführlicher auf seine Beschäftigung mit diesen Fragen eingegangen als im Vorwort zu *Totem und Tabu* aus dem Jahre 1913 (Freud 1912i, S. 743f., 1912–13a, S. 3). Er hat sich darin freimütiger über die Komplikationen geäußert, die seine Anwendung der Psychoanalyse auf fremde Wissensgebiete verursachen könnte. Dieser Text, der in den *Nachtragsband* zu den *Gesammelten Werken* Freuds aufgenommen worden ist, wurde in der wissenschaftsgeschichtlichen Diskussion von *Totem und Tabu* bisher nicht berücksichtigt (Reichmayr 1995a).

Die Methode, Psychoanalyse und Ethnologie so zu verbinden, wie dies am Beispiel der *Anthropophyteia* und der Zusammenarbeit mit Krauss geschah, kennzeichnet auch die Einleitungspassagen und die ersten drei Aufsätze von *Totem und Tabu*. Erst im vierten Aufsatz gab Freud dem ethnologischen Material mit seiner These vom Mord am Urvater einen neuen Sinn.

> »Seit Kroebers Rezension (1920) ist bekannt, daß Freud diese Auseinandersetzung mit dem ethnologischen Material abgebrochen hat, indem er einfach seine These an den Schluß des Buches setzte. Folgen wir Kroebers zweitem Aufsatz über *Totem und Tabu* (1939), so stellt sich vor allem die Frage nach der wirklichen Quelle der von Freud in die Ethnologie projizierten Vorstellung vom Urvatermord« (Hauschild 1981, S. 158).

Freud begann 1911 seine systematische Arbeit an *Totem und Tabu* zu einem Zeitpunkt, an dem die Psychoanalyse als Wissenschaft ihre erste Blütezeit erlebte und sich gleichzeitig innerhalb der psychoanalytischen Bewegung Spannungen, theoretische Differenzen und organisatorische Risse zeigten. Alfred Adler war 1911 mit einer Gruppe von Psychoanalytikern aus der *Wiener Psychoanalytischen Vereinigung* ausgetreten. Auf dem *III. Internationalen Psychoanalytischen Kongreß* in Weimar 1911 wurde die Frage der Mitgliedschaft und der organisatorischen Absicherung der Psychoanalyse diskutiert. Ende 1912 trat Wilhelm Stekel aus der *Wiener Psychoanalytischen Vereinigung* aus (Mühlleitner 1992, S. 321). Im Sommer 1912 wurde die Bildung eines geheimen Leitungsgremiums der *Internationalen Psychoanalytischen Vereinigung*, des späteren »Geheimen Komitees« unter Ausschluß des amtierenden Präsidenten der Internationalen Vereinigung, C. G. Jung, diskutiert. In bezug auf die verschiedenen Aufgaben und Etappen der Organisierung und Institutionalisierung der Psychoanalyse stellte Helmut Dahmer die Frage nach der Organisationsform, die der Psychoanalyse adäquat sei (Dahmer 1988), und Erdheim nannte in diesem Zusammenhang *Totem und Tabu* das Produkt einer Verschiebung.

> »Freuds Phantasie von der Urhorde spiegelt in gewisser Hinsicht die Situation vor jeder Institutionalisierung wider: der Willkür des Gründers sind keine Grenzen gesetzt, er bestimmt, was geglaubt werden soll und wer dazugehört oder ausgestoßen wird. Eine solche Gruppe hat, wie jene phantasierte Urhorde, nur eine beschränkte Dauer, beschränkt

durch die physische Kraft des Männchens und – unter zivilisierten Umständen – durch das Charisma des Führers« (Erdheim 1991, S. 22).

Der besondere Druck, der die vorausgehende Phase des freien Austausches zwischen Psychoanalyse, Folkloristik und Ethnologie beendete und Freud zur vorzeitigen Veröffentlichung seiner Arbeit über *Totem und Tabu* drängte, resultierte aus dem sich zuspitzenden Konflikt mit C. G. Jung. 1912 war das entscheidende Jahr für den 1913 vollzogenen Bruch zwischen Freud und Jung. Im Vorwort zu *Totem und Tabu* ist nichts enthalten, was Freuds Bemerkung in den Einleitungspassagen entsprechen würde, daß er durch »verschiedene äußerliche Antriebe« zur vorzeitigen Veröffentlichung veranlaßt worden sei.

Als die von Freud »äußerlich« genannten Umstände der Veröffentlichung können das Erscheinen des ersten Teils von Jungs Essay *Über Wandlungen und Symbole der Libido* im Juli 1911 und Freuds Erwartung angenommen werden, daß der folgende zweite Teil noch größeren Widerspruch in ihm auslösen würde, weil er seinen eigenen Auffassungen entgegenstand. Freud stand unter Druck, seine eigenen Überlegungen möglichst rasch zu veröffentlichen. Der letzte Absatz in den Einleitungspassagen, der im Vorwort keine Entsprechung hat, bezieht sich auf die Parallele der ontogenetischen und der phylogenetischen Entwicklung des Seelenlebens, auf die Johann Jakob Honegger, ein Mitarbeiter Jungs, auf dem Psychoanalytischen Kongreß in Nürnberg 1910 durch den Vergleich von Phantasiebildungen Geisteskranker mit Mythen aufmerksam machte. Im Vorwort trennte Freud bereits klar die Ziele von Jung, »Probleme der Individualpsychologie durch Heranziehung von völkerpsychologischem Material zu erledigen« und seinen Versuchen, »Gesichtspunkte und Ergebnisse der Psychoanalyse auf ungeklärte Probleme der Völkerpsychologie anzuwenden« (Freud 1912-13a, S. 3).

Die beiden unterschiedlichen Versionen zur Einleitung von *Totem und Tabu* unterstützen die Ergebnisse verschiedener wissenschaftshistorischer Untersuchungen, die Belege gesammelt und Hypothesen dafür aufgestellt haben, daß die Abfassung dieser Schrift deutlich von den theoretischen, organisatorischen und persönlichen Auseinandersetzungen innerhalb der psychoanalytischen Bewegung mitbestimmt wurde, daß sich Freuds Vaterkonflikt in dieser Arbeit spiegelt und zeitgeschichtliche Hintergründe das Werk prägen (Jones 1962, Bd. 2, S. 418; Ellenberger 1973; Wallace 1983; Erdheim 1991, S. 18; Rothschild 1993a).

Zur Aufnahme von »Totem und Tabu« in der Ethnologie

Aus den überholten und nicht haltbaren evolutionistischen Positionen und Spekulationen Freuds in *Totem und Tabu* ist zu erklären, daß die zeitgenössische ethnologische Kritik, die nach dem Ersten Weltkrieg einsetzte, diesen Essay Freuds nicht als wirklichen Beitrag zur Ethnologie fremder Kulturen gewertet hat. Die wissenschaftsgeschichtliche Bedeutung des Buches liegt vielmehr darin, daß mit ihm psychoanalytische Erkenntnisse und Ideen zur Persönlichkeitsentwicklung, zur Beschreibung und Auffassung des psychischen Geschehens vermittelt wurden; es enthält wenig über Arbeitsweise, Methode und Technik der Psychoanalyse. Robert LeVine (1973) merkte an, daß nur Individuen einer Psychoanalyse unterzogen werden können. Mythen, Bräuche, Institutionen und andere kulturelle Phänomene seien davon ausgeschlossen. Wendet man das Verfahren dennoch an, eliminierte man alle Elemente der Methode, die der Psychoanalyse Validität geben. Bei den amerikanischen und britischen Ethnologen und vor allem in der amerikanischen Kulturanthropologie war die Psychologie des Individuums bei der Frage nach den Zusammenhängen von Individuum und Kultur in den Vordergrund gerückt. Freuds Urhordenkonstruktion wirkte auch innerhalb der psychoanalytischen Bewegung hemmend in bezug auf eine Öffnung zur Ethnologie und Soziologie, wie sie ihrerseits von Seiten dieser Disziplinen eine Auseinandersetzung mit der Psychoanalyse erschwerte (Brauns 1981, S. 42ff.).

> »Viele Kritiker argumentierten nicht etwa aus bornierter Abwehr der Psychoanalyse heraus, sondern weil gerade ihre auf den Tabubrecher Freud konzentrierten übergroßen Hoffnungen durch die Urvatermordthese enttäuscht worden waren ... Sie forderten die Befreiung des ethnopsychoanalytischen Symbolbegriffs aus den Zwängen der Urvater- und Ödipustheorie. In den folgenden Jahren sollten jedoch alle Versuche der Integration von Ethnologie und Psychoanalyse im Schatten des Freudschen Systemzwanges stehen bleiben« (Hauschild 1981, S. 160).

Die Wirkungsgeschichte von *Totem und Tabu* zeigt, daß Sigmund Freuds Werk von der Ethnologie weder ignoriert noch vorherrschend abgelehnt wurde. Letzere irrige Ansicht vertritt Ernest Jones, der Freud-Biograph und langjährige Präsident der *Internationalen Psychoanalytischen Vereinigung* (Jones 1962, Bd. 2, S. 425, Bd. 3, S. 386).

Von amerikanischen, britischen, französischen und deutschen Ethnologen wurde *Totem und Tabu* einer differenzierten Kritik unterzogen. Im angloamerikanischen Raum, in dem die Psychoanalyse ihre größte Wirkung entfalten konnte und als Psychologie des Unbewußten nachhaltig die Entwicklung der amerikanischen *Cultural Anthropology* beeinflußte, hat die Rezeption von *Totem und Tabu* eine über 40jährige Geschichte. Sie begann mit Alfred Louis Kroebers Besprechung von 1920 und reichte bis hin zu einer Replik von Margaret Mead im Jahre 1963 (Kroeber 1920; Mead 1963).

Durch die Vertreibung der Psychoanalyse, 1933 aus Deutschland und 1938 aus Österreich, war die Auseinandersetzung zwischen Psychoanalyse und Ethnologie behindert. Otto Fenichel hat in seinen »119 geheimen Rundbriefen« die Debatte innerhalb der psychoanalytischen Bewegung festgehalten, in sie eingegriffen und die Verbindung der beiden Disziplinen auf theoretischem Niveau geklärt (vgl. Kap 1.3.). Die Diskussion war in Österreich durch die Dominanz des antisemitisch eingestellten katholischen Paters Wilhelm Schmidt auf dem Gebiet der Ethnologie eingeschränkt, der in dezidierter Feindschaft der Psychoanalyse gegenüberstand. Erst mit der Entwicklung der Ethnopsychoanalyse und im Zuge der Studentenbewegung in den 60er und 70er Jahren, konnte nach dem Zweiten Weltkrieg im deutschsprachigen Raum auf die abgebrochene Tradition angeknüpft und eine Diskussion wiederaufgenommen werden.

Franz Boas, der ab 1899 am *Department for Anthropology* an der *Columbia University* in New York lehrte und im Norden der Vereinigten Staaten Feldforschungen betrieb, war der einflußreichste Befürworter von Untersuchungen, die auf dem detaillierten Sammeln ethnographischen Materials aufbauten und auch kulturhistorische Aspekte berücksichtigten. Seine gegen die universellen Synthesen und Theorien des Evolutionismus und die dabei verwendeten biologistischen und rassistischen Konzeptionen gerichteten Forschungen gingen von der historischen und geographischen Einmaligkeit der unterschiedlichen Kulturen aus, deren Funktionsweisen er durch genaues wissenschaftliches Beobachten und Dokumentieren näherzukommen trachtete. Boas wies nach, »daß Schädelform und Körpergröße, die seit J. F. Blumenbach (1752-1840) als Hauptmerkmale zur rassischen Klassifizierung gegolten hatten, durch das soziale Milieu modifiziert werden können« (Stagl 1988, S. 65). Boas übertrug Margaret Mead die Aufgabe, die dominierende Auffassung einer biologisch begründeten Pubertätsphase durch Feldforschungen zu überprüfen, deren Resultate diese Auffassung widerlegten. Boas war anläßlich der 20jährigen Gründungsfeierlichkeiten der *Clark University* in Worcester im September 1909 Hörer der Vorlesungen, die Sigmund Freud hielt. Er trug entscheidend dazu bei, daß der Diffusionismus (die Lehre von der Weitergabe kultureller Eigenheiten) in den Jahren 1910 bis 1925 den Evolutionismus ablöste. Er gilt als Begründer des amerikanischen

Diffusionismus und Kulturrelativismus, aus der die Gründergeneration der amerikanischen Kulturanthropologie (*Cultural Anthropology*) hervorging. Deren bekannteste Vertreterinnen und Vertreter waren: Ruth F. Benedict (1887-1948), Alexander A. Goldenweiser (1880-1940), Melville J. Herskovits (1895-1963), Alfred L. Kroeber (1876-1960), Robert H. Lowie (1883-1957), Paul Radin (1883-1953), Edward Sapir (1884-1939), Clark Wissler (1870-1947) und Margaret Mead (1901-1978).

Der Diffusionismus wiederum wurde vom Funktionalismus abgelöst, der aus der Kritik von Feldforschern (Rivers, Seligman, Malinowski, Thurnwald und anderen) an der Lebensferne evolutionistischer und diffusionistischer Forscher entstand, die ihr ethnologisches Material im Hinblick auf ihre theoretischen Systeme am Schreibtisch oder durch Beobachtungen bei Feldforschungen sammelten.

Nachdem *Totem und Tabu* 1918 in einer amerikanischen Übersetzung erschienen war, setzte sich diese führende Schule der Ethnologie bis zum Ende der 30er Jahre mit dem Werk kritisch auseinander. Es begann 1920 mit der Kritik Alfred L. Kroebers; ihm folgten die Autoren Edward Sapir, Alexander A. Goldenweiser, Melville J. Herskovits, Paul Radin, Margaret Mead und andere. Sie kritisierten vor allem Freuds einseitige und selektive Benutzung ethnologischer Quellen, seine von der evolutionistischen Ethnologie abgeleitete vergleichende Methode und die Urhordenkonstruktion, die er mit dem Inzesttabu und dem Ödipuskomplex verbunden hatte.

Freud hatte einzelne Kritiker der evolutionistischen Auffassungen zur Kenntnis genommen (Boas, Goldenweiser), berücksichtigte jedoch deren Argumente nicht. Er hatte auch von Boas Kritik an der vergleichenden Methode und am Ahistorizismus der Evolutionisten gehört, ohne von seinen eigenen Standpunkten abzugehen. Ebenso vernachlässigte er die deutschsprachigen diffusionistischen Ethnologen wie Friedrich Ratzel, Leo Viktor Frobenius, Fritz Graebner und Wilhelm Schmidt.

Wiederum war es Kroeber – der sich einer Psychoanalyse unterzogen hatte – der 1939 in einer revidierten Rezension hervorhob, daß nicht Freuds phylogenetische Kulturtheorie, sondern seine Psychologie des Unbewußten die Ethnologen beeindruckt und beeinflußt hatte. Zu diesem Zeitpunkt war es bereits deutlich geworden, daß Freuds psychoanalytische Psychologie von den amerikanischen Ethnologen positiv aufgenommen wurde. Vom Anfang der 30er Jahre an gab es im praktischen und im theoretischen Bereich einen deutlichen Trend zur Psychoanalyse (La Barre 1958). Die britischen Psychologen und Ethnologen William H. R. Rivers, Charles Samuel Myers und Charles G. Seligman waren Teilnehmer der von der Universität Cambridge 1898/1899 organisierten und von Alfred C. Haddon geleiteten anthropologischen

Expedition zur Torres-Straße (einer Inselkette zwischen Australien und Neuguinea), an der Vertreter mehrerer Disziplinen teilnahmen und die als bedeutendes Unternehmen für die Entwicklung der empirisch ausgerichteten ethnologischen Feldforschung angesehen wird (Kohl 1993, S. 109). Auch bei ihren weiteren Forschungsreisen hatten Rivers und Seligman die Methoden der teilnehmenden Beobachtung einbezogen, die später von Malinowski zu den grundlegenden Bestandteilen der modernen Feldforschungstechnik erklärt wurden. Die beiden Wissenschaftler förderten den Ethnologen Bronislaw Malinowski und waren der Psychoanalyse gegenüber aufgeschlossen. Sie waren es auch, die Malinowski mit Freudschen Konzepten bekannt machten. Malinowski war der erste Ethnologe, der diese in die Feldforschung einbezog und sie zu überprüfen versuchte. Ernest Jones, der in London 1924 im *Royal Anthropological Institute* und 1928 in der *London Folklore Society* als Vertreter der Psychoanalyse die Arbeiten von Malinowski diskutierte und über Psychoanalyse und Ethnologie sprach, war nicht in der Lage, auf die theoretischen und methodischen Ansprüche und Einwände der Ethnologen gegenüber der Psychoanalyse angemessen einzugehen. Die Psychoanalytiker waren nicht bereit, ihre Positionen zu relativieren und sich von evolutionistischen Denkschematas zu befreien. Sie nahmen die hypothetischen Konstruktionen Freuds, wie die Ermordung des Urvaters durch die Brüderhorde, für historische Wahrheiten. Géza Róheim, der erste ausgebildete Ethnologe, der zur Psychoanalyse kam, rückte erst 1950 von der Annahme eines Urvatermordes ab. Malinowski und andere Ethnologen hatten aufgezeigt, daß Freuds diesbezügliche Argumentation auf einem Zirkelschluß beruhte.

Die Einwände gegen Freuds *Totem und Tabu* von Seiten der Ethnologen haben dennoch dazu beigetragen, daß die psychoanalytischen Erklärungen und Hypothesen durch empirisches Material abgesichert wurden. Dies förderte die Entwicklung einer psychoanalytisch orientierten Ethnologie, die eigene Feldforschungen betrieb und deren Tradition von Géza Róheim ausging.

In Deutschland hatte sich der Ethnologe und Soziologe Richard Thurnwald kritisch und zugleich anerkennend mit *Totem und Tabu* beschäftigte. In seinem Aufsatz »Ethnologie und Psychoanalyse« betonte er, daß die von der Psychoanalyse angeschnittenen Fragen »für alle sozial- und völkerpsychologischen Untersuchungen überhaupt von grundlegender Bedeutung sind« (Thurnwald 1928, S. 115). Der Kernpunkt seiner Kritik bezog sich auf die Übertragung von Problemen der eigenen Gesellschaft und Epoche auf fremde Kulturen. »Die Psychoanalytiker neigen dazu, den allgemeinen Charakter der von ihnen gefundenen Problemstellungen zu betonen und lassen in der Regel die Verschiedenheiten der kulturellen Besonderheiten im Bann ihrer eigenen

Kulturgebundenheit verschwimmen« (Thurnwald 1928, S. 115). Er lehnte die Analogien zwischen »Primitiven« und »Neurotikern« aus diesem Grunde ebenso wie ahistorische Verallgemeinerungen ab.

»Freud verfällt in den Fehler jener älteren Schule, welche die Geschichte der sozialen Einrichtungen über das klassische Altertum hinaus nur wenig kennt, den Weg von da zu den Naturvölkern viel zu kurz einschätzt und deren reiche Stufengliederung und zahllose Varianten nicht in Betracht zieht. Nur so ist der Sprung möglich, den das Freudsche Ödipus-Ereignis vom Gorilla zu Sophokles macht« (Thurnwald 1928, S. 125f.).

Richard Thurnwald (1869-1954) führte seine Feldforschungen nach funktionalistischen Gesichtspunkten durch, bei denen er seine Beobachtungen und Erhebungen während längerer Aufenthalte in fremden Kulturen und im engen Zusammenleben mit ihren Angehörigen gewann. Thurnwald hatte sich schon früh mit »ethno-psychologischer« Forschung beschäftigt und bediente sich dabei auch als erster deutscher Ethnologe vor dem Ersten Weltkrieg der Methoden der empirischen Psychologie. Seine Erfahrungen, die er von 1906 bis 1909 auf einer Südsee-Expedition in deutschen Kolonialgebieten sammelte, veröffentlichte er 1912 und 1913 in den von William Stern und Otto Lipman herausgegebenen *Beiheften zur Zeitschrift für angewandte Psychologie* (Thurnwald 1912, 1913). Es gehörte zu seinen Absichten, auch im Hinblick auf kolonialpraktische Maßnahmen, ein tieferes psychologisches Verständnis und eine angemessene Kenntnis der fremden Kultur von Seiten der Vertreter der Kolonialmacht zu fördern (Melk-Koch 1989; Probst 1992; Staeuble 1992). Über verschiedene Schriften von Thurnwald wurde ab 1912 in psychoanalytischen Zeitschriften referiert.

In Österreich hatte sich der katholische Pater und Ethnologe Wilhelm Schmidt, der als Begründer der *Wiener kulturhistorischen Schule* der Ethnologie gilt, in seiner aus Vorträgen hervorgegangenen Schrift »Der Ödipuskomplex der Freudschen Psychoanalyse und die Ehegestaltung des Bolschewismus« (Schmidt 1929) in diffamierender Absicht mit Sigmund Freuds Religionskritik in *Totem und Tabu* und *Die Zukunft einer Illusion* (1927) beschäftigt. Friedrich Heer zählte Wilhelm Schmidt zu den einflußreichsten geistigen und kirchlichen Führern des katholischen Antisemitismus, der politisch mit dem Nationalsozialismus konkurrierte und diesem gleichzeitig den Boden in Österreich vorbereitete (Heer 1967, S. 361f.). Schmidt versuchte durch seine ethnologischen Forschungen und Spekulationen seine Annahmen vom Monotheismus, der Monogamie und der Monogenese zu stützen. Aus

Angst vor Repressalien gegen die Psychoanalyse durch Wilhelm Schmidt, der in der Zeit des klerikofaschistischen Ständestaates in Österreich (1934-1938) zu seinen größten politischen Macht- und Einflußmöglichkeiten gekommen war, zögerte Freud die religionskritische Veröffentlichung des letzten Teils seiner Studie über den »Mann Moses« bis zu seiner Exilierung hinaus (Huber 1977, 1978; Robertson 1994).

Die charakteristischen Elemente der Rezeption der Psychoanalyse in der Ethnologie kamen sowohl bei den amerikanischen Ethnologen, bei Malinowski und Seligman, als auch bei Thurnwald zum Tragen: Sie waren gegenüber der Freudschen Psychologie aufgeschlossen, akzeptierten aber nicht die Art und Weise der Anwendung auf die Ethnologie und hatten Schwierigkeiten, die Psychoanalyse ihrem theoretischen Entwicklungsstand gemäß zu rezipieren. Dies läßt sich auch bei der *Culture and Personality*-Forschung verfolgen, die sich innerhalb der amerikanischen Kulturanthropologie entwickelte und der Psychoanalyse positiv gegenüberstand.

»Ein weiteres internes Problem, das es den Anthropologen schwer machte, die Nützlichkeit der Psychoanalyse für die Untersuchung anderer Kulturen zu erkennen, war das lange Festhalten an Freuds topographischem oder Libido-Modell, das weder die Wandlungsprozesse der Aggression noch den Einfluß der Sozialisation auf die Persönlichkeitsentwicklung ausreichend berücksichtigte« (Boyer 1980, S. 702).

Bei der Übertragung von klinischen Daten und Erfahrungen in die Sphäre der Kultur im Zeitraum der Abfassung von *Totem und Tabu*, fehlten Freud Konzepte einer psychologischen Theorie der kulturellen Überlieferung. Das erste topographische Modell der Psyche (das Modell der Schichtungen bewußt-vorbewußt-unbewußt) war dazu wenig geeignet. Freud rekurrierte auch aus diesem Mangel auf die ihm bekannten biogenetischen und lamarckistischen Ideen und die Vorstellungen einer »Massenseele«, um eine Verbindung zwischen Individual- und Gruppenpsychologie herstellen zu können. Dagegen berief sich die spätere Ethnopsychoanalyse auf das zweite topographische Modell der Psyche (dem Strukturmodell von Es, Ich und Über-Ich), auf die darauf basierende psychoanalytische Ich-Psychologie und Objektbeziehungstheorie.

Es fehlte von seiten der Psychoanalytiker auch an Erfahrungen und Anregungen methodischer Art, denn lange wurde innerhalb der Psychoanalyse das Vorurteil gepflegt, daß Individuen außerhalb der europäischen Kultur nicht analysierbar seien (vgl. Kap. 1.3.). Weder analysierte Freud einen Menschen aus einer »primitiven« Gesellschaft, noch hatte er sich eingehend mit einer speziellen fremden Kultur beschäftigt. Dies entsprach auch noch zur Zeit der ersten ethnopsychoanalytischen Untersuchungen von Paul Parin, Fritz Morgenthaler und Goldy Parin-Matthèy bei den Dogon einer gängigen Meinung: »Die Völkerpsychologen verwenden zwar in neuerer Zeit immer mehr psychoanalytisches Gedankengut, sind aber im übrigen der Meinung, daß es unmöglich sei, Angehörige der sogenannten ›primitiven‹ Völker einer direkten Analyse zu unterziehen« (Parin/Morgenthaler/Parin-Matthèy 1993, S. 24). Die Grenzen dafür waren auch innerhalb der eigenen Kultur und innerhalb der Psychoanalyse eng gezogen. Dieser ethnozentrische Blickwinkel bestimmte zum Beispiel die Frage der Behandelbarkeit durch die psychoanalytische Methode mit.

»Durch die Analyse jener Stellen, in denen Freud in seinen Werken südslawische Gegenden und Menschen erwähnt, zitiert Mladen Dolar den Fall eines Slowenen, der im Jahre 1922 in Triest vom Psychoanalytiker Edoardo Weiß ohne Erfolg behandelt wurde. Weiß beklagte sich darüber bei Freud und dieser antwortete ihm unter anderem in einem Brief: ›Unsere analytische Kunst versagt bei solchen Leuten, auch unsere Einsicht vermag die bei ihnen herrschenden dynamischen Verhältnisse noch nicht zu durchschauen‹ « (Buden 1990, S. 23).

So blieben in einer konkreten Behandlungssituation Freuds Überlegungen und Analogien zu dem »Wilden« und dem »Neurotiker« wirkungslos. Erst mit der Überwindung dieser Hürden konnte eine über die Deutung ethnologischen Materials hinausgehende Anwendung der Psychoanalyse in der Ethnologie beginnen.

Hartmut Zinser weist darauf hin, daß sich hinter der Diskussion über Freuds ethnologische Quellen und der Debatte um die Universalität des Ödipuskomplexes, der Kern der Frage einer Anwendung der Psychoanalyse in der Ethnologie verbirgt.

»Denn in einer Psychoanalyse ist Subjekt der Deutungen der Patient, nicht der Analytiker. Bei der Anwendung der Psychoanalyse auf Gegenstände der Ethnologie aber waren Freud, Karl Abraham, Otto Rank, Theodor Reik usw. Subjekt der Analysen, sie haben das Material nach ihren Erkenntnisinteressen ausgewählt und gruppiert, um ihre Resultate zu erzielen. *Die Stammesgesellschaften kommen in diesen Analysen nur als Objekt, nicht aber als Subjekt vor, wie es in einer Psychoanalyse sein müßte.* Es findet insoweit eine gewisse Verkehrung von Subjekt und Objekt statt, so daß genau besehen nicht von einer Anwendung der Psychoanalyse gesprochen werden kann, sondern davon, daß das vorliegende ethnologische Material auf der Basis psychoanalytischer Erfahrungen und Theorien neu interpretiert wurde« (Zinser 1984, S. 103f.).

In diesem Sinne plädierte auch Andras Zempléni für die Entwicklung von genuin psychoanalytischen Methoden und Techniken, die bei der ethnologische Anwendung der Psychoanalyse eingesetzt werden können (Zempléni 1977, S. 87f.).

1.2. Die Kontroverse zwischen Ernest Jones und Bronislaw Malinowski und die psychoanalytisch orientierten Feldforschungen von Géza Róheim

Als dominierende ethnologische Schule löste der Funktionalismus den Diffusionismus ab. Der Ethnologe Bronislaw Malinowski gilt als Hauptvertreter des Funktionalismus; er wird als Begründer der modernen ethnographischen Feldforschung, insbesondere der Methode der »teilnehmenden Beobachtung«, angesehen. Neu an seiner Methode war, daß er nicht als distanzierter Beobachter ethnographische Daten aufnahm, sondern intensiv am Leben und der Kultur der von ihm Untersuchten teilnahm, eine Beziehung zu ihnen herstellte und damit eine neue Form der Datengewinnung in der Ethnologie initiierte (Kohl 1993, S. 109ff.). »Die hergebrachten Formen des Sammelns ethnographischen Materials – Umfrage und Forschungsreise – wurden damit obsolet. Obsolet wurden auch die auf ihnen begründeten ethnologischen Theorien (›Evolutionismus‹ und ›Diffusionismus‹) ... Die gesamte Disziplin wurde dadurch umgekrempelt« (Stagl 1993, S. 97; Paul 1979).

Zwischen 1914 und 1918, während seiner Feldforschungen auf dem Trobriand-Archipel in Melanesien, hatte sich Malinowski mit psychoanalytischen Ideen beschäftigt. Der Einfluß auf seine theoretischen Konzepte war gering, seine Ansichten lösten jedoch bei den Psychoanalytikern eine heftige Diskussion aus (La Barre 1961, S. 13f.). Seine Beobachtungen hatte er 1915 in einem Artikel veröffentlicht, 1924 erschienen weitere Ausführungen dazu und 1927 faßte er seine die Psychoanalyse betreffenden Arbeiten in dem Buch *Sex and Repression in Savage Society* zusammen, das 1962 auf Deutsch unter dem Titel *Geschlecht und Verdrängung in primitiven Gesellschaften* erschien (Malinowski 1915, 1924, 1927, 1962). In seiner Arbeit

Mutterrechtliche Familie und Ödipuskomplex (Malinowski 1924), die in der psychoanalytischen Zeitschrift *Imago* erschien, war er zu grundsätzlichen Bestätigungen der Psychoanalyse durch seine Beobachtungen gekommen und diskutierte auch das Nichtvorkommen des Ödipuskomplexes in der von ihm untersuchten matrilinearen Sozialstruktur der Trobriander. In ihrer Gesellschaft spielt der biologische Vater in der Verwandtschaftsstruktur keine Rolle, es fehlte die von Freud beschriebene ödipale Konstellation, dagegen ist die Liebe von Bruder zu Schwester und der Haß zwischen Neffe und Onkel von besonderer Bedeutung. Malinowski hob diese Struktur als unterdrückten Kernkomplex der matrilinearen Familie hervor und charakterisierte ihn durch den Wunsch, die Schwester zu heiraten und den Bruder der Mutter zu töten. Er forderte die Psychoanalytiker auf, die für eine jeweilige Kultur und Konstitution der Familie sich wandelnde spezielle Form dieses Konfliktes systematisch zu untersuchen, anstatt von vornherein eine universelle Existenz des Ödipus-Komplexes zu postulieren (Malinowski 1924, S. 276ff., 1962, S. 18ff., S. 234ff.). Malinowski war es gelungen, die Freudsche Urhordenkonstruktion, die der Vorstellung von der Universalität des Ödipuskomplexes zugrunde liegt, »als eine großangelegte Mythologisierung und Biologisierung von nachweislich sozialen und historisch durchaus variablen Konstellationen« zu entlarven (Ottomeyer 1976, S. 162).

Ernest Jones, der in London wirkende Präsident der *Internationalen Psychoanalytischen Vereinigung,* der in der Zeit vor Géza Róheim der einzige Psychoanalytiker mit eingehenden ethnologischen Kenntnissen war, hat in der Kontroverse zwischen ihm und Malinowski den Standpunkt der klassischen Psychoanalyse verteidigt, denn seiner Meinung nach beruhte das Wissenschaftsgebäude der Psychoanalyse auf der universellen Gültigkeit des Ödipuskomplexes. In evolutionistischer Sichtweise reduzierte Ernest Jones, wie Sigmund Freud in *Totem und Tabu,* die grundlegenden Probleme der Ethnologie »auf die Frage nach der Entstehung von Totemismus und Religion, von Ehe und Familie und von anderen sozialen Einrichtungen« (Jones 1927, S. 204). Er zog Malinowskis psychoanalytische Kompetenzen in Zweifel. Die Unfähigkeit der Trobriander, die physiologische Vaterschaft zu verstehen, gehe auf den Mechanismus der Verneinung zurück. Das matrilineare Gesellschaftssystem sei als generelle Abwehr gegen ödipale Tendenzen zu deuten (Paskauskas 1993, S. 546, S. 579). Jones war sich der Schwierigkeiten der Zusammenarbeit zwischen Psychoanalytikern und Ethnologen bewußt, hoffte aber auf eine künftige Verbesserung:

»Er (der Anthropologe) hat auch nichts vor dem Psychologen voraus, der ebenso wie er auf der einen Seite im Vorteil, auf der anderen im

Nachteil ist. Unter diesen Umständen kann es nur von Nutzen sein, wenn beide sich mit gegenseitigem Wohlwollen einander nähern und so lange miteinander arbeiten, bis beide von einer neuen Generation von Anthropologen abgelöst werden, die gleichzeitig mit der Arbeit des Sammlers und mit den Methoden der modernen Psychologie vertraut sind. Ein Vertreter dieser neuen Generation ist aber bisher noch nicht unter uns aufgetaucht« (Jones 1924, S. 134).

Die Auseinandersetzung zwischen Jones und Malinowski wurde als anregend, aber dennoch als wenig tragfähig für weitergehende Folgerungen eingeschätzt: »Der Psychoanalytiker hatte keine Felderfahrung und der Feldforscher war nicht psychoanalytisch geschult« (Beuchelt 1974, S. 122). Die Kontroverse war aber der Anlaß dafür, daß der Ethnologe und Psychoanalytiker Géza Róheim eigene Feldforschungen durchführte und Beobachtungen machen konnte, die auf einen tief verdrängten Ödipuskomplex in der matrilinearen Kultur der Normanby-Insulaner in Melanesien hinwiesen und seiner Meinung nach die Interpretation von Jones bestätigten.

In der Auseinandersetzung unterstützte der Psychoanalytiker Wilhelm Reich die Argumente Malinowskis und benutzte dessen Material, um seine eigenen Ansichten zu belegen. Er hatte in seinem Buch *Der Einbruch der Sexualmoral. Zur Geschichte der sexuellen Ökonomie* (Reich 1932) den Bericht von Malinowski über die Sexualgewohnheiten und Wirtschaftsweise der Trobriander als ethnologische Bestätigung für seine sexualökonomische Theorie verwandt (Dahmer 1982, S. 361f.; Reichmayr 1994, S. 178). In der zweiten Auflage seines Buches (Reich 1935, S. 123ff.) ging Reich in einem Anhang auf die Ergebnisse und Materialien der Feldforschungen von Róheim ein, nachdem dieser sein Buch einer kritischen Besprechung unterzogen hatte (Róheim 1933). Er kritisierte sein Vorgehen und seine Interpretation der Daten. Er sah seine eigene Theorie vom Einbruch der Sexualmoral in die primitive Kultur durch das Material von Róheim bestätigt und Róheims theoretische Grundposition einer biologischen Determiniertheit der Angst des Kindes durch die von ihm selbst erhobenen Daten widerlegt. Auch Reich hatte seine sexualökonomischen Gesetzmäßigkeiten durch evolutionistische Spekulationen abgesichert. »Aber mit derselben Sicherheit wie Róheim glaubte auch Reich, ›gesunde‹ von ›kranken‹ Gesellschaften unterscheiden zu können, denn er idealisierte die Trobriand-Kultur zum sexuell freien Paradies« (Hauschild 1981, S. 161).

Wie Anne Parsons und andere Autoren darlegten, sind die Debatten über die universelle Gültigkeit des Ödipuskomplexes und die Form der Fragestellung als überholt anzusehen (Reiche 1972; Parsons 1974; Ottomeyer 1976; Spiro 1982; Edmunds/Dundes 1984).

»In der Retrospektive zeigt sich uns im übrigen recht deutlich, daß Jones eigentlich nur das Vorhandensein einer infantilen Sexualität verteidigen wollte. Auf der anderen Seite sind Malinowskis wichtige Beobachtungen heute ebenfalls wissenschaftliches Gemeingut geworden, so daß keinerlei Polemik zu ihrer Verteidigung mehr notwendig ist. Niemand wird heute mehr bestreiten, daß es Gesellschaftsformen mit ganz unterschiedlichen Familienstrukturen und voneinander abweichenden Inzest-Verboten gibt, die sich auf keinen Fall allein aus den biologischen Tatsachen der Paarung und Fortpflanzung erklären lassen« (Parsons 1974, S. 209).

Parsons hat auch auf die zu enge Auslegung der psychoanalytischen Triebtheorie hingewiesen, die auf die Wiederentdeckung von erlebten Traumen in der frühen Kindheit reduziert ist und die Bedeutung der Objektbeziehungen unberücksichtigt läßt.

»Die moderne psychoanalytische Ethnologie nähert sich diesem Problemkreis mit der Frage, in welchem Umfang eine Kultur die Triebe des Individuums nützen und beeinflussen kann und wo dessen psychologische Grenzen für die Aufnahme und Verarbeitung der kulturellen Möglichkeiten liegen« (Parsons 1974, S. 255).

Géza Róheims psychoanalytisch orientierte Sammlung ethnographischen Materials

Um die Einwände der Ethnologen gegen die psychoanalytischen Hypothesen, die in der Kontroverse zwischen Ernest Jones und Bronislaw Malinowski auftauchten, besser entkräften zu können, wurde von seiten der Psychoanalytiker das Projekt erwogen und realisiert, eigene ethnographische Feldforschungen durchzuführen und ethnologische Materialien zu sammeln. Géza Róheim, der als erster Ethnologe eine psychoanalytische Ausbildung bei Sándor Ferenczi in Budapest absolviert hatte und als Psychoanalytiker praktizierte, übernahm diese Aufgabe. Gemeinsam mit seiner Frau Ilonka unternahm er zwischen 1928 und 1931 vier ethnologische Expeditionen, um eine psychoanalytisch orientierte Sammlung von ethnographischen Daten anzulegen. Zur Vorbereitung hatte er sich einer weiteren Analyse bei Vilma Kovács in Budapest unterzogen (Lück/Mühlleitner 1993, S. 163f.). Die Forschungsreisen wurden von der Psychoanalytikerin Marie Bonaparte finanziert und gemeinsam mit Freud, Ferenczi und Kovács vorbereitet.

Róheim berücksichtigte bei seinen theoretischen Arbeiten, die er vor seinen Feldforschungen veröffentlichte und die unter dem Einfluß von Freuds *Totem und Tabu* und der damit verbundenen evolutionistischen Sichtweise standen, auch die Studien der diffusionistischen Richtung der deutschen Ethnologie (Beuchelt 1974, S. 123). Er bezog in seine psychoanalytischen Erklärungen die Auffassungen der Psychoanalytiker Karl Abraham, Sándor Ferenczi, Melanie Klein und Imre Hermann mit ein.

Im Anschluß an seine praktischen Feldforschungen wandte sich Róheim von der Verteidigung der Freudschen phylogenetischen Urhordenkonstruktion ab und begann seine eigene psychoanalytische Kulturtheorie auszuarbeiten, die eine ontogenetische Kulturtheorie und eine Theorie der kulturellen Unterschiede umfaßte (Schoene 1966, Zinser 1977). Róheim leitete die menschliche Kultur und deren Einrichtungen aus den psychischen Verarbeitungen biologisch begründeter infantiler Konflikte ab, die er vor allem auf die frühen Traumen der Trennung des Kindes von der Mutter gruppiert sah. Kulturelle Phänomene führte er auf psychische und letzten Endes auf biologisch-triebhafte Ursachen zurück. Ausschließlich aus diesem Blickwinkel untersuchte Róheim auch kulturelle und gesellschaftliche Einrichtungen und nahm aus dieser Perspektive deren historische, soziale und ökonomische Dimension mit auf. Dies trug ihm den Vorwurf des psychologischen und biologischen Reduktionismus ein. Seine Theorien und die Annahme einer biologischen Basis für die Universalität des Ödipuskomplexes verteidigte er vehement gegen die Einwände von Psychoanalytikern und Ethnologen wie Otto Fenichel, Wilhelm Reich, Erich Fromm, Bronislaw Malinowski und gegen die Forschungen von Vertretern der amerikanischen *Culture and Personality*-Richtung wie Abram Kardiner.

> »Ich werde zu zeigen versuchen, daß die von der modernen Anthropologie (der kulturalistischen Richtung) angewandten Methoden nicht zu den Tatsachen passen. Ich glaube, daß meine Anwendung der Psychoanalyse als Interpretationsinstrument mehr erklärt, wenn auch nicht auf so einfache Art, als die gegenwärtig allgemein benutzen Methoden« (Róheim 1977, S. 7).

Sein Einfluß auf die Ausbreitung und die Anwendung psychoanalytischen Denkens in der Ethnologie war besonders in den Vereinigten Staaten bereits in den 30er Jahren offensichtlich. Róheims theoretisches Denken blieb auf die psychoanalytische Es-Psychologie beschränkt, die von Freud und anderen Psychoanalytikern hervorgehobenen Anteile des Ich und des Über-Ich an der Kulturbildung wurden von ihm weniger berücksichtigt. Seine Nähe zur

Es-Psychologie kam bei Róheim auch in seinem romantisierenden Urteil zum Ausdruck, nach dem »die primitive Kultur auf Grund ihrer Nähe zu den unbewußten Prozessen gerade der ›kranken‹ westlichen Kultur überlegen« sei (Hauschild 1981, S. 160).

Auf methodischer Ebene ist Róheim mit der direkten Aufnahme und Sammlung von ethnographischen Daten durch seine Feldforschungen dem Standard empirisch-ethnologischen Forschens nähergekommen. Der Einsatz der Psychoanalyse als Methode der Feldforschung war ihm nur eingeschränkt möglich, obwohl er die Absicht geäußert hatte, die psychoanalytische Technik anzuwenden. Ernest Jones zitierte in seiner Freud-Biographie aus einem Brief Sigmund Freuds an Marie Bonaparte vom 16. Januar 1928 eine Stelle, aus der die unterschiedlichen Absichten und Vorschläge für das Forschungsunternehmen deutlich werden:

> »Róheim brennt vor Begierde, an seinen Primitiven ›Analysen‹ zu machen. Ich meine, Beobachtungen über die Sexualfreiheit und die Latenzzeit der Kinder, über die Anzeichen des Ödipuskomplexes, den etwaigen Männlichkeitskomplex der primitiven Frau würden dringender und wichtiger sein. Wir kamen überein, daß das Programm sich endlich nach den Gelegenheiten richten müßte« (Jones 1962, Bd. 3, S. 168f.).

Hans-Jürgen Heinrichs hält für Róheim fest, daß er dennoch

> »der erste ›Feld‹-forscher war, der die praktischen Erfahrungen seiner Analyse ... und das psychoanalytische Interpretationsverfahren für die Deutung fremder Kulturen nutzbar gemacht hat. Es ist der Schritt von der Deskription und Katalogisierung sozialer Tatsachen zur verstehenden Deutung, zur Erkenntnis der ›verborgenen Bedeutung des anscheinend Bedeutungslosen‹ (Róheim 1974, S. 1099)« (Heinrichs 1993, S. 371).

Die Forschungsreisen wurden so organisiert, daß ethnographisches Material aus verschiedenen traditionsgeleiteten Kulturen gesammelt werden sollte, um bestehende psychoanalytische Erklärungsansätze und Theorien erhärten und ihre Allgemeingültigkeit bestätigen zu können. Róheims Untersuchungen bei den zentralaustralischen Kulturen nahmen dabei eine besondere Stellung ein, entsprechend der Bedeutung, die sie für die evolutionistische Ethnologie als »ursprünglichste« immer schon hatten, auf die auch Freud in *Totem und Tabu* zurückgegriffen hatte. Auch sollte eine matrilinear organisierte Gesellschaft in die Forschung miteinbezogen werden, um den Argumenten von Ethnologen, im besonderen denen Bronislaw Malinowskis und Psychoanalytikern wie Wilhelm Reich, entgegnen zu können, die aufgrund ihrer Untersuchungen und Interpretationen die These von der universellen Gültigkeit des Ödipuskomplexes bestritten hatten.

Róheim und seine Frau hielten sich für ihre Untersuchungen einen Monat in Somalia auf, arbeiteten vom Februar bis November 1929 in mehreren Kulturen in Zentralaustralien, vor allem bei den Arande, und anschließend neun Monate bei den Sipupu auf den Normanby-Inseln bei Neuguinea, nicht weit entfernt vom Trobriand-Archipel, auf dem Malinowski geforscht hatte. Den Abschluß bildete ein zweimonatiger Aufenthalt bei den Yuma-Indianern im Grenzgebiet von Mexiko und den Vereinigten Staaten in Arizona. Die Expedition dauerte vom Ende des Jahres 1928 bis zum Beginn des Jahres 1931. Der erste Bericht und die ersten Ergebnisse der Untersuchungen wurden 1932 im Sonderheft *Ethnologie* der Zeitschrift *Imago* (Róheim 1932) und im selben Jahrgang von *The International Journal of Psycho-Analysis* veröffentlicht (Paskauskas 1993, S. 697). Bei seinen Beschreibungen diskutierte Róheim auch Analogien zwischen der psychoanalytischen Technik und der ethnologischen Forschungsarbeit, und er berichtete über seine Versuche, bei der Feldforschung psychoanalytische Situationen herzustellen. Diese erwiesen sich als nur sehr begrenzt möglich. Róheim betonte auch, daß er sich durch die Analyse seiner Gegenübertragung vor einer unbewußt motivierten Ablehnung oder Idealisierung der sogenannten »Naturvölker« bewahrte.

»Der Unterschied zwischen der psychoanalytischen Ethnologie, wie man sie zu Hause betreiben kann, und jener anderen, die sich am lebenden Objekt abspielt, wird jedem Analytiker klar werden, wenn wir sagen, daß sich die ›psychoanalytische Ethnologie in der Studierstube‹ vergleichen läßt der psychoanalytischen Bearbeitung von Werken der Literatur, während die Arbeit am lebenden Objekt bestrebt sein muß, einer therapeutischen Analyse möglichst nahe zu kommen. Im ersten Fall kann man wenig mehr tun, als den unbewußten Gehalt der Riten oder Mythen aufdecken, d.h. also, eine topische Betrachtung anstellen. Im zweiten Fall muß man die Wechselwirkungen von Es, Ich und Über-Ich zu begreifen suchen, d.h. man muß bei der Darstellung alle drei Gesichtspunkte in Betracht ziehen, den topischen, den dynamischen und den ökonomischen ... Es kann nicht oft genug gesagt werden, daß der analytisch forschende Ethnologe in einer ganz ähnlichen Lage ist wie der therapeutisch arbeitende Analytiker, nicht nur, weil alle menschlichen Beziehungen auf Übertragung, also auf umgeleiteten libidinösen

Strebungen beruhen, sondern auch weil er absichtlich und planvoll ›Geister aus der Tiefe beschwört‹, d.h. sich Träume erzählen und dazu assoziieren läßt« (Róheim 1932, S. 303f.).

Bei seinen Vergleichen macht Róheim auf die Bedeutung von Übertragung, Gegenübertragung, Deutung und Widerstand und der Methode der freien Assoziation in der ethnologischen Untersuchungsarbeit aufmerksam, ohne diese jedoch in seinen eigenen Forschungsprozeß systematisch einbeziehen zu können. Er sah sich nicht in der Lage, seine Deutungen in die praktische Feldforschung zu integrieren, indem er diese zum Beispiel seinen Informanten mitteilte. Vielmehr zieht Róheim hier die Grenze zwischen der Analogie der klinischen Analyse und der ethnologischen Tätigkeit.

»Oder sagte man etwa einem Papua, daß er nicht das edle Wesen ist, das er zu sein glaubt, sondern in Wirklichkeit kaltherzig und grausam, und daß er den, dessen Freund er zu sein wähnt, in Wahrheit töten möchte, so würde er sich vor Scham umbringen oder wenigstens als Auskunftsquelle weiterhin nicht mehr in Betracht kommen« (Róheim 1932, S. 312).

Róheims Feldforschungen waren von der kurzen Aufenthaltsdauer, von den von vornherein feststehenden Zielvorstellungen und von der Qualität seiner Beziehungen und Auseinandersetzungen mit den von ihm Untersuchten begrenzt.

Róheim faßte Malinowskis methodische Anleitungen in der Devise zusammen: »Man muß mit den Eingeborenen gut Freund werden« (Róheim 1932, S. 304). Er folgte Malinowskis funktionalistischer Auffassung, in einem längeren, durch teilnehmende Beobachtung bestimmten Aufenthalt die Beziehungen zwischen Kulturhandlungen und menschlichen Bedürfnissen zu erforschen, und erweiterte diese durch vier psychoanalytische Forschungstechniken, deren Erprobung er aber nur in Ansätzen leisten konnte.

Róheims Ziel war, »die Formel für den unbewußten Wunsch zu finden, durch den jede Gesellschaftsstruktur determiniert ist, ebenso wie jedem Traum und jeder Neurose ein System solcher unbewußten Wünsche zugrunde liegt« (Róheim 1932, S. 320). Er beschritt mehrere Wege, um diesem Ziel näher zu kommen: Zum einen sammelte und analysierte er Träume seiner Informanten und notierte deren Assoziationen, meist im Zusammenhang mit bestimmten Glaubenssätzen oder Ritualen, deren unbewußten Sinn er zu entschlüsseln versuchte.

»Wenn man sich dabei immer eine Zeitlang an das gleiche Individuum hält und sich eine ganze Reihe seiner Träume erzählen läßt, sich Einblicke in seinen Lebenslauf und seinen Charakter verschafft, so bekommt man eine Vorstellung von der Entwicklungsgeschichte der Libido dieses Individuums, und wir können daher auch von der Analyse einzelner Individuen sprechen« (Róheim 1932, S. 320).

Neben der Traumanalyse widmete sich Róheim der Erforschung des Sexuallebens und führte als dritte Methode mit Kindern Spielanalysen nach der Art von Melanie Klein durch, »natürlich meist, ohne Deutungen zu geben. Dazu hätte ja auch wohl keine Veranlassung vorgelegen – ich hätte durch das ausbrechende Feld- und Dorfgeschwätz nur den Widerstand vergrößert, und schwerlich wäre ich dadurch zu klareren Ergebnissen gekommen« (Róheim 1932, S. 321). Seine vierte Methode ist die der psychoanalytischen Auswertung von Mythen, Zeremonien und Bräuchen im Zusammenhang mit Beobachtungen aus dem Alltagsleben seiner Informanten.

»Auch bei den Untersuchungen Róheims kann mithin nicht von einer Anwendung der psychoanalytischen Methode in der Ethnologie gesprochen werden, vielmehr muß sein Verfahren *als ethnologische Feldforschung bezeichnet werden, welche durch psychoanalytische Theorien und Fragestellungen geleitet war.* Dies entwertet seine Untersuchungen nicht; vielmehr muß anerkannt werden, daß er durch seine Fragestellungen individuelle und gesellschaftliche Erscheinungen in Stammesgesellschaften ins Blickfeld gerückt hat, die sonst leicht übersehen worden wären« (Zinser 1984, S. 105f.).

1.3. Otto Fenichel: Psychoanalyse und Ethnologie, theoretische Grundlagen

Der aus Wien gebürtige Otto Fenichel hat sich wie Wilhelm Reich, Siegfried Bernfeld, Erich Fromm und andere um eine Verbindung von psychoanalytischer Theorie und Gesellschaftstheorie bemüht. In einem seiner »119 geheimen Rundbriefe«, die in einer Gruppe von emigrierten Psychoanalytikern zwischen 1933 und 1945 zirkulierten und in denen über Fragen der psychoanalytischen Bewegung und der Theorieentwicklung im zeitgeschichtlichen und politischen Kontext diskutiert wurde, hat er auf die Bedeutung von

Bronislaw Malinowski für die Psychoanalyse hingewiesen. In seinem Rundbrief Nr. 90 vom 10. Juli 1942 schrieb Otto Fenichel:

> »I learned that Professor Malinowski has died at a relatively young age. We will not forget what a correct application of psychoanalysis to sociology owes to Malinowski. His fieldwork with the Trobrianders was not only actually done according to psychoanalytic principles and to better ones than Róheims. But in his paper ›Matriarchal Family and the Oedipus Complex‹ he was the first actually to criticize in a positive way the wrong ›biological‹ conception of the Oedipus complex which blocked any materialistic psychoanalytic anthropology« (Fenichel 1998, S. 1650).

In Fenichels Rundbriefen wurden die biologistischen Positionen von Géza Róheim, René Laforgue auf der einen Seite und die »kulturalistischen« Standpunkte von Abram Kardiner, Karen Horney auf der anderen Seite an Hand ihrer Veröffentlichungen kritisch untersucht.

Ich möchte die *119 Rundbriefe* von Otto Fenichel (Fenichel 1998) als Quelle benutzen um zu zeigen, daß die theoretischen Grundlagen für die Ethnopsychoanalyse in den 30er Jahren bereits gelegt waren, ihre »Entdeckung« jedoch erst in den 50er Jahren des letzten Jahrhunderts gelang. Diese Vorgeschichte der Ethnopsychoanalyse steht im Spannungsfeld der »Internationalität des Unbewußten« und des »Ethnozentrismus der Psychoanalytiker«. Sigmund Freud hat der Welt die Psychoanalyse als Wissenschaft und Forschung empfohlen, und er hat darin ihre kulturhistorische Leistung gesehen; die Verbindung zwischen Psychoanalyse und Ethnologie, beginnend mit Freuds Schrift *Totem und Tabu*, war einer ihrer produktiven Zweige.

Eine reichhaltige Quelle zur Geschichte dieser Verbindung stellen die *119 Rundbriefe* von Otto Fenichel dar, eine Materialsammlung zur Historiographie der psychoanalytischen Bewegung in der Zeit des Nationalsozialismus und der Emigration, verfaßt im Zeitraum von 1934 bis 1945. Aus der Fülle des Materials der Rundbriefe bringe ich zwei längere Auszüge. Otto Fenichel diskutierte alle zu seiner Zeit erreichbaren und ihm wichtig erscheinenden Anwendungen der Psychoanalyse auf ethnologischem Gebiet, denn, ganz auf der Linie von Freuds Forschergeist sah auch Fenichel die »eigentliche Hauptaufgabe der Psychoanalyse« in der »Anwendung auf die Soziologie«, worunter er verschiedene Disziplinen der Gesellschaftswissenschaften zusammenfaßte (Fenichel 1998, S. 934). In seinem 1934 im Exil in Oslo verfaßten Manuskript »Über die gegenwärtigen Richtungen innerhalb der Psychoanalyse« legte er eine Bestandsaufnahme der theoretischen Entwicklungen vor, die für ihn in so vielen Fehlentwicklungen bestanden, daß er fürchtete, die Psychoanalyse sei an ihrem Ende angelangt. Er war von der Notwendigkeit überzeugt, »Einführungskurse in die Psychoanalyse für Psychoanalytiker« zu veranstalten, wegen des verbreiteten Unverständnisses gegenüber der Freudschen Psychoanalyse, das einherging mit einer Tendenz zur Abkehr von ihrem wissenschaftlich-rationalen und aufklärerischen Geist. Ein Abgleiten in Psychologismus, Biologismus und ins Irrationale war unübersehbar geworden. Fenichel besprach in den Rundbriefen Arbeiten von Géza Róheim, Abram Kardiner, Erik Erikson, John C. Flugel, Edward Sapir, Leon J. Saul, Margaret Mead, Ruth Benedict und diskutierte mit Alice Bálint, Claude Daly, Edith Gyömröi, Karen Horney, Erich Fromm, Samuel Goldschein und anderen, die versuchten, in ihre psychoanalytischen Forschungen ethnologisches Material einzubeziehen.

Otto Fenichel, der die kulturgeschichtliche Bedeutung der Psychoanalyse in ihrer Anwendung auf die Gesellschaftswissenschaften sah, gab den entsprechenden Veröffentlichungen in den Rundbriefen breiten Raum. Zu Beginn der Besprechung des Buches von Abram Kardiner *The Individual and His Society*, das 1939 erschien, faßt er den Stand der Diskussion über die Anwendung der Psychoanalyse auf das Gebiet der Ethnologie zusammen.

»Seit Freuds *Totem und Tabu* sind sich alle Analytiker darüber einig, daß die Erkenntnisse und Methoden der Psychoanalyse wichtig sind für die Soziologie. Manche unter ihnen sind der Ansicht, daß die Anwendung auf die Gesellschaftswissenschaften vielleicht die praktisch bedeutendste aller Anwendungen der Psychoanalyse sei. – Über die Art, wie diese Anwendung betrieben werden soll, gibt es allerdings recht verschiedene Meinungen. Die ersten einschlägigen Arbeiten, die meist von Psychoanalytikern verfaßt waren, die nicht Soziologen von Fach waren, zeigten vielfach Zeichen von ›Psychologismus‹. Einige typische Fehler schienen sich dabei immer zu wiederholen: 1) Gruppen wurden vielfach unberechtigterweise Individuen einfach gleichgesetzt; man sprach etwa vom ›Unbewußten der Gruppe‹; Konflikte zwischen verschiedenen Gruppen, deren jede recht eindeutig ihre Interessen vertritt, wurden wie intrapsychische Konflikte behandelt. 2) Jede psychologische Beschreibung muß aktuelles Erleben und die Struktur, auf die dieses aktuelle Erleben einwirkt, beachten. Bei den neurotischen Erscheinungen des Individuums, die dadurch charakterisiert sind, daß der Neurotiker auf aktuelle Erlebnisse nicht adäquat reagiert, sondern mit bestimmten schematischen in seiner Vergangenheit erworbenen Reaktionen, kommt es mehr auf die Erfassung der Struktur an.

(Allerdings kann man auch hier durch allzu vollständige Vernachlässigung des Aktuellen Fehler machen). Bei allen historisch bedeutsamen massenpsychologischen Erscheinungen aber ist es umgekehrt. Bei ihnen ist das Strukturelle zwar als konstant in Betracht zu ziehen, – aber eben nur als ›Konstante‹; wesentlich ist das Aktuelle, d.h. die äußeren Reize, die, verschieden unter verschiedenen gesellschaftlichen Umständen, auf die relativ konstante Struktur einwirken. – Dieser prinzipielle Gegensatz wurde vielfach vernachlässigt. 3) Soweit die gesellschaftliche Aktualität untersucht wurde, wurde sie meist (simplifizierend) als Wirkung bestimmter psychischer Phänomene untersucht, statt als deren Ursache. Dabei wurden gesellschaftliche Institutionen statt aus ihrer historischen Entwicklung als ›Verselbständigungen der Beziehungen der Menschen zu einander‹ – direkt als Wirkung unbewußter Triebe erklärt. Wie die einmal gegebenen Institutionen den Charakter der Menschen formen, die unter diesen Institutionen leben, wurde weniger untersucht. 4) Damit hängt zusammen, daß Verhältnisse, die nur unter unseren heutigen Kulturbedingungen gültig sind, als die schlechthin ›menschlichen‹ Verhältnisse angesehen wurden.

Alle diese Fehler werden von Kardiner kritisiert und in seinen positiven Untersuchungen bestimmt vermieden. Allein deshalb verdient dieses Buch genaue Beobachtung bei allen, die sich für psychoanalytische Soziologie interessieren. Allgemein können wir sagen: die Psychoanalyse studiert die Änderung gegebener biologischer Bedürfnisse des Menschen und ihre ›Strukturierung‹ durch die gewährende und versagende Umwelt. K.[ardiner] macht es sich zur Aufgabe, einen Teil dieser Änderung und Strukturierung zu untersuchen, nämlich die Formung grundlegender individueller Strukturen durch gesellschaftliche Institutionen. Diese Problemstellung klingt erfolgversprechend« (Fenichel 1998, S. 1129ff.).

Für Fenichel ist der ungarische Ethnologe und Psychoanalytiker Géza Róheim geradezu ein Paradebeispiel für sein aufgeführtes Sündenregister der Anwendung der Psychoanalyse auf die Ethnologie.

»Daß Ethnologie, also die Lehre von den Völkern, ihren Sitten, Gebräuchen und ihren verschiedenen Kulturen, – und Soziologie, also die Lehre vom gesellschaftlichen Zusammenleben der Menschen, zwei getrennte wissenschaftliche Gebiete sind, ist eigentlich eine sonderbare Sache. Unser analytischer Fachmann für Ethnologie, Róheim, hält die Soziologie überhaupt für überflüssig, für eine Irrlehre, die man nicht braucht, wenn man Sitten, Gebräuche und ganze Kulturen verständlich machen will, was für ihn heißt, verständlich machen will aus dem Seelenleben der betr. Menschen. Diese seine Meinung zeigt sich praktisch vor allem darin, daß er Produktions- und Wirtschaftsverhältnisse der Völker, über die er berichtet, völlig außer acht läßt und statt dessen nur über unbewußte Triebwünsche schreibt. Der gleiche Vorwurf trifft z.B. die historischen Arbeiten von Reik (mit denen Fromm in dieser Hinsicht ausgezeichnet abgerechnet hat) (Fromm 1931). Es ist das derselbe Fehler, den wir auf dem Gebiete der reinen Analyse Frau Klein vorwarfen, als wir sagten, ihre Patienten hätten kein Bewußtsein, sondern nur ein Unbewußtes. Aber auf dem Gebiete der Soziologie – wollen wir das Gesamtgebiet aller Gesellschaftswissenschaften einmal so nennen – ist das – wie wieder Fromm gezeigt hat – ein doppelt verhängnisvoller Fehler und zwar so:

Die Psa. versucht prinzipiell die seelischen Erscheinungen zu erklären, aus einem Einwirken von aktuellen Einflüssen auf Triebstrukturen. Diese Triebstrukturen wieder setzen sich zusammen aus biologischen Gegebenheiten und den jeweiligen früheren Einflüssen. Eine psychologische Beschreibung muß daher stets aktuelles Erleben und Struktur beschreiben. Es gibt nun eine Kategorie von Erscheinungen, bei denen man das aktuelle Erleben relativ vernachlässigt und alles Gewicht nur auf die Struktur legen darf. Das sind die neurotischen Erscheinungen. Ein Neurotiker ist eben dadurch charakterisiert, daß er auf aktuelle Erlebnisse nicht adäquat reagiert, sondern auf alles, was er erlebt, was immer es sei, nur mit bestimmten Reaktionsschemata antwortet, die in seiner Kindheit entstanden sind. Es kommt also auf die Erfassung dieser Kindheit an, und es ist relativ nebensächlich, was er aktuell erlebt. Es gibt aber auch eine Kategorie von Phänomenen, bei denen es umgekehrt ist, d.h. bei denen das Strukturelle relativ nebensächlich und einzig das Aktuelle relevant ist. Das gilt für alle massenpsychologischen, insbesondere für alle historisch bedeutsamen massenpsychologischen Erscheinungen. Denn soweit historische Ereignisse psychologischer Erfassung zugänglich sind, ist bei ihnen das Strukturelle zwar als Naturkonstante auch in Betracht zu ziehen, aber eben als ›Konstante‹. Relativ ist die Triebstruktur des Menschen im Laufe der historischen Zeiten ungefähr die gleiche geblieben. Sie kann also nicht wesentlich sein für das Verständnis der Veränderungen innerhalb dieser Zeiten. Von Belang dagegen ist das Aktuelle, d.h. die äußeren Reize, die, verschieden durch die materiellen Verschiedenheiten verschiedener Gesellschaften in verschiedener Weise auf die relativ konstanten Strukturen einwirken.

Und selbst von diesen aktuellen Reizen sind wieder nur die von Belang, die massenpsychologisch bedeutsam werden, d.h. die, die in gleicher oder ähnlicher Weise ganze Gruppen von Individuen treffen, also die wirklichen materiellen Verhältnisse.

Róheim hat also seine kostspielige Reise zu den Primitiven unternommen (Róheim 1932). Er wollte zum ersten Mal Psa. in ethnologischer ›Fieldwork‹ anwenden. Aber wie macht man das? – Die Freudsche Psa. ermöglicht, aus den freien Assoziationen eines Menschen, dessen reale Lebensverhältnisse und bewußten Gedanken wir genau kennen (sonst könnten wir uns ja nicht in ihn einfühlen und nicht wissen, wie seine Assoziationen zu verstehen sind), auch seine unbewußten Seelenvorgänge zu erraten. Wollte man also Menschen in einer ganz anderen gesellschaftlichen Ordnung und unter fremden Kulturverhältnissen analysieren, so muß man zuerst das Aktuelle, d.h. die Gesellschafts- und Kulturverhältnisse, die bewußte Denkweise der Leute, lange und genau studieren. Dann könnte man in Psychoanalysen das Unbewußte ›noch dazu‹ erfahren. – Róheim aber strebt das Gegenteil an. Er wollte nicht die Kenntnis der Kultur zur Psa. benutzen, sondern mit Hilfe der Psa. einzelner Individuen die Kultur, der sie entstammen erforschen. Das geht nicht. Natürlich las er nur unsere Komplexe in die Primitiven hinein. Man vergleiche etwa mit der Selbstverständlichkeit seiner Ödipusdeutungen die nachdenkenswerte Arbeit von Malinowski über den Ödipuskomplex in der matrilinearen Familie« (Fenichel 1998, S. 806ff.; Malinowski 1924; Fenichel 1935).

Mit den beiden ausführlich zitierten Stellen aus Fenichels Rundbriefen (die im Vergleich zur umfangreichen Diskussion in den Rundbriefen sehr knapp sind) sollte gezeigt werden, daß die theoretischen Grundlagen für die Entwicklung der Ethnopsychoanalyse ausgearbeitet waren, jedoch der Schritt in die Praxis noch nicht getan war. In der zitierten Besprechung des Buches von Kardiner durch Otto Fenichel vermerkt dieser: »Die psychoanalytische Ethnologie kann aber nicht in gleicher Weise Einzelindividuen studieren wie die psychoanalytische Klinik« (Fenichel 1998, S. 1233). Er schließt damit an die von Freud vertretene Meinung an, mit Angehörigen anders organisierter Gesellschaften und uns fremder Kulturen wären die psychoanalytische Methode und Technik nicht anwendbar.

Die in den 30er Jahren bereits naheliegende Anwendung der Psychoanalyse als Forschungsmethode wurde durch die zeitgeschichtlichen Umstände verzögert, die den Gang der wissenschaftlichen Entwicklungen immer begleiten und mitbestimmen. Den entscheidenden Durchbruch schafften nach dem Zweiten

Weltkrieg die Schweizer Psychoanalytiker Paul Parin, Fritz Morgenthaler und Goldy Parin-Matthèy. Sie haben bei ihren Feldforschungen bei den Dogon und Agni in Westafrika in den 50er und 60er Jahren erstmals die psychoanalytische Technik als Forschungsmethode angewandt. Es gelang nun der Nachweis, daß sich die Psychoanalyse theoretisch und praktisch eignet, Angehörige eines außerhalb unserer europäischen Zivilisationsgeschichte stehenden traditionsgeleiteten Gesellschaftsgefüges im psychoanalytischen Sinne zu verstehen.

1.4. Die Psychoanalyse in der amerikanischen »Culture and Personality«-Forschung

Die *Culture and Personality*-Forschung, die sich in den 30er Jahren im Rahmen der amerikanischen Kulturanthropologie entwickelte, war von Anfang an psychoanalytisch orientiert. Innerhalb der *Cultural Anthropology* bildete sich die *Psychological Anthropology* heraus, die neben psychoanalytischen Modellen auch die Anwendung anderer psychologischer Konzepte in der Ethnologie umfaßt (Bourguignon 1978; Spindler 1978; Beuchelt 1988; Bock 1994, 1999). Am Beginn der 30er Jahre begannen Edward Sapir und John Dollard an der *Yale University* in New Haven mit ihrem ersten Seminar, das den Titel »Culture and Personality« trug. John Dollard war psychoanalytisch ausgebildet und hatte mehrere Jahre als Psychotherapeut gearbeitet, Edward Sapir, ein Schüler von Franz Boas, war mit der Psychoanalyse und ihren Anwendungen vertraut und empfahl den Ethnologen, sich für ihre Feldforschungen auch durch eigene praktische psychoanalytische Erfahrungen vorzubereiten. Alfred Irving Hallowell hatte ab Mitte der 30er Jahre an der *University of Pennsylvania* Akkulturationsforschungen auf psychoanalytisch-lerntheoretischer Basis durchgeführt und gilt als Pionier der Einführung des Rorschach-Testverfahrens bei diesen *Culture and Personality*-Untersuchungen (Fogelson 1991). In spekulativen Studien zum russischen, deutschen, japanischen und amerikanischen Nationalcharakter, die in den 40er und 50er Jahren im Rahmen der psychologischen Kriegsführung angefertigt wurden, finden sich Elemente der *Culture and Personality*-Ansätze (Bock 1999). Von anderen methodischen Voraussetzungen gehen die *Cross-Cultural-Studies* aus, die ebenfalls in der Tradition der *Culture and Personality*-Forschungen im Rahmen der *Psychological Anthropology* stehen (Bock 1994, 1999; Schwartz et al. 1992).

Die Rezeption der Psychoanalyse in der amerikanischen kulturanthropologischen Schule von Franz Boas hatte dazu beigetragen, daß das Verhältnis von Individuum und Kultur in den Mittelpunkt des ethnologischen Interesses rückte. Von einer Reihe von Ethnologen und Ethnologinnen wie Edward Sapir, Alfred L. Kroeber, Ruth Benedict und Margaret Mead wurden psychoanalytische Ideen und Konzepte in unterschiedlichem Ausmaß in ihre Untersuchungen einbezogen, wobei kulturrelativistische und kulturdeterministische Positionen vorherrschend blieben. Die allgemeinen Fragestellungen waren darauf gerichtet, die Abhängigkeiten des menschlichen Verhaltens von der jeweiligen Kultur zu erforschen und die dafür charakteristischen Momente der untersuchten Kultur oder des gesellschaftlichen Lebens herauszufinden. Neben den Freudschen Schriften hatten die Arbeiten von Géza Róheim eine bedeutende Rolle bei der Vermittlung der Psychoanalyse an die Ethnologen gespielt.

Zu den bekanntesten Arbeiten, die psychoanalytische Ideen aufnahmen, zählen, neben den Ansätzen von Abram Kardiner und Erik Erikson, die Untersuchungen von Margaret Mead zu »Kindheit und Jugend« in Samoa und Neuguinea und zu »Geschlecht und Temperament« in drei traditionsgeleiteten Gesellschaften, Studien, die sie zwischen 1925 und 1933 durchführte. Auf Samoa untersuchte sie das Verhalten adoleszenter Mädchen und stellte die geltende Auffassung von der biologischen Bedingtheit der Adoleszenz zugunsten ihrer Determiniertheit durch kulturelle Faktoren in Frage. Bei den Manus in Papua-Neuguinea konnte sie die kulturelle Bestimmtheit der Persönlichkeit am Beispiel ihrer Untersuchung über das Denken der Manus-Kinder zeigen. Bei den Arapesh, Mundugumor und Tchambili, ebenfalls in Neuguinea, wurde die kulturelle Prägung der Geschlechtsspezifität bei regional eng benachbarten Kulturen dargestellt.

Mit ihrem dritten Mann, dem Biologen und Ethnologen Gregory Bateson, führte Mead zwischen 1936 und 1939 Feldforschungen in Bali und in Neuguinea durch. In Bali (Mead/Bateson 1942) wurden in die Beobachtungsmethoden Fotos und Filme einbezogen, mit denen Verhaltensmuster und Verhaltensabläufe genau dokumentiert wurden; sie zeigten, wie Kindererziehung und Kulturmuster übereinstimmen. Meads Arbeiten hatten innerhalb der Ethnologie und den Sozialwissenschaften einen bedeutenden Einfluß gewonnen, ihre Bücher erreichten einen weit über das Fachpublikum hinausgehenden Leserkreis und bestimmten darüber hinaus den »Zeitgeist« der amerikanischen Gesellschaft der 50er und 60er Jahre im Sinne liberaler Ansichten und Haltungen mit (Fox 1979; Zanolli 1990). Mead benutzte verschiedene sich ergänzende Methoden, wobei immer eine intensive Beobachtung in klar definierten sozialen Situationen im Vordergrund stand, ein Verfahren, das sie später als »Ereignis-Analyse« bezeichnete.

»Von welcher Altersgruppe aus ich auch die Kultur betrachtete, immer arbeitete ich mit den gleichen Feldmethoden: mit Notizbuch und Bleistift beobachtete ich die jeweiligen Individuen vor dem Hintergrund ihrer Kultur ... Wie in den letzten drei Jahren meiner Arbeit in Bali und unter den Iatmul von Neuguinea ... werde ich in Zukunft mit wenigstens zwei und manchmal auch sechs Beobachtern, die mit den modernen Methoden der Aufzeichnung, mit Schreibmaschine oder Stenographen, mit Kleinbild- und Filmkameras ausgerüstet sind, zusammenarbeiten« (Mead 1965, IXf.).

Als Synthese der *Culture and Personality*-Forschung wurde die Zusammenarbeit des Psychoanalytikers Abram Kardiner mit dem Ethnologen Ralph Linton angesehen (Schoene 1966). 1936 organisierte Abram Kardiner am *New York Psychoanalytic Institute* ein Seminar, an dem unter anderem Edward Sapir, Ruth Benedict und Cora Du Bois teilnahmen, ein Jahr später, nach der Übersiedlung des Seminars an die *Columbia University*, kam der Ethnologe Ralph Linton dazu (La Barre 1958). In diesen Seminaren entwickelten Abram Kardiner und Ralph Linton ein Verfahren, bei dem die Psychoanalyse systematisch in die Fragestellungen der Kulturanthropologen einbezogen wurde. Die Ergebnisse wurden in den 1939 und 1945 erschienenen Büchern *The Individual and his Society* und *The Psychological Frontiers of Society* veröffentlicht. Der ersten Arbeit (Kardiner 1939) lagen die Feldforschungen von Ralph Linton in zwei unterschiedlichen Kulturen zugrunde. Die zweite Arbeit (Kardiner 1945) ist aus der Zusammenarbeit mit Ralph Linton, James West und Cora Du Bois hervorgegangen. Hier wurde das Verfahren auf die Kultur der Komantschen, einer Landgemeinde im amerikanischen Mittelwesten, und der Aloresen auf einer indonesischen Insel angewandt; letztere beruhte auf den Forschungen von Cora Du Bois *The People of Alor* (Du Bois 1944, 1960). Diese Kulturen wurden ergänzt durch die der Tanula und Marquesa und der westlichen Kultur als Kontrollbeispiel. In einem Kapitel des Buches *Wegbereiter der modernen Anthropologie* (Kardiner / Preble 1974) werden die Grundgedanken der Arbeiten zusammengefaßt. Der Nachweis der kulturspezifischen Persönlichkeitsformung erfolgte am Beispiel kleiner, übersichtlicher und abgeschlossener Gruppen und Gesellschaften, solchen, mit denen die Ethnologen gewohnt waren umzugehen. Die Ethnologen lieferten Beobachtungen über Erziehungspraktiken in den zur Diskussion stehenden Kulturen, Kardiner interpretierte mit Hilfe der Technik der »psychodynamischen Analyse« deren Bedeutung für die kulturelle Anpassung. Unabhängig davon werteten Experten die bei der Feldforschung verwendeten Tests aus. Auf diese Weise wurden von 1935 bis 1938 insgesamt sieben Kulturen untersucht.

Mit dem Konzept der »Basispersönlichkeitsstruktur« (»Basic Personality Structure«) von Kardiner und Linton wurde in Weiterentwicklung von

Ruth Benedicts »Patterns of Culture« (Benedict 1934, 1955) – die prägenden Muster einer Kultur – das Gewicht auf die affektiven Faktoren bei der Entwicklung und Dynamik der Persönlichkeit gelegt, welche die Mitglieder einer Kultur vor allem aufgrund ihrer gemeinsamen Erfahrungen in der frühen Kindheit teilen. Parallelen und Einflüsse finden sich im Konzept der »Autoritären Persönlichkeit« der *Studies in Prejudice* um die Gruppe von Max Horkheimer und Theodor W. Adorno und in dem des »Sozialcharakters« von Erich Fromm (Adorno/Frenkel-Brunswik/Levinson/Sanford 1950; Fromm 1993). Jede Kultur erzeugt über primäre Institutionen (Familienorganisation, Säuglings- und Kinderpflege, Stillpraxis, Sexualerziehung, Subsistenzbedingungen, Gruppenbeziehungen) eine spezifische Grundstruktur der Persönlichkeit. Über zusätzliche sekundäre Institutionen (Religion, Tabus, Rituale, Mythen und Märchen) wird sie reguliert, erfährt ihre Fortbildung, findet Äußerungsformen und Möglichkeiten, um Bedürfnisse zu befriedigen. Das Ziel ist eine »Anpassungs-Psychodynamik«, mit der eine Homöostase und die Aufrechterhaltung der Kultur gewährleistet werden soll. In der Interpretation der gesammelten Daten aus verschiedenen Kulturen sollten diese Zusammenhänge im Detail nachgewiesen werden.

> »Auf den Marquesas-Inseln stellte die Nahrungsknappheit die Einrichtung der Polyandrie und die weitgehende Abwesenheit eines kindlichen Gehorsams die hauptsächlichen ersten Einflüsse dar in der Entwicklung der einzelnen in dieser Gesellschaft. Die Auswirkungen dieser kulturellen Einflüsse auf die Persönlichkeit der Marquesaner kann man den Beschreibungen der Völkerkundler entnehmen. Man kann darüber hinaus die gesamte institutionalisierte Struktur dieser Gesellschaft ansehen als Widerspiegelung, Ergänzung und Ausdruck dieser allgemeinen Persönlichkeit der Marquesaner. Tut man das, so erscheinen die sozialen Institutionen dieses Volksstammes keineswegs als zufällig entstandene oder als übernommene Muster sozialen Verhaltens. Sie zeigen sich dann vielmehr als spezifische Erscheinungen der Anpassung der Menschen innerhalb eines einzigartigen homöostatischen Systems« (Kardiner/Preble 1974, S. 252f.).

Kardiner betrachtet die Freudsche Psychoanalyse kulturrelativistisch, als gebunden an spezifische gesellschaftliche Entstehungsbedingungen, »an das wissenschaftliche Interesse am Menschen und seiner Kultur im 19. Jahrhundert« (Kardiner/Preble 1974, S. 263). Sie könne daher als Theorie nur relative Gültigkeit beanspruchen, wohingegen die psychoanalytische

Technik als Untersuchungsmethode uneingeschränkt zum Studium der Kulturen Anwendung finden könne.

»Auf kultureller Ebene werden die Hypothesen, Theorien und Techniken dieser Wissenschaftler als Schöpfungen dargestellt, die den kollektiven Interessen und Bedürfnissen der Zeit entsprechen. Auf individueller Ebene werden sie als Produkte persönlicher Eigenart und Genialität gesehen ... Wissenschaftliche Hypothesen, in welchem Bereich auch immer, verlieren früher oder später ihre Brauchbarkeit und werden durch neue ersetzt, die den ständig wechselnden Bedingungen des menschlichen Lebens angemessener sind« (Kardiner/Preble 1974, S. 9).

Von diesen Überlegungen ausgehend, kommt Kardiner zu einer Modifizierung der Psychoanalyse, die jene theoretischen Konstruktionen ablehnt, welche über die ermittelten klinischen Tatsachen und ihre Beobachtungstechnik hinausgehen. Kardiner berücksichtigte die Untersuchungen Malinowskis für seine Kritik und Revision der Psychoanalyse (Harris 1968, S. 437). Er behält eine dynamische Betrachtungsweise des Seelenlebens bei, die Vorgänge wie Verdrängung, Sublimierung, Regression, Identifizierung und Projektion als Ausdruck psychischer Mechanismen ansieht; auch hält er genetische Gesichtspunkte im Sinne der Ontogenese für relevant. Die spezifischen psychoanalytischen Auffassungen zur Triebtheorie, zur Sexualität und Aggression sowie zum Ödipus-Komplex als Erklärungsansätze des Verhaltens lehnte Kardiner ab.

Diese Abweichungen von den Ansichten der klassischen Psychoanalyse manifestieren sich in heftig geführten Kontroversen Kardiners mit seinen Psychoanalytikerkollegen.

»Diese Gedanken Freuds sind durch Géza Róheim und Theodor Reik, und in jüngster Zeit durch Werner Muensterberger und George Devereux wiederaufgegriffen und einer breiteren Öffentlichkeit zugänglich gemacht worden. Es sind Schlüsse aus fraglichen Annahmen, die ohne jeden empirischen Wert sind« (Kardiner/Preble 1974, S. 246).

Bryce Boyer kritisierte Kardiners mangelhafte Rezeption der Psychoanalyse, insbesondere der psychoanalytischen Ich-Psychologie:

»In seinen Beiträgen behandelt Kardiner die psychoanalytische Theorie so, als sei sie über die topographische Hypothese nicht hinausgelangt, bis er seine eigenen Beiträge dazu lieferte. Nirgendwo findet sich ein

Hinweis auf Anna Freud oder Heinz Hartmann, weder in *The Individual and his Society* noch in *The Psychological Frontiers of Society«* (Boyer 1980, S. 706).

Der Psychoanalytiker Otto Fenichel hatte sowohl die biologistischen Deutungskonzepte von Róheim und anderen Vertretern der orthodoxen Psychoanalyse kritisiert, die in aller Kultur ein Produkt der biologisch gegebenen Triebkonflikte des Menschen, insbesondere des Ödipus-Komplexes, sahen, als sich auch von den einseitigen »kulturalistischen« Anschauungen Kardiners und der neofreudianischen Ansätze distanziert, nach denen die Charaktereigenschaften der Menschen allein aus den Bedingungen ihres gesellschaftlichen Seins abzuleiten seien. Fenichel beharrte demgegenüber auf der Bedeutung der Triebgrundlagen des Seelenlebens.

Eine Reihe amerikanischer Psychoanalytiker, die als *Neo-Freudianer* bezeichnet werden, hatte mit der Einführung sozialer und historischer Kategorien am Beginn der 40er Jahre Freudsche psychoanalytische Konzepte revidiert und psychodynamische Ansätze vertreten, in denen psychische Gegebenheiten immer als kulturspezifisch strukturiert angesehen werden. Ihre bekanntesten Vertreter sind Karen Horney, Erich Fromm, Harry Stack Sullivan und Clara Thompson, welche auch den Begriff »kulturelle Schule der Psychoanalyse« prägte. Nach der Auffassung von Horney und Kardiner werden psychische Störungen in erster Linie durch gesellschaftliche, soziale und situative Faktoren verursacht. Bei ihnen verloren die libidotheoretische Auffassung Freuds und damit die sexuellen und aggressiven Triebmomente ihre zentrale Bedeutung.

»Es ist unwahrscheinlich, daß zu Kardiners Zeiten so viele Anthropologen sich von einem anderen Analytiker als einem Neofreudianer derart hätten beeindrucken lassen. Orthodoxe Psychoanalytiker galten damals gemeinhin als »biologistisch« orientiert« (Boyer 1980, S. 706). In der amerikanischen Psychoanalyse hatten sich Tendenzen entwickelt, Positionen der klassischen Freudschen Theorie, insbesondere der Triebtheorie aufzugeben, ohne die Bedeutung der neueren Entwicklungen der psychoanalytischen Ich-Psychologie für ihre Erklärungsansätze zu erkennen. Neben Abram Kardiner hatten Erich Fromm und Karen Horney eigene Ansätze entwickelt, die Antworten auf die Fragen des Wechselverhältnisses zwischen Individuum und Gesellschaft gaben. Gegensätzlich akzentuiert verlief die Aufnahme der Freudschen Psychoanalyse durch die (emigrierten) Vertreter der Kritischen Theorie, worauf auch deren Kritik an den neo-psychoanalytischen Konzeptionen aufbaut (Görlich/Lorenzer/Schmidt 1980; Dahmer 1982; Bonß 1982; Fenichel 1998). Für Boyer liegt Kardiners Bedeutung auf dem von ihm durch seine Arbeiten eingeleiteten methodologischen Wandel und der damit eingeleiteten Kooperation zwischen Ethnologen und Psychoanalytikern: »Bis dahin hatten sich Psychoanalytiker in ihrer interdisziplinären Arbeit fast völlig auf die Deutung von Daten aus der anthropologischen Feldforschung beschränkt. Kardiner dagegen war auch an der eigentlichen Planung zur Ermittlung solcher Informationen beteiligt« (Boyer 1980, S. 707f.).

Kardiner hatte für die Ermittlung des Grundpersönlichkeitstyps zunächst auf Berichte und Befragungen von Feldforschern über bestimmte Kulturen zurückgreifen können, die nicht eigens für seine Fragestellung erhoben wurden. Um die Mängel der unzureichenden Beschreibungen der Kulturen auszugleichen, wurde 1936 im Seminar der Plan gefaßt, eigene Feldforschungen durchzuführen. Cora Du Bois übernahm diese Aufgabe und führte von 1937 bis 1939 in einem Dorf bei den Aloresen auf der indonesischen Insel Alor, die zu dieser Zeit unter holländischer Verwaltung stand, die geplanten Untersuchungen durch. Bei ihren Forschungen wurden die von Kardiner für seine »psychodynamische Analyse« einer Kultur zur Bestimmung des Grundpersönlichkeitstyps erforderlichen ethnologischen und psychologischen Daten systematisch erhoben. Cora Du Bois kombinierte ethnographische, biographische und psychologische Verfahren. Dazu gehörten eine Serie von Rorschach-Protokollen, ausführliche individuelle Lebensläufe, die über längere Zeiträume hindurch in täglichen Gesprächen nach der Methode der freien Assoziation aufgenommen wurden, einschließlich der Träume und der affektiven Reaktionen auf die Gegenwart der Forscherin, welche die Sprache der Aloresen erlernt hatte. Zusätzlich wurde Material aus Wortassoziationstests, Intelligenztests und Kinderzeichnungen für die Auswertung hinzugezogen. Die Auswertung wurde 1939/1940 in einem Seminar von Kardiner und Linton an der *Columbia University* vorgenommen, Berichte darüber wurden von Kardiner und Du Bois publiziert (Kardiner 1945; Du Bois 1944, 1960). Die Annahme, daß alle Mitglieder einer Gesellschaft aufgrund ähnlicher Kindheitserfahrungen grundlegende Merkmale einer Persönlichkeitsstruktur teilen, wurde durch die Forschungen von Cora Du Bois zum statistischen Konzept der »modalen Persönlichkeit« (der häufigste Typ einer Auswahl) differenziert. Kardiner und Preble gaben eine kurze Zusammenfassung der Arbeit, die ich hier wiedergebe: Die Untersuchung bei dem Volksstamm auf Alor stellte eine gewichtige Bestätigung für die Hypothese dar, die zuerst im Jahre 1939 in dem Buch *The Individual and his Society* aufgestellt wurde. Diese Untersuchung repräsentiert bis auf den heutigen Tag die vollständigste Datensammlung, die zu diesem Zweck erhoben worden ist. Drei Forscher – Cora Du Bois als Kulturanthropologin, Emil Oberholzer als Psychologe und Abram Kardiner als Psychiater – sammelten Daten und analysierten sie.

Der erste Schritt in dieser Untersuchung war das Studium der Institutionen, der Sitten und der religiösen Vorstellungen der Aloresen. Von den so gewonnenen Erkenntnissen ausgehend, wurde eine Hypothese über die Bedeutung der sozialen Einrichtungen für die ontogenetische Entwicklung des einzelnen aufgestellt. Im zweiten Abschnitt wurde diese Hypothese überprüft. Dies geschah mittels der Analyse der Biographien von acht Aloresen. Die Lebensgeschichten wurden von einem Ethnologen in eingehenden Interviews erstellt. Der dritte Schritt war ein Vergleich der acht Biographien mit den Ergebnissen der Untersuchung des Psychologen. Er hatte 38 Rorschach-Protokolle und eine Sammlung von Kinderzeichnungen ausgewertet. Kardiner und Oberholzer führten ihre Studien der Daten von Cora Du Bois unabhängig voneinander durch. Keiner erfuhr die Schlußfolgerungen des anderen, bevor nicht seine eigene Studie beendet war. Die Ergebnisse dieser beiden Analysearten entsprachen sich in einem bemerkenswert hohen Maße, das weit über dem Zufallsniveau lag.

Die Organisation der Institutionen auf Alor ließ darauf schließen, daß es ernsthafte Konflikte mit den normalen Anpassungsvorgängen für die Personen gab. Diese Konflikte wurden auf die mangelhafte elterliche (vor allem mütterliche) Betreuung während der Entwicklungsjahre in der Kindheit und der Jugend zurückgeführt. Die Auswirkungen dieses Mangels waren sowohl im Charakter der einzelnen feststellbar als auch in den Charakterzügen, die allen Aloresern gemeinsam waren. Darüber hinaus waren die Auswirkungen dieses Mangels auch in den »sekundären Institutionen« der Aloreser erkennbar, etwa in der Religion, in der Kunst und in den Märchen.

Sowohl die individuellen als auch die kulturellen Charakterzüge der Aloreser spiegeln in erster Linie die gefühlsmäßige Einschränkung der einzelnen wider, daneben aber auch die daraus resultierenden Störungen der kognitiven Funktionen. Manchmal war die Kombination der Charaktereigenschaften so fremdartig, daß sich ein Angehöriger der abendländischen Kulturen nicht mehr in sie einfühlen konnte (Kardiner/Preble 1974, S. 257f.). Die Untersuchung bezog diese Schwierigkeiten, die sich in Übertragungs- und Gegenübertragungsphänomenen eruieren lassen, als relevante Daten nicht mit ein und klassifizierte Verhaltensweisen mittels psychopathologischer Kategorien. Diese »Psychiatrisierung« gibt einen Hinweis darauf, wie stark das Verständnis der Psychoanalyse für das abweichende Verhalten durch das medizinische Erklärungsmodell bestimmt war (Eissler 1965).

Kardiners weiterer Arbeitsplan, zu dessen Ausführung es nicht mehr kam, sah vor, zu einem Überblick über die Vielfalt der möglichen Grundpersönlichkeitstypen zu kommen und damit »feststehende psychoanalytische Vorstellungen zu relativieren und potentiell bedeutsame, bisher jedoch übersehene Zusammenhänge zwischen der Kultur und der Persönlichkeit aufzufinden, um an die Bearbeitung immer neuer Kulturen mit einem immer vollständigeren theoretischen Rüstzeug herangehen zu können« (Schoene 1966, S. 110). In New York fand 1947 an der *Columbia University* ein Symposium mit dem Titel »Culture and Personality« statt, an dem unter anderem Erich Fromm, Abram Kardiner, Clyde Kluckhohn und Henry A. Murray teilnahmen. Es wurde dafür plädiert, den Ansatz dieser Forschungsrichtung auch zum Studium der eigenen Gesellschaft zu nutzen (Sargent/Smith 1949).

»Unglücklicherweise hat dieses spezielle Vorgehen in der anthropologischen Erforschung der Kultur und der Persönlichkeit einen Stillstand verursacht. Einer der Hauptgründe dafür ist, daß Fachkenntnisse in Psychodynamik erforderlich sind. Dadurch wird die Zahl derer, die derartige Forschung betreiben können, stark eingeschränkt« (Kardiner/ Preble 1974, S. 261).

Kardiner machte Kroeber und White für das Ende der *Culture and Personality*-Forschung nach dem Zweiten Weltkrieg verantwortlich.

Kardiners Konzept der Anwendung und Modifizierung der Psychoanalyse für die Fragestellung der *Culture and Personality*-Forschung war das am weitesten ausgeführte in einer Reihe von ähnlichen Versuchen, die in den Vereinigten Staaten in den 30er und 40er Jahren aus der Zusammenarbeit von Psychoanalytikern und Ethnologen hervorgegangen sind. Für die statischen und ahistorischen Modelle der Verbindung von Kultur und Persönlichkeit war charakteristisch, daß sie auf einer Rezeption der Psychoanalyse beruhten, in der die Ansichten vom Determinismus der frühen Kindheit im Vordergrund standen.

Die Schweizer Ethnopsychoanalytiker Paul Parin, Fritz Morgenthaler und Goldy Parin-Matthèy haben die Anschauungen der Kulturanthropologen und die Resultate der *Culture and Personality*-Forschung als grundlegende Voraussetzungen für ihre Arbeiten aufgenommen. Sie lehnten jedoch das Konzept einer »Basispersönlichkeit« ab. Ihre Stellungnahme soll hier kurz wiedergegeben werden:

»Auch wir meinen wie die ›cultural anthropologists‹, daß das, was im Gesellschaftsgefüge auf einen Menschen einwirkt, besonders während seiner Kindheit, ihn so formt, daß er mehr oder weniger in die Umgebung paßt, in der er leben wird. Auch wir sehen jedes Gesellschaftsgefüge als einen Spezialfall der menschlichen Möglichkeiten an, das Leben zu gestalten, und nehmen davon unsere eigene Zivilisation nicht aus« (Parin/Morgenthaler/Parin-Matthèy 1993c, S. 31f.).

In ihrem ersten Bericht über ethnopsychoanalytische Beobachtungen in Westafrika hatten Paul Parin und Fritz Morgenthaler dazu festgehalten:

»Neben der ungeheuren Bereicherung, welche die vergleichende Soziologie durch diese ausführlichen und mühevollen Forschungen erfahren hat, ist die psychoanalytische Anschauung über die Charakterbildung durch sie großartig bestätigt worden. Der Nachweis, daß Charakterzüge, Haltung und Eigenschaften auf die seelische Verarbeitung der Erlebnisse während der Kindheit und Adoleszenz zurückgehen, ist nun für ganze ›Volkscharaktere‹ erbracht. Bis dahin hatten die Psychoanalytiker diese Ansicht aus der Analyse neurotischer charaktergestörter Zivilisierter abgeleitet und waren in vieler Hinsicht auf die Vermutung gestoßen, daß der ›Normalcharakter‹ sich anders, vielleicht aus erblichen oder anderen angeborenen Faktoren erklären lasse, als es bei den Charakter-Kranken der Fall war« (Parin/Morgenthaler 1956a, S. 312).

Die Auffassungen der Schweizer Ethnopsychoanalytiker standen im Widerspruch zu jenen der Neo-Freudianer:

»Bereits die ersten ›Sozialpsychologen‹ (Karin Horney, Clara Thompson, Sullivan) fanden es nötig, das Trieb- und Konfliktmodell der Psychoanalyse aufzugeben, um gesellschaftliche Psychologie zu betreiben. Damit verloren sie aber gleichzeitig die Möglichkeit, ihre Funde mit der ergiebigsten Methode, der Psychoanalyse, am konkreten Gegenstand ihrer Forschung zu überprüfen. Andere (der frühe W. Reich, Herbert Marcuse, Erich Fromm) wollten die Psychoanalyse nicht aufgeben, glaubten aber, daß ihre Methode und/oder ihre Theorie vereinfacht oder sonstwie umgestaltet werden müsse, um der Erforschung der Gesellschaft dienlich zu sein. Eine kleine Zahl von Analytikern hielt an der Methode und an den theoretischen Anschauungen der Psychoanalyse fest. Eine Begrenzung ihrer hervorragenden Leistungen ... scheint mir dadurch bedingt, daß sie es nicht wagten, der Realität gesellschaftlicher Kräfte ganz ins Auge zu schauen. Bei Erikson reduzierten sich diese Kräfte zu ethisch-philosophisch definierten Werten und Lebensaufgaben; Hartmann verfolgte seinen tiefschürfenden Ansatz, soziale Verhältnisse psychoanalytisch zu erhellen ... nicht weiter und neigte dazu, ein biologisch begründetes Anpassungsprinzip zur Verdunkelung gesellschaftlicher Machtpotentiale zu verwenden« (Parin/Parin-Matthèy 1978d, S. 413f.).

Wesentlich näher am Freudschen Modell als das Konzept von Kardiner blieb die Arbeit des Psychoanalytikers Erik Homburger Erikson, der als weiterer Pionier auf dem Gebiet der kooperativen Feldforschung angesehen wird, wenngleich seine Aufenthalte im Feld sehr kurz waren (Boyer 1980, S. 708). Erikson wandte die Freudschen Anschauungen über die Entwicklung, die Psychodynamik und die Persönlichkeitsentwicklung mit einer vergleichenden Methode an, ohne das individuelle psychoanalytische Untersuchungsverfahren einzusetzen.

Erik H. Erikson hatte 1933 in Wien seine psychoanalytische Ausbildung abgeschlossen und emigrierte anschließend über Dänemark in die Vereinigten Staaten. Er arbeitete als Kinderpsychoanalytiker in Boston und war dort mit den Ethnologen Gregory Bateson, Ruth Benedict, Martin Loeb und Margaret Mead in Kontakt gekommen. Er wurde von Scudder Mekeel und Alfred Kroeber in die Feldforschung eingeführt. 1937 begleitete er Mekeel auf einer Forschungsfahrt in ein Reservat der Sioux-Indianer in Süd-Dakota, und 1939 reiste er mit Kroeber zu den Yuroks an die pazifische Küste. Erikson hatte in dieser Zeit begonnen, die Freudsche Theorie der infantilen Sexualität zu seiner »epigenetischen Theorie« der Persönlichkeitsentwicklung aus der Perspektive der psychoanalytischen Ich-Psychologie zu erweitern, um »auf die Frage nach den Wurzeln des Ich in der Gesellschaft« (Erikson 1984, S. 11) Antworten zu finden (Mühlleitner 1992, S. 86f.).

»Diese Berührung mit der Anthropologie erwies sich aus folgenden Gründen als lohnend: meine Führer hatten mir, ehe wir uns auf die Reise begaben, persönliche Notizen und anderes Material überlassen. Da die fraglichen Stämme ihre erste und dauerhafte Liebe in der ethnologischen Feldarbeit waren, konnten die beiden Forscher mir auf dem Wege persönlicher Mitteilung viel mehr sagen, als im Zeitpunkt ihrer Originaluntersuchung zur wissenschaftlichen Veröffentlichung geeignet schien. Sie hatten ihre vertrauten und ihnen vertrauende Gewährsmänner unter den ältesten Mitgliedern des Stammes, die allein noch sich an die alten Gebräuche der stammesgemäßen Kindererziehung erinnerten. Zu alledem hatten beide Forscher eine gewisse psychoanalytische Ausbildung durchgemacht und bemühten sich darum, diese mit ihrer anthropologischen Arbeit zu integrieren« (Erikson 1984, S. 108f.).

Erikson hat im zweiten Teil seines Hauptwerkes *Kindheit und Gesellschaft* seine Erfahrungen und Folgerungen über die Kindererziehung bei den Sioux und den Yurok zusammengefaßt. Der Untertitel der ersten deutschsprachigen Ausgabe lautet: *Ein Werk, entstanden aus der Verbindung kinderpsychologischer Praxis mit anthropologischer und ethnologischer Forschung* (Erikson 1957). Die zweite überarbeitete englische Auflage erschien 1963, auf Deutsch 1971, dieser entsprechen die weiteren deutschen Ausgaben, z.B. Erikson 1984 (9. Auflage). Devereux rechnet Eriksons detaillierte Interpretation der Yurok-Persönlichkeit zu den »intellektualistischen Konstruktionen eines Persönlichkeitsmodells«, dem eine professionelle Abwehrstrategie zugrundeliegt, die mit Hilfe des Mechanismus der Isolierung angsterregendes Material »entgiftet« (Devereux 1973, S. 118). Neben dem Hinweis auf seine eigene Position innerhalb der psychoanalytisch orientierten Ethnologie verweist Devereux in diesem Zusammenhang auf die Lebendigkeit der hochkomplexen Modelle von Róheim, Mead, Lévy-Strauss und La Barre im Vergleich mit der »eisigen Brillanz von Eriksons formalistischem Kultur- und Persönlichkeits-Modell der Yurok« und mit einigen entsprechenden Aspekten von Kardiners Modell der ethnischen Persönlichkeit.

»Tatsächlich werden selbst diejenigen, die die Modelle von Róheim, Mead, Lévy-Strauss oder La Barre nicht uneingeschränkt akzeptieren, hin und wieder das Gefühl haben, daß diese scheinbar hochabstrakten Modelle mit fast unheimlicher Eindringlichkeit an einen Freund, einen Patienten oder einen primitiven Informanten denken lassen. Im Gegensatz dazu beschäftigt ein rein intellektualistisches Modell einfach nur den Intellekt« (Devereux 1973, S. 118).

»Die Entdeckung der primitiven Erziehungssysteme macht nun deutlich, daß primitive Gesellschaften weder infantile Stadien der Menschheit, noch erstarrte Abwandlungen der stolzen progressiven Normen sind, die wir repräsentieren: sie stellen eine in sich vollständig abgeschlossene Form reifen menschlichen Lebens dar, das oft von einer Einheitlichkeit und einfachen Integrität ist, die wir manches Mal beneiden könnten« (Erikson 1984, S. 107f.).

Eriksons epigenetische Theorie, die er in *Kindheit und Gesellschaft* entfaltete, unterteilt den menschlichen Lebenszyklus nach der Art des Persönlichkeitswachstums in acht Stufen. Die Phasen der oralen, analen und genitalen Triebentwicklung werden mit der Entwicklung der Ich-Funktionen kombiniert und über die postödipale Entwicklung hinaus erweitert. Eine zentrale Bedeutung hat dabei der Begriff der »Identität«. Die psychoanalytische Theorie über die infantile Sexualität (orale, anale und genitale Phase der Libidoentwicklung) wird zu einem Konzept von psychosexuellen Stufen in Verbindung zur Persönlichkeitsentwicklung erweitert, in dem »Organmodalitäten« bestimmend werden. Mit jeder Stufe der psychosexuellen Entwicklung treten neue Modalitäten in den Vordergrund (Einverleibung, Ausscheidung, Eliminierung und Eindringen), während gleichzeitig auch frühere Modalitäten wirksam sein können, die das Verhalten bestimmen und von spezifischen Erziehungspraktiken bestimmt werden. Erikson kann in sein Schema ein wesentlich breiteres Spektrum kindlicher Erfahrungs- und Erlebnisweisen einbeziehen, als dies bei Freuds Phasenmodell möglich war.

Bei seiner Beschreibung der ideellen und verhaltensmäßigen Gestaltung der Yurok- und der Siouxwelt ging es nicht darum, ihre jeweilige »grundlegende Charakterstruktur« festzulegen.

»Wir haben uns vielmehr auf die Gestaltungen konzentriert, mit deren Hilfe diese beiden Stämme ihre Konzepte und ihre Ideale in einem konkreten Lebensplan zu synthetisieren suchen. Dieser Plan läßt sie in ihren primitiven technischen und magischen Unternehmungen Erfolg haben und bewahrt sie vor der individuellen Angst, die zur Panik führen könnte, vor der Angst des Präriejägers, entmannt und bewegungsunfähig zu sein, und der Angst des pazifischen Fischers, unversorgt zu bleiben.«

Erikson führt drei Leistungen einer Kultur an, um diese Aufgabe erfüllen zu können:

»Sie verleiht frühen körperlichen und zwischenmenschlichen Erfahrungen spezifische Bedeutungen, um so die richtige Kombination von Organmodi und den rechten Akzent auf den sozialen Modalitäten zu erreichen; sorgfältig und systematisch leitet sie die so provozierten und von ihrem ursprünglichen Ort abgelenkten Energien durch die komplizierten Grundverhaltensformen des täglichen Lebens hindurch; den infantilen Ängsten, die sie durch diese Provokation ausgenützt hat, verleiht sie fortdauernd übernatürliche Bedeutung« (Erikson 1984, S. 180f).

Erikson hat seine Konzeption am Beispiel der Unterschiede zwischen den gegenwärtigen Erziehungspraktiken und der traditionellen Stammeserziehung bei den Sioux und den Yurok und den daraus resultierenden Anpassungsproblemen diskutiert und zu belegen versucht. Die Welt der Yurok, die in fast systematischem Gegensatz zur Welt der Sioux steht, dreht sich um das Erwerben und Festhalten von Besitz; sie sind geizig und mißtrauisch, ihre Gebete, Tagträume und Mythen kreisen um das Reichwerden, sie sind auf die Nahrungsquellen und deren Erhaltung und Ausschöpfung konzentriert.

»Der Yurok zeichnet sich durch die Fähigkeit aus, zu weinen, während er betet, um dadurch Einfluß auf die nahrungsspendenden Mächte jenseits der sichtbaren Welt zu gewinnen. Er glaubt daran, daß tränenreiche Worte, wie etwa, ›ich sehe einen Lachs‹, die mit der inneren Überzeugung einer selbstinduzierten Halluzination ausgesprochen werden, den Lachs herbeiziehen. Er muß dabei aber so tun, als sei er nicht allzu interessiert, sonst entgeht ihm die reiche Beute, und so muß er sich selbst davon überzeugen, daß er es nicht wirklich ernst meint« (Erikson 1984, S. 172).

Erikson setzt diese charakteristischen Merkmale und Verhaltensweisen in Verbindung mit der oralen Erziehung des Yurokkindes, das einer frühen und abrupten Abstillung zu Beginn der Beißphase ausgesetzt ist. Mit einer Reihe von Maßnahmen werden der Kontakt zur Mutter und die Ausbildung regressiver Haltungen unterbunden. Dem Thema der frühesten Gefährdung im individuellen Lebenszyklus, dem Verlust der Mutterbrust, entspricht der mögliche Verlust der Lachsversorgung. Alle sehnsüchtigen Wünsche in der Welt der Yurok sind darauf konzentriert, ebenso werden die analen und genitalen Strebungen und Haltungen in diese Richtung akzentuiert.

»Um auf die richtige Weise zu vermeiden und doch auf die richtige Art gierig zu sein, mußte der einzelne Yurok ›rein‹ sein, das heißt demütig beten, gläubig weinen, mit Überzeugung halluzinieren, soweit es sich um die übernatürlichen Spender handelte; er mußte lernen, gute Netze zu knüpfen, sie an den richtigen Stellen auszulegen und im Dammbau zusammenzuarbeiten, wie sein technisches Können das forderte; er mußte mit Lust und Ausdauer handeln und markten, wenn er mit seinen Mitmenschen Geschäfte machte; und er mußte lernen, die Aus- und Eingänge und das innere Kanalsystem seines Körpers so zu beherrschen, daß die Wasserwege und Versorgungsstraßen der Natur (die dem wissenschaftlichen Verständnis und der technischen Einflußnahme nicht zugänglich sind) sich magisch genötigt sehen« (Erikson 1984, S. 177f.).

Die Homogenität in der Welt der Yurok beruht nach Erikson auf einer Integration ökonomischer Ethik und magischer Moralität mit geographischen und physiologischen Aspekten. In seiner Untersuchung zeigte er im Umriß, wie diese Integration durch die Erziehung des jungen Organismus vorbereitet wird.

Bryce Boyer merkte an, daß Eriksons Hervorhebung der Bedeutung der Sozialisation für die Persönlichkeitsentwicklung von den Kulturanthropologen allgemein akzeptiert worden ist, während die von ihm weniger betonten

Überlegungen zum formenden Einfluß des Individuums auf die Gesellschaft weitgehend ignoriert wurden (Boyer 1980, S. 708). Im Zusammenhang mit der Erprobung einer »vergleichenden charakteranalytischen Deutungstechnik« auf den ersten beiden Reisen in Westafrika kommentierte Paul Parin Eriksons Vorgehen folgendermaßen:

> »Seine Anschauungen waren uns zur Zeit unserer ersten Expedition nicht bekannt. Unser technisches Vorgehen ließ es vorerst als unzweckmäßig erscheinen, die herkömmlichen psychoanalytischen Begriffe gegen seine neugefaßten einzutauschen, die in anderer Hinsicht einen großen Fortschritt gebracht haben. So ist unter ›Identität‹ (nach Erikson) etwas zu verstehen, das bei uns zum Teil dem Überich, zum anderen Teil dem Ich zugerechnet wird« (Parin 1961c, S. 146).

1.5. »Psychoanalytic Anthropology« in den Vereinigten Staaten

Die enge Verbindung von Psychoanalyse und amerikanischer Ethnologie, die sich in den 30er Jahren intensiv zu entwickeln begann und in verschiedenen Versuchen der Zusammenarbeit ihren Ausdruck fand, wurde durch eine Umfrage von La Barre auch für die folgenden Jahre bestätigt. La Barre stellte Mitte der 50er Jahre fest, daß 37 Personen – das sind mehr als ein Drittel aller Ethnologen, die sich innerhalb der *American Anthropological Association* dem Gebiet der *Culture and Personality*-Forschung zurechneten – selber eine Psychoanalyse absolviert hatten (La Barre 1958, S. 279).

Im Bereich der amerikanischen psychoanalytischen Literatur wurde die von Géza Róheim 1947 gegründete Reihe *Psychoanalysis and the Social Sciences* zum Forum der angewandten Psychoanalyse, das einen Schwerpunkt auf dem Gebiet der Ethnologie hatte. Róheim fungierte bis zum dritten Band, der 1951 erschien, als Herausgeber, nach seinem Tod (1953) folgten zwei weitere Bände (1955 und 1958), die von Werner Muensterberger unter Mitarbeit von Sidney Axelrad herausgegeben wurden. Muensterberger führte die Reihe ab 1960 mit verschiedenen Mitarbeitern (Sidney Axelrad, Aaron Esman, Bryce Boyer und Simon A. Grolnik) unter dem Titel *The Psychoanalytic Study of Society* fort. Bryce Boyer betreute mit Simon A. Grolnik diese Reihe von Band 11/1985 bis Band 15/1990 und gab die letzten vier bis 1994 erschienenen Bände gemeinsam mit seiner Frau Ruth M. Boyer heraus.

Die Namen der Mitarbeiter an dieser Buchreihe geben einen Einblick in die Kontinuität der auf die Ethnologie angewandten Psychoanalyse über einen Zeitraum von mehr als 60 Jahren, wenn man den Beginn mit Róheims psychoanalytisch-ethnologischen Feldforschungen ansetzt. Bekannte Vertreter der psychoanalytischen Bewegung aus Deutschland, Österreich und Ungarn, die durch den Faschismus und Nationalsozialismus aus ihren Ländern vertrieben wurden und deren Tätigkeit in der Emigration wesentlich dazu beitrug, daß sich in den Vereinigten Staaten das neue Zentrum der Psychoanalyse herausbildete, standen der mit dieser Reihe fortgesetzten Tradition der angewandten Psychoanalyse nahe. Die Arbeit der nichtärztlichen Psychoanalytiker Géza Róheim, Georges Devereux und Werner Muensterberger auf dem Gebiet der psychoanalytischen Ethnologie fand keine aktive Unterstützung von seiten der offiziellen Psychoanalyse, der *American Psychoanalytic Association*, die bis zum Anfang der 1990er Jahre vehement gegen die nichtärztliche Psychoanalyse, die »Laienanalyse«, eingestellt war. Immer wieder griffen bekannte Psychoanalytiker ethnologische Themen auf und regten damit eine Diskussion zwischen Psychoanalytikern und Ethnologen an. Zum Beispiel veröffentlichte Bruno Bettelheim 1954 die Untersuchung *Die symbolischen Wunden*, in der er Beschneidungszeremonien bei Mädchen und Jungen untersuchte und gestützt auf ethnologische Literatur und auf Material von psychotischen Patienten zu einer von Freud abweichenden Deutung der Initiationsriten gelangte (Bettelheim 1982; Paul 1990).

Die amerikanische Zeitschrift *The Journal of Psychoanalytic Anthropology. A Quarterly Journal of Culture and Personality*, 1978 von Arthur E. Hippler gegründet und herausgegeben, widmete sich ausschließlich dem Gebiet der psychoanalytisch orientierten Ethnologie. Dieser Zeitschrift, die bis 1987 erschien, gehörten als Mitarbeiter viele der um *The Psychoanalytic Study of Society* versammelten Psychoanalytiker und Ethnologen an.

Für die auf ethnologischem Gebiet arbeitenden Autoren von *The Psychoanalytic Study of Society* ist kennzeichnend, daß sie bei ihren Feldforschungen Techniken der Psychoanalyse als Methode eingesetzt haben. In den Arbeiten von Devereux, Muensterberger, Boyer und Crapanzano, die zum Teil auch in deutschen Übersetzungen zugänglich sind, finden sich Ansätze dafür, wie unterschiedlich die psychoanalytische Methode in die Forschungsarbeit einbezogen wurde. Die neue methodische Orientierung stand unter dem Einfluß von Róheim und der *Culture and Personality*-Schule; sie wurde allmählich von verschiedenen Forschern entwickelt.

Einen ersten Versuch der Anwendung psychoanalytischer Untersuchungstechnik in einer traditionsgeleiteten Kultur unternahm Wulf Sachs mit der psychoanalytischen Behandlung eines südafrikanischen Medizinmannes, die

1928 begonnen wurde und sich über zweieinhalb Jahre erstreckte. Das Buch *Black Hamlet. The Mind of an African Negro Revealed by Psychoanalysis* gibt in literarischer Form das Leben des Afrikaners wieder und beschreibt dessen psychische Struktur sowie die Schwierigkeiten des Psychoanalytikers unter diesen speziellen Bedingungen (Sachs 1937, 1996; Dubow 1993, 1996). Die Schlußfolgerungen, die Hartmann, Kris und Loewenstein aus diesem Bericht, mit dem Blick auf den Patienten ziehen, entsprechen ihrer Auffassung, die konkreten gesellschaftlichen Bedingungen zu nivellieren und vernachlässigen zu können:

> »Die Untersuchung von Sachs ... zeigt sehr deutlich, in welchem Umfang die ›kulturelle Distanz‹ zwischen Analytiker und Analysand das Verhalten des letzteren beeinflußt. Dabei sind durchaus Fälle vorstellbar, bei denen diese Distanz zu groß wird. Das ist bei Analysen innerhalb der westlichen Kultur äußerst unwahrscheinlich; die dabei auftretenden kulturellen Unterschiede können weitgehend durch das Befolgen der psychoanalytischen Verhaltensregeln ausgeschaltet werden. Der Patient reagiert prinzipiell auf kulturelle Unterschiede nicht anders als auf kulturelle Gemeinsamkeiten, so daß man sagen könnte, daß unter den Einflüssen, die direkt auf das Verhältnis zwischen Analytiker und Analysand einwirken, der unterschiedliche kulturelle Hintergrund eine vergleichsweise bescheidene Rolle spielt« (Hartmann/Kris/Loewenstein 1974, S. 155).

Der Psychoanalytiker Erich Simenauer faßte seine vor, während und nach dem Zweiten Weltkrieg gemachten ärztlichen Erfahrungen bei den Bantu im heutigen Zimbabwe unter psychoanalytischen Gesichtspunkten zusammen und wertete diese auch theoretisch aus (Simenauer 1961/62; Hoffmann 1981; Hermanns 1993).

Eine breite Resonanz im deutschsprachigen Raum hatte das Werk von Georges Devereux. Sieben Bücher erschienen in deutscher Übersetzung, in drei Sammelbänden wurden verschiedene Aspekte seiner Arbeiten gewürdigt (Devereux 1973, 1974, 1978, 1981, 1982, 1985, 1986; Schröder/Frießem 1984; Duerr 1987; Boyer/Grolnik 1988).

Georges Devereux wurde 1908 in Lugos in Siebenbürgen geboren, das bis 1918 zu Ungarn und danach zu Rumänien gehörte. Er studierte in Paris zunächst theoretische Physik, bevor er sein Studium der Ethnologie bei Marcel Mauss, Lucien Lévy-Bruhl und Paul Rivet begann. Nach dem Studienabschluß erhielt er ein Rockefeller-Stipendium und ging 1932 in die Vereinigten Staaten, um sich auf eine Feldforschung bei den Sedang-Moi, einem südvietnamesischen Bergstamm, vorzubereiten. Diesem Projekt ging eine ethnologische Untersuchung bei den Mohave-Indianern voraus, über deren Geschlechtsleben er bei A. L. Kroeber promovierte. Nach seiner 18-monatigen Feldarbeit bei den Sedang (1933/1935) kehrte er in die Vereinigten Staaten zurück. Er war danach als Ethnologe an verschiedenen psychiatrischen Institutionen als Mitarbeiter, Lehrer und Forscher angestellt. Anfang der 50er Jahre beendete er seine 1946 an der *Menninger-Klinik* in Topeka/Kansas begonnene psychoanalytische Ausbildung und übersiedelte anschließend nach New York, wo er von 1959 bis 1963 als Psychoanalytiker eine Privatpraxis betrieb und an der *Temple University* in Philadelphia im Fach »Ethnopsychiatrie« unterrichtete.

Seine wichtigsten wissenschaftlichen Arbeiten hatte Devereux in den Vereinigten Staaten konzipiert und veröffentlicht. Devereux stand mit Ralph Linton, Weston La Barre und Margaret Mead in freundschaftlichem und wissenschaftlichem Austausch. Er kehrte 1963 nach Paris zurück und unterrichtete bis 1981 auf dem Gebiet der Ethnopsychiatrie an der *École des Hautes Études en Sciences Sociales*. Devereux starb 1985 in Paris. In den Jahren nach seiner Lehrtätigkeit in Paris hatte er sich vor allem dem Studium und der Analyse von Themen aus der griechischen Antike zugewandt (Devereux 1981, 1982).

Devereux hatte als Ethnograph und Ethnologe ohne psychoanalytische Ausrichtung gearbeitet. Seine ethnographische Arbeit bei den Mohave-Indianern, in deren Kultur Träume hoch bewertet wurden, seine Auseinandersetzungen mit Vertretern der *Culture and Personality*-Forschung, und die Entwicklungen der dynamischen Psychiatrie sowie seine klinischen Erfahrungen als Kulturanthropologe in verschiedenen psychiatrischen Institutionen hatten ihn veranlaßt, sich der Psychoanalyse zuzuwenden. Seine klinisch-psychologischen und ethnologisch-kulturellen Fragestellungen entwickelten sich aus seiner psychotherapeutischen und psychoanalytischen Praxis in Verbindung mit Themen der Akkulturation, den Fragen der Anpassung und der geistigen Gesundheit und der Bestimmung der Grenzen zwischen dem Normalen und Anormalen in der Kultur.

»Immer öfter zieht der Psychiater den Ethnologen hinzu, damit er ihm helfe, bei kulturell atypischen oder marginalen Patienten eine Diagnose zu stellen – aber der Ethnologe begnügt sich – leider! – zu häufig damit, z.B. zu bestätigen, daß ›bei den Bonga Bonga diese Form des Verhaltens normal, jene Art des Glaubens traditionell, ein solcher Persönlichkeitstyp wohlangepaßt ist‹. Obgleich diese Feststellungen häufig zutreffen, sind sie doch fast immer unzulänglich. Ich will mich hüten, die Bedeutung dieser Art des diagnostischen Vorgehens zu gering zu veranschlagen, denn ich hatte selbst häufig Gelegenheit, irrige Diagnosen bezüglich indianischer ehemaliger Frontsoldaten zu berichtigen, indem ich z.b. auf den Unterschied zwischen Delirium und Glauben hinwies« (Devereux 1974, S. 107).

Viele von Devereux' Patienten stammten aus einer indianischen Kultur und hatten in der amerikanischen Kultur, in der sie lebten, unterschiedliche Störungen entwickelt. Devereux veröffentlichte 1951 das Buch *Dream and Reality*, in dem er über die Psychotherapie eines Prärie-Indianers berichtete.

»Als Forschungsprojekt war diese Psychotherapie Teil einer Untersuchung über die Rolle kultureller Faktoren bei der Ätiologie, Symptomatologie und Therapie von Persönlichkeitsstörungen. Ihr Ziel bestand in der Entwicklung spezieller Techniken zur Behandlung solcher Störungen bei Personen, deren kultureller Hintergrund und ethnische Persönlichkeitsstruktur nennenswert von den Patienten des ›typischen‹ Therapeuten aus der amerikanischen Mittelklasse abweichen« (Devereux 1985, S. 24).

Die zweite Auflage des Buches erschien 1968 (deutsch 1985), mit einer Einleitung von Margaret Mead; sie faßte zusammen:

»Der Indianer, mit dem er sich hier beschäftigte, stand zwischen der alten und langsam verlöschenden indianischen Kultur des Prärieindianerareals und der nur teilweise begriffenen amerikanischen Kultur, in der er Angehöriger einer gesellschaftlich nicht anerkannten und benachteiligten Minderheit blieb. Der Anthropologe als Therapeut hatte damit zu entscheiden: Wieweit war sein Patient noch Wolfindianer? Welche der Alternativen, die sich ihm boten – in die Reservation zurückzukehren oder zu versuchen, in der Welt des Weißen Mannes zu leben – war am ehesten zuträglich für den Patienten, und in welcher Weise konnten geeignete Elemente seiner indianischen Kultur in der Psychotherapie verwertet werden?« (Mead 1985, S. 11f).

In ihrer Einleitung hatte Margaret Mead darauf hingewiesen, daß mit der von Devereux gebotenen Falldarstellung, in der sich ethnologische und psychoanalytische Auffassungen ergänzen, ein neuer Akzent für die Verbindung von Ethnologie und Psychoanalyse gesetzt wurde. Bisher konnte dies nur durch »die parallele Erfahrung von Feldarbeit in einer fremden Kultur und psychoanalytischer Praxis als Patient und Therapeut« vermittelt werden (Mead 1985, S. 16). Devereux hatte dieses Material, auch auf die Konzeption einer kulturübergreifenden Psychiatrie und Psychotherapie hin, theoretisch und methodisch ausgewertet. Für Devereux ist das Wichtigste am Menschen nicht seine kulturelle Zugehörigkeit, sondern seine Eigenschaft als Angehöriger der Spezies Mensch. Für ihn impliziert die Uniformität der menschlichen Psyche auch eine Uniformität der menschlichen Kultur schlechthin.

»Genau wie die Individuen unterscheiden die Kulturen untereinander sich hinsichtlich der Art und Weise, wie sie ihre konstituierenden Elemente aneinanderreihen und nach Modellen und Strukturen organisieren. Sie unterscheiden sich auch darin, wie ein gegebenes Element in der einen Kultur gerade das als primäre Matrix aufweisen kann, was in einer anderen seine sekundäre Matrix oder seinen latenten Inhalt darstellt« (Devereux 1974, S. 345).

Devereux' Bezugsrahmen blieb ein klinisch-psychiatrischer und sein wissenschaftliches Interesse war auf die Entwicklung von diagnostischen und therapeutischen Werkzeugen einer kulturell »neutralen« Therapie im Rahmen einer kulturübergreifenden Psychiatrie und allgemeingültigen Psychopathologie gerichtet. Mit Hilfe eines universellen Kulturmodells versuchte er diese zu begründen, um sich gleichzeitig von kulturrelativistischen Ansätzen distanzieren zu können, deren ethische Neutralität er ablehnte.

Devereux' Untersuchungen bildeten in Frankreich auch die wesentliche Grundlage für ethnopsychoanalytische Praxiskonzepte im Bereich der interkulturellen Psychotherapie, wie bei seinem Schüler Tobie Nathan und der psychoanalytisch orientierten Kinder- und Jugendpsychiaterin Marie Rose Moro (vgl. Kap. 3.5.2.).

Die Leistung einer von ihm nun als »metakulturell« (früher: transkulturell) bezeichneten Psychiatrie sieht er weit darüber hinausgehend, als nur die Unmöglichkeit des Psychiaters auszugleichen, ein universeller Ethnograph zu werden.

»Tatsächlich ist ein Verfahren, das darin besteht, die psychiatrischen Probleme unter dem Gesichtspunkt nicht von Kulturen, sondern von Kultur an sich zu untersuchen, auch in praktischer, d.h. therapeutischer Hinsicht wirksamer und theoretisch jedem anderen kulturellen Vorgehen überlegen, denn es ermöglicht ein tieferes Verständnis der Psychodynamik, welches wiederum zu einer erweiterten ethnologischen Kenntnis des Wesens der Kultur führt. Außerdem widerlegt es endgültig die arroganten Prätentionen jenes Zirkels von neo-freudianischen und pseudo-freudianischen kulturalistischen Psychoanalytikern, die sich nicht nur einer größeren Subtilität und eines besseren ethnologischen Gespürs rühmen, sondern auch noch behaupten, ihre Ansichten seien für die Ethnologen nützlicher als jene der klassischen Psychoanalyse« (Devereux 1974, S. 117f.).

Devereux fand, daß einige Modelle der kulturrelativistischen *Culture and Personality*-Forschung durch professionelle Abwehrstrategien mitbestimmt seien (Devereux 1973, S. 117f.).
Er stellte mit der komplementaristischen Methode eine Verbindung zwischen Ethnologie und Psychoanalyse her. In diesem Zusammenhang spricht er auch von der »komplementaristischen Ethnopsychoanalyse« (Devereux 1978). Sein Modell der »ethnischen Persönlichkeit« unterscheidet zwischen einem ethnischen und einem idiosynkratischen Unbewußten, auf denen er seine ethnopsychiatrische Klassifizierung der Persönlichkeitsstörungen aufbaut. Das ethnische Unbewußte resultiert aus kulturtypischen Verdrängungsprozessen, die von ethnotypischen Traumen ausgehen und jeden Angehörigen der Kultur betreffen. Aus den jeweiligen schicksalsmäßigen traumatischen Situationen des einzelnen resultiert das idiosynkratische Unbewußte.
Devereux folgte Róheim in der Anerkennung der Universalität des Ödipuskomplexes und sieht in der besonderen Art und Weise, wie der Ödipuskomplex in einer Kultur bewältigt wird, den Ausgangspunkt für die ethnopsychologischen Besonderheiten. Die Vertreter der *Culture and Personality*-Richtung setzten die kulturell prägenden Einflüsse in der prägenitalen Entwicklung an. Das ethnische und das idiosynkratische Unbewußte unterliegen der Komplementarität. Sie sind, wie ethnologisch-kulturelle und psychoanalytisch-individuelle Erkenntnisse, nicht aufeinander reduzierbar oder ersetzbar. Sie geben zwei Dimensionen desselben Gegenstandes wieder. Es hängt von der Betrachtungsweise des Beobachters ab, welche davon erkennbar gemacht wird. Ethnologie und Psychoanalyse sind komplementär, und darauf bauen die wissenschaftstheoretischen Überlegungen zur komplementaristischen Ethnopsychoanalyse von Devereux auf.

»Könnten Ethnologen eine erschöpfende Bestandsaufnahme aller bekannten Typen kulturellen Verhaltens machen, so würden sich diese Punkt für Punkt mit einer ähnlich vollständigen, von Psychoanalytikern im klinischen Bereich erstellten Liste der Triebe, Wünsche, Phantasien etc. decken, wodurch gleichzeitig und mit identischen Mitteln die psychische Einheit des Menschen und die Gültigkeit psychoanalytischer Interpretationen der Kultur bewiesen würde« (Devereux 1978, S. 66).

Devereux verwendet als Belege für seine Thesen Beispiele aus der psychiatrischen, klinisch-psychologischen, psychoanalytischen und ethnologischen Praxis, aus der Geschichte, Literatur, Mythologie und aus dem eigenen Erleben. Bestimmend für seine theoretischen Überlegungen und die dabei entwickelten ethnopsychiatrischen Kategorien ist für Devereux die Anwendung der Idee der Komplementarität, die er aus der Physik und Biologie auf den humanwissenschaftlichen Bereich überträgt. Wie in der Atomphysik, wo es zweier verschiedener Erklärungen bedarf, um das Verhalten des Elektrons vollständig zu beschreiben, muß ein bereits auf eine Weise erklärtes Verhalten oder menschliches Phänomen – z.B. im Rahmen der Psychoanalyse – auch komplementär dazu in mindestens einem anderen Bezugssystem – z.B. dem der Soziologie oder Ethnologie – erklärt werden können. Dies entspricht der Unbestimmtheitsrelation von Heisenberg und Bohr, bei der es auch auf die methodische Sicht des Betrachters ankommt, ob er Wellen oder Korpuskeln erkennen kann.

In verschiedenen seiner Studien, etwa in seiner Analyse von Träumen aus der griechischen Antike (Devereux 1982) oder in seiner Untersuchung zur Abtreibung (Devereux 1955), bediente sich Devereux seines pluridisziplinären komparativen Ansatzes. Bei der letztgenannten Studie vergleicht er Phantasien einzelner psychoanalytischer Patienten in einer Kultur mit institutionalisierten Praktiken in einer anderen Kultur. Die dabei auftretenden Entsprechungen bezeugen für Devereux die psychische Einheitlichkeit der Menschheit, die Universalität von Trieben und Phantasien, deren Aktualisierungs- und Äußerungsformen vom kulturellen Kontext abhängig sind.

Niels Bohr hatte die Gültigkeit der Komplementarität von der Physik her auf die Biologie ausgedehnt und den Einfluß der Beobachtungssituation auf den beobachteten Organismus berücksichtigt (»Abtötungsprinzip«). In Devereux' Buch *Angst und Methode in den Verhaltenswissenschaften* wird auf der Basis der spezifischen Subjekt-Objekt-Beziehung in der reziproken Situation von Beobachter und Beobachtetem die Komplementarität für erkenntnistheoretische Überlegungen herangezogen. *Angst und Methode in den Verhaltenswissenschaften* (Devereux 1967, 1973), in dem der Autor auf die Bedeutung der Gegenübertragung in den Humanwissenschaften und deren Methodologien aufmerksam macht, ist für die Beschreibung und Systematisierung des ethnopsychoanalytischen Prozesses durch Maya Nadig und Mario Erdheim ausgewertet worden (Erdheim 1982; Nadig 1986). Das von Devereux hervorgehobene Phänomen der Gegenübertragung in den Verhaltenswissenschaften hat auch im Bereich der sozialwissenschaftlichen Methodendiskussion und bei der Ausarbeitung von qualitativen Forschungsmethoden eine wichtige Rolle gespielt.

»Ich behaupte, daß das entscheidende Datum jeder Verhaltenswissenschaft eher die *Gegenübertragung* denn die Übertragung ist, weil man eine aus der Übertragung ableitbare Information gewöhnlich auch noch auf anderen Wegen gewinnen kann, während das für die Information, die aus der Analyse der Gegenübertragung hervorgegangen ist, nicht zutrifft ... Worauf es uns hier ankommt ist, daß die Analyse der Gegenübertragung *wissenschaftlich* gesehen, mehr Daten über die Natur des Menschen erbringt« (Devereux 1973, S. 17).

Werner Muensterberger hatte sein Studium der Ethnologie in Basel beendet, wo er auch einen Teil seiner psychoanalytischen Ausbildung absolvierte, die er in Holland abschloß. Von dort ging Muensterberger 1947 nach New York, wo er mit Róheim in Verbindung stand, dessen Schriften er herausgab, und dessen wissenschaftlichen Nachlaß er betreute. Mit seinen eigenen ethnopsychoanalytischen Untersuchungen und seiner editorischen Arbeit an den Reihen *Psychoanalysis and the Social Sciences* und *The Psychoanalytic Study of Society* trug Muensterberger dazu bei, daß sich eine kontinuierliche Beschäftigung mit Fragen der Anwendung der Psychoanalyse im Bereich der Sozialwissenschaften und im besonderen auf dem Gebiet der psychoanalytischen Ethnologie herausbildete. Er war maßgeblich daran beteiligt, daß diese Forschungsrichtung auch im deutschsprachigen Raum bekannt und zugänglich wurde. Dazu trugen seine in der Zeitschrift *Psyche* erschienenen Arbeiten sowie das von ihm herausgegebene Buch *Der Mensch und seine Kultur. Psychoanalytische Ethnologie nach »Totem und Tabu«* bei (Muensterberger 1974). Er praktizierte als Psychoanalytiker und nutzte die psychoanalytische Behandlung von Patienten, die als Einwanderer aus nichteuropäischen Gesellschaften in die Vereinigten Staaten kamen, für Forschungszwecke, um über das Wechselverhältnis von psychoanalytisch erschlossenen Triebkonflikten und ihrer Verarbeitung in verschiedenen Kulturen Aufschluß zu gewinnen.

Muensterberger publizierte die Fallgeschichte eines chinesischen Offiziers, der in die Vereinigten Staaten ausgewandert war, und berichtete über einen westafrikanischen Austauschstudenten, der eine psychotische Krise durchmachte und dessen gestörte Ich-Funktionen unmittelbar mit dem Verlust seiner Gruppenidentität verbunden waren (Muensterberger 1982; Muensterberger/ Kishner 1968). Muensterberger begann seine Arbeit mit chinesischen Migranten an der *Columbia University*. Unter der Leitung von Ruth Benedict begann ein

großangelegtes Forschungsvorhaben unter dem Titel *Columbia University Research Project in Contemporary Cultures,* das verschiedene Untergruppen hatte (Deutsch, Polnisch, Jüdisch, Tschechisch, Chinesisch etc.).
Muensterberger wählte »Chinesisch«, weil er über Kontakte mit Chinesen in Holland und Indonesien verfügte. Diese Untersuchungen, die nach dem Tod von Ruth Benedict (1948) von Margaret Mead fortgeführt wurden, waren von der Zusammensetzung her ein Amalgam aus der *Culture and Personality*-Schule (mit Ruth Benedict, Margaret Mead, Ruth Bunzel und anderen) und der Psychoanalyse (mit Teilnehmern verschiedener psychoanalytischer Richtungen, wie Karen Horney, Erich Fromm, sowie Werner Muensterberger und fallweise Erik Erikson) (Muensterberger 1994).

Verschiedene methodische Elemente der Psychoanalyse hatte Muensterberger bei einem Forschungsprojekt über eine Gruppe südchinesischer Einwanderer verwendet:

»In einigen Fällen machten wir Gebrauch von psychoanalytischen Befragungstechniken, verwendeten also auch die Methode der freien Assoziation und der Traumdeutung. Die Befragungen erstreckten sich über einen Zeitraum von mehr als zwei Jahren ... Außerdem griffen wir auf projektives Material aus Volksmärchen, Legenden, Filmen, Tests, moderner Literatur und Umfragen zurück« (Muensterberger 1974b, S. 170f.).

Gegenüber einer direkten Anwendung der psychoanalytischen Technik in der Feldforschung blieb Muensterberger skeptisch.

»Bei der Untersuchung sozialer und kultureller Probleme kann auf diese Methode in keinem Fall zurückgegriffen werden – eine Kommunikation im klinischen Sinne zwischen Forscher und ›Analysand‹ findet hier nicht statt. In gewissem Sinne läßt sich sogar eine Vertauschung der Rollen beobachten, da der Psychoanalytiker nun die Mithilfe seines Gewährsmannes benötigt. Dadurch bekommt der gesamte Ton der ›Beziehung‹ einen ganz anderen Akzent« (Muensterberger 1974a, S. 26).

Muensterberger hat zuletzt in seiner Besprechung von Obeyesekeres Buch *The Work of Culture. Symbolic Transformation in Psychoanalysis and Anthropology* (Obeyesekere 1990) zum Begriff von Übertragung und Gegenübertragung in der Feldforschung Stellung genommen (Muensterberger 1993).

Seine Einwände hatte Muensterberger auch in einer Rezension der zweiten ethnopsychoanalytischen Feldstudie *Fürchte deinen Nächsten wie dich selbst* von Parin, Morgenthaler und Parin-Matthèy vorgebracht, jedoch den Züricher

Ethnopsychoanalytikern konzediert, diesen Schwierigkeiten weitgehend entgangen zu sein.

»Sie haben die methodologische Hürde auf zweierlei Weise vermieden und allein schon damit einen besonderen Beitrag zur Methode psychoanalytischer Feldforschung geleistet. Sie haben mit Hilfe metapsychologischer Gesichtspunkte die charakteristischen Konflikte ihrer Gewährsleute von ihren milieubedingten Bindungen isoliert und auf der Grundlage der strukturell-dynamischen Entwicklungsphasen erklärt. Sie haben außerdem, vielleicht erstmalig, in vornehmlich ichpsychologischer Sicht Übertragungsphänomene gedeutet« (Muensterberger 1973, S. 278f.).

Die von Muensterberger mit ethno-psychoanalytischen Untersuchungstechniken um 1950 durchgeführten und veröffentlichten Forschungen über die nach den Vereinigten Staaten eingewanderten Südchinesen haben unmittelbar zur Entwicklung der Idee der Züricher Psychoanalytiker beigetragen, den Versuch zu unternehmen, die psychoanalytische Technik uneingeschränkt anzuwenden (Parin/Morgenthaler/Parin-Matthèy 1993c, S. 24).

Die Forschungen des ethnologisch ausgebildeten amerikanischen Psychoanalytikers L. Bryce Boyer und seiner Frau, der Ethnologin Ruth M. Boyer, und Mitarbeitern begannen 1957 mit einer Voruntersuchung bei den Apachen des Mescalerostammes. Von 1959 bis 1964 wurde ein Projekt durchgeführt, während dessen Bryce und Ruth Boyer über zwei Jahre lang Feldforschungen betrieben, davon durchgehend 15 Monate zwischen 1959/1960 (Boyer 1999). Die Kulturanthropologen Harry M. Basehart, Bruce McLachlan und der Psychologe Bruno Klopfer arbeiteten an dem Projekt mit. Zur Absicherung der Beobachtungen wurden projektive Testverfahren, in der Regel das Rorschach-Verfahren, angewandt. Ruth Boyer hat sich neben der Erforschung der sozialen Struktur und der Überlieferungen mit der Sozialisationsforschung befaßt. Das Ziel der laufenden Forschungen war, die Wechselwirkungen von Sozialstruktur, Sozialisationsmustern und der Persönlichkeitsorganisation nachzuzeichnen und die Nützlichkeit der Zusammenarbeit zwischen Ethnologen, Psychologen und Psychoanalytikern für die Förderung des Verständnisses dieser Zusammenhänge hervorzuheben. Über die Vorgehensweise bei seiner eigenen Arbeit berichtete Bryce Boyer, der seit 1958 die Schamanen und schamanische Praktiken der Apachen der *Mescalero Indian Reservation* untersuchte, in der gemeinsam mit Ruth M. Boyer und George A. DeVos verfaßten Arbeit »Der Erwerb der

Schamanenwürde« und in seiner ethno-psychoanalytischen Studie über die Apachen, *Kindheit und Mythos:*

> »Der Autor war dem *Tribal Business Committee* als Psychiater vorgestellt worden, der sich für den Einfluß der sozialen Struktur und der Erziehungsprozesse auf die Persönlichkeitsentwicklung interessierte. Das Komitee stellte ihm ein Büro zur Verfügung, wo er von 1958 bis 1960 Apachen-Informanten zu psychoanalytisch orientierten psychotherapeutischen Interviews empfing, deren Schwerpunkt vor allem die Interpretation der Auswirkungen von Übertragung und Widerstand war. Ungefähr hundert Apachen beiderlei Geschlechts im Alter von vier bis über neunzig Jahren kamen freiwillig zu einstündigen Interviews. Darunter waren auch Schamanen, die einen Wettstreit der Kräfte suchten. Einige Informanten kamen nur ein einziges Mal, andere über unterschiedlich lange Zeit hinweg, oft fünfmal wöchentlich. Ein Informant, der wegen nächtlicher Angstzustände behandelt zu werden wünschte, kam einhundertvierzig Mal. Der Autor erstellte über 300 Rorschach-Protokolle.«

Boyer berichtete weiter, daß auf Verlangen des *Business Committee* jeder Informant für jedes Interview $ 1,50 erhielt. Dem Komitee wie den Informanten war klar, daß jegliche Information veröffentlicht werden konnte. Täglich wurden die Feldbeobachtungen aller Forscher ausgetauscht und diskutiert, neue Hinweise konnten sofort weiterverfolgt werden. »Dieses Verfahren erwies sich als besonders günstig für die Ausrichtungen unserer Beobachtungen über Sozialisation, durch die Hypothesen bestätigt oder widerlegt werden konnten, die sich aus den Interviews der Informanten mit dem Autor ergaben« (Boyer 1982, S. 236).

Nach 1960 gab Boyer sein Büro auf und konzentrierte seine Forschungsarbeit auf die Untersuchung religiös-medizinischer Praktiken und Überlieferungen. In diesem Zusammenhang wurden ihm in zwei Fällen der Status eines Familien-Schamanen zuerkannt.

Nachdem sich Boyer anfänglich der Forschungstechnik bediente, psychotherapeutische Interviews durchzuführen, in denen er sich fast ausschließlich darauf beschränkte, Übertragung und Widerstand zu interpretieren und zu erklären, waren die Forscher am Ende ihres langen Aufenthaltes in der Reservation im Jahre 1960 in Übereinstimmung mit Devereux und La Barre zu dem Schluß gelangt, daß die Untersuchung des Ausdrucks der Kultur das beste verfügbare Mittel darstelle, die Wechselwirkungen von Sozialstruktur, Sozialisationsmustern und der Persönlichkeitsorganisation zu studieren.

Folglich hat ein großer Teil der nachfolgenden Tätigkeiten der Boyers diese Richtung genommen (Boyer/Boyer/DeVos 1987, S. 265). Ein Beispiel dafür ist die Arbeit *Kindheit und Mythos* (Boyer 1982). In seinem Vorwort zu diesem Buch schrieb Paul Parin:

> »Boyers Untersuchung bezieht sich auf ein Thema, das er neu stellt. Die Mythenforschung hat eine lange Geschichte, doch wurde bisher noch nie systematisch versucht, die beiden scheinbar so weit auseinanderliegenden Phänomene, die kulturüblichen Erziehungspraktiken und die Entstehung, die sozialen und psychischen Funktionen des Mythos in ihrer gegenseitigen Abhängigkeit darzustellen. Obzwar die Mescalero- und Chiricahua-Apachen in ihren Reservaten seit vielen Jahrzehnten eine politisch unterdrückte, in jeder Hinsicht diskriminierte, wegen ihrer Machtlosigkeit und Kleinheit unwichtige Volksgruppe sind, eröffnet die vorliegende Untersuchung eine weitere Perspektive. Es ist, einmal in diesem Fall, gelungen, der Entstehung der Mythen und ihrer Bedeutung für die Gemeinschaft und für jeden einzelnen ohne Vorurteile und spekulative Theorien nahezukommen. Entmutigend mag hingegen wirken, welchen Aufwand an Zeit, Wissen und Einfühlung es braucht, um nur diesen einen örtlich, zeitlich und kulturell so eng umschriebenen Bereich aufzuklären« (Parin 1982e, S. 10).

Paul Parin weist in seinen Bemerkungen auch darauf hin, daß die Protokolle der psychoanalytisch orientierten psychotherapeutischen Interviews, die Boyers wichtigstes Forschungsinstrument waren, in dem Buch nicht enthalten sind.

> »Doch sollte man sich bei der Lektüre bewußt halten, daß es die emotionsgeleiteten Assoziationen der Apachen sind, die es dem Forscher gestatten, unter den vieldeutigen Bezügen, besonders auch bei der Interpretation der Symbole mit ihren Wandlungen, jeweils die Deutung zu wählen, die der ›psychischen Realität‹ (S. Freud) entspricht. Die Teilnehmer an der Kultur sind es, die jeweils Vermutungen und Hypothesen des kulturfremden, abendländischen Forschers validieren. Am deutlichsten wird dies dort, wo der Mythos noch einmal zusammenfassend mit der Wirklichkeit des kindlichen Lebens konfrontiert wird, oder in der Analyse der persönlichen Version des gleichen Mythos bei der uralten Großtante und dem Jüngling, ihrem Großneffen« (Parin 1982e, S. 12).

Die Forschungen bei den marginalisierten Indianerstämmen der Mescaleros und Chiricahuas sollten auch zur Aufklärung der hohen Kriminalitätsraten, dem immensen Alkoholkonsum und dem Schulversagen von Kindern in den Reservaten beitragen. In verschiedenen Studien der Boyers wurde den verheerenden Wirkungen zerstörter Identifikationsmöglichkeiten durch die Anpassungsprozesse an die Kultur nachgegangen. Die historischen und gesellschaftlichen Gegebenheiten in den Vereinigten Staaten, die durch die europäische Usurpation des amerikanischen Kontinents bestimmt wurden, unterwarfen die bereits politisch unterdrückten und in Reservate abgedrängten Indianerkulturen ebenso wie diskriminierte Einwanderergruppen Akkulturations- und Dekulturationsprozessen, die auch »ein hervorragendes Beobachtungsfeld für die Demonstration der allgemeinen Gültigkeit und Anwendbarkeit der psychoanalytischen Theorie« boten (Boxberg 1976, S. 1111).

Boxberg, der einige Arbeiten der Boyers und ihrer Mitarbeiter aus den Feldforschungen zusammenfaßte (Boxberg 1976, S. 1120f.), gibt die von Bryce Boyer genannten Faktoren wieder, die dieser für den Erfolg ihrer forschenden und therapeutischen Tätigkeiten bei den Apachen verantwortlich machte: das wissenschaftliche Interesse und die Bereitschaft, über längere Zeit unter den Apachen zu leben; die Notwendigkeit einer eigenen Analyse, welche die Vorurteilslosigkeit fördert; die Kenntnisnahme der zur Verfügung stehenden Literatur über die Gesellschaften vor Beginn der Feldforschung; die Berücksichtigung der individuellen Lebensgeschichte jedes Informanten; die bewußte Vermeidung jeglicher Tätigkeiten, die ein Mitagieren bedeutet hätten (Boxberg 1976, 1126; Boyer 1999).

Bryce Boyer hob in seiner Überblicksarbeit zur Geschichte der Anwendung der Psychoanalyse in der Ethnologie Eriksons Forschungen auf dem Gebiet kooperativer Feldforschung als Pionierleistung hervor. Den Ansatz von Analytikern, die mit ähnlichen Vorhaben mit Ethnologen zusammenarbeiteten, grenzte Boyer insofern ab,

> »als sie sich an Projekten beteiligten, die ihre ständige Anwesenheit im Feld während der gesamten Phase der Datensammlung erforderten. Die dauerhafteste Kooperation ist die der Boyers, die für kurze Zeit mit Schneider und dann in den vergangenen 17 Jahren mit Basehart bei einer Untersuchung über die östlichen Apachen zusammenarbeiteten. In jüngerer Zeit haben sie auch mit Hippler an Forschungen über die Athabaska-Indianer gearbeitet. Die Psychoanalytikerin Boyer hat in ihre Methode auch die normale psychiatrisch-klinische Arbeit sowie die Techniken von Muensterberger und Devereux einbezogen« (Boyer 1980, S. 709).

Zum Kreis der Mitarbeiter und Autoren der Reihe *The Psychoanalytic Study of Society* zählt der Ethnologe, Sprach- und Literaturwissenschaftler Vincent Crapanzano. Bei seinen Feldforschungen in Marokko und Südafrika hat er sich nicht ausdrücklich psychoanalytischer Untersuchungsmethoden bedient, aber die Beziehung zwischen Forscher und Untersuchungsobjekt sowie die aus der dialogischen Struktur dieses Verhältnisses gewonnenen Verständnis- und Verstehensprozesse als grundlegend für seine Arbeiten aufgefaßt. Von daher leitet Crapanzano seine theoretischen und forschungspraktischen Bezüge zur Psychoanalyse ab. Crapanzano gehört, wie Jane L. Briggs mit ihren Arbeiten bei den Eskimos (Briggs 1970, 1998), zu denjenigen Ethnologen, die den »subjektiven Faktor« nicht ausklammern und ihn mit wissenschaftlichen und literarischen Darstellungsformen zur Geltung bringen.

> »Der endgültige Durchbruch zur akademischen Anerkennung gelang dieser neuen Richtung aber erst in den letzten Jahren. Jeanne Favret-Saada, Michael Taussig und Paul Rabinow, Vincent Crapanzano, Kevin Dwyer oder Gananath Obeyesekere versuchen sich in neuen Schreibweisen, in dialogischer und polyphoner, in essayistischer und konfessionalistischer Ethnographie« (Kohl 1993, S. 413; Duerr 1981; Berg/Fuchs 1993).

Crapanzano hat in seiner ethnopsychiatrischen Studie über eine religiöse Bruderschaft in Marokko in der Tradition der islamischen Mystik, deren Mitglieder und Anhänger eine therapeutische Gemeinschaft bilden, ihr therapeutisches System zum Ausgangspunkt seiner Untersuchung genommen. In seiner Einführung zur deutschen Ausgabe des Buches *Die Hamadša* (Crapanzano 1981) unterstrich Paul Parin, daß die gemeinsamen Interessen des Forschers und der Mitglieder der Bruderschaft an der Tätigkeit des Heilens, die den Ausgangspunkt der Untersuchung bildeten, »die beste Voraussetzung für das Verstehen des anderen« bilden (Parin 1981b, S. 9). Parin charakterisiert das Verfahren von Crapanzano folgendermaßen:

> »Vincent Crapanzano wählt den Kreis seiner Beobachtungen eng, ist genau, beinahe pedantisch darin, alles zu beobachten, was möglich ist, wagt sich aber dann über alle Grenzen hinaus, wo irgendein wesentlicher Bezug, ein Zusammenhang, wo eine Erklärung oder Erläuterung zu finden ist: in die Geschichte, Linguistik, in den Bereich des Religiösen; er studiert die wirtschaftliche Basis und die finanziellen Beziehungen ebenso wie er Mythen, Legenden und Bräuche deutet, und er sieht den Menschen, sein Leid, seine Wünsche, Ängste und Träume, sein bewußtes

und unbewußtes Seelenleben als den zentralen Gegenstand seines Interesses. So erklärt es sich, daß wir ganz langsam, vorsichtig und umsichtig, aber umfassend informiert werden, bevor die kleinen Tatsachen und Zusammenhänge sich zu größeren und diese zu haltbaren Annahmen und Theorien zusammenschließen« (Parin 1981b, S. 9f.).

Mit seinen Feldforschungen in Marokko ist ein weiteres Buch verbunden, dessen Gegenstand die Lebensgeschichte des Ziegelbrenners Tuhami ist, der mit einer Dämonin verheiratet war (Crapanzano 1983). In seinem Vorwort berichtete Crapanzano, daß *Tuhami* 1978 während zweier Nachmittage beim ethnologischen Kolloquium der *American Psychoanalytic Association* über »Psychoanalytische Methoden und Fragestellungen bei der Ethnologischen Feldforschung« diskutiert wurde (Crapanzano 1983, S. 16).

»Zugleich ist es ein Versuch, aus dem, was der Ziegelbrenner Tuhami mir, dem Ethnologen, erzählte, klug zu werden und die Art und Weise, wie er seine Welt darstellte und sich selber darin plazierte, zu verstehen ... Vor allem ... versetzt mich Tuhami gleichermaßen als Text und als mitmenschliches Wesen in die Lage, die Problematik von Lebensbericht und ethnographischer Begegnung zu thematisieren« (Crapanzano 1983, S. 11).

Bei seinen Überlegungen zur Forschungssituation, zur Begegnung mit Tuhami und der damit verbundenen Frage nach dem Erkennen anderer Subjekte, präzisierte Crapanzano daraufhin,

»in welch hohem Maß die ethnologische Theorie im Spezifikum der ethnographischen Begegnung verankert ist ... Meine fixe Idee ist psychologischer Natur. Mein Ziel ist es herauszuarbeiten, wie sehr die Theorie als solche eine Antwort auf die Begegnungssituation und auf die seelische Bürde ist, die die Begegnung für den Forscher darstellt. Die Theoriebildung dient auch dazu, die Begegnungssituation und die Belastung, die von ihr ausgeht, zur Sprache zu bringen oder – vielleicht genauer gefaßt – das Idiom aufzuwerfen, mit dessen Hilfe die Begegnung und die von ihr ausgehende Belastung zur Sprache gebracht werden« (Crapanzano 1983, S. 14).

Eine dialogische Ethnographie hat sich mit der Frage der Abgrenzung von Beobachter und Beobachtetem sowie mit der Frage, inwieweit das Forschungssubjekt zum Objekt oder zum Text gemacht wird, auseinanderzusetzen (Köpping 1987, 1993, S. 110). Crapanzano stellt dabei folgende Verbindung her:

»Meine Bezugnahme auf Theoretiker und Theorien ähnelt demnach eher den Bezügen, die Literaturwissenschaftler bei ihrer Interpretation eines bestimmten Textes zu anderen Autoren, als den Beziehungen, die Sozialwissenschaftler und Ethnologen im Zuge ihrer Theoriebildung herstellen. Für den Literaturwissenschaftler besitzt der Text eine Vorrangstellung, die empirische Daten – der Text des Sozialwissenschaftlers – nicht besitzen. Allzu vereinfacht ausgedrückt, bringt der Sozialwissenschaftler häufig die Daten der Theorie zum Opfer, während der Literaturwissenschaftler die Theorie dem Text opfert« (Crapanzano 1983, S. 15, 1992a).

Aus Feldforschungen unter weißen Südafrikanern ging sein Buch *Waiting. The Whites of South Africa* hervor. Ein Teil dieser Arbeit wurde unter dem Titel »Kevin – Prediger und Soldat. Eine ethnopsychoanalytische Betrachtung seiner Geschichte« in der Reihe Ethnopsychoanalyse veröffentlicht (Crapanzano 1985, 1991).

»Ob aus der postmodernen Ethnologie eine Rückbesinnung auf alte, vormoderne Qualitäten der ethnologischen Feldforschung erwachsen können, ob etwa die Gespräche von Vincent Crapanzano (1980) mit einem psychisch Eigenwilligen etwas von jener Dialogfähigkeit zwischen dem Außenseiter Feldforscher und dem fremden Außenseiter zurückbringen kann, die der Ethnologie beim Übergang zur ›kontrollierten Datenaufnahme‹ verlorenging, wird die Zukunft zeigen« (Münzel 1993, S. 398).

Der bekannte amerikanische Ethnologe Clifford Geertz, der mit der Psychoanalyse in der Ethnologie nichts anzufangen weiß, hat Crapanzanos Studie *Tuhami* als Exempel einer »Ethnographie des Eintauchens« in der Nachfolge Malinowskis abqualifiziert, das »aus einem ausgedehnten, dahintreibenden, überinterpretierenden Interview des psychoanalytischen Typs« besteht (Geertz 1990, S. 92). »Wenn das Gesicht des Modells in diesem hochgeformten »Portrait« etwas schwer auszumachen ist, so scheint doch das des Porträtisten klar genug zu sein« (Geertz 1990, S. 94; Hunt 1989).

2. Die Entstehung und Entwicklung der Ethnopsychoanalyse

Die Rezeption der Psychoanalyse in Deutschland, Österreich und in der Schweiz wurde nach dem Zweiten Weltkrieg bestimmt durch die Frage nach der Brauchbarkeit der Psychoanalyse als Psychotherapie. Auch in der nicht auf die Publikation klinisch-psychoanalytischer Untersuchungen eingeschränkten Zeitschrift *Psyche* – dem wichtigsten Forum für die Psychoanalyse im deutschsprachigen Raum in der zweiten Hälfte des letzten Jahrhunderts – spielten Darstellungen zur Anwendung der Psychoanalyse auf die Ethnologie bis Anfang der 70er Jahre nur eine untergeordnete Rolle. Außer zwei Arbeiten von Muensterberger wurden keine Autoren vorgestellt, die in den genannten amerikanischen Buchreihen und Zeitschriften der *Psychoanalytic Anthropology* kontinuierlich Beiträge lieferten. Die Verbindung zwischen Psychoanalyse und Ethnologie wurde in der *Psyche* erst mit den Arbeiten der Züricher Ethnopsychoanalytiker aufgenommen. Wenn man von den frühen Texten, in denen über die Erfahrungen auf den beiden ersten Reisen berichtet wurde (Parin/Morgenthaler 1956a; Parin 1958a) absieht, wurde in dieser Zeitschrift die erste ethnopsychoanalytische Arbeit 1973 veröffentlicht (Parin 1973a). Aufgegriffen wurde das Thema vor allem von der Studentenbewegung, worauf Goldy Parin-Matthèy und Paul Parin im Vorwort zur vierten Auflage des Buches *Die Weißen denken zuviel* hinwiesen:

»Was wir natürlich nicht voraussahen, war das erwachende Interesse der Protestbewegung von 1968 ›an anderen Formen der Gemeinschaft, an anderen womöglich freieren Erziehungs- und Sozialisationsmustern, an einer menschlicheren Gestaltung des Lebens‹. Seit jenen Jahren ist der Abbau eurozentristischer Vorurteile ein breites Anliegen der

Geisteswissenschaften und der schönen Literatur, und man will die Menschen der Dritten Welt kennen lernen. Da steht das Dogon-Buch am Anfang einer Entwicklung« (Parin/Parin-Matthèy 1993, S. II).

1974 erschien auf deutsch der von Werner Muensterberger herausgegebene Sammelband *Der Mensch und seine Kultur. Psychoanalytische Ethnologie nach ›Totem und Tabu‹*. Die amerikanische Originalausgabe erschien im Jahre 1969. Darin vereinigte der Herausgeber Arbeiten von Róheim, Devereux, Hartmann, Kris, Loewenstein, Parsons und eigene. Mit der zunehmenden Bekanntheit der ethnopsychoanalytischen Forschungen von Parin, Morgenthaler und Parin-Matthèy wurden auch ethnopsychoanalytische Arbeiten von Vincent Crapanzano und L. Bryce Boyer in deutschen Übersetzungen zugänglich (Crapanzano 1973, 1980, 1981, 1983; Boyer 1979, 1982).

Paul Reiwald hatte nach 1945 in der Schweiz seine Reihe *Internationale Bibliothek für Psychologie und Soziologie* herausgegeben, die von Emil Walter fortgeführt wurde, und in der Arbeiten von Kluckhohn, Malinowski, und die erste deutsche Ausgabe von Eriksons *Kindheit und Gesellschaft* mit einer Einleitung von Alexander Mitscherlich erschienen waren.

Die Anwendung der Psychoanalyse auf die Ethnologie bei Parin, Parin-Matthèy und Morgenthaler basiert nicht auf der geschilderten Tradition der amerikanischen *Culture and Personality*-Forschung, wenn sie sich auch auf deren Ergebnisse als Voraussetzungen ihrer Forschungen berufen. Sie standen in direkter Verbindung mit den Autoren der Reihe *The Psychoanalytic Study of Society*. Paul Parin bemerkte, daß er aus der Lektüre von Arbeiten der psychoanalytisch orientierten Richtung der amerikanischen *Cultural Anthropology* »viel Ermutigung für spätere Untersuchungen geschöpft habe, deren Methoden ich jedoch vielfach kritisiert und zum größten Teil aufgegeben habe« (Parin 1985a, S. 195).

Wesentliche Unterschiede bei dem Ansatz der Züricher Ethnopsychoanalytiker ergaben sich durch die Akzentuierung der Psychoanalyse als Konfliktpsychologie und durch eine differenzierte Auffassung und Analyse gesellschaftlicher Strukturen. Beides war mitbestimmt durch die Auseinandersetzung mit dem Faschismus und Nationalsozialismus in Europa und hat zu tun mit der bei diesen Autoren aufrechterhaltenen und nicht durch Exil und Emigration unterbrochenen Tradition der Verbindung marxistischer und psychoanalytischer Denkansätze.

Nach dem Abschluß ihrer psychoanalytischen Ausbildung und den ersten Jahren praktischer Tätigkeit auf diesem Gebiet, eröffneten 1952 Paul Parin, Goldy Parin-Matthèy und Fritz Morgenthaler in Zürich eine psychoanalytische Privatpraxis, wo sie hauptberuflich als Psychoanalytiker arbeiteten.

Daneben unternahmen sie von 1954 bis 1971 sechs Expeditionen nach Westafrika, die im Abstand von zwei oder drei Jahren stattfanden und jeweils etwa sechs Monate dauerten. Auf diesen Reisen hatten sie ihre ethnopsychoanalytischen Beobachtungen begonnen und ethnopsychoanalytische Feldforschungen durchgeführt. Die Erfahrungen mit der Psychoanalyse in der fremden Kultur hatten Auswirkungen auf die psychoanalytische Arbeit in der eigenen Kultur. Aus dieser Wechselwirkung, welche die theoretischen und praktischen psychoanalytischen Auffassungen beeinflußte, ist die Ethnopsychoanalyse (die auch als »vergleichende Psychoanalyse« bezeichnet wurde) entstanden.

In diesem Abschnitt werde ich einige Motive anführen, die zu diesen Expeditionen führten, und anschließend einen Überblick zu diesen Forschungsreisen geben. In den folgenden Kapiteln werde ich dann die Erfahrungen schildern, die Paul Parin, Fritz Morgenthaler und Goldy Parin-Matthèy mit der Psychoanalyse in den beiden westafrikanischen Gesellschaften der Dogon und der Agni gemacht haben.

Schon während ihrer Schüler- und Studentenzeit waren die späteren Protagonisten der Ethnopsychoanalyse interessiert an den Fragen des Verhältnisses von Individuum und Gesellschaft und den politischen und psychologischen Faktoren, die gesellschaftliche Veränderungen mitbestimmen. Die wissenschaftliche Beschäftigung mit der Psychoanalyse und die weitere Wahl der Fragestellungen waren vor allem dadurch motiviert, daß von ihr nicht nur Aufschlüsse über den Menschen als Individuum, sondern besonders über gesellschaftliche und historische Verhältnisse erwartet wurden. Dieses Interesse ist mit dem politischen Engagement der Autoren verbunden und rührt, lebensgeschichtlich gesehen, aus den Jahren ihres Kampfes gegen den Faschismus und Nationalsozialismus her. Auch für die Gründe zur psychoanalytischen Ausbildung waren diese Motive ausschlaggebend gewesen.

> »Als Kurzformel für unsere damalige Einstellung mag gelten: ›Die Psychoanalyse ist geeignet, das Wissen zum Kampf gegen verinnerlichte Unterdrückung zu vermitteln, so wie die dialektisch-materialistische Theorie das Instrument zum Kampf gegen gesellschaftliche Unterdrückung darstellt; beide ergänzen einander.‹ Damit war der Grund zur psychoanalytischen Gesellschaftskritik gelegt« (Parin 1989c, S. 98).

Im Herbst 1944 gingen Goldy Parin-Matthèy und Paul Parin mit fünf weiteren Ärzten im Rahmen der *1. Chirurgischen Mission* der *Central Sanitaire Suisse* zur jugoslawischen Befreiungsarmee und arbeiteten in Spitälern in Montenegro. Ein Jahr später, nach dem Ende des Krieges, waren sie, zusammen mit Fritz Morgenthaler, in der Poliklinik Prijedor in Nordbosnien tätig.

Hier erreichte Paul Parin die Nachricht, er könne eine Stelle in Zürich antreten.

»Der weitaus wichtigste Grund, mich für diese Stelle zu interessieren, war, daß wir beide, G. und ich, in langen Gesprächen zu dem Schluß gekommen waren, wir müßten uns zu Psychoanalytikern ausbilden, wenn Krieg und Faschismus einmal zu Ende seien. Im wissenschaftlichen Studium des Menschen liege die Möglichkeit, die Gründe katastrophaler politischer Entwicklungen zu erforschen, um solches Unheil in Zukunft womöglich zu verhindern« (Parin 1986b, S. 13).

Paul Parin hatte sich mit einer im Sommer 1946 verfaßten Arbeit über »Die Kriegsneurose der Jugoslawen« (Parin 1948a), die psychoanalytische Interpretationen enthielt, an den Neurologen und Psychoanalytiker Rudolf Brun gewandt und sich bei ihm um einen Platz für die eigene Analyse beworben. »Er reagierte sofort mit einer sehr positiven Kritik, war bereit, mit der Ausbildungsanalyse bald anzufangen, ermäßigte allerdings sein Honorar nicht, worauf ich gehofft hatte« (Parin 1991a, S. 192).

Die dichten Erlebnisse und die sie begleitenden widersprüchlichen Gefühle und emotionalen Konflikte, denen sich Paul Parin auf der Rückreise von Jugoslawien nach Zürich ausgesetzt sah, hat er in seinem Aufsatz» Statt einer Einleitung: Kurzer Aufenthalt in Triest oder Koordinaten der Psychoanalyse« (Parin 1986b) als bedeutsam für seinen Weg zur Psychoanalyse erzählt und analysiert. Deutlich wird, wie sehr er sich über die individuelle Beschäftigung mit seinen persönlichen Gefühlen, mit der sozialen Gruppe, von der er sich trennen mußte, und auch mit der Gesellschaft im kulturellen und politischen Sinn denkend und fühlend auseinandersetzte.

»Das Überschreiten von Grenzen ohne Paß, die besondere Stimmung, in der ich auf die Reise ging, habe ich seither oft erlebt, als Analytiker in ›guten‹ Analysestunden. Wer bei Freud gelesen hat, daß der Analytiker leidenschaftslos sein soll, kühl wie ein Chirurg nur auf das Gelingen der schwierigen Operation bedacht, wird daran zweifeln, daß jene Stunden auch für den Erfolg der Behandlung ›gut‹ waren ... Leidenschaftliches Mitfühlen und emotionelle Offenheit sind für die Analyse ebenso nötig wie kritische Distanz. In der Psychoanalyse trifft sich die heftige Auseinandersetzung mit der wissenschaftlichen Abstraktion. Der Wechsel von der östlichen Kultur, die noch dazu in einem revolutionären Wandel begriffen war, zur westlichen, der ich zustrebte, brachte mich im Verlauf der Reise der Psychoanalyse nicht nur geographisch näher.

Sie ist nicht zufällig an der Grenze dieser Kulturen entstanden« (Parin 1991a, S. 21f.).

Paul Parin, Goldy Parin-Matthèy und Fritz Morgenthaler begannen ihre psychoanalytische Ausbildung nach dem Zweiten Weltkrieg in Zürich, nachdem sie aus Jugoslawien zurückgekehrt waren, wo sie in medizinischen Einrichtungen der jugoslawischen Partisanenarmee gearbeitet hatten. Goldy Parin-Matthèy erzählte in diesem Zusammenhang in einem Interview folgende Episode:

»Noch in Jugoslawien lasen wir in der *Neuen Züricher Zeitung* den Verriß eines psychoanalytischen Buches von Rudolf Brun. Da sagte ich zu Paul: ›Siehst du, zu diesem Analytiker müssen wir hin‹ ... Zuerst ging Paul, dann Fritz und schließlich ich zu Brun in die Analyse« (Nadig/Erdheim 1984, S. 324).

Die Psychoanalyse beinhaltete für Parin, Morgenthaler und Parin-Matthèy die Möglichkeit, ihre vorausgegangenen lebensgeschichtlichen, beruflichen und politischen Erfahrungen in ihre aktuellen Interessen und Ideale zu integrieren und fortzuführen. Goldy Parin-Matthèy bemerkte dazu:

»Anfang der fünfziger Jahre fing Paul mit den Analysen an. Ich führte mein Labor weiter und begann, daneben Analysen zu machen. Beides war mir wichtig: die Genauigkeit des Labors – ich sah, was ich sah – und das andere, das war das Schwimmen, das Nicht-sicher-sein« (Nadig/Erdheim 1984, S. 324).

Und weiter:

»Ja, die Neugierde ist es, die mich zieht, und der Wunsch zu verstehen, wie das alles läuft. Es ist das gleiche, wenn ich nach Spanien gehe, in Afrika Ethnologie betreibe oder Analysen mache. Auch in der Analyse habe ich das Gefühl – vielleicht ein bißchen schwächer – auf der richtigen Seite zu kämpfen und mit feineren Mitteln immer noch subversiv zu sein. Die Ethnologie war auch eine Fortsetzung der Analyse; es war so spannend, in einer fremden Kultur genau das wieder zu untersuchen und die Zusammenhänge zwischen Kultur und Psyche aufzudecken. ›Subversiv‹ fasse ich sehr weit: das Verschleierte aufzudecken, anzuschauen und nachzuweisen« (Nadig/Erdheim 1984, S. 328).

Mit dem angestrebten und Anfang der 50er Jahre erreichten Berufsziel des Psychoanalytikers, ihrer Etablierung in einer Privatpraxis und ihren ersten psychoanalytischen Veröffentlichungen, waren rasch die Grenzen dieser Entwicklung sichtbar geworden. Auf der einen Seite war es die Atmosphäre des Kalten Krieges im nachfaschistischen Europa und insbesondere in der Schweiz, die bedrückend und einengend wirkte, auf der anderen Seite erstarrten auch die Verhältnisse im eigenen Leben, für die eine Karriere in Institutionen keinen Ausweg bot. Damals (wie heute) gab es für Marxisten keine Chance, an der Universität, an der selbst für progressive Ideen kein Platz vorhanden war, unterzukommen. Der liberal eingestellte Rudolf Brun mußte wegen seines Auftretens gegen den bakteriologischen Krieg der USA in Korea gegen die *Neue Züricher Zeitung* prozessieren. Die *Partei der Arbeit* der Schweizer Kommunisten war in jener Zeit streng stalinistisch ausgerichtet und bot keine Betätigungsmöglichkeiten für undogmatische linke Denker. Paul Parin schilderte in einem Interview den Übergang aus dem eisigen politischen Klima in Zürich zu den Reisen nach Afrika, für die auch ihre Abenteuerlust und Neugierde am Fremden bestimmend waren:

> »Morgenthaler, Goldy und ich, wir hatten diesen Afrika-Traum als Kind und als Jugendliche gehabt ... Und wir hatten einen guten Freund ... Heinrich Neumann, wir nannten ihn Nepomuk, ein deutscher politischer Emigrant, der hier nach zehn Jahren Tätigkeit als Arzt und Chirurg an einem sehr guten Spital plötzlich aus der Schweiz ausgewiesen wurde. ... Und der ist mit der Basler Mission nach ... Ghana gegangen. Und da es ein guter Freund war, sagte er: Besucht mich einmal dort. Und wir haben damals einen ausrangierten Jeep gekauft, den der Fritz und ich mit einem italienischen Mechaniker wieder instandgestellt haben, und sind ganz als eine abenteuerliche Reise durch die Sahara nach Westafrika gefahren und wollten bei Nepomuk, bei Heinrich Neumann, in seinem Spital ein paar Wochen bleiben ... Fritz und Goldy und ich haben mit dem Personal des Spitals englisch sprechen können und sahen, daß das Psychologische so viel interessanter ist, als was wir je psychosomatisch dort forschen könnten. Und damals hatten wir ethnologisch praktisch nichts gelesen, ein, zwei Bücher. Und haben gleich unten schon die Absicht gefaßt: Wir werden, sobald es uns finanziell möglich ist, wieder nach Afrika zurückgehen, um dort psychologische Untersuchungen zu machen. Ein starkes persönliches Motiv war, daß wir es so genossen haben, diese afrikanischen Reisen und den Kontakt mit den afrikanischen Menschen, und es uns unerträglich war, einfach nur als Touristen zu

schauen und nicht irgendeine nützliche Beschäftigung zu machen«
(Beindorff 1986, S. 23f.).

Im Dezember 1954 begann die erste Expedition, die bis zum April 1955 dauerte. Sie war nicht von vornherein auf das Ziel hin angelegt, psychologische Forschungen zu betreiben. Dennoch begannen hier die ersten Versuche, fremde Erlebnisweisen mit Hilfe der Psychoanalyse zu studieren. Die Fahrt mit einem Jeep führte über Algier durch die Sahara und durch verschiedene westafrikanische Staaten nach Dakar. Die genauen Beschreibungen der Reiserouten der insgesamt acht afrikanischen Reisen finden sich in Paul Parins Buch *Zu viele Teufel im Land* (Parin 1985a, 1993b, S. 185–187). Auf der ersten und der zweiten Reise (die vom Dezember 1956 bis zum Mai 1957 dauerte) wurden die Erfahrungen und Beobachtungen mit einer vergleichenden psychoanalytischen Untersuchungstechnik verarbeitet.

Die dritte Reise (Dezember 1959 bis Mai 1960) wurde systematisch vorbereitet, um mit den Dogon in Westafrika ethnopsychoanalytische Gespräche führen zu können. Erstmals wurde das Instrumentarium der klassischen psychoanalytischen Methode angewandt, mit einigen Änderungen, die durch ihre Verwendung als wissenschaftliche Forschungsmethode erforderlich waren. Die vierte Reise (Dezember 1962 bis April 1963) führte durch Äthiopien, und auf der fünften Reise (Dezember 1965 bis Mai 1966) wurden die ethnopsychoanalytischen Feldforschungen bei den westafrikanischen Agni, denen ein zweiter Besuch bei den Dogon folgte, durchgeführt. Mit den beiden Büchern *Die Weißen denken zuviel* (Parin / Morgenthaler / Parin-Matthèy 1963a) und *Fürchte deinen Nächsten wie dich selbst* (Parin / Morgenthaler / Parin-Matthèy 1971a) sowie zahlreichen Einzelstudien, welche die gesammelten Erfahrungen auswerteten, fanden die ethnopsychoanalytischen Studien in Westafrika ihren Abschluß.

Die Ethnopsychoanalyse wurde durch die Untersuchungen über die Dogon und die Agni im deutschsprachigen Raum besonders durch das Interesse bekannt, das ihnen die studentische Protestbewegung von 1968 und die damit verbundene kritisch eingestellte Sozial- und Geisteswissenschaft entgegenbrachten. Beide Bücher wurden in einem Stil verfaßt, den auch Leser ohne psychoanalytische Kenntnisse verstehen konnten, denn die dokumentierten ethnopsychoanalytischen Gespräche wurden von der psychoanalytisch-metapsychologischen Auswertung getrennt dokumentiert. Außer bei der ersten Expedition nahm auf den folgenden fünf Forschungsreisen nach Westafrika Ruth Morgenthaler teil, die jedoch nicht an der psychoanalytischen Forschungsarbeit beteiligt war. Die Expeditionen und Untersuchungen wurden zum größten Teil aus eigenen Mitteln finanziert, um die Arbeiten unabhängig und ohne Rücksichtnahme auf Erfolg, Mißerfolg oder andere nicht selber bestimmte Vorgaben durchführen zu können. Ein Teil wurde vom *Schweizerischen Nationalfonds* übernommen. Im Gegensatz dazu waren die meisten Projekte, die im Rahmen der *Culture and Personality*-Forschung stattfanden an Forschungsgelder und die Einflußnahme Dritter gebunden, die den Beginn, die Fortführung oder auch die Forschungsziele mitbestimmten.

Die Entwicklung der Ethnopsychoanalyse und ihres methodischen Ansatzes kann in drei Etappen unterteilt werden. Auf den beiden ersten Reisen durch Westafrika (1954/55 und 1956/57) wurden Beobachtungen über auffallende Verhaltensweisen gesammelt und mit Hilfe einer vergleichenden charakteranalytischen Untersuchungstechnik psychoanalytisch ausgewertet. Die Ergebnisse der auf den beiden ersten Reisen gemachten Erfahrungen wurden in der Zeitschrift *Psyche* publiziert (Parin/Morgenthaler 1956a, Parin 1958a). Eine zusammenfassende Darstellung erschien in der *Acta Tropica. Zeitschrift für Tropenwissenschaften und Tropenmedizin* (Parin 1961c). 1960 wurde während des mehrmonatigen Aufenthaltes bei den Dogon die psychoanalytische Technik als Forschungsmethode erstmals erprobt. Diese wurde auch 1966 in der Feldforschung bei den Agni (Elfenbeinküste) eingesetzt, wobei die psychoanalytische Exploration von Einzelpersonen verbunden wurde mit dem historischen Wissen über die Agni und den ethnologischen Erkenntnissen über ihre gesellschaftlichen und kulturellen Einrichtungen. Die Unterschiede zwischen den beiden Studien gehen bereits aus den Untertiteln und dem Aufbau der Arbeiten hervor. Die Monographie über die Dogon – *Die Weißen denken zuviel* – trägt den Untertitel *Psychoanalytische Untersuchungen bei den Dogon in Westafrika*; neben dem ethnologischen Teil »Die Dogon« stehen der Untersuchungsteil »Die psychoanalytischen Gespräche«, der Teil »Folgerungen und psychoanalytische Betrachtungen« und der Rorschach-Testteil bei der ersten, ungekürzten Ausgabe. Die Untersuchung über die Agni – *Fürchte deinen Nächsten wie dich selbst* – hat den Untertitel *Psychoanalyse und Gesellschaft am Modell der Agni in Westafrika* und verbindet die psychoanalytischen Untersuchungen direkt mit bestimmten sozialen und kulturellen Institutionen und Lebensbereichen der Agni.

Die psychoanalytischen Erfahrungen der Forschungsreisen wurden ausgetauscht mit denjenigen der psychoanalytischen und psychotherapeutischen Praxis. Als charakteristisches Merkmal für den ethnopsychoanalytischen Prozeß hat Mario Erdheim eine »Pendelbewegung zwischen der Analyse der eigenen und derjenigen der fremden Kultur« (Erdheim 1982, S. 34) auf verschiedenen Ebenen beschrieben. Diese begann, wie Mario Erdheim in seiner Arbeit über »Fritz Morgenthaler und die Entstehung der Ethnopsychoanalyse in Zürich« (Erdheim 1986) ausführte, mit der Tendenz,

»das beobachtende Subjekt selber als Teil der Beobachtung aufzufassen, und damit verwandelt sich das, was aus Abenteuerlust sowie Interesse am Fremden angefangen hatte, ins Ethnopsychoanalytische. Dazu reichte es aber nicht mehr aus, unruhig von einem Ort zum anderen zu reisen, sondern es wurde nötig, die Beziehungen an Ort und Stelle psychoanalytisch zu vertiefen« (Erdheim 1986, S. 198).

2.1. Die Anwendung der vergleichenden charakteranalytischen Deutungstechnik

Bei der ersten und der zweiten Reise standen Eindrücke und Beobachtungen von Angehörigen verschiedener westafrikanischer Gesellschaften im Vordergrund. Die im täglichen Umgang gewonnenen Erfahrungen mit fremden Verhaltensweisen bildeten den Ausgangspunkt für die Überlegung, ob bei Westafrikanern, die noch in Dorfverbänden und mit ihren Traditionen lebten, andere psychologische Gesetze gelten als bei uns. Die eigenen Erlebnisse wurden ergänzt durch Befragungen von schon lange Zeit in Westafrika lebenden Europäern. Es sammelte sich eine große Anzahl von Beobachtungen über auffallende, bei vielen Individuen vorkommende typische Charakterzüge, Eigenheiten und Gewohnheiten an, die systematisiert wurden. Diese Sammlung von Beobachtungsmaterial bezog sich auf Angehörige verschiedener traditioneller Gesellschaften und Kulturen Westafrikas und auf unterschiedliche Bereiche, wie zum Beispiel Arbeitsverhalten, Familienmoral, Erziehung, Kriminalität, religiöse Feiern usw. Die auffallenden gemeinsamen Verhaltensweisen, die vor allem durch den Vergleich mit analogen Erfahrungen bei den Europäern, einschließlich derjenigen der Forscher selbst, als solche hervortraten, wurden als Ausdruck eines bestimmten und zu untersuchenden Charakterzuges angesehen. Dieser bildete den Anhaltspunkt für Deutungen der sie determinierenden und dahinterliegenden innerseelischen Kräfte- und Konfliktverhältnisse.

Beeinflußt von der psychoanalytischen Ich-Psychologie und der Behandlungstechnik, wie sie Wilhelm Reich in seiner *Charakteranalyse* (Reich 1933) entwickelt hat, wurde ein vergleichendes charakteranalytisches Untersuchungsverfahren zum Studium der gesammelten Beobachtungen verwendet. Bei der charakteranalytischen Deutungstechnik benutzt der Psychoanalytiker gewohnheitsmäßige Haltungen, auffallende Eigenheiten oder stereotype Reaktionsweisen einer Person (analog zur Deutung von Symptomen, Träumen und

Fehlleistungen) als Möglichkeit, einen direkten Zugang zur unbewußten psychischen Dynamik zu finden. Allein durch die Erschließung des äußerlichen Verhaltens kann damit eine psychologische Untersuchung durchgeführt werden, obwohl dabei Sprache und kultureller Kontext der Beobachteten mehr oder weniger unbekannt bleiben. Die »formalen« charakterlichen Eigenheiten haben, neben dem Sinne einer Anpassung an die Umgebung, auch noch den Sinn, einen inneren Konflikt abzuwehren und zu überdecken.

»Zu den bekannten Widerständen, die gegen jedes neue Stück unbewußten Materials mobilisiert werden, gesellt sich ein konstanter Faktor formaler Art hinzu, der vom Charakter des Patienten ausgeht. ... Der Charakterwiderstand äußert sich nicht inhaltlich, sondern formal in typischer, gleichbleibender Weise im allgemeinen Gehaben, in Sprechart, Gang, Mimik und besonderen Verhaltensweisen (Lächeln, Höhnen, geordnet oder verworren Sprechen, Art der Höflichkeit, Art der Aggressivität usw.) ... Der formal zum Ausdruck kommende Charakterwiderstand ist ebenso inhaltlich auflösbar und auf infantile Erlebnisse und triebhafte Interessen zurückzuführen wie das neurotische Symptom« (Reich 1933, S. 65f.).

Bei ihrer Vorgehensweise haben sie zunächst einen häufig zu beobachtenden Charakterzug hervorgehoben und isoliert. Dann wurden Modifikationen, Auswirkungen und Schicksale dieses Charakterzuges, ebenso wie Ausnahmen vom typischen Verhalten beobachtet, bei der gleichen Person und bei beobachteten Personen mit dem gleichen Charakterzug. Dies diente zur näheren Umschreibung und Kontrolle ihrer Meinung über die isolierte Tendenz. Darauf wurde das isolierte und beobachtete Material mit den bekannten psychischen Gegebenheiten (Struktur und Dynamik der Psyche) in Beziehung gesetzt. Dann versuchten sie, die dem hervorgehobenen und beobachteten Charakterzug zugrundeliegende Tendenz zu erraten.

»Selbstverständlich mußten wir im Auge behalten, daß bei diesem Vorgehen unser Bezugssystem ein spezielles, unvermeidlich willkürliches war: die bekannte Psychodynamik des abendländischen Menschen, einschließlich unserer eigenen ›personality structure‹. Wir waren uns also bewußt, vergleichende Psychoanalyse zu betreiben, und zwar nicht vergleichend mit einer gültigen Norm, sondern vergleichend mit dem in der westlichen Kultur Vorherrschenden, mit den hier erforschten Spezialfällen und häufigen Abläufen. In einer anderen Kultur mußten die aufzudeckenden, die Persönlichkeit teilweise formenden Konflikte notgedrungen andere sein als bei uns. Die bei uns festgestellten vielfältigen Möglichkeiten der Konfliktverarbeitung überhaupt sahen wir probeweise einmal als allgemein mögliche Funktionsweisen der menschlichen Psyche an, wobei wir nicht ausschließen durften, daß bestimmte Funktionen bei uns wenig ausgebildet, selten oder noch unentdeckt, bei anderen Völkern als wichtige Funktionen hervortreten, andere der uns bekannten fehlen würden« (Parin 1961c, S. 149).

Was Europäer gewöhnlich als auffallendes und unverständliches »primitives« Verhalten etikettierten, wurde als Ausdruck einer spezifischen Psychodynamik verständlich. Als Voraussetzung rechneten die Forscher mit einer – im Vergleich zu unserer – relativ einheitlichen afrikanischen Mentalität und sie machten die gutbegründete Annahme, daß die psychische Eigenart vieler Afrikaner durch die Islamisierung, ferner durch bestimmte Einflüsse der westlichen Kultur (Schulbildung, Konsumartikel etc.) oder durch das Wegziehen vom Dorf nicht wesentlich verändert worden sei.

Als weitere allgemeine Voraussetzung galt die Sichtweise, daß Sitten und Bräuche zusammen mit den sozialen und wirtschaftlich nützlichen Einrichtungen ein unteilbares Ganzes bilden. Der Brauch ist Ausdruck von vernünftigen, konkreten Lebensregeln, von magischen Vorstellungen und affektiven Inhalten; die Ausnahmen der durch den Brauch bestimmten Verhaltensweisen sind Bestandteil dieser Lebensregeln. Das Verfahren ließ auf die Andersartigkeit der psychischen Strukturen bei den Westafrikanern schließen. An verschiedenen Beispielen erläuterten die Autoren ihre Vorgangsweise. Ein auffallender Charakterzug wurde im Zusammenhang mit einem bestimmten Arbeitsverhalten beobachtet, das Grund für häufige Klagen in Spitälern war. Es ging um die plötzlich auftretende Unzuverlässigkeit des medizinischen Pflegepersonals beim vorübergehenden oder dauernden Wechsel eines leitenden Arztes. Beobachtungen und Befragungen lieferten das Beispiel der gut ausgebildeten und zur Zufriedenheit von Patienten und ärztlichem Vorgesetzten arbeitenden Hebamme, die nach dem Wechsel des Chefs ihre Arbeit kraß vernachlässigte und ihre Techniken nicht mehr korrekt ausführen konnte. Diese Beobachtung wurde als »Charakterzug der Hebamme« bezeichnet und mit dem vergleichenden Verfahren weiter untersucht.

»Im ersten größeren Spital, das wir besuchten (Navrongo Medical Center, geführt durch die Mission der White Fathers), informierte uns der Missionschef, Gründer und Leiter des Spitals, einen Tag lang über die Arbeitsbedingungen und das Arbeitsverhalten. Dieses Gespräch wurde aufgezeichnet. Die auffallende Angabe: ›Keine der geschulten

Kräfte bleibt zuverlässig, sobald der leitende Arzt wechselt‹, führte zu einer Befragung über die einzelnen Pflegepersonen bezüglich des Themas.«

Nach diesem Arbeitsschritt wurden in drei weiteren Spitälern analoge Angaben eingeholt und protokolliert. Der Vergleich ergab, »daß bei etwa 100 nach Stammeszugehörigkeit und Individualität verschiedenen Personen, die aber unter ähnlichen Bedingungen lebten, der ›Charakterzug der Hebamme‹ ausnahmslos gleichartig vorzuliegen schien«.
Nach weiteren 10 Tagen im dritten Spital, in dem sie mitarbeiteten, bei der Arbeit zusahen und Chefs und Angestellte weiter befragten und dies aufschrieben, gingen sie scheinbaren oder wirklichen Ausnahmen nach. Die individuelle Erforschung der Motive wurde nur insoweit berücksichtigt, als sie unmittelbar aus dem Verhalten hervorging.

»Daraus ergibt sich, daß die Zahl der Untersuchten gar nicht sicher anzugeben ist. Wenn man nur die rechnet, die wir persönlich kannten, sind es einige wenige; wenn man das entsprechende Personal der besuchten Spitäler rechnet, etwa 120. Wenn man allein noch die Angaben eines gewissenhaften und hervorragenden Schweizer Arztes mitberücksichtigt, der seit 6 Jahren an der Goldküste tätig ist, verdoppelt sich diese Zahl. Ein ›Protokoll‹ ist also bald eine ausführliche Personenbeschreibung einschließlich Darstellung des ›auffallenden und häufigen‹ Charakterzuges, bald die Wiedergabe einer Beschreibung vom Verhalten einer Person aus zweiter Hand (gesehen durch eine zivilisierte ›personality structure‹), bald eine bloße Zahl in einer globalen Angabe. Ganz entsprechend war unser Vorgehen bei ›Dieben‹, ›Religiösen Feiern‹, usf.« (Parin/Morgenthaler 1956a, S. 314f.).

Die Gegenübertragung wurde wie in einer Psychoanalyse eines der wichtigsten Forschungsinstrumente:

»Wenn wir zum Beispiel bei uns selbst plötzlich das Gefühl feststellten, von unserem Gesprächspartner mit einer unstillbaren, unbegründeten oder ungerechten Forderung überfallen zu werden, konnten wir daraus nicht nur schließen, daß eine solche Forderung bei uns nicht als gerechtfertigt angesehen wird, daß sie als unstillbar einer Phase entstammen mußte, deren Triebansprüche durch die erwachsene Person des Gesprächspartners nicht gestillt wurden, sondern wir konnten auch sicher sein, daß eine Begründung dieser Forderung aus Bereichen der

Persönlichkeit des Untersuchten stammen mußte, die bei uns im Normalfall diese Begründung für eine Forderung nicht als Motiv für die Gesamtperson entstehen ließe« (Parin 1961c, S. 151).

Aus den Beobachtungen zum häufigen und auffallenden Arbeitsverhalten, das sich beim Europäer nicht so ausgeprägt findet, da das Arbeitsethos von einer verinnerlichten Instanz, dem Über-Ich, abhängig ist, wurde unter Bezug auf die psychoanalytische Theorie abgeleitet, daß sich bei den Westafrikanern kein verinnerlichtes Arbeits- oder Berufsethos ausgebildet hatte, das als innere Struktur, als Über-Ich, wirksam ist, ebensowenig wie innere Befriedigung oder Schuldgefühle sich nachweisen ließen, die auf eine derartige Struktur hätten schließen lassen. Für das Verhalten der Afrikaner sind vor allem von außen wirkende Faktoren entscheidend, wie das auffällige Verhältnis zum Chef in unserem Beispiel ausschlaggebend für das Arbeitsverhalten ist. Eignet sich ein Chef als Prestigeträger, mit dem sich die Mitarbeiter identifizieren können, werden seine Forderungen so befolgt wie bei uns innere. Das Nichtbefolgen von abstrakten Forderungen hat keine Schuldgefühle oder Gewissensangst zur Folge. Das Arbeitsethos ist gebunden an die enge Gemeinschaft des Clans und die direkte Interaktion mit einem Prestigeträger. Die Autoren gelangten zu der Annahme, daß es sich mit dem Über-Ich bei den Afrikanern anders verhalten müsse als bei uns, und stellten »dem Überich des Europäers das Clangewissen des Afrikaners als eine weniger individuelle, sozialere Bildung« gegenüber (Parin 1961c, S. 159).

Ein weiteres Beispiel für die auffallende Neigung vieler Afrikaner, identifikatorische Beziehungen auszubilden, und ihrer Tendenz, dabei Abhängigkeiten und Einstufungen herzustellen: »Ein Straßenaufseher im Senegal unterhält mit 30 angestellten afrikanischen Arbeitern einen Abschnitt der Allwetterstraße. Diese Arbeiter, die zu ihrem Chef ein gutes Verhältnis haben, arbeiten jeweils nur so lange, als sie beaufsichtigt werden. Darüber zur Rede gestellt, bleiben sie verständnislos: ›Weder Sie noch Ihr Vertreter haben es gesehen! Wenn Sie da sind, arbeiten wir ja eifrig!‹« (Parin 1961c, S. 158).

Im Clangewissen wurden die identifikatorische Treue gegenüber einem Prestigeträger, die Angehörigkeit zu oder die Trennung von einer Gemeinschaft (Clan) und das Verhalten innerhalb der Gemeinschaft des Clans zusammengefaßt. Eine zweite Gruppe der Erscheinungen, die im Clangewissen vereinigt ist, kann mit dem Beispiel erläutert werden, daß nur innerhalb der Clangemeinschaft Besitzrechte Geltung haben und man außerhalb nehmen kann, was nicht bewacht wird, ohne daß Schuldgefühle auftreten. Die Zugehörigkeit zum Clan wirkt wie bei uns die Stimme des Gewissens. Außerhalb wirkt kein Gebot wie »Du sollst nicht stehlen«. Innerhalb der Gemeinschaft sind die

Besitzrechte klar geregelt und selbstverständlich, daß ein Dieb sich außerhalb dieser Ordnung stellen würde und seine Ausstoßung droht. Wenn ihm die Sühne gelingt, die vom Brauch vorgeschrieben wird, ist kein Diebstahl erfolgt. Ansonsten ist er von seinen sozialen und psychischen Lebensgrundlagen abgeschnitten. Für das Verhalten innerhalb der Gemeinschaft des Clans gelten strenge Gebote, die sowohl die Traditionen als auch die konkreten Regeln des Sozialverhaltens beinhalten und berücksichtigen.

»Im französischen Niger verlangt die Kolonialverwaltung für jeden erwachsenen Dorfbewohner eine jährliche Steuerabgabe, unabhängig vom Vermögen. Als Steuereinnehmer wird oft der vom Dorf gewählte oder dem Rat der Ältesten ernannte Häuptling ernannt. In zahlreichen Dörfern, die autark oder in geldloser Wirtschaft leben, werden einige kräftige junge Männer von der Gemeinschaft dazu bestimmt, durch ihre Arbeit das Steuergeld für die ganze Gemeinschaft zu erwerben. Die dazu bestimmten verlassen für Monate oder das ganze Jahr ihre Familien und ihre Habe, begeben sich an einen oft hunderte von Kilometern entfernten Ort, wo sie bezahlte Arbeit finden können, und kehren unweigerlich an dem Tage zurück, an dem sie die für das ganze Dorf nötige Steuersumme zurückgelegt haben; es erwartet sie keine Entschädigung. Ihre Familien werden unterdessen vom Clan erhalten« (Parin, 1961c, S. 160).

Eine Fülle von Einsichten in die Struktur und Funktionsweise der »afrikanischen« Psyche konnte mit den vergleichenden charakteranalytischen Deutungsversuchen gewonnen werden. Eine dieser Ableitungen bestand wie gesagt darin, das Über-Ich bei den Afrikanern als anders strukturiert anzusehen. Statt unseres Über-Ichs war ein »Clangewissen« ausgebildet worden, welches das Verhalten des Ichs in der Gemeinschaft und den in ihr geltenden Bräuchen regelt, ihm gleichzeitig aber viel mehr Freiheit läßt, die Befriedigung des Luststrebens in der Realität zu suchen. Freiheit des Ichs ermöglicht es,

»ohne viel Bedenken und Hemmungen einem greifbaren und konkreten Lustgewinn zuzustreben. Die Neurotiker, welche wir in Europa behandeln, haben allesamt zuwenig davon aufzuweisen. Ihr Ich muß sich gegen Triebdurchbrüche ebenso wehren wie gegen die Strenge des Überich. Wir möchten in der Analyse ›Ich‹ schaffen, wo ›Es‹ war, und das Überich sollte weniger Strenge entfalten, ebenfalls einen Teil seiner Macht an das Realitätsprinzip abgeben« (Parin 1958a, S. 703).

Die akute Angst, die durch die Verletzung des Clangewissens entstehen kann, ist der Bannung und animistischen Projektion (Opfer für das beruhigende Wirken der Geister) zugänglich und äußert sich nicht durch Schuldgefühle oder Gewissensängste.

»Jene inneren Instanzen, die wir in ihrer Wirkung als Clangewissen zusammenfassen, scheinen die frühkindliche Allmacht fortzusetzen. Die Forderungen des Clans und der Vorbilder werden so angenommen, daß ihre Einverleibung es der Person ermöglicht, an der phantasierten Allmacht der Großen teilzuhaben. Die Einverleibung folgt dem Lustprinzip: Das ist mein Gebot, was mich selber groß, stark, allmächtig macht. Die Introjektion der versagenden Elternteile bei uns folgt dem Realitätsprinzip: Das wird verinnerlicht und zum Überich, was meine Triebbefriedigung bedroht hat und wacht fortan darüber, daß es zu keinem weiteren verbotenen Triebwunsch, der zu einer Versagung führen könnte, mehr kommen kann« (Parin 1961c, S. 160).

Leicht können die Vorbilder und Gebote des Clangewissens gegen andere ausgetauscht werden, deren Einverleibung eine Erhöhung des Selbstgefühls verspricht.

»Wenn man sich dieser magischen Instanzen entledigt, ohne daß sie durch mehr Lust versprechende ersetzt werden, entsteht eine Verarmung des Ich an Libido, ein Vernichtungsgefühl. Die Gebote unseres Überich sind schwerer abzulegen. Ein Schuldgefühl warnt davor. Wir haben die magische Allmacht verloren und müssen uns mit dem Fortbestehen der strafenden Introjekte als Überich-Instanz abfinden« (Parin 1961c, S. 160f.).

Wir können uns damit eine größere Unabhängigkeit von der Gemeinschaft, den Vorbildern und Prestigeträgern erwerben.

Gewissensangst und chronisches Schuldgefühl verhindern bei uns die Verletzung der Gebote und Verbote, die vom Über-Ich ausgehen. Dagegen sind die Gebote des Clangewissens nur in engerer Gemeinschaft gültig; ihre Inhalte sind konkreter als die des Über-Ichs und sie müssen unmittelbarer erfüllt werden.

»Wir haben versucht zu verstehen, wie es möglich ist, daß sich die Afrikaner, trotz und mit den tausend Regeln, die sie zu beachten haben, in Armut inmitten einer feindlichen Natur lebend, eine Wesensart erhalten haben, die dem einzelnen mehr Triebfreiheit und der Gemeinschaft mehr Zusammenhalt sichert, als dies unsere Kultur und ihre spezifische Psychologie tut« (Parin 1961c, S. 161).

Von den Untersuchungen während der zweiten Reise, bei denen die Deutungsergebnisse der ersten nachgeprüft und bestätigt werden konnten, wurde ein in Westafrika häufig anzutreffender Charaktertypus – im Vergleich zur europäischen Charakterformation – entwicklungsgeschichtlich beschrieben und psychoanalytisch abgeleitet. Die Ergebnisse beruhten wiederum auf einfühlenden Beobachtungen, dem Erraten von Zusammenhängen und Verallgemeinerungen.

Dabei traten drei Haupteigenschaften hervor: Oralerotik, Gutmütigkeit und eine auf die konkrete Befolgung des Lustprinzips gerichtete Vernunft. Die Äußerungsformen dieser Eigenschaften wurden beschrieben und analysiert. Die Charaktere des Sancho Pansa und des Don Quijote dienten dabei als Vergleichsfiguren.

»Im Gegensatz zu Sancho Pansa verzichtet Don Quijote, der in diesem Vergleich dem Europäer entspricht, asketisch auf orale Befriedigung, um für seine Sendung ›rein‹ zu bleiben; die orale Versagung stellt die abgewehrten Partialtriebe unter das Primat der Forderungen seines Überich« (Parin 1961c, S. 154).

Die Gutmütigkeit besteht in der Unfähigkeit, Aggressionen zu verinnerlichen und aufrechtzuerhalten.

»Irgendwo entsteht ein böser Streit, Zorn, Schimpfworte und eine heftige Schlägerei beginnt. Ein gelungenes Scherzwort, ja schon das Hinzutreten eines alten Mannes oder einer anderen mit Prestige ausgestatteten Person, läßt den Frieden wieder eintreten. Der fremde Beobachter zweifelt bei der allgemeinen und vollständigen Versöhnung, ob alles überhaupt so ernst gemeint war. Vielleicht war es nur gespielt? Nein. Den Zorn empfinden diese Leute wie wir, sie wehren sich heftig. Aber in ihnen bleibt nichts zurück, das die Aggressionen fortsetzen würde ... Don Quijote und der Mensch der europäischen Kultur kämpft zeitlebens für eine ›Sache‹, d.h. seine Aggressionen werden, an einen phantasierten Gegner geheftet, verinnerlicht und verewigt. Der Umstand, daß sich ein Teil dieser Aggressionen gegen das eigene Ich wenden und zur Selbstdestruktion führen kann, zeigt nur noch deutlicher, wie sehr diese ihrem Ziel, der Verteidigung, entfremdet sind« (Parin 1961c, S. 154f.).

Die Züge einer auf die Befolgung des Lustprinzips ausgerichteten Vernunft lassen sich folgendermaßen beschreiben: Ein gutes Essen, ein angenehmes Nachtlager oder ein leicht erreichbares Liebesabenteuer werden nicht so leicht einer abstrakten Idee, einem Pflichtgefühl, oder allgemeinen Idealen zuliebe aufgegeben. Das Ich hat die Freiheit, einem greifbaren Lustgewinn zuzustreben. Eine anders verlaufende Triebintegration macht das Ich jener Menschen den Wünschen des Es gegenüber offener als das Ich der Europäer. Dieses in nur wenigen Auszügen und Schilderungen wiedergegebene Bild, das sich aus der psychoanalytischen Deutung von Wesenszügen der Afrikaner ergab, läßt bereits deutlich werden,

> »daß unsere Kultur, die auf Triebverzichten aufgebaut ist, von denen viel Unbehagen ausgeht, einer anderen gegenübersteht, die weniger Triebverzichte fordert. Wer Bewertungen vornehmen will, mag sich vor Augen halten, daß der höheren individuellen Ausdifferenzierung des Europäers ein sozialer empfindender und handelnder Afrikaner gegenübersteht, unserer chronischen Aggressivität seine Gutmütigkeit, unserer abstrakten Geistigkeit seine konkrete Vernunft« (Parin 1958a, S. 705).

Die auf den beiden ersten Reisen angewandte, vergleichende charakteranalytische Untersuchungsmethode wurde bei den folgenden Forschungen abgewandelt: Die Psychoanalytiker blieben nun an einem Ort, an dem sie Beziehungen zu einzelnen Individuen aufnahmen und psychoanalytisch vertieften. Die Untersuchten waren nun nicht mehr Forschungsobjekte, denen die Deutungen vorenthalten blieben. Die psychoanalytische Technik löste die vergleichende charakteranalytische Deutungsmethode ab, und damit stand die Psychoanalyse vor einer entscheidenden Bewährungsprobe in einer fremden Kultur.

> »Wir haben darauf verzichtet, psychologische Typen oder Charakterbilder herauszustellen, und auch darauf, unsere Beobachtungen zu ›Profilen‹ oder zu einer ›basic personality structure‹ zu reduzieren. Wir ziehen keine Schlüsse auf den ›Volkscharakter‹ oder ›die Psychologie des Volkes‹ der Dogon« (Parin/Morgenthaler/Parin-Matthèy 1993c, S. 532).

Für die drei Schweizer Psychoanalytiker war der Beginn ihrer Forschungen in Westafrika faszinierend und vielversprechend; er führte dazu, daß auf den folgenden Reisen, weiterhin unter veränderten kulturellen und gesellschaftlichen Bedingungen, die Psychoanalyse neu »erfunden« wurde. »Das

Bahnbrechende an Morgenthalers und Parins Idee war, die psychoanalytische Methode im Rahmen der Ethnologie einzusetzen. Damit wurde es möglich, den Verfremdungsprozeß wieder einzuleiten, der notwendig ist, um Unbewußtes zu erkennen« (Erdheim 1986, S. 200). Die Psychoanalyse befreite sich aus einer Forschungsperspektive, die sie auf eine klinische Sicht und eine therapeutische Anwendung einengte. Die Psychoanalytiker lösten sich aus ihrer konventionellen Berufsrolle, die sie aufgrund ihrer institutionellen und historischen Integrationsprozesse in der eigenen Kultur angenommen hatten. In der Auseinandersetzung mit der psychoanalytischen Praxis in der eigenen Kultur führten die neuen Erfahrungen zu einer Ausweitung der psychoanalytischen Theorie und Praxis und einer Kritik der professionell eingeengten Rolle des Psychoanalytikers, welche als »Medizinalisierung« der Psychoanalyse deutlich wurde. In der Nachkriegszeit, in der Zeit des Kalten Krieges, waren die kulturellen Anwendungen der Psychoanalyse aus den 20er und 30er Jahren verlorengegangen. Insofern leitete die Rezeption der ethnopsychoanalytischen Forschungen ab 1968 effektiv eine neue kritische Phase in der Psychoanalyse ein.

2.2. Die psychoanalytische Technik als ethnologische Forschungsmethode

2.2.1. Gespräche zur Einleitung von Psychoanalysen mit den Dogon

Die dritte Forschungsreise (vom Dezember 1959 bis zum Mai 1960) führte nach Mali in Westafrika, ins Land der Dogon. Als Pflanzer in einem relativ geschlossenen Gebiet im trockenen Bergland von Bandiagara angesiedelt, leben die Dogon in Dörfern, die aus mehreren Großfamilien bestehen, die ihrerseits patrilinear und patrilokal organisiert sind. Nach der Heirat (ein Mann mit einer oder zwei Frauen) bildet die Kleinfamilie eine emotionale, lokale und wirtschaftliche Einheit, die sich später zur väterlichen Großfamilie erweitert, die, auf mehrere Häuser verteilt, in einem Viertel zusammenwohnt, bei unterschiedlichem sozialen Status der Bewohner. Das Land wird kollektiv bestellt und ist das Eigentum der Großfamilie. Daneben gibt es Gärten und Kleinvieh als Privatbesitz. Das Leben der Dogon steht in enger Beziehung zum Übersinnlichen und wird von ihrer reichen Schöpfungsgeschichte geprägt.

1963 erschien die Studie *Die Weißen denken zuviel. Psychoanalytische Untersuchungen bei den Dogon in Westafrika,* in der erstmals über die

Anwendung der psychoanalytischen Technik als Forschungsmethode in einer außereuropäischen traditionellen Kultur berichtet wurde. Eine Lizenzausgabe im Taschenbuchformat erschien 1972 in München, eine französische Ausgabe 1966 in Paris. Eine überarbeitete und gekürzte Neuausgabe, 3. Auflage, mit einem neuen Vorwort, in dem unter anderem über den zweiten Besuch bei den Dogon im Jahre 1966 berichtet wurde, erschien 1983 und 1989 in Frankfurt/Main. Auf dieser Ausgabe basiert die 1993 in Hamburg erschiene vierte Auflage, die mit einem weiteren Vorwort von Paul Parin und Goldy Parin-Matthèy ergänzt wurde. In diesem Buch wird nach der Ausgabe von 1993 zitiert. Im Gegensatz zu den Untersuchungen auf den beiden ersten Reisen bestand das Forschungsziel nun darin, Einzelheiten über das Innenleben und die unbewußten seelischen Strukturen der untersuchten Einzelpersonen zu erfahren, statt zu allgemeinen Feststellungen über die Persönlichkeit der Dogon oder die der Westafrikaner zu kommen und »zu prüfen, ob sich die Technik der Psychoanalyse dazu eignet, das Innenleben von Menschen zu verstehen, die in einem traditionsgeleiteten westafrikanischen Gesellschaftsgefüge leben« (Parin 1965a, S. 342).

»Die Erwartung, neue Kenntnisse zu erwerben, hat uns ganz auf das Innenleben einiger weniger Personen eines uns sehr fremden Volkes hingewiesen. Statt wie der Arzt, der mit der Analyse heilen will, ›Ich zu schaffen, wo Es war‹, wollten wir ›Ich erkennen, das sich in anderer Art und Weise als bei uns aus dem Es entwickelt‹ hat. Der Sinn der Untersuchung ist der, Afrikaner so zu uns sprechen zu lassen, wie sie selber fühlen und denken, und sie dabei zu verstehen« (Parin/Morgenthaler/Parin-Matthèy 1993c, S. 34).

Die theoretischen Grundlagen bilden die Begriffe und Theorien der Freudschen Psychoanalyse, denn es ist

»methodisch ungünstig, ein neues Gebiet zu untersuchen und gleichzeitig die Theorie zu ändern, nach der die gewonnenen Befunde geordnet und verstanden werden. Dazu wäre man gezwungen, wenn die vorhandene Theorie zu unlösbaren Widersprüchen führen würde. Dies war nicht der Fall« (Parin/Morgenthaler/Parin-Matthèy 1993c, S. 532).

Die Psychoanalyse wurde als Konfliktpsychologie verstanden. Die Herkunft von Charakterzügen und Verhaltensweisen aus unbewußt gewordenen Konflikten läßt sich in der psychoanalytischen Situation zeigen, denn dort werden sie in der Übertragung und in der Form von Widerständen aktualisiert.

Der Ausschluß erblich bedingter psychologischer Unterschiede und Besonderheiten, die psychische Gleichheit der Menschen, die Einheitlichkeit ihrer Triebanlagen und die überall den gleichen Gesetzen gehorchenden psychischen Triebkräfte bilden die grundlegenden Annahmen, ohne die eine Forschung mit psychoanalytischen Fragestellungen nicht möglich wäre.

Mit dem Wechsel des Untersuchungsverfahrens veränderte sich die empirische Zusammensetzung des Forschungsmaterials:

»Die Qualität einer intensiven psychoanalytischen Untersuchung ist quantitativ ausreichend unterbaut, wenn zwischen dem Untersucher und dem Untersuchten an den Faktoren ›Übertragung-Widerstand-Deutung-Veränderung der Übertragung‹ ein dynamischer Ablauf zustande gekommen ist und genügend sicher beobachtet werden konnte, um Strukturen und Dynamik des bewußten und des unbewußten Seelenlebens des Untersuchten zu verstehen und nachzuzeichnen. Bei diesem Vorgang wird eine ungewöhnlich große Zahl von einzelnen Informationen verarbeitet« (Parin 1963b, S. 95).

In einer vorläufigen Mitteilung über die Untersuchungen bei den Dogon hieß es über diese methodischen Änderungen: »Bei zwei früheren Expeditionen nach Westafrika wurde zwar die psychoanalytische Methode, nicht aber ihre Technik angewandt.... Auf die beste Möglichkeit, die Ergebnisse zu überprüfen, die in der psychoanalytischen Technik begründet liegt, wurde damals verzichtet« (Parin 1962a, S. 49).

Die größere Sicherheit, wie sie mit der in Europa gewohnten »klassischen« Analysetechnik verbunden war, ergab sich durch die Möglichkeit zur Überprüfung von Deutungen, die dem Analysanden mitgeteilt werden. Die Wirksamkeit von Deutungen unbewußter Konflikte läßt sich an der Umbildung von Übertragung und Widerstand verfolgen, die anzeigt, daß bestimmte Verdrängungen bewußt gemacht werden konnten. Die Untersuchungen bei den Dogon bildeten die Grundlage für die Mehrzahl der zwischen 1962 und 1967 publizierten Arbeiten von Paul Parin, Fritz Morgenthaler und Goldy Parin-Matthèy. Unter anderem berichtete Paul Parin in seinem Vortrag »Orale Eigenschaften des Ich bei Westafrikanern« über die Beobachtungen besonderer Ich-Funktionen bei den Dogon auf dem »23. Internationalen Psychoanalytischen Kongreß« in Stockholm im Jahre 1963 (Parin/Morgenthaler 1964c; Parin 1965a). 1966 wurde eine Nachuntersuchung bei den Dogon durchgeführt (Parin/Morgenthaler/Parin-Matthèy 1968a).

»Nachdem einige Männer aus Sanga *Les blancs pensent trop* gelesen und mit ihren Leuten diskutiert hatten, ließen sie uns sagen: ›Wir sind sehr zufrieden mit eurem Buch. Ihr habt nicht gelogen. Wir sind so, wie uns die Vorfahren gemacht haben und wie wir mit euch gesprochen haben‹« (Parin/Morgenthaler/Parin-Matthèy 1993c, S. 20).

Paul Parin berichtete über die Gegenübertragungsreaktionen der Psychoanalytiker während der Feldforschungen bei den Dogon und den Agni (Parin 1981a, 1984a). Bei der Wahl der Dogon wurden folgende Bedingungen berücksichtigt:
– Eine genügende Anzahl von Personen sollte eine europäische Sprache beherrschen.
– Die althergebrachte Lebensform, die traditionellen religiösen und politischen Einrichtungen sollten weitgehend erhalten geblieben sein.
– Die Gesellschaft sollte von Ethnologen ausführlich erforscht und beschrieben worden sein.

Die Psychoanalytiker konnten auf die umfassenden Forschungen des französischen Ethnologen Marcel Griaule und seiner Nachfolger zurückgreifen, in denen die Kultur und die sozialen Gegebenheiten der Dogon und ihre Lebensäußerungen mit Ausnahme ihrer Psychologie dargestellt wurden. Auch war die traditionelle Lebensform der Dogon in wesentlichen Teilen unbeeinflußt geblieben, obwohl sie mit anderen afrikanischen Kulturen und den Franzosen Kontakt hatten. Die während der französischen Kolonialverwaltung errichteten Schulen garantierten die sprachlichen Voraussetzungen.

Für die Reise wurde die zweite Hälfte der Trockenzeit gewählt, in der die wichtigsten landwirtschaftlichen Arbeiten der Dogon beendet waren. Nach der Ankunft im Land der Dogon begann die Suche nach geeigneten Dörfern, welche die Autoren folgendermaßen beschrieben:

»Täglich suchten wir ein oder zwei Dörfer auf. Wir warteten vor dem Dorf, bis man uns begrüßen kam. Zuerst kamen die Kinder, dann junge Leute. Bald rief man jemand, der französisch sprechen konnte. Man lud uns ein, den Dorfchef zu begrüßen. Unter freundlichen Reden, mitunter begleitet von einem kleinen Austausch von Zigaretten und Früchten, hatten wir in einem halben oder einem Tag erfahren, ob Leute da waren, die wirklich gut Französisch konnten, und wie die Verhältnisse sonst lagen« (Parin/Morgenthaler/Parin-Matthèy 1993c, S. 25f.).

Die Wahl fiel auf die Dörfergruppe Sanga. Nun wurden Erwachsene beiderlei Geschlechts gesucht, die bereit und in der Lage waren, täglich eine Stunde lang mit den Forschern zu reden. Die Personen sollten in ihrer Umgebung als »normal« gelten. Das war leicht festzustellen, denn jeder wußte viel vom

Leben aller anderen. Die Leute, die analysiert werden sollten, sollten noch das hergebrachte Leben der Dogon führen. Dann begannen die Einleitung der Analysen und die Herstellung einer psychoanalytischen Situation.

> »Unsere Anwesenheit wirkte im Organismus des Dorfes wie ein Fremdkörper, mit dem eine Auseinandersetzung unumgänglich wurde. Die Neugier der Dogon, die Weißen kennenzulernen, wurde wach; ihr Bedürfnis nach Kontakt richtete sich auf uns. Wir aber waren bestrebt, diese gefühlsmäßigen Bedürfnisse zwar zu erwecken, aber nicht anders als in den Analysestunden zu befriedigen. Alles, was wir redeten, und was wir taten, sollte geeignet sein, bei ihnen eine Art psychischen Vakuums zu erzeugen, ein Bedürfnis, sich mit uns im Gespräch auseinanderzusetzen. Unsere ganze Lebensführung entsprach einer ganz bestimmten Haltung, der des Analytikers zum Analysanden« (Parin/Morgenthaler/Parin-Matthèy 1993c, S. 26f.).

Sie bezeichneten sich als eine Art von »Touristen mit den Ohren«, besichtigten nichts und wollten auf ihren Spaziergängen nicht begleitet werden, sie

> »bewunderten die Kunstgegenstände, kauften aber nichts. Auch die Vorführung von Maskentänzen gegen Bezahlung wurde abgelehnt. Sie nahmen keine Einladungen an und halfen nicht bei der Arbeit. Ärztliche Hilfe wurde nur in schweren Fällen geleistet. ... Der Dorfchef Ogobara stellte sich als erster Analysand zur Verfügung, aber es wurde keine Analyse daraus. Durch seine Hilfsbereitschaft konnten Analysanden ausgewählt werden, ohne Zwang und ohne sie überreden zu müssen« (Parin/Morgenthaler/Parin-Matthèy 1993c, S. 496).

Die für eine psychoanalytische Situation notwendige distanzierte Haltung zwischen Analytiker und Analysanden war durch die beiderseitige kulturelle Fremdheit gegeben und konnte so aufrechterhalten werden. Unterschiede zur therapeutischen Analyse mit Europäern ergaben sich durch die von den Analytikern ausgehende Aktivität, eine Analyse zu beginnen, durch die unterschiedliche Bezahlungsform, das Gegenübersitzen und die Einbeziehung der Öffentlichkeit.

Zur Einleitung dieser kurzen Serie von psychoanalytischen Gesprächen gehörte auch die Regelung der Bezahlung der Stunden durch die Analytiker, was öffentlich ausgehandelt und vereinbart wurde. Sowohl die Analytiker als auch die Dogon fanden, daß eine Entschädigung nötig sei, wobei die Höhe analog dem Stundenlohn eines Vorarbeiters beim Straßenbau festgelegt wurde. Es wurde bereits erwähnt, daß L. Bryce Boyer seinen Mescalero-Informanten pro Interview $ 1,50 gezahlt hat.

»Obzwar es uns nicht unmöglich schien, Partner auch ohne Bezahlung zu gewinnen, zogen wir diese Regelung vor. Wir wollten ihnen nicht wie jene Behörden erscheinen, die unentgeltliche Leistungen verlangen, denen man sich nicht entziehen kann; eher schon wie neugierige Touristen, die kleine Dienste bezahlen, aber eben Touristen besonderer Art. Die Entschädigung durfte anderseits nicht als Verführung wirken. Der Austausch kleinerer Geldsummen begleitet bei den Dogon viele Akte der freundschaftlichen Kontaktnahme. Alle Analysanden sagten ihre Stunden einfach ab, wenn sie zum Markt gehen wollten oder eine Arbeit vorhatten« (Parin/Morgenthaler/Parin-Matthèy 1993c, S. 27).

Die Einleitungen zu den Analysen dauerten etwa zwei Wochen.

»Jeder Analysand hatte seinen Analysenplatz, meist nahe seinem Dorf. Das ergab sich schon aus der Entfernung zwischen den Dörfern, in denen unsere Partner wohnten. Auch wäre es ihnen schwer gewesen, sich in einem fremden Dorf ebenso frei zu fühlen wie nahe dem eigenen. Obwohl in dem Land keine einzige brauchbare Uhr vorhanden war, machte die Einhaltung der vereinbarten Zeit keine Schwierigkeit ... Die begonnenen Analysen hatten zu einer starken ›Übertragung‹ geführt. Das soll heißen, daß unsere Partner uns starke Gefühle entgegenbrachten, und daß wir für ihr Gefühlsleben die gleiche Bedeutung bekommen hatten, die früher bestimmten Personen ihrer Umwelt und in der Kindheit den nächsten Familienangehörigen zugekommen war. Die Fortsetzung der Gespräche war durch äußere Störungen nicht mehr gefährdet« (Parin/Morgenthaler/Parin-Matthèy 1993c, S. 28f.).

Paul Parin und Fritz Morgenthaler führten zusammen während mehrerer Monate mit 13 Dogon Serien von psychoanalytischen Gesprächen, pro Person zwischen 20 und 40 Sitzungen, insgesamt 350 Stunden. Über die Sitzungen wurden stenographische Protokolle verfaßt, welche die »freien Assoziationen« der Analysanden wiedergaben. Um diese richtig verstehen zu können, wurden neben den in der Literatur zugänglichen Kenntnissen über die Kultur und Gesellschaft der Dogon die Ergebnisse von 25 psychiatrischen Untersuchungen und der von Goldy Parin-Matthèy bei 100 Personen aufgenommenen Deutungen der Rorschach-Tafeln berücksichtigt.

»Wir hofften, Afrikaner auf diese Weise besser zu verstehen, als es sonst möglich ist. Die psychoanalytische Methode kann geradeso auf Gesunde wie auf Menschen mit seelischen Störungen angewandt werden. In täglich wiederholten einstündigen Gesprächen und mit der besonderen Art, solche Gespräche zu führen, die man psychoanalytische Technik nennt, ist es oft möglich, das Innenleben eines Menschen in wenigen Wochen kennenzulernen. Die Deutungen, die ein Mensch den Farbklecksen auf den zehn Kartontafeln des Rorschachtests gibt, lassen, wenn man sie nach den Regeln der Kunst verarbeitet, Züge seiner Persönlichkeit erraten, die sonst nur eine lange Bekanntschaft und eine vertiefte Beobachtung enthüllen würden« (Parin/Morgenthaler/Parin-Matthèy 1993c, S. 23).

Die verschiedenen Erkenntnisse und die Rekonstruktionen über die seelische Entwicklung in der frühen Kindheit wurden hauptsächlich abgeleitet aus der Beobachtung der Übertragungswiderstände und den Veränderungen der Übertragungsphantasien, die sich als Folge der Deutung der Widerstände ergaben. Da in den Gesprächen diesen wichtigen Kriterien der Psychoanalyse Rechnung getragen wurde, behielt man die Bezeichnung des Verfahrens als »Psychoanalyse« bei und nannte den Untersucher »Analytiker« und den Untersuchten »Analysanden«.

»Die Bezeichnung unseres Verfahrens als ›Psychoanalyse‹, die Benennung des Untersuchers als ›Analytiker‹, des Untersuchten als ›Analysand‹, ist nur mit Einschränkungen gültig. Die kurze Dauer der Untersuchungen hatte in jedem Falle zur Folge, daß sich keine vollständige Übertragungsneurose entwickeln konnte. Darum würde man das Verfahren richtiger ›Gespräche zur Einleitung einer Psychoanalyse‹ nennen« (Parin/Morgenthaler/Parin-Matthèy 1993c, S. 531).

Bei den Dogon bewirkte bereits die Tatsache, daß es bei ihnen nicht üblich ist, mit Fremden unter vier Augen zu sprechen, daß die Herstellung der psychoanalytischen Situation gelang und als etwas Fremdartiges empfunden wurde, wobei noch künstliche Maßnahmen wie die regelmäßige Wiederholung, die zeitliche Begrenzung und die Form der Gespräche hinzukamen. Als Modifikation wurde die Bezahlung der Analysanden bereits erwähnt; auch wurde auf eine weitere künstliche Maßnahme, das Liegen des Analysanden, verzichtet.

»Der Boden war zu hart, die Schattenplätze waren zu klein. Der Aufwand, geeignete Voraussetzungen dafür herzustellen, wäre zu groß gewesen und hätte mehr Störung als Gewinn gebracht. So saßen die Analysanden in einer Entfernung von ein bis zwei Metern neben uns und blickten meist geradeaus vor sich hin« (Parin/Morgenthaler/ Parin-Matthèy 1993c, S. 535).

Die Wahl der Dogon erwies sich als günstig, da aufgrund ihrer Geschichte die Analytiker nicht zu Störfaktoren spontaner Kontaktaufnahmen wurden: Die früheren Erfahrungen der Dogon im Umgang mit Weißen trugen dazu bei,

»ihre erste Scheu und Befremdung zu überwinden ... Zu Beginn brachte das den scheinbaren Nachteil, daß die Übertragung von bestimmten Projektionen geprägt wurde. Da sich aber diese Projektionen an bekannten, bereitliegenden Vorstellungen ausgebildet hatten, konnten sie leicht gedeutet und vom Analysanden erkannt werden. Daraus ergab sich für die analytische Ausgangssituation ein Vorteil. Die Übertragung wurde klar, nachdem der projektive Überbau abgetragen war ... Erwartungsvorstellungen, welche Widerstände hervorgerufen hatten, die sich gegen die Analyse richteten, wurden zum Teil in den ersten Stunden geäußert; zum anderen Teil konnte man sie erraten und deuten. An ihnen bildeten sich Übertragung und Widerstand zuerst aus.«

Inhaltlich ging es darum, daß die Gespräche Arbeitszeit wegnehmen würden, daß man sich sprachlich nicht verstehen würde und daß sie nicht genug »wissen« würden, wie in der Schule; oder, daß die Forscher zu alt oder zu jung seien – im Sinne der Ordnung der Altersklassen; besonders die Frauen meinten, die öffentliche Meinung würde die Gespräche mißbilligen.

»Im Umgang mit dem Störfaktor, den wir selber darstellen, sollten wir vermieden, eliminiert, eingeordnet oder symbolisch aufgefressen werden. Die Deutungen zielten darauf, die Angst vor der Analyse von Rationalisierungen zu befreien und bewußt zu machen. Dadurch wurde die Übertragung vertieft.«

Neben den Erwartungsvorstellungen, die sich gegen die Analyse richteten, gab es andere Motive, die die Analysanden veranlaßten, sich weiter mit ihren Gesprächspartnern einzulassen:

»Dabei kamen Strebungen zur Geltung, welche der Übertragung eine bestimmte Richtung gaben und sie verstärkten. Mit uns ›zu plaudern‹ vermehrte das Ansehen, das eine Person genoß. Der Wettstreit unter den einzelnen Gesprächspartnern und die Erinnerung daran, welches Ansehen die Auskunftspersonen der Ethnologen genossen, brachten exhibitorische und phallisch-narzißtische Züge mancher Gesprächspartner zur Geltung. Passive Strebungen äußerten sich, wenn die Analysanden einer Art Pilotenfigur folgten, die sich mit uns befreundet hatte. Der Dorfchef Ogobara war eine solche Figur in Sanga; Dommo, aus dem kleinen Dorf Andiumbolo, spielte eine ähnliche Rolle für die Gegend von Kambari. Die Aussicht hingegen, Geld zu verdienen, spielte eine untergeordnete Rolle« (Parin / Morgenthaler / Parin-Matthèy 1993c, S. 535f.).

Eine ungewöhnliche Bedingung für die psychoanalytische Situation war die Einstellung der Dogon zur Frage der Diskretion und zu den Personen ihrer Umwelt. Die Mitteilung von intimen Gefühlen und Vorstellungen war leichter möglich, wenn das Gespräch nicht unter vier Augen blieb und der Analysand andere Personen herbeirufen konnte, denn bei den Dogon gilt jedes Geheimnis als unanständig. Vieles was bei uns intim ist, ist dort öffentlich, und ein Geheimnis, das zwei teilen, isoliert sie von der Gruppe.

»Die Zentrierung der Gefühle auf ein Objekt führte bei unseren Dogon-Analysanden zu Angst. Die Übertragungsneigung war anders, als wir es zu sehen gewohnt sind. Die Beziehung zu einem einzelnen Partner aktiviert die Triebwünsche, die an das ursprüngliche frühkindliche Objekt gebunden sind. Sie wurden übertragen und erzeugten die Angst. Die Haupterledigungsform der großen frühkindlichen Objekte ist die der Verteilung auf die Gruppe und nicht die der Verdrängung der Regungen.«

Kamen in der Übertragung Züge der frühkindlichen Vorbilder zum Vorschein, konnte beobachtet werden, daß sich in der analytischen Situation wiederholte, was in der Entwicklung vor sich gegangen war.

»War eine Beziehung zu zweit, nach dem Muster der frühkindlichen Objektbeziehungen, erwünscht, dann wirkte die Gruppe störend, und die Analysanden schickten die Zuschauer weg. Verstärkte sich die Übertragung und erhielt der Analytiker eine neue Bedeutung, riefen sie ihre Freunde wieder herbei. Die Wünsche, sich mit ihnen zu identifizieren, waren dann stärker als das Bedürfnis, den bestehenden Identifikationen Ausdruck zu geben. Die Introjekte traten zurück, und die Realität der Gesellschaft wurde benötigt. War die Analyse bereits ein Stück weit fortgeschritten und konnte der Analysand die Objektbeziehung zum Analytiker soweit ertragen, daß er in angstfreiem Kontakt mit ihm stand, empfand er nur selten das Bedürfnis, die anderen hereinzuziehen« (Parin/Morgenthaler/Parin-Matthèy 1993c, S. 583f.).

Die Unterschiede im typischen Verlauf der Analysen im Vergleich zu den gewohnten Verhältnissen in der europäischen Praxis bestanden vor allem darin, daß der psychoanalytische Prozeß

»schneller in Gang kam und in kürzerer Zeit tiefere Schichten erreichte. Die Deutung eines Widerstands veränderte die Übertragung auffälliger und rascher als bei unseren europäischen Analysanden ... Die häufigste Form des Widerstands war das Herbeirufen anderer Personen und die Tendenz, Sitten und Bräuche ausführlich zu schildern. Die Aggression war wenig gehemmt. Die Analysanden konnten mit auffallender Leichtigkeit ablehnen. Sie scheuten sich nicht, den Analytiker zurückzuweisen, wenn er sie störte.

Die Sukzession der Übertragungsformen war bei den Dogon-Analysanden gerade umgekehrt, als wir es gewöhnlich sehen. Bei fast allen Analysanden begann die Entwicklung der Übertragung an Triebregungen aus der oralen Phase. Geben, Nehmen, Erhalten, Verteilen, Hineinnehmen und Herausgeben spielten als Tendenzen die Hauptrolle. Triebregungen aus späteren Phasen der Entwicklung kamen erst zur Geltung, nachdem die Analysen weiter fortgeschritten waren. Analoge Verhältnisse sind bei europäischen Analysanden seltener zu beobachten; sie sind besonders bei schweren praegenitalen Neurosen zu finden« (Parin/Morgenthaler/Parin-Matthèy 1993c, S. 539f.).

Eine Reihe von Folgerungen ergaben sich für die metapsychologischen Betrachtungen, die sich auf das Ich und die Abwehrmechanismen, den Ödipuskonflikt und den Einfluß der Gesellschaft auf den einzelnen bezogen und im letzten Abschnitt des Buches über die Dogon dargestellt wurden. Dabei haben die Autoren »einige Merkmale der normalen Persönlichkeit der Dogon hervorgehoben, die mit klinischer Normalität unvereinbar wären, wenn man sie bei Europäern antreffen würde« (Parin 1967a, S. 181). Aus diesen Erfahrungen mit der Anwendung der psychoanalytischen Methode bei den Dogon konnte klar die Folgerung gezogen werden, »daß die Psychologie des abendländischen Menschen nur einen Spezialfall der Möglichkeiten beschreibt, wie das menschliche Seelenleben beschaffen sein kann« (Parin/Morgenthaler/Parin-Matthèy 1993c, S. 534).

Die Verwendung der psychoanalytischen Technik im Bereich der Ethnologie wiederholt ein für den Entstehungsprozeß der Psychoanalyse wichtiges Szenario der Verfremdung, in dessen Rahmen sich die Erschließung des Unbewußten vollzog.

»Durch die Versetzung der psychoanalytischen Tätigkeit in eine dem Analytiker fremde Kultur kommt ein ähnlich verblüffender Effekt zustande wie einst bei der Einführung der bekannten Anordnung: Analysand auf der Couch, Analytiker dahinter. Damals brachte sie Freud die nötige Entlastung, um auf die Unbewußtheit schaffenden, durch den Blickkontakt aufrechterhaltenen Konventionen zu verzichten und seine gleichschwebende Aufmerksamkeit auf die freien Assoziationen des Analysanden zu richten. Das Setting entlastete Freud von den Rollen des Hausarztes, Priesters, Vertrauten usw. Das ethnologische Setting hat nun eine ähnlich entbindende Funktion, und zwar von der therapeutischen Aufgabe, die in unserer Kultur die wichtigste Legitimation abgibt, um sich *im Rahmen einer sozialen Beziehung* mit dem Unbewußten auseinanderzusetzen ... Die (wie einst in Wien) zeitlich auf einige Monate beschränkten Analysen in der fremden Kultur erweisen sich als ein Gegenmittel gegen die Routinisierung der Psychoanalyse in der eigenen Kultur. Die Situation der Feldforschung löst zuerst einmal die Identifikation mit der *Rolle des Analytikers* auf« (Erdheim 1986, S. 204).

2.2.2. Ethnopsychoanalyse bei den Agni

Im Dezember 1965 begann die fünfte Forschungsreise nach Westafrika, die bis Mai 1966 dauerte und deren Ziel es war, bei den Agni, die im tropischen Regenwald an der Elfenbeinküste leben, eine ethnopsychoanalytische Feldstudie durchzuführen. Das umfangreiche Material, das bei dieser Untersuchung erhoben werden konnte, wurde in dem 1971 veröffentlichten Buch *Fürchte deinen Nächsten wie dich selbst. Psychoanalyse und Gesellschaft am Modell der Agni in Westafrika* verarbeitet (Parin/Morgenthaler/Parin-Matthèy 1971a). Im Zusammenhang mit den Forschungen bei den Agni stehen auch eine Reihe von kürzeren Veröffentlichungen, in denen Fragestellungen behandelt wurden (zum Kulturwandel, zur psychoanalytischen Aggressionstheorie und zu kulturspezifischen Formen des Ödipuskomplexes), denen die ethnopsychoanalytischen Erfahrungen bei den Agni, den Dogon und bei der psychoanalytischen Praxis in der eigenen Kultur als Grundlage dienten (Parin 1970a, 1972b, 1973a). Über einen zweiten Besuch bei den Agni im Jahre

1970 wurde in der amerikanischen Ausgabe des Buches berichtet (Parin/ Morgenthaler/Parin-Matthèy 1980a). Auch die Arbeit über die Agni basierte auf den methodischen und theoretischen Grundlagen der Psychoanalyse. Sie versucht, mit den gewonnenen Daten die theoretischen und metapsychologischen Konstruktionen der Psychoanalyse zu erweitern, zu vertiefen und zu differenzieren. Im Unterschied zur Untersuchung über die Dogon, in deren Mittelpunkt die Erfassung der psychischen Struktur einzelner Personen stand, wird bei den Agni die Wechselwirkung zwischen individuellen und gesellschaftlichen Strukturen besonders beachtet und das Studium des Individuums im Rahmen seiner Kultur hervorgehoben.

Bei der Wahl der Agni wurden folgende Kriterien berücksichtigt: Die auszuwählende Gemeinschaft sollte im Rahmen der westafrikanischen Gegebenheiten zu den Dogon in Kontrast stehen, das traditionelle Gesellschaftsgefüge und die Lebensformen sollten erhalten geblieben sein, und es sollte möglich sein, mit den Menschen, zumindest einigen von ihnen, in französischer oder englischer Sprache zu sprechen.

Die Agni haben ein zu den Dogon im Gegensatz stehendes Familien- und Sozialgefüge. Verwandtschaftsordnung und Sippenzugehörigkeit sind matrilinear organisiert; die mütterliche Sippe bestimmt die Grundstruktur der Gesellschaft. Im Gegensatz zu den Großfamilien der Dogon, die patrilinear organisiert sind, bestimmen bei den Agni die Frauen die Regeln der Gemeinschaft. »Das familiäre System der Agni besteht vielmehr aus einer Anzahl sich überschneidender, konkurrierender und sich ergänzender sozialer Funktionskreise, die bald einzeln, bald zu mehreren oder alle zusammen dem entsprechen, was wir Familie nennen« (Parin/Morgenthaler/Parin-Matthèy 1971a, S. 553).

Der Gegensatz zu den Dogon war umfassender und betraf nicht allein die matrilineare Sippenordnung der Agni und die patriarchale Großfamilie der Dogon:

»Die Agni wohnen im feuchten Regenwald, die Dogon in der trockenen Steppe, die Agni produzieren vor allem Kaffee und Kakao für den Weltmarkt und sind auf fremde, z.T. europäische Waren, auf Handwerker und Gastarbeiter aus ärmeren Gebieten angewiesen. Die Dogon pflanzen Hirse für den eigenen Bedarf, exportieren nur wenig für afrikanische Märkte und sind wirtschaftlich autark, entsenden etwa Arbeitskräfte in reichere Gegenden. Die Dogon sind Heiden mit einer reichen, eigenartigen und festen mythisch-religiösen, ökonomisch begründeten Sozialordnung. Die Agni nennen sich Christen, haben eine Religion, die synkretistisch aus eigenen und fremden, alten und neuen Elementen zusammengesetzt ist, und ihre Sozialordnung muß Elemente aus den Traditionen eines alten Kriegervolkes, einer Lebensweise als Sammler und Jäger, einer ›europäischen‹ Produktionsweise ohne die Stütze einer umfassenden religiösen oder politischen Organisation vereinen« (Parin/Morgenthaler/Parin-Matthèy 1971a, S. 13f.).

Ausgehend von diesen unterschiedlichen Bedingungen kamen die Forscher zu der Annahme, daß sich auch bei der Psychologie der Agni tiefgreifende Unterschiede ergeben würden, und sie sahen darin auch eine

»Herausforderung an die direkte Anwendung der psychoanalytischen Methode: Kann sie dazu beitragen, Menschen aus matrilinear organisierten Sozietäten zu verstehen, obzwar sie aus der Psychologie patrilinear geordneter entstanden ist und eine ihrer Grundkonzeptionen, der ödipale Konflikt – angeblich oder wirklich – ausschließlich der patriarchalen Familienorganisation entstammt?« (Parin/Morgenthaler/Parin-Matthèy 1971a, S. 13).

Diese Fragestellung wurde in ein übergeordnetes Forschungsziel eingebettet, das im Untertitel der Agni-Studie zum Ausdruck kommt: Mit der Ethnopsychoanalyse sollte ein Beitrag zum Verhältnis von Psychoanalyse und Sozialwissenschaften geleistet werden, indem das Ineinandergreifen individueller und gesellschaftlicher Kräfte mit den technischen und methodischen Mitteln der Psychoanalyse aufgezeigt wird.

Die ethnographischen Hintergründe wurden in der Untersuchung ausführlich dargestellt. Die Agni gehören, wie auch die bekannteren Aschanti, zu den Akan-Völkern und waren ehemals ein Jäger- und Sammlervolk, bevor sie Beutekrieger (Sklaven, Gold, Elfenbein) mit aggressiven und hochorganisierten Königreichen wurden, ohne Klassengesellschaften auszubilden. Ihre matrilineare Verwandtschaftsordnung ist die gesellschaftsformende und politisch wirksame Einheit. Die aristokratische Mentalität und die Umgangsformen ihrer Vorfahren spielen auch in ihrem heutigen Leben als Plantagenbesitzer eine dominante Rolle, obwohl sie durch den Kulturwandel starkem Druck ausgesetzt sind. Ihre Religion ist synkretistisch, und es mischen sich in ihr vor allem heidnisch-animistische mit christlichen Elementen. Die Großfamilie, die in einem Hof zusammenwohnt, bildet die ökonomische Einheit. Zu ihr gehören neben Teilen der matrilinearen Sippe auch andere Verwandte und Fremde. Die Agni leben in stadtähnlichen Dörfern, die von mehreren Großfamilien gebildet werden. Die Frauen bearbeiten Pflanzgärten, welche die Subsistenz sichern; die Männer produzieren, vorwiegend mit Hilfe von

Fremdarbeitern, als Plantagenbesitzer Kaffee und Kakao für den Weltmarkt. Der Boden ist traditionell Gemeingut, in zunehmenden Maße gibt es auch Individualbesitz an Land. Ihr Gesellschaftsgefüge wurde, wie auch das der Dogon, durch die Europäisierung wenig gestört: Die Agni neigen dazu, das moderne Leben ihren eigenen Bräuchen anzugleichen, ohne ihre Traditionen aufzugeben oder zu verändern. Die Agni-Gesellschaft ist von besonderen Widersprüchen gekennzeichnet, ihre Angehörigen bewegen sich in einem spannungsgeladenen und labilen Gleichgewicht, das die Autoren zusammenfassend so beschreiben: Die mütterliche Sippe und der Zusammenhalt der Brüder und Schwestern auf der einen Seite steht der Macht- und Prestigestruktur der Welt der Männer, der Chefs und Würdenträger auf der anderen Seite gegenüber. Die Tradition alter Königreiche setzt sich in einer demokratischen Republik fort, die archaisch-aristokratische Einstellung von Kriegern und Jägern ist konfrontiert mit der industriellen Produktion für den Weltmarkt, und der Besitz an eigenen Kindern muß ohne ein festes Gefüge der Kernfamilie gewährleistet werden. Die Agni haben einen skeptischen Realitätssinn und gleichzeitig überlassen sie sich unbedenklich dem Mystisch-Magischen.

>»Fremd und unverwechselbar, skeptisch, spöttisch und gescheit gleiten die Agni durch diese Welt. Depressiv ihren Phantasien hingegeben, stuporös erstarrend bis zur Verdummung, Künstler dekadenten Genusses und von stupender geistiger Beweglichkeit, abgründig vereinsamt und in tiefster Abhängigkeit von den Ihren, haben sie das Mittel gefunden, alles in Schwebe zu lassen. Sie können draußen bleiben und sich dennoch einlassen, das eine tun und das Gegenteil, im raschen Wechsel und sogar gleichzeitig teilnehmen und sich zurückziehen, lieben und hassen. Den Konflikten, die ihre Umwelt enthält, entspricht ihr Charakter, der Konflikte verinnerlicht, ohne sie kompromißhaft auszugleichen, der im Sowohl-als-auch Fähigkeiten entwickelt hat, wo ein Entweder-oder scheitern müßte« (Parin / Morgenthaler / Parin-Matthèy 1971a, S. 497f.).

Die psychoanalytische Technik bildete die wichtigste Untersuchungsmethode. Mit ihr führte Paul Parin mit zwei Männern, Fritz Morgenthaler mit drei Männern und Goldy Parin-Matthèy mit zwei Frauen Gespräche (insgesamt 279 Stunden). Die Gespräche, Beobachtungen und Überlegungen wurden täglich aufgezeichnet und in der Gruppe diskutiert. Nach den Erfahrungen der Psychoanalytiker bildete sich ein erstes grundlegendes Verständnis für die Psychologie der Agni nach einem Zeitraum von etwa vier bis sechs Wochen heraus. Dieses war verbunden mit der ersten grundsätzlichen Klärung der verschiedenen Gegenübertragungsreaktionen, die von den Forschern ausgebildet wurden (Parin 1981a, 1984a). Diese waren von Anfang an sehr positiv getönt, weil die Analytiker von den Agni beeindruckt waren, nicht nur von der Literatur her.

»Sie sind sehr schöne, sehr stolze Leute, die offensichtlich eine eigene Identität als Volk haben. Wenn man durchs Land fährt, durch diese unendlichen Urwälder, und ins Agni-Land kommt, da sieht man, das sind Agni, das können keine anderen Afrikaner sein, in ihrer stolzen, skeptischen, oft verächtlichen Haltung. Das hat uns imponiert, gefallen und positiv angesprochen. Es waren aber während der ersten Wochen unseres Dortseins außerordentlich große Belastungen unserer Gegenübertragung festzustellen. Eine Etikette, ein Zeremoniell im Umgang, das ständig fehlzugehen schien, das ständig mit Beleidigungen, mit Abbrechen der Beziehungen endete. Eine Beziehung, die sich herstellt, zuerst haben wir es uns gegenüber gesehen, später merkten wir, daß es auch unter ihnen so ist, kann man sofort fallen lassen. Leute, die lange zusammen lebten, sagen wir ein Ehepaar, oder auch Freunde in einer Hofgemeinschaft; es paßt einem etwas nicht, man ist gekränkt, man geht weg! Und wir haben während der ersten Wochen dieses ständige Fallengelassenwerden und Aufhören der Beziehung, das Fehlgehen der Etikette, sehr schlecht vertragen ... Bei mir war es so ... ich bin ausgesprochen zwanghaft geworden, was ich sonst nicht bin. In der Praxis in Zürich bin ich eher locker. Ich bin z.B. jeden Morgen, obwohl ich kein Frühaufsteher bin, um 1/2 6 Uhr aufgestanden und war um 1/4 nach 6 Uhr in Yosso, in dem Dorf, wo ich arbeiten wollte, obzwar niemand mit mir sprechen wollte. Etwa 4 Wochen lang habe ich das durchgehalten und bin dann dort meist allein gewesen, ab und zu sprach jemand mit mir ... Daß unsere neurotischen Reaktionen überhaupt bewußt geworden sind, wurde möglich ... dadurch, daß wir jeden Tag über unsere Arbeit miteinander sprechen konnten. Wir waren selbst eine Gruppe, wir kannten uns schon gut, waren befreundet, aber haben miteinander Sprechen und Erzählen können, uns in unserer Identität und auch in unserer dortigen Rolle bestärkt und kritisiert und uns auch gegenseitig helfen können« (Parin 1981a, S. 27ff.).

Im Vergleich zur Studie über die Dogon wurde durch zusätzliche Verfahren der methodische Rahmen der Feldforschung erweitert, was zur Folge hatte, daß die Forscher aktiver am Dorfleben teilnahmen und zum Beispiel eine täglich abgehaltene ärztliche Sprechstunde einrichteten, aus der wiederum Informationen über die Kultur und Psychologie der Agni gewonnen wurden.

»In Bebou nahmen wir eine Haltung aktiver Neutralität ein. Wir ergriffen jede Gelegenheit, mit einer der führenden Gruppen bekannt zu werden. Daraus ergab sich eine langsame Eingliederung in die soziale Struktur des Dorfes. Während wir so zu Freunden des Chefs und seiner Familie wurden, erfuhren wir, daß alle Bewohner unser wirklich ›modernes‹ Vorhaben nicht anders als nach dem Bild der alten Ordnung auffassen konnten. Dabei wurde es einigermaßen deutlich, wie sich die neue Zeit in einem Agnidorf politisch auswirkt und wie falsch die Frage gestellt ist, ob sich ein Fremder der einen oder der anderen Partei anschließen soll oder kann. Die Vertreter der fortschrittlichen Linken im Dorf nahmen uns die Freundschaft mit dem Chef nicht übel. Im Gegenteil. Sie konnten erst richtig mit uns zusammenarbeiten, als Ahoussi unsere Zugehörigkeit zum Dorf etabliert hatte« (Parin/Morgenthaler/Parin-Matthèy 1971a, S. 86).

Diese systematischen Untersuchungen, zum Teil unter Mithilfe eines Übersetzers, wurden durchgeführt, um den psychologischen und sozialen Kontext und damit die Gesprächspartner besser zu verstehen. Dazu gehörten unter anderem die direkte Beobachtung von Klein- und Schulkindern, eine Filmaufzeichnung über Säuglingspflege, 130 Rorschach-Tests, die Exploration von psychisch Gesunden und Kranken, Beobachtungen und Befragungen zur Verwandtschafts- und Sozialstruktur und zum Wertsystem, Kontakte und Befragung sozial einflußreicher Personen, von Fremdarbeitern, Kaufleuten, Magierinnen und Heilern, Informationen aus der ärztlichen Sprechstunde; Informationen aus verschiedenen Beobachtungsfeldern (Schule, Trauerfeiern, Fußball, Leben im Dorf Bebou), die Aufzeichnung und Übersetzung von Liedern und Mythen.

Zu den Voraussetzungen gehörte, analog wie bei den Dogon, daß Kenntnisse über die ethnologischen, soziologischen, ökonomischen und historischen Verhältnisse der Agni-Gesellschaft vorhanden waren, welche die Hauptlinien der materiellen Lebensumstände, der Kultur, der Religion, des Rechts und der Geschichte hervortreten ließen, um die Frage nach dem psychologischen Verständnis, nach dem Wechselverhältnis von Gesellschaft und Individuum stellen zu können. Dementsprechend gliedert sich das Buch nach den Erfahrungen und Studien der Autoren. Ausgehend von den einzelnen aufgezeichneten psychoanalytischen Gesprächen, vom Leben, der Persönlichkeit, den bewußten und unbewußten Konflikten einer psychoanalytisch untersuchten

Einzelperson, werden die mit verschiedenen Methoden gewonnenen sozialen Daten zu einer bestimmten gesellschaftlichen Institution oder zu einem konkreten Lebensbereich in den Blickpunkt gerückt und in Beziehung gesetzt (Religion, Recht, Kinderaufzucht, Sexualität und Ehe, kulturspezifische seelische Krankheiten etc.), bis die wichtigsten Einrichtungen und Funktionen der Gemeinschaft mit der besonderen Psychologie ihrer Träger in einen sinnvollen Zusammenhang gebracht wurden. Die einzelnen Bereiche der Agni-Gesellschaft, die als Kapitelüberschriften im Buch genannt werden, wurden durch folgende zusätzlich angewandte Methoden aufgeschlüsselt:
– Familienordnung und Wirtschaft: Vermessung der Höfe und des Dorfes, Beobachtung des Dorflebens, Kontakte mit Fremdarbeitern und Kaufleuten
– Kindheit: Beobachtung von Klein- und Schulkindern, Film über Säuglingspflege, Beobachtung von Kindern in der ärztlichen Praxis
– Lebensphasen: Exploration Kranker und Gesunder, Dorfbeobachtung
– Hexen, Magierinnen und Heiler: Befragung und Beobachtung
– Seelische und körperliche Krankheiten: Befragung und Beobachtung in der ärztlichen Sprechstunde
– Phantasie und Kommunikation: Aufzeichnung von Liedern und Mythen
– Rolle und Identität: Kontakte mit den Dorfchefs

Das Ziel der Studie war nicht mehr ausschließlich auf die Erforschung der psychischen Struktur von Individuen gerichtet, sondern es sollten an typischen Konflikten einzelne Lebensbereiche und Institutionen untersucht und die beiden Gesichtspunkte zusammengefaßt werden. Die Erweiterung des theoretischen Bezugsrahmens zeigte sich dann darin, daß mit den Mitteln der Psychoanalyse der Mensch in seinen bewußten und unbewußten Motiven als gesellschaftliches Wesen erfaßt werden kann, wie die Gesellschaft als Produkt materieller Gegebenheiten und als Gegenstand der geschichtlichen Entwicklung auf ihre Träger zurückwirkt und selbst von ihnen geformt wird. Die Verschränkung gesellschaftlicher und individueller Faktoren wird deutlich, wenn die historische Dimension seelischer Erlebnisse aufgezeigt wird, die Beziehung zwischen der Art der Ökonomie und der psychischen Struktur hergestellt oder die Art der Objektbeziehungen in Relation gesetzt wird zum Gesellschaftsgefüge. Eine wesentliche Dimension der Untersuchung hat mit der ständig erforderlichen Reflexion der eigenen Rolle als Forscher zu tun:

»Doch haben wir überdies verfälscht, verzerrt und so fort. Dies haben wir hier absichtlich getan. So eine Aussage wie: die Agni sind wie die Römer der Spätzeit, ihre Seele ist wie die des Caligula von Camus und sie teilen sein Schicksal, so eine Aussage ist durchaus falsch, und es ist unvermeidlich, so falsche Aussagen zu machen ... Unsere Sprache und unser Denken setzen sich aus solchen unrichtigen Bildern zusammen: besonders unrichtig, wenn wir sie auf Menschen eines fremden Gesellschaftsgefüges mit einer sehr anders gearteten Geschichte, Kultur und Psychologie anwenden. Die Absicht der wissenschaftlichen Untersuchung und Beschreibung ist es, solche und viele weitere Unrichtigkeiten zu reduzieren.

Wir sind überzeugt, daß wir mit der psychoanalytischen Methode ein geeignetes Werkzeug zu diesem Zweck verwenden, jedoch eines, das ganz unserer Kultur und Denkweise entstammt. Darum müssen wir weiterhin kulturspezifische Irrtümer erzeugen und dann versuchen, sie im Lichte der Kritik und anderer Beobachtungen zu vermindern« (Parin/Morgenthaler/Parin-Matthèy 1971a, S. 10).

Die Schwierigkeiten in der Einleitungsphase, bei der die Psychoanalytiker ihre Gesprächspartner zu gewinnen suchten und zu den täglich einstündigen Sitzungen unter den Bedingungen der psychoanalytischen Grundregel zu motivieren hatten, begannen bereits mit den Umgangsformen der Agni, die durch Etikette und Zeremoniell geregelt werden und deren Beherrschung und Einhaltung einen wichtigen Faktor für das Selbstgefühl und die Sicherheit darstellen:

»Nach Austausch der Grußformeln ersucht der Gastgeber oder auf der Straße der Vornehmere, zuerst Begrüßte, um die ›ersten Mitteilungen‹. Hochgestellte Personen lassen durch ihren Sprecher fragen. Banalitäten werden vorgebracht, welche die Begegnung in Zeit und Raum situieren: Ich bin hergereist; es ist Mittag; ich habe mein Gepäck abgelegt. Erst später kann man zu wichtigeren Mitteilungen, zum Zweck des Besuches, schreiten. Will man wieder fort, verlangt man ›die Erlaubnis zu gehen‹. Schon eine kurze Abwesenheit verlangt eine verbale Entschuldigung und, wenn man wieder da ist, eine formelle Mitteilung. Es ist, als ob es nötig wäre, mit Worten die richtige Distanz zwischen Menschen herzustellen, die gefühlsmäßig nicht wissen, wie sie zueinander stehen. Es ist klar, daß das für den Psychoanalytiker nicht die erwünschte Art ist, mit Menschen in Kontakt zu kommen; alles scheint darauf angelegt, sich nicht näher einzulassen, das Innenleben hinter der Etikette zu verbergen« (Parin/Morgenthaler/Parin-Matthèy 1971a, S. 107f.).

Die Formierung der psychoanalytischen Einsichten im Gespräch unterschied sich jedoch grundsätzlich nicht vom Verlauf des psychoanalytischen Prozesses mit Europäern. Ein wichtiges Element der Arbeit bildeten die am Ende eines Tages angesetzten Besprechungen der Erfahrungen. Eine spezielle Schwierigkeit bestand darin, daß das Leben der Forscher öffentlich war und von allen im Dorf beobachtet werden konnte.

»Das Leben im Dorf brachte eine Fülle von Information. Wahrscheinlich hatte noch nie ein Weißer in Bebou gewohnt. Mitten im Dorf leben, das hieß, ständig inmitten einer mißtrauischen Beobachtung zu sein, hilflos ausgeliefert zeremoniellen Besuchen, die man bewirten und mit denen man stundenlang inhaltslose ›erste Mitteilungen‹ tauschen mußte. Andererseits legte sich um uns schützend das Netz der Etikette, so daß wir ›dazugehörten‹, nicht bloß wie vornehme Fremde, sondern wie Agni, die sich ja gegenseitig mit ähnlich argwöhnischer Geselligkeit zu umstricken pflegen. Aber doch wieder wie Fremde – eine große Fremdheit bei großer Nähe. Die Gespräche unter vier Augen, in den Zelten, die wir am Dorfrand aufgeschlagen hatten, waren durch den Ort und das andere, von uns bestimmte Zeremoniell, das dort herrschte, von den gesellschaftlichen Kontakten genügend abgehoben.«

An Trauerfeiern, die eine der wichtigsten sozialen Einrichtungen im Zusammenleben der Agni ist, nahmen die Analytiker teil und spendeten, wie jedermann, einen Beitrag zu den Kosten. Dadurch reduzierten sie ihre Rolle als Weiße, die gewöhnlich gegen Begräbnisfeierlichkeiten sind, bekamen aber doch nie ganz die Rolle der Agni. Den täglich in ihrem Hof erscheinenden Kranken, die nach ärztlicher Behandlung verlangten, begegneten sie mit der Einrichtung einer abendlichen Sprechstunde.

»Selten einmal und erst nach langem Zureden war ein geheilter Patient bereit, als Gegenleistung bei einem Rorschachtest mitzumachen. Die Befragung nach verbreiteten Meinungen, besonders über die Erziehung der Kinder, über die verschiedenen gesellschaftlichen Einrichtungen war nicht mit Fragebogen und auch nicht in Einzelbefragungen zu bewerkstelligen. Im allgemeinen können weder Männer noch Frauen auf Fragen irgendwie verläßliche Auskunft geben. Sie sagen nichts, weichen aus oder äußern lässig einander widersprechende Phantasien. Hingegen gibt es nicht so selten energische ältere Frauen, die recht selbstbewußt sagen, was sie meinen. Wenn man ihnen Fragen stellen will, rufen sie einen Kreis jüngerer Frauen und Mädchen zusammen. Es gelang uns, in 4 Dörfern insgesamt 6 Gruppen zu 6 bis 8 Frauen zu versammeln. Jetzt wurde die Befragung zu einem faszinierenden Spiel. Die Älteste nahm kurz und genau Stellung und sagte, was sie meinte.

Nach jeder solchen Antwort äußerten auch die Jungen, selbständig und frei, ihre Zustimmung oder ihre abweichende Ansicht. Auf diese Weise haben wir eine Fülle von Aussagen gesammelt. Es scheint, daß bei den Agni das, was man meint und was man tun soll, sehr von dem unterschieden ist, was man wirklich tut; noch mehr als bei uns. Bei manchen Fragen besteht jedoch kein solcher Gegensatz« (Parin/Morgenthaler/ Parin-Matthèy 1971a, S. 32f.).

Die einzelnen Untersuchungen ergänzten sich, wie die Autoren am Beispiel der Filmaufnahmen erläuterten:

»Durch die Filmaufnahmen ließen sich Mütter, die mit ihren Säuglingen beschäftigt waren, nicht stören. Dies bestätigte die Annahme, die auch aus den Rekonstruktionen der psychoanalytisch orientierten Gespräche hervorging, daß diese Mütter von der Säuglingspflege affektiv sehr gefesselt sind, was wieder der direkten Beobachtung entsprach. Wenn wir hingegen ein Kleinkind in jenem Lebensalter filmen wollten, in dem sich die Mutter bereits emotionell von ihrem Kind abgewandt hatte, versteckte sich das Kind, es ›fremdelte‹. Wenn die Mutter aber in der Nähe war, änderte das Filmen die Situation: Sie ergriff das Kind, nahm es auf den Arm und stellte sich in der Haltung einer Madonna der Kamera, während das Kind, das eben noch verzweifelt vor sich hin gebrüllt hatte, sofort beruhigt war und manchmal unter Tränen zu lächeln begann – allerdings ohne die Mutter anzusehen. Es war zu vermuten, daß die Mütter uns die Meinung zuschrieben – oder wohl auch selber meinten –, es sei nicht recht von ihnen, die Kleinkinder so zu vernachlässigen. Diese Meinung war während der Befragung der Frauen nie geäußert worden, herrschte aber bei den älteren Männern vor und war uns an einem der ersten Tage unseres Aufenthaltes mitgeteilt worden. Wir konnten durch die Beobachtung bei der Filmaufnahme unsere Kenntnisse von den Wertmeinungen der Agni erweitern: Die Frauen meinten offenbar, wir hätten die gleichen Wertmaßstäbe wie ihre Männer, und sie handelten nach diesen, wenn es darum ging, gefilmt zu werden. Weiterhin bestätigte sich das, was wir aus der Rekonstruktion der Kindheitsentwicklung vermuteten, daß jene Kinder, die – nach europäischer Erfahrung beurteilt – zu trotzen schienen, eine besondere Art von Trotz aufwiesen: Sie konnten am Trotz nicht festhalten, wie es frustrierte Kinder bei uns in diesem Alter tun« (Parin/Morgenthaler/Parin-Matthèy 1971a, S. 33).

Die Nachzeichnung des Verlaufs der Gefühlsbeziehungen aus dem emotionellen Klima, den Zu- und Abneigungen, den Liebesgefühlen und feindseligen Spannungen, gehört zum Wesentlichen einer psychoanalytisch orientierten Untersuchung und muß stets neu verstanden werden. Die Autoren geben auch dafür ein Beispiel:

»Daß wir im Dorf wohnten, verlieh dem Dorf Prestige, machte uns aber unheimlich. Der König war unser Gastgeber, seine Nichte unsere Hausvermieterin. Das verlieh uns Prestige und hatte zur Folge, daß man uns beachten mußte, versah uns aber noch zusätzlich mit der Aura von Respekt, Furcht und abhängigem Zutrauen, das Chefs genießen. Daß wir uns bei der Wahl unserer Freunde für die traditionellen Träger der Macht entschieden, brachte uns nicht etwa die politische Gegnerschaft oder die Feindschaft der ›jungen Garde‹, sondern ihre eifersüchtige Zuneigung. Die Behandlung körperlich Kranker stimmte die Bewohner nicht dankbar oder zu Gegenleistungen bereit, sondern machte uns zuerst zu unheimlichen Figuren, die ihre wahren, gefährlichen Absichten besonders gut tarnen. Später aber bekamen wir durch diese Aktivität eine soziale Rolle zugeschrieben: Die, welche so unmenschlich gut sind, daß sie ohne Gegenleistung etwas tun, die also auch nichts für sich brauchen. Dies kam dann doch wieder unserer Stellung als Psychologen im Dorf zugute« (Parin / Morgenthaler / Parin-Matthèy 1971a, S. 34).

Die Freundschaft mit dem König und seiner Familie und die unentgeltliche Behandlung der Kranken brachte Ansehen und die soziale Rolle, als Fremde, als Freunde des Chefs und als Ärzte, erregte Furcht und Mißtrauen. Es kam dazu, daß zuerst bei den Anhängern des Königs und dann bei seinen politischen Gegnern und schließlich bei den Kranken und ihren Angehörigen ein Umschwung eintrat, ohne daß sich die soziale Rolle der Analytiker änderte. Sie wurden Gegenstand eifersüchtiger Zuneigung. Psychoanalytisch kann man von einem Übertragungswandel sprechen:

»Nach der angsterregenden Übertragung mit der Objektrepräsentanz einer phallischen, vergewaltigenden Mutter kam es zu einer milden geschwisterlichen Zuneigung, die mit Neid vermischt war, und daneben zu einer positiv getönten Mutterübertragung. Die auf eine Person übertragenen Gefühle können sich ändern, während ihre soziale Rolle die gleiche bleibt.«

Gegen Ende ihres Aufenthalts wurde ihnen von der alten Denda, der Schwester des Königs und damit der ersten Frau des Dorfes, eine neue Rolle zugeteilt:

> »Eines Tages bat sie ihren Bruder, uns zu sagen, sie wisse endlich, wer wir seien und was wir in Bebou wollten! Wir seien gar keine Weißen. Wir seien ihre verstorbenen Ahnen, gekommen, um für die Lebenden zu sorgen. Anders könne es nicht sein. Denn Lebende sind nicht so, schon gar nicht Weiße ... Alles, was mit den verschiedenen Untersuchungen zu erfahren war, ist nur soweit von Belang, als es dazu diente, die Agni, die wir kennenlernten, mit ihren bewußten und unbewußten Seelenregungen zu verstehen. Ordnung ist in die Beobachtungen nur zu bringen, wenn es gelingt, die Personen, die wir genauer schildern, als Teile einer lebendigen Sozietät zu sehen, in der wir eine Zeitlang ein lebendiger Fremdkörper waren« (Parin/Morgenthaler/Parin-Matthèy 1971a, S. 34).

Die Ergebnisse und Folgerungen aus der ethnopsychoanalytischen Untersuchung wurden auf der Grundlage der mehr oder weniger fest umrissenen psychoanalytischen Persönlichkeitstheorie erhoben und metapsychologisch beschrieben. Die Voraussetzungen dafür fassen die Autoren folgendermaßen zusammen:

> »Will man die seelische Entwicklung und ihr Ergebnis, den psychischen Apparat der Agni, die wir mit dem Rüstzeug und der Methode der Psychoanalyse untersucht haben, theoretisch beschreiben, kann man nicht vergleichend vorgehen: Bei uns ist es so, bei ihnen anders. Die unausweichliche Verstrickung des Beobachters in seine eigene Psychologie, seine Abhängigkeit von den Wertmaßstäben, Urteilen und Vorurteilen seiner Kulturgemeinschaft und Klassenideologie verzerren und verstümmeln das, was er kennenlernen wollte. Erst die abstrakte Begriffswelt der Metapsychologie, mit ihren Theorien, Hypothesen und Konjekturen, reduziert das schwer faßbare, in seiner individuellen und kulturellen Eigenart unvergleichbare Seelische auf einfache Grundvorgänge. Strukturen, Funktionen und Entwicklungsschritte halten es aus, an denen anderer Menschen aus einer anderen Umwelt gemessen zu werden.
> Dafür muß man in Kauf nehmen, daß die psychoanalytische Theorie, die an sich unvollständig und fortgesetzter Revision bedürftig ist, die ihrer Natur nach nie die Geschlossenheit einer naturwissenschaftlichen Theorie oder einer philosophischen Lehre anstrebt, auf die Agni

angewandt noch unsicherer und unvollständiger sein wird. Wir sind uns der Lücken und Fragwürdigkeiten bewußt, auch da, wo wir nicht besonders darauf hinweisen« (Parin/Morgenthaler/Parin-Matthèy 1971a, S. 497).

Diese theoretische Diskussion wird im Detail im Abschnitt »Metapsychologie« ausgeführt, und zwar nach den Gesichtspunkten der genetischen Betrachtungsweise, der präödipalen und ödipalen Ich-Entwicklung, der Triebentwicklung und der Beziehung zu den Objekten, der Abwehrorganisation des Ich und anderen metapsychologischen Bezugspunkten. Als generelles Resultat läßt sich festhalten, daß die Beobachtungen gewisse Modifikationen der psychoanalytischen Theorie nahelegten. So wurden zum Beispiel die Phasen der Libidoentwicklung und das genetische Prinzip beibehalten, aber in Details korrigiert, nicht zuletzt wegen der höchst unterschiedlichen Praxis der Behandlung von Kindern, der brüsken Änderung des Verhaltens der Mutter im Verlauf des zweiten Lebensjahres, mit der Folge, daß die Frühkindheit in zwei Phasen verläuft, »die vorerst nicht auf die Entwicklungsphasen der Libido Rücksicht nimmt« (Parin/Morgenthaler/Parin-Matthèy 1971a, S. 505). Aus dieser Entwicklung haben die Agni die Fähigkeit erworben,

> »gleichzeitig oder rasch oszillierend nacheinander auf zwei Entwicklungsniveaus des Selbst, der Objekt- und der Realitätsbeziehung, zu funktionieren. Erleiden sie eine Frustration oder eine narzißtische Kränkung, können sie ihr Selbstgefühl durch Allmachtsphantasien wieder verbessern. Diese Fähigkeiten gehören zu der Ausrüstung, die ihre Ich-Autonomie gewährleistet« (Parin/Morgenthaler/Parin-Matthèy 1971a, S. 505).

Wie bei den Dogon, so ergab sich auch bei den Agni die Notwendigkeit, bei der Ich- und Über-Ich-Entwicklung spezielle Funktionen zu beschreiben, die mit den Begriffen des »Gruppen-Ich« und des »Clangewissens« versuchsweise angegeben wurden. Wesentliche Unterschiede im Vergleich zu Erfahrungen in der europäischen psychoanalytischen Praxis zeigten sich auch bei der Formierung der ödipalen Konflikte. Alle Modifikationen trugen auch dem Umstand Rechnung, daß versucht werden sollte, von der psychoanalytischen Theorie her bessere Voraussetzungen zu schaffen, dem Verhältnis von Individuum und Gesellschaft theoretisch näherzukommen.

»In der Rückwirkung auf ihr wichtigstes Arbeitsinstrument, auf die psychoanalytische Theorie, hat die Ethnopsychoanalyse bereits etwas geleistet. Aus unseren eigenen Untersuchungen zählen wir auf: Der phasische Verlauf der Libidoentwicklung konnte unter ganz verschiedenen Erziehungsbräuchen, Tabuierungen und Stimulationsgewohnheiten beobachtet werden. Die Ich-Entwicklung bei den Dogon und bei den Agni führt zu bisher unbekannten strukturellen Ausformungen, so daß sich die Beschreibung von typischen Organisationen der Abwehr, von ›Gruppen-Ich‹ und ›Clangewissen‹ ergeben hat. Es zeigt sich, daß Menschen anderer Völker die Möglichkeit haben, normale Liebes- und Sozialbeziehungen einzugehen, obwohl sich ihre präödipalen Fixierungen und der Ausgang des ödipalen Konflikts vom abendländischen Muster sehr unterscheiden« (Parin/Morgenthaler/Parin-Matthèy 1971a, S. 549).

»In den Inhalten des Selbstideals tritt der Unterschied zwischen den Agni und uns sozusagen in reiner Form hervor. Statt unserem Leistungsideal haben sie das Ideal, ein erfreuliches Schicksal zu haben. Statt etwas zu werden, wünschen sie, etwas zu sein. Passivität, die bei uns vorwiegend eine negative Bewertung erfährt, ist dort ebenso wie Aktivität an sich nichts Schlechtes oder Gutes. Ihr Selbstideal bildet sich ohne anale Zentrierung der Aggression, ohne urethralen Ehrgeiz und ohne phallisch-ödipale Objektzentrierung der Libido. Ein solches Selbstideal kann uns nur beneidenswert vorkommen, wenn wir die Ziele unseres Gesellschaftsgefüges fragwürdig finden. Da ihr Gesellschaftsgefüge dem unseren nicht gleicht, können die Anteile des Selbst, welche sich am unmittelbarsten aus der Umwelt ableiten, nicht die unseren sein« (Parin/Morgenthaler/Parin-Matthèy 1971a, S. 546).

Offenkundig wurde dies unter anderem bei dem in diesem Zusammenhang diskutierten Problem, wie es sich bei den Agni mit der nach außen gerichteten Aggression verhält, und ob sie dem Gesetz der kollektiven Sündenbockbildung, des Schutzes der Eigengruppe durch Haß auf die Außengruppe, unterliegen.

»Diese Frage drängt sich auf: wegen der kriegerischen und grausamen Traditionen und wegen der verfolgungswahnartigen Form kollektiv gültiger Vorstellungen, die wir das ›normale Paranoid‹ der Agni nennen. Ähnliche Haltungen haben in unserer Kultur unheilvolle Folgen gehabt. Darum müssen wir begierig sein, welchen Weg diese der vernünftigen Regelung so sehr entzogenen Tendenzen bei einem anderen Volk gehen, das ihnen besonders ausgesetzt zu sein scheint.«

Es wird dabei die überraschende Beobachtung gemacht und diskutiert,

> »daß die Agni keinerlei kollektiven Haß auf die Weißen ausgebildet haben, die sie so lange unterdrückt hatten, und daß sie diese als Person sogar regelmäßig von paranoiden Befürchtungen ausnehmen, obwohl es ein beliebtes Erziehungsmittel ist, Kinder mit dem ›weißen Mann‹ zu schrecken. Sogar gegen die Fremdarbeiter, deren wirtschaftliche Bedrohung gefürchtet wird und die sehr bewußt als gefährliche Eindringlinge und Konkurrenten beurteilt werden, hat sich kein nennenswertes kollektives Ressentiment im Sinne einer Fremdenfeindlichkeit ausgebildet. Dergleichen Beobachtungen mehren sich, je besser man die Agni kennt« (Parin / Morgenthaler / Parin-Matthèy 1971a, S. 557).

2.2.3. Ethnopsychoanalytische Gespräche mit den Iatmul in Papua-Neuguinea

Die Züricher Ethnopsychoanalytiker stellten ihre Forschungen bei verschiedenen Gelegenheiten vor. Bei einem Treffen mit Ethnologen der Basler Universität wurde Fritz Morgenthaler eingeladen, Mitglieder ihrer Gruppe zu besuchen, die sich im Nordosten Papua-Neuguineas am mittleren Sepikfluß in verschiedenen Dörfern zum Studium der Gesellschaft der Iatmul niedergelassen hatten. In dieser Kultur hatten in den 30er Jahren Margaret Mead und Gregory Bateson ihre Forschungen durchgeführt (Mead 1955; Bateson 1958).

Morgenthaler kam der Einladung nach und reiste Anfang 1973 in das Dorf Palimbei, in dem die Ethnologin Florence Weiss und der Ethnologe Milan Stanek seit 1972 Forschungen betrieben. Florence Weiss widmete sich zu dieser Zeit der Erforschung des ökonomischen Systems und seiner Auswirkungen auf den Alltag der Iatmul-Kinder (Weiss 1981).

Mit dem Besuch von Fritz Morgenthaler begann eine Auseinandersetzung zwischen den drei Wissenschaftlern, während der die Frage nach dem Wert der Psychoanalyse in der Feldforschung eine gewichtige Rolle spielte. Es entwickelte sich eine Zusammenarbeit, welche die Verbindung von Psychoanalyse und Ethnologie um ein weiteres Modell der Anwendung ethnopsychoanalytischer Forschung bereichern sollte.

Zunächst bestanden unterschiedliche Auffassungen darüber, welche Wahrnehmungen, Erlebnisse und Beobachtungen in der fremden Kultur von Wichtigkeit wären. Florence Weiss berichtete darüber:

»Wir sind erst wenige Monate in Palimbei, als uns Fritz besucht. Tag für Tag führen wir auf der Veranda unseres mit Blättern bedeckten Hauses lange Diskussionen. Zwei Ethnologen und ein Psychoanalytiker tauschen ihre Eindrücke und Erfahrungen aus. Ich bin der Psychoanalyse gegenüber skeptisch eingestellt. Mir leuchtet nicht ein, weshalb soviel von dem, was wir Erwachsene tun, mit irgendwelchen Kindheitserfahrungen zusammenhängen soll. Ich frage mich auch, weshalb Psychoanalytiker dauernd vom Unbewußten reden, von der Sexualität und von Trieben, denen wir ausgeliefert sein sollen. Mir scheint vielmehr, daß die Patienten den Manipulationen der Analytiker ausgeliefert sind, weil sie leiden und abhängig sind. Und hat nicht ihr großes Vorbild Freud im Wien der Jahrhundertwende gelebt und gedacht? Was haben Theorien, in bürgerlichen Interieurs entwickelt, in Palimbei, am Sepik zu suchen?« (Weiss 1984a, S. 20f.).

Nachdem Florence Weiss und Milan Stanek von ihrem 18-monatigen Aufenthalt im Sepikgebiet in die Schweiz zurückgekehrt waren, absolvierte sie eine eigene Psychoanalyse. Der Plan, gemeinsam mit Fritz Morgenthaler ethnopsychoanalytische Forschungen bei den Iatmul durchzuführen, wurde weiterverfolgt und konkretisiert. Schließlich wurde dieses Vorhaben 1979/1980 während eines dreimonatigen Aufenthaltes in demselben Iatmul-Dorf verwirklicht, in dem die beiden Ethnologen bereits geforscht hatten und bekannt waren. 1984 wurde die Untersuchung mit dem Titel *Gespräche am sterbenden Fluß. Ethnopsychoanalyse bei den Iatmul in Papua-Neuguinea* veröffentlicht.

Die Forschergruppe bestand aus dem Psychoanalytiker Fritz Morgenthaler, den beiden Ethnologen Florence Weiss und Milan Stanek, sowie dem Ethnologiestudenten Marco Morgenthaler, dem Sohn von Fritz Morgenthaler. Die beiden Ethnologen brachten Erfahrungen und Kenntnisse der gesellschaftlichen und kulturellen Lebensbedingungen der Iatmul mit, eine Voraussetzung, die neben dem Erwerb der sprachlichen Kompetenzen zu Beginn einer jeden ethnopsychoanalytischen Arbeit erfüllt sein sollte, entweder durch Literaturstudium (wie bei den Forschungen über die Dogon und Agni) oder eigene ethnologische Forschungen, wie es bei diesem Projekt der Fall war. Damit sollte Mißverständnissen vorgebeugt werden, welche die Einsicht in das emotionale Geschehen zwischen den Gesprächspartnern von vornherein behindern würden. Als Psychoanalytiker sollte Fritz Morgenthaler den Ethnologen einen Zugang zu Äußerungsformen des Unbewußten eröffnen. Ihm fiel die Funktion zu, bei der täglichen Aufarbeitung der durchgeführten Gespräche das Wissen und die Erfahrungen des Psychoanalytikers einzubeziehen, »um ihnen zu zeigen, worauf sie in ihren Sitzungen mit den Iatmulpartnern achten mußten« (Morgenthaler 1984a, S. 14). Das vierte Mitglied, Marco Morgenthaler, suchte bei seiner Arbeit Kontakte zu den Jugendlichen der Iatmulgesellschaft zu knüpfen. Im Unterschied zur Gruppe der Psychoanalytiker, die bei den Dogon und Agni forschten, war diese Gruppe von ihrer Ausbildung her nicht homogen. Florence Weiss führte mit den Iatmul-Frauen Kinembe, Magendaua und Kwaigambu Unterredungen, Fritz Morgenthaler hatte eine ethnopsychoanalytische Beziehung zu Kwandemi aufgebaut. Gemeinsam mit den Erfahrungen von Marco Morgenthaler wurden diese Aufzeichnungen in dem genannten Buch veröffentlicht (Morgenthaler/Weiss/Morgenthaler 1984). Milan Stanek hatte seine Ergebnisse, eine Sammlung von Mythen, die ihm seine Iatmul-Partner erzählten, separat publiziert (Stanek 1982).

Die Gespräche wurden über einen Zeitraum von mehr als drei Monaten geführt. Fritz Morgenthaler strukturierte bei den täglichen Besprechungen das Material aus den Sitzungen so, daß die darin enthaltenen unbewußten Prozesse und Konflikte bewußt gemacht und verarbeitet werden konnten und die unbewußten Motivationen der beteiligten Personen gleichermaßen transparent wurden. Im Buch werden die Gespräche möglichst authentisch dargestellt:

»Wir haben sie nicht mit Vergleichen verallgemeinert und nur mit wenigen Klärungen ausgestattet. Für uns war der Aufenthalt in den Sepik-Dörfern, und was sich im eigenen Erleben mit unseren Gesprächspartnern abspielte, wichtiger als die Frage, was wir später damit machen würden. Wir wollten nicht einen Forschungsplan aufstellen, der am Studienobjekt verwirklicht wird, um daraus ein wissenschaftlich abgerundetes Bild unserer Forschung auszuarbeiten. Es ging darum, eine Beziehung zu unseren Gesprächspartnern herzustellen und sie trotz aller inneren und äußeren Hindernisse aufrechtzuerhalten. Das Wissenschaftliche, wie wir es verstehen, liegt in der Authentizität der Information über den emotionalen Austausch von Vertretern verschiedener Kulturen« (Morgenthaler 1984a, S. 15f.).

Im Buch stehen psychoanalytische Erklärungsansätze oder metapsychologische Überlegungen zur Psychologie der Iatmul nicht im Vordergrund. Der Leser wird in die bewußten und unbewußten Dimensionen der emotionalen Auseinandersetzungen von Menschen zweier unterschiedlicher Kulturen eingeführt. Dennoch wird gezeigt, welchen wertvollen Beitrag zur Ethnologie die ethnopsychoanalytische Herangehensweise zu leisten vermag. Bei der Entdeckung von neuen Aspekten und der psychoanalytischen Aufklärung des *naven*-Rituals läßt sich dieser Stellenwert gut verdeutlichen: 1936 hat

Gregory Bateson über dieses Ritual seine »klassische« Untersuchung veröffentlicht, in der das *naven* ausführlich studiert und beschrieben wurde, jedoch ohne dabei die Rolle der Frauen zu beachten (Bateson 1958). Die Einsichten waren begrenzt. »Über die Gefühle, die so offensichtlich für alle Beteiligten mit dem *naven* verbunden sind, erfuhr ich nichts. Wohl gingen die Palimbei bereitwillig auf meine Fragen ein, doch was ich so gerne verstanden hätte, ließ sich weder fragen noch beantworten« (Weiss 1984, S. 206f.).

Schon bei den Vorbereitungen auf die ethnopsychoanalytische Forschung wurde über das *naven* viel diskutiert. Auch aus den geplanten Gesprächen mit einem expressiven *naven*-Tänzer während der Feldforschung ergaben sich keine vertieften Einblicke. Jedoch war in einem der Gespräche, das Florence Weiss mit Magendaua führte, eine Szene enthalten, in der die Ethnologin ein *naven* erkannte, aber erst im Kontext ihrer ethnopsychoanalytischen Beziehung zu Magendaua konnte eine neue Dimension dieses Rituals erschlossen werden:

> »Heute diskutieren wir bis tief in die Nacht. Wir rufen uns alles, was wir über das *naven* wissen, in Erinnerung, Ethnologisches und Psychoanalytisches. Wir entwickeln ein Konzept, in dem Individualpsychisches und Gesamtgesellschaftliches aufeinander bezogen sind. Wir interessieren uns für metapsychologische Zusammenhänge. Es ist der ›Blick zurück‹ ihres Kindes, der Magendaua veranlaßte, das *naven* vorzuführen. Schon oft krabbelte der Säugling in unseren Gesprächen an den Rand der Sitzfläche, und schon viele Male rief ihm Magendaua zu. Doch heute schaute er zurück. Dies löste in Magendaua solche Gefühle aus, daß sie ein *naven* machen mußte. Sie tat es für sich selbst, sie kann den ›Blick zurück‹ ihres Kindes nur bewältigen, wenn sie ihm ein *naven* entgegenstellt. Dies scheint zunächst unverständlich. Was bedeutet denn schon ein Blick zurück, die Rückkehr eines Kindes oder eines Erwachsenen aus einer Stadt oder der Umstand, den ersten Fisch gefangen zu haben und nach Hause zu bringen?«

Eine wichtige Einsicht bezog sich auf die Motivation der Frauen, ein *naven* aufzuführen. Diese hängt mit der Notwendigkeit zusammen, die Gruppe immer mit einzubeziehen. Nur so kann das innere Bild ihrer selbst aufrechterhalten werden. Das *naven* ist ein Gruppenereignis, in welches Menschen einbezogen sind, die in einer nahen Beziehung zueinander stehen und sich mittels des Rituals innerlich abgrenzen und festigen, um nicht von ihren triebhaften Regungen überschwemmt zu werden, als Persönlichkeiten zu zerfallen und zu zerfließen.

»Das Ritual dient nicht dazu, sich von anderen abzugrenzen, um dann zu einer Gruppe zu gehören, die gemeinsame Interessen verfolgt, wie es in unserer westlichen Gesellschaft der Fall ist. Das Ritual ist ein Gruppenereignis, in dem jeder einzelne erst durch den anderen zu dem wird, der er ist. Das innere Bild seiner selbst besteht aus der Summe aller Bilder, die alle aus der Gruppe beziehen. Magendaua hat das *naven* für sich selbst gemacht. Die Vertiefung unserer Beziehung hat dazu geführt, daß sie sich von mir, der fremden weißen Frau, abgrenzen mußte, obschon es mir gelungen war, mich ihr gegenüber so einzustellen, daß sie sich einlassen konnte« (Weiss 1984, S. 207ff.).

Florence Weiss hat im Rahmen ihrer urbanethnologischen Untersuchungen mit Iatmul-Frauen gearbeitet, die gezwungen waren, in die Stadt zu ziehen. Die widersprüchlichen Erfahrungen mit der Lohnarbeit, die Zerstörung der traditionellen Subsistenzwirtschaft und die sich verändernden Geschlechterverhältnisse bestimmen das Leben der Migrantinnen. Einen Teil ihrer Erfahrungen hat Weiss in literarischer Form in der ethnologischen Erzählung *Vor dem Vulkanausbruch* (Weiss 1999, 2001a) wiedergegeben. Sie beschreibt darin die Veränderungen im Leben dreier Frauen, die aus einem traditionellen Dorf Papua Neuguineas in die Stadt gezogen sind und gibt durch die Schilderung ihrer eigenen Tätigkeit des Beobachtens und Beschreibens einen Einblick in die Subjektivität des Forschungsprozesses.

Fritz Morgenthaler wurde durch seine Forschungserfahrungen bei den Iatmul dazu angeregt, seine psychoanalytischen Überlegungen zur Stellung der Perversionen in Metapsychologie und Technik auszubauen (Morgenthaler 1974, 1984).

2.2.4. »Floating« – eine ethnopsychoanalytische Technik in Zentral- und Ostafrika

Gerhard Kubik hat mit der im Jahr 1993 publizierten Untersuchung »Die mukanda-Erfahrung. Zur Psychologie der Initiation der Jungen im Ostangola-Kulturraum« (Kubik 1993a) begonnen, seine seit 1959 vor allem bei Feldforschungen in Afrika gesammelten ethnopsychologischen und ethnopsychoanalytischen Aufzeichnungen und Studien zu publizieren (2000, 2001a, 2003, 2004). Das Interesse am Jazz und dessen Wurzeln ist einer der Hauptgründe für die ausgedehnten Afrikareisen, die 1959 begannen und bis heute andauern. Etappen von Feldforschungen, kontinuierlich in 18 afrikanischen Ländern, in Brasilien seit 1974, in den Vereinigten Staaten seit 1977, wechselten ab mit Phasen der Auswertung der Aufzeichnungen, Arbeiten an wissenschaftlichen Publikationen und mit Vortrags- und Lehrtätigkeiten. Ab 1966 führte Kubik die meisten Forschungen gemeinsam mit afrikanischen Mitarbeitern durch (von 1966 bis 1969 mit Maurice Djenda, ab 1971 mit Mose Yotamu, von 1982 bis 1989 mit seiner Frau Lidiya Malamusi, von 1979 bis heute mit Moya Aliya Malamusi). Kubik spezialisierte sich auf dem Gebiet der Musikethnologie und Kulturanthropologie. Seine kulturanthropologischen Hauptpublikationen in Buchform sind *Tusona – Luchazi ideographs* (1987), *Extensionen afrikanischer Kulturen in Brasilien* (1991), *Makisi – Nyau – Mapiko. Maskentraditionen im Bantu-sprachigen Afrika* (1993), im Bereich der Musikethnologie *Musikgeschichte in Bildern* (1982, 1989), *Africa and the Blues* (1999).

Seit seinem 16. Lebensjahr beschäftigte sich Kubik mit der Lektüre Freudscher Schriften und seit dem Beginn seiner Afrikareisen (1959) verwendet er die Psychoanalyse theoretisch und methodisch als wissenschaftliches Instrument zur Analyse des Kulturkontaktes zwischen Europäern und Afrikanern, zur Analyse des rituellen Bereichs im Kontext von Initiation, religiösen Erscheinungen und Tabuvorstellungen, sowie fallweise unter Verwendung seiner Sprachkenntnisse auch im psychotherapeutischen Einsatz. Sein ethnopsychischer Ansatz ist streng individuell. Charakteristisch für den Autor ist, daß er immer von Gesprächen mit einzelnen Personen ausgeht.

Wohl als erster psychoanalytischer Forscher in Afrika war Kubik in der Lage, seine Untersuchungen und Gespräche in den afrikanischen Sprachen Chichewa (in Südostafrika, Malawi, Zambia, Mozambique) sowie Luchazi bzw. Mbwela (in Angola und Nordwestzambia) durchzuführen. Sein Hauptanliegen bei der Anwendung der psychoanalytischen Theorie und Praxis konzentriert sich auf die Erforschung von individuellen expressiven Formen im kulturellen Umfeld. In der Symbolforschung wurde von ihm ein breiter anwendbares Verfahren entwickelt. Durch das Desinteresse an seiner psychoanalytischen Arbeit in ethnologischen Kreisen kommt es erst seit den frühen 90er Jahren zur Bearbeitung und Drucklegung der breit dokumentierten ethnopsychoanalytischen Feldforschungsmaterialien (Kubik 2000, 2001, 2002b, 2002d, 2003, 2004). Neben diesem Forschungsschwerpunkt hat Kubik die größte Sammlung von Oralliteratur in afrikanischen Sprachen (Märchen, Rätsel, Dilemmageschichten etc.) auf Tonträger angelegt; erwähnt wurde bereits das Gebiet der Musik, die Erforschung, wie musikalische Strukturen in Afrika gedacht werden, die zur gestaltpsychologischen Entdeckung der »inhärenten Patterns« führten. Kubiks Herangehensweise ist in allen Bereichen kulturvergleichend, auf psychologischem Gebiet bedient er sich bei der tiefenpsychologischen Erforschung des Menschen der Theoreme der Psychoanalyse.

Der erste tiefenpsychologische Schwerpunkt der Studien in Afrika ab 1959/1960 war dem Phänomen außerklinischer Übertragungs- und Projektionsvorgänge (zwischen Europäern und Afrikanern und vice versa) gewidmet. Die Sammlung diesbezüglichen Materials wurde durch Analysen von Afrikanern vertieft. Aus dieser ersten Untersuchung entstand unter Benutzung früherer Tagebücher (1959–1964, in denen sowohl persönliche als auch wissenschaftliche Daten enthalten sind), das bis heute unveröffentlichte Buchmanuskript *Der unbewußte Kontinent. Psychologische Strukturen eines sich wandelnden Afrika* (1964). 1965 erhielt Kubik ein Stipendium für Angola, das durch zwei portugiesische Ethnologen, Prof. Antonio Jorge Dias und seiner Frau Margot Dias, ermöglicht wurde. In Angola veränderten sich die Schwerpunkte der Untersuchungen durch das Erlernen einer afrikanischen Sprache (Mbwela) und durch die Initiationsriten (»rites de passages«), denen sich Kubik während des sechsmonatigen Aufenthaltes im Jahr 1965 unterzogen hat. Die Psychoanalyse von Enkulturations- und Sozialisierungsprozessen in der angolanischen Kultur rückten in den Vordergrund. Bei den mukanda-Forschungen tauchte auch das Thema der Übertragung wieder im Kontext der Enkulturationsprozesse auf (zum Beispiel zwischen dem Betreuer in einer Mukandaschule und dem Initianden) (Kubik 2002c).

Die Entwicklung der Methodik und der Technik des »floating« hängt bei Kubik eng mit seiner Art des Reisens per Autostop zusammen, bei der er ohne vorgegebenes problemorientiertes Programm unterwegs war, der freien Assoziation von Eventabfolgen ausgesetzt. Auf diese Weise hat Kubik die Technik der freien Assoziation auf die Technik von Eventabfolgen in der Feldforschung übertragen, wobei er die von Freud propagierten technischen Regeln zur freischwebenden Aufmerksamkeit beachtete. Später wurde diese von der freien Assoziation abgeleitete Technik von ihm als »floating« bezeichnet. Methodisch wichtig ist für Kubik, daß seine wissenschaftlichen und persönlichen Tagebücher in einem Kontext verfaßt werden sowie die von ihm ab 1965 entwickelte besondere Art von psychoanalytischer Gesprächstechnik. Unter Benutzung der lokalen Sprache werden im Gespräch von Zeit zu Zeit bewußte Interventionen wie bei einer experimentellen Methode eingesetzt, zum Beispiel indem etwas Skurriles gesagt wird, worauf die Leute, auch im Kollektiv, reagieren. Auf diese Weise können die Affektanteile und –strukturen ermittelt werden; es wird dabei deutlich, was die Menschen aufwühlt oder gleichgültig läßt. Bei dieser Art gelenkten psychoanalytischen Gesprächsform gelingt es ihm, unter Verwendung von Reizphrasen, spaßhaften Bemerkungen oder künstlich herbeigerufenen Fehlleistungen, die Assoziationstätigkeit anzuregen und zu steuern. Auf diesem Weg kann Einblick in die unbewußte Konfliktlage und die jeweilige Affektsituation gewonnen werden.

Zu Kubiks ethnopsychoanalytischer Herangehensweise gehört die Empfehlung, nicht mit einem bestimmten Thema ins Feld zu gehen, sondern erst im Feld die Probleme zu entdecken, analog zu Freud's Ratschlägen für die psychoanalytische Behandlung:

»Indes ist diese Technik eine sehr einfache. Sie lehnt alle Hilfsmittel, wie wir hören werden, selbst das Niederschreiben ab und besteht einfach darin, sich nichts besonderes merken zu wollen und allem, was man zu hören bekommt, die nämliche ›gleichschwebende Aufmerksamkeit‹ ... entgegenzubringen. Man erspart sich auf diese Weise eine Anstrengung der Aufmerksamkeit, die man doch nicht durch viele Stunden täglich festhalten könnte, und vermeidet eine Gefahr, die von dem absichtlichen Aufmerken unzertrennlich ist. Sowie man nämlich seine Aufmerksamkeit absichtlich bis zu einer gewissen Höhe anspannt, beginnt man auch unter dem dargebotenen Materiale auszuwählen; man fixiert das eine Stück besonders scharf, eliminiert dafür ein anderes und folgt bei dieser Auswahl seinen Erwartungen oder seinen Neigungen. Gerade dies darf man aber nicht; folgt man bei der Auswahl seinen Erwartungen, so ist man in Gefahr, niemals etwas anderes zu finden, als was man bereits weiß; folgt man seinen Neigungen, so wird man sicherlich die mögliche Wahrnehmung fälschen. Man darf nicht darauf vergessen, daß man ja zumeist Dinge zu hören bekommt, deren Bedeutung erst nachträglich erkannt wird« (Freud, 1912e, S. 376f.).

Als theoretische Prämisse gilt für Kubik die psychologische Gleichheit aller Menschen bei psychischer Verschiedenheit der Individuen auf kultureller und individueller Basis. Es gibt für ihn also keine speziell »afrikanische« oder »chinesische« Psychologie. Des weiteren gilt seine These des sich wandelnden kulturellen Profils eines Individuums. Niemand ist von Geburt bis zum Tode auf eine Kultur festgenagelt (Kubik 1994). Schon beim Erlernen einer einzigen Fremdsprache ändert sich auch das kulturelle Profil des betreffenden Menschen. Kubik hat auf seinen Reisen kategorisch nur nach psychischen, niemals nach psychologischen Besonderheiten gesucht, weswegen Fragestellungen wie »Ist die Psychoanalyse in Afrika anwendbar?« für ihn auch irrelevant sind. Er vertritt mit seinem Ansatz keine bestimmte Richtung und gehört auch keiner bestimmten Gruppe an.

Als kurze Illustration der Arbeitsweise von Gerhard Kubik soll seine Analyse eines im *mukanda* geltenden Speiseverbotes vorgestellt werden, das sich auf die Beschneidung bezieht.

»Unter den Speiseverboten wies Mose auch darauf hin, daß es verboten sei, *kapeza* (eine Schildkrötenart) zu essen. (*kulya kapeza cahi*). ›Warum?‹ fragte ich. ›*Ngwe ukumulya, kaha mulungu wakulikutu ukwiza. Ngwe ukumulya kapeza ucili ucilima, kaha muvakakuteta ukukosa halakaca ukumona nawa mulungu! Kulya kapeza cahi kufuma kukusemuka cove, nomu ukakola. Kuvanga vakuteta. Muukuhita myaka itanu, kaha ukuputuka kulya vyose natulumba navankhundu, vyose vunoni ukulya. Kalumba, nkhundu, ntento, ntsimba ukulya ngwe ucilima, kakeke. Ngwe ukwingila kumukanda kaha kunahu.*‹ (Wenn du eine Schildkröte ißt, kehrt die Vorhaut des Penis wieder zurück. Und wenn du eine Schildkröte zur Zeit gegessen hattest, als du noch nicht beschnitten warst und sie dich dann beschneiden, dann schläfst du und am nächsten Morgen siehst du deine Vorhaut wieder! Daher ist es schon als Kind von deiner Geburt an verboten, eine Schildkröte zu essen, bis du erwachsen bist. Zuerst mußt du beschnitten werden. Wenn du fünf Jahre alt geworden bist, beginnst du alles zu essen, Hasenfleisch, Brassen (*nkhundu*), alles kannst du nun essen. Hase, Brassen, Rebhuhn, Ginsterkatze kannst du auch essen, wenn du noch nicht beschnitten bist, wenn du ein Kleinkind bist. Im Augenblick, wo du in den *mukanda* eintrittst, ist es Schluß damit).

Die Angst, daß die Vorhaut zurückkehren könne, ist ein Alptraum. Sie erklärt sich als Angst vor dem unbewußten, der Verdrängung unterworfenen Wunsch des *kandanda*, daß sie zurückkehren möge, um den alten Zustand wiederherzustellen. Dieser Wunsch wird hier durch einen typischen Abwehrmechanismus vereitelt. Er wird auf ein Handlungsbild (in der Natur) projiziert, das dem verdrängten Wunschbild ähnlich ist: nämlich das Bild einer Schildkröte (*kapeza, mbati*), die ihren Kopf aus dem Panzer herausstrecken und wieder zurückziehen kann. Dies erinnert intensiv an die bei einer Erektion oft aus der Vorhaut heraustretende Glans. Das Handlungsbild der Schildkröte kann daher zum symbolischen Ausdruck des Es-Impulses werden. Daher muß auch dieser symbolische Ausdruck gemieden, abgelehnt werden. Das Handlungsbild darf nicht introjiziert werden, es darf nicht ›gegessen‹ werden. Das Essen der Schildkröte (symbolisches Sich-Einverleiben, Introjizieren eines Handlungsbildes) wird schon vorbeugend verboten, um jede auch nur symbolische Ausdrucksform des geheimen Wunsches nach Annullierung der Beschneidung (Rückgabe der gewaltsam verlorenen Vorhaut) unmöglich zu machen.

Das Beispiel deckt auch auf, daß die Frischbeschnittenen in der traumatischen Erlebnisphase den Akt der Beschneidung nicht einfach als notwendig akzeptieren, sondern zunächst innerlich mit aller Macht protestieren, bis zur nicht ausgesprochenen, aber unbewußt gefühlten Forderung an die Männergemeinschaft und an den *cikenzi*, ihnen die Vorhaut zurückzugeben. Dies wird ihrerseits in unbewußten Schuldgefühlen der Männergemeinschaft reflektiert und darin, daß man die Vorhaut nicht einfach wegwirft, sondern sie im *lifwika* unter dem Kopf des *kandanda* an seiner Schlafstätte vergräbt. Sie gehört noch ihm. Die weitere Entwicklung des männlichen Kindes läuft nun darauf hin, das Geschehen zu akzeptieren. Erst wenn es vollständig akzeptiert ist und der Wunsch nach Rückkehr der Vorhaut wirklich völlig im tiefsten infantilen Erlebnisbereich eingemauert wurde, dann werden auch entsprechende Tabus überflüssig« (Kubik 1993, S. 337f.).

2.3. Ein Spektrum ethnopsychoanalytischer Forschungen

2.3.1. Das ethnopsychoanalytische Studium der Kultur mexikanischer Bäuerinnen

Die Schweizer Ethnologin und Psychoanalytikerin Maya Nadig hat 1975 »aus Neugier, Fernweh und Erkenntnisinteresse« (Nadig 1986, S. 7) mehrere Monate in einem kleinen Bauerndorf der Otomi-Indianer im Bundesstaat Hidalgo in Mexiko gelebt und ethnologische Feldforschungen begonnen. »Ich wollte erfahren, ob es möglich ist, sich mit Menschen aus einer fremden Kultur zu verständigen, und ich hatte vor, mein Interesse auf die Frauen, auf ihre Lebenswelt, Probleme und Umgangsformen zu richten« (Nadig 1986, S. 7).

Die Otomi-Indianer produzieren in häuslichen Gemeinschaften in einer Kultur, die derjenigen agrarischer Gesellschaften entspricht. Durch den Prozeß der Industrialisierung und Modernisierung in Mexiko beschleunigte sich auf dem Land die ökonomische Transformation von einer lokalen Subsistenzwirtschaft zu einer kommerziellen Landwirtschaft. Die veränderten Marktbedingungen und die Dominanz der Geldwirtschaft führten zur Verarmung der Bauern, was auch auf das untersuchte Dorf zutraf. Um das notwendige Geld zu verdienen, werden Männer gezwungen, sich als Wanderarbeiter zu verdingen, und junge Frauen, als Dienstmädchen in die Stadt zu gehen. Die Veränderungen der nationalen Ökonomie wirkten sich im Dorf auf die Produktionsweise und damit auf die Familien, die geschlechtsspezifischen Rollen und auf die verschiedenen Institutionen aus. Die Frauen übernahmen in diesem Prozeß wichtige ökonomische Aktivitäten auch in der Landwirtschaft, wobei es zu einer auffallenden Diskrepanz zwischen der realen Dominanz der Frauen und den festgelegten Geschlechterrollen kam, nach denen die Vormachtstellung des Mannes, der Machismo und die darin implizierten Machtverhältnisse, mit eindeutiger ökonomischer und kultureller Dominanz des Mannes aufrechterhalten wurden.

Maya Nadig konzentrierte sich bei ihrer Untersuchung auf die sozialen und psychischen Strategien, die Frauen in einer anderen Kultur entwickeln, um ökonomisch und emotional überleben zu können.

»Soziale Überlebensstrategien zielen auf ökonomische Sicherheit sowie Respekt und Achtung im sozialen Feld; psychische Überlebensstrategien zielen auf ein inneres Gleichgewicht mit hoher Selbstachtung, mit möglichst großer Annäherung an ein Selbstideal. Ich suchte nach den Lösungs- und Machtstrategien, die Frauen innerhalb gegebener Verhältnisse und bestimmter Geschlechterbeziehungen entwickeln. Es ging mir um die Vermittlung zwischen objektiven und subjektiven Verhältnissen und die widerständige Haltung, die Frauen dabei einnehmen können. Unter Widerstand verstehe ich die aktive Gestaltung und Veränderung der Verhältnisse im Sinne eigener Interessen, Utopien und Bedürfnisse. Zur Abklärung dieser Fragen schien mir die Ethnopsychoanalyse die geeignete Methode« (Nadig 1991a, S. 223).

Maya Nadig führte 1975 während drei Monaten mit fünf Frauen des Dorfes regelmäßige Gespräche. Sie kehrte 1977 für sechs Monate wieder ins Dorf zurück, um ihre Untersuchung abzuschließen.

»Teilnehmende Beobachtung und ethnopsychoanalytische Gespräche haben mich immer tiefer in die komplexen und widersprüchlichen Kulturmuster der Gemeinde verwickelt und mir einen verwirrenden Einblick in den Umgang mit den Geschlechterbeziehungen und der Ökonomie gegeben. Das seltsame Mitspielen der Frauen im System der machistischen Normen und ihre gleichzeitige Unabhängigkeit waren mir rätselhaft. Erst später entdeckte ich die verborgenen alltäglichen Elemente, die ein komplexeres Verständnis erlaubten: die unsichtbare Kultur der Frauen« (Nadig 1986, S. 7).

Ihre Studie, in der drei ihrer ethnopsychoanalytischen Gespräche mit Otomi-Frauen ausgearbeitet und dokumentiert sind, erschien 1986. Sie trägt den Titel *Die verborgene Kultur der Frau. Ethnopsychoanalytische Gespräche mit*

Bäuerinnen in Mexiko. Subjektivität und Gesellschaft im Alltag von Otomi-Frauen (Nadig 1986, 1997a). Die Autorin gibt in ihrem Buch eine Darstellung des gesamten Forschungsprozesses, die es ermöglichen sollte, »meinen Weg nachzuvollziehen, der von den persönlichen Gesprächen zu den latenten und bewußten Funktionsweisen der Lebenszusammenhänge der Frau in der spezifischen Kultur des Otomi-Dorfes führte« (Nadig 1986, S. 7). Es war nicht das Ziel, »eine klare Grenze zwischen Subjektivität und gesellschaftlicher Objektivität zu ziehen, sondern sie in ihrem besonderen *Verhältnis* zueinander zu erkennen« (Nadig 1986, S. 34).

Nadig konnte sich auf die ethnopsychoanalytischen Ergebnisse und Erfahrungen der Forschergruppe Parin, Parin-Matthèy und Morgenthaler bei den Dogon und Agni stützen, mußte aber auf die Arbeitsbedingungen in einer Forschergruppe verzichten, da sie ihre Untersuchung allein durchführte. Für diese neue Situation entwickelte sie einen eigenen ethnopsychoanalytischen Ansatz. Das psychoanalytische Instrumentarium wurde bei ihrer Vorgehensweise sowohl in den sozialwissenschaftlich-ethnologischen Forschungsteil einbezogen – in dem vor allem die Bedeutung der Subjektivität der Forscherin zentral war – als auch in die Art und Weise, in der die ethnopsychoanalytische Beziehung eingegangen und verarbeitet wurde. Sie unterscheidet dabei drei Elemente, bei denen sie im Verlauf der gesamten Untersuchung in unterschiedlichem Ausmaß ethnologische und psychoanalytische Vorgehensweisen verbindet und zu einem ethnopsychoanalytischen Forschungs- und Erkenntnisprozeß verdichtet:

1. Die »ethnopsychoanalytische Begleitung« ist ein Element, das die von der Forscherin im Dorf hauptsächlich angewandte Methode der teilnehmenden Beobachtung betrifft.
2. Die »ethnopsychoanalytische Beziehung« bezeichnet ihre Art der Beziehungen, die sie mit ihren Gesprächspartnerinnen aufgenommen hat und eingegangen ist.
3. Die »tiefenhermeneutische Textinterpretationsmethode« benutzte sie als Element, das sie für die Auswertungsphase als wichtig betrachtete und beim Bearbeitungs- und Interpretationsprozeß des verschriftlichten Materials verwendete. Dieser letzte Teil der Arbeit wurde zum überwiegenden Teil nach Beendigung der ethnologischen Feldforschung in der eigenen Kultur geleistet.

Die ethnopsychoanalytische Begleitung

Als Material wurden sämtliche den Forschungsprozeß betreffende subjektive Daten aus der Selbstbeobachtung der Forscherin herangezogen: die gesammelten spontanen Assoziationen und Irritationen, die in einem Arbeitstagebuch aufgezeichnet wurden. Dieses Material beruht zum größten Teil auf den Erfahrungen während der teilnehmenden Beobachtung und den Erfahrungen während des Aufenthaltes im Dorf. Dieser Text der subjektiven Reaktionen auf die fremde Kultur enthält Manifestationen des eigenen Unbewußten, die »aus idiosynkratischen, persönlichen Relationen (Ängsten, Konflikten, Sexualität, Anziehung, institutionelle Identifikation) und deren Abwehr (Projektion, Idealisierung, Verleugnung, Entwertung etc.) entstehen« (Nadig 1985, S. 107).

Die Bearbeitung und Deutung erfolgte durch Supervision bei erfahrenen Personen und durch die Zusammenarbeit mit Kolleginnen und Kollegen. Diese Vorgangsweise hatte die Funktion, den Weg zur Realität der fremden Kultur offenzuhalten. Bei einer von mehreren Personen durchgeführten Forschung kann diese Funktion von der Forschergruppe übernommen werden. Die Integration der Selbstbeobachtung in den Forschungsprozeß geschieht analog der Analyse der Gegenübertragung in der Freudschen Psychoanalyse. Um dies deutlich zu machen, griff Maya Nadig die von Georges Devereux in seinem Buch *Angst und Methode in den Verhaltenswissenschaften* (Devereux 1973) dargestellte Bedeutung der bewußten und unbewußten Einstellungen auf, welche die Forscher ihrem Material oder ihren Informanten gegenüber einnehmen.

> »Die während der Forschungsarbeit entstehenden Irritationen und Verunsicherungen können die Forscherin auf Machtverhältnisse, ideologische Muster, Abwehrmechanismen und blinde Flecken in ihrer Denkweise aufmerksam machen, aber auch auf Einseitigkeiten und Androzentrismen in bestehenden Theorien. Diese Art von begleitendem ethnopsychoanalytischem Ansatz soll in keiner Weise die Subjektivität der Forscherin ins Zentrum der Fragestellung oder des Forschungsziels setzen, im Gegenteil, hier ist die Ethnopsychoanalyse nur ein *Mittel*, um sich dem Forschungsziel ungestört annähern zu können« (Nadig 1986, S. 39f.).

Maya Nadig illustrierte den Beginn ihrer Arbeit im Dorf mit Beispielen verschiedener Rollenzuschreibungen und projektiver Übertragungen, denen sie ausgesetzt war und die sie aufzulösen versuchte. Damit begann ein Prozeß, der ihr die Realität des Dorfes näherbrachte. Durch die Erschütterungen der Rollenidentifikationen in der Begegnung mit einer fremden Kultur erfährt die Ethnologin eine Umstrukturierung, die von Maya Nadig und Mario Erdheim in einer vorangegangenen Untersuchung als »soziales Sterben« beschrieben wurde (Nadig/Erdheim 1980).

»Um zu verstehen, wie Männer und Frauen in ihrer Kultur leben, sie hervorbringen und sie gleichzeitig erleiden, von ihr geformt werden und sie gleichzeitig formen, muß man sich auf den Prozeß des sozialen Sterbens einlassen. Versucht man ihn abzuwehren, verfängt man sich in Rollenfixierungen, welche die Wahrnehmung der Realität einschränken und die Begegnung von Subjekten anstatt von Rollenträgern verhindern.«

Die verschiedenen Erwartungsbilder – wie die »reiche Weiße«, die viel zu geben hat, die »Kommunistin«, die alles wegnehmen will, die »Spionin« der Regierung, die Steuerabgaben, Hygiene und Besitzstand überprüft, oder die »Evangelistin«, die missionieren will –, welche die Dorfbewohner an der Ethnologin festgemacht hatten, entsprachen ihren eigenen, durch die Angst in der Forschungssituation ausgelösten Zuschreibungen. Sie sah am Anfang in den Daxhoanern vorwiegend die Opfer des Imperialismus, der Entwicklungspolitik, des Rassismus oder des Machismo.

»Meine Vorstellungsbilder, die theoretisch mitgebrachten und die im Dorf entstandenen, mußte ich wiederum mit Hilfe des Tagebuches bearbeiten. Immer dann, wenn ich wütend oder verächtlich über die Daxhoaner nachzudenken begann, merkte ich, daß ich mich wieder in einer eigenen Projektion verfangen hatte ... Ebenso wichtig war es, die Bilder, die sich auf mich richteten, aufzuspüren ... In den projizierten Bildern und Rollen symbolisieren und verdichten sich konkrete Erfahrungen, konfliktive historische und aktuelle Widersprüche, die auf die teilweise verdrängten, teilweise unlösbaren Konflikte der Gemeinde oder in der Familie hinweisen ... Die Ethnologin wird durch ihre eigenen Projektionen ebenfalls auf ihre persönliche Geschichte, ihre akademische Rolle und vor allem auf ihre theoretischen Fixierungen und dogmatischen Erklärungsmuster verwiesen« (Nadig 1986, S. 44f.).

Auch die eingeleiteten ethnopsychoanalytischen Gespräche mit den Frauen führten zu ähnlichen Problemen. Etwa sechs Wochen nach ihrer Ankunft hatte Maya Nadig mit fünf Frauen regelmäßige Treffen ausgemacht. Sie erhoffte sich, daß diese Personen nun über ihr Leben erzählen würden.

»Diese Besuche lösten Vermutungen, Eifersucht und Gerüchte aus, die sich zum Teil gegen mich, zum Teil gegen die Frauen richteten. Man warf ihnen vor, sie ließen sich von mir missionieren und taufen, oder sie würden sich an mich heranmachen, um etwas aus mir herauszuholen, oder sie ließen sich von mir ausbeuten. Dieser Prozeß der Konfrontation hat nie aufgehört. Immer neue Bilder und Übertragungen sind entstanden, je nach der internen Spannungssituation, die durch meine Gegenwart im Dorf angesprochen wurde. Die Auflösung einer Rollenübertragung ermöglichte fast jedesmal den Zugang zu einem neuen Konflikt in der Kultur. In jedem dieser Übertragungsbilder verdichteten sich historische und aktuelle Widersprüche, Konflikte der Gemeinde, Familie oder des Individuums. Jede mir zugeschobene Rolle entsprach einer realen Erfahrung, die eine Enttäuschung, einen Betrug, eine Hoffnung beinhaltete. Was verdrängt werden mußte, war vor allem die Kränkung, daß man so blöd war, auf die Fremden hereinzufallen, wie auch die soziale Ohnmacht. Genau diese Verdrängung ermöglichte wieder die primäre phantastische Idealisierung der Fremden und führte dann ebenso zwangsweise auch zur Wiederholung der Enttäuschung« (Nadig 1986, S. 28).

Die ethnopsychoanalytische Beziehung

Es ist für den ethnopsychoanalytischen Ansatz charakteristisch,

»daß die Daten aus einem sich über die Zeit entwickelnden Gespräch gewonnen werden; die Methode der Ethnopsychoanalyse ist somit eine Technik des Gesprächs und nicht der Gesprächsführung, denn es ist nicht der Ethnologe, der das Gespräch *führt*, sondern der Informant. Die Aufgabe des Ethnologen besteht darin, einen Raum entstehen zu lassen, in welchem die unbewußten Inhalte auftauchen und bewußtseinsfähig werden können. Seine Haltung im Feld gleicht der eines abwartenden Lehrlings, der sich zwar schon möglichst viel Wissen über die betreffende Kultur angelesen hat, aber gleichzeitig nichts über die dahinterliegenden Strukturen und die darin involvierten Individuen weiß. Er versucht zuzuhören, abzuwarten und zu verstehen. Wenn ihm ein Zusammenhang oder Widersprüche auffallen, wird er diese seinen Gesprächspartnern darlegen und löst damit einen Prozeß aus. Falls seine Vermutung zutrifft, einen Prozeß, der die Beziehung und auch seine Form der Wahrnehmung verändert« (Nadig 1980, S. 55).

Im Rahmen der von Maya Nadig aufgebauten ethnopsychoanalytischen Beziehung zu ihren Gesprächspartnerinnen hat sie, entsprechend ihrer Zielsetzung und ihrer besonderen Situation als Einzelforscherin, eine Art der ethnopsychoanalytischen Gespräche entwickelt, die sie als »selbstreflektive

Gespräche« bezeichnete. Konsequent wird dabei die Gegenübertragung beobachtet und beachtet. Nadig wies darauf hin, daß sie nur selten Deutungen verwendet hat, um mit ihnen die unbewußte Psychodynamik anzusprechen. Bei dem sich sukzessive entwickelnden Verstehensprozeß griff die Forscherin nicht aktiv in die Wahl der Gesprächsthemen ein und ging auch nicht von einer bestimmten Fragestellung aus, entsprechend einer psychoanalytisch verstandenen Vorgehensweise. Sie achtete zudem darauf, in welchem emotionalen und sozialen Zusammenhang ein bestimmter Inhalt oder ein kulturelles Muster auftauchten, um dabei die unbewußten Bedeutungen von subjektiven und sozialen Symbolen und Funktionsweisen adäquater wahrnehmen zu können. Sie bemühte sich, die Gespräche so zu führen, daß die Beziehung nicht gestört, manipuliert, blockiert oder entfremdet wurde und die Äußerungen des Unbewußten, besonders der »gesellschaftlich produzierten Unbewußtheit« hervortreten und wahrgenommen werden konnten. In den Gesprächen erzählte die Gesprächspartnerin in assoziativer Weise ihre Lebensgeschichte, die sich entsprechend der Dynamik in der Beziehung der beiden Gesprächspartnerinnen entfaltete.

»Es war nicht meine Absicht, mit meinen Gesprächspartnerinnen in Daxhó ein psychoanalytisches Setting herzustellen: Die Gefahr der Fehlinterpretationen und der Mißverständnisse durch kulturelle Unterschiede wäre zu groß gewesen. Aus diesem Grunde habe ich versucht, zwar regelmäßige Gespräche mit einigen Frauen von Daxhó zu führen und anhand der Tagebuchnotizen und meiner subjektiven Irritationen so weit wie möglich zu verstehen, entlang welcher Beziehungsdynamik sich die Gespräche entwickelt haben, habe aber gleichzeitig auf den Anspruch auf Deutungen der *unbewußten* Psychodynamik verzichtet. Wenn mir offensichtliche Zusammenhänge oder Widersprüche im Verhalten der Gesprächspartnerinnen klar wurden, habe ich diese angesprochen und konnte so meine Gedanken und Hypothesen meinem Gegenüber unterbreiten und deren Richtigkeit an seiner Reaktion prüfen« (Nadig 1986, S. 51f.).

Auch war bei dieser vorsichtigen Vorgehensweise der Umstand der Kürze der Zeit und der zu diesem Zeitpunkt noch geringen psychoanalytisch-klinischen Erfahrungen zu berücksichtigen. Konfrontative Fragen oder spiegelnde Feststellungen, die aus den eigenen Hypothesen oder Gedanken der Gesprächspartnerin gegenüber formuliert und unterbreitet wurden, bezeichnet Nadig als wichtige Momente dieser Gespräche, in denen die Subjektivität der Forscherin und die ihrer Gesprächspartnerinnen zur Geltung kommen sollen, um in diesem emotionalen Austausch Einsichten über Menschen und ihre Verhältnisse vertiefen zu können. Diese »konfrontativen Fragen« folgten dem Gesprächsverlauf und sollten den Assoziationsverlauf der Erzählenden nicht wesentlich stören. Sie sollten aber ermöglichen, daß die Ethnologin eigene Wahrnehmungen und Hypothesen unterbreiten und zur Besprechung stellen konnte.

»Die konfrontative oder spiegelnde Feststellung entspannt die Situation; durch sie kann ein bisher latenter Konflikt zur Sprache kommen, so daß die folgenden Erzählungen auf einer direkteren, weniger plakativen Ebene weitergehen. Dieser Gesprächsstil ermöglicht es, die Subjektivität der Anderen durch die bewußte Beachtung der eigenen Subjektivität anzusprechen, ebenso verhindert er, daß Ängste und Projektionen anwachsen, ohne angesprochen zu werden, und zum Abbruch der Beziehung führen« (Nadig 1991a, S. 224).

Dieser Reflexionsprozeß, der die über längere Zeit dauernden Gespräche begleitet und der allein oder gemeinsam vollzogen wird, führte zur Bezeichnung dieser Art der Gespräche als »selbstreflektive Gespräche«.

Die selbstreflektiven Gespräche basierten auf der ethnopsychoanalytischen Beziehung, die Maya Nadig analog zu einer psychoanalytischen Beziehung auffaßt und die sich als libidinöse Bewegung zwischen der Ethnologin und ihrer Informantin manifestiert. »Die Inhalte, anhand derer diese Bewegungen ausgedrückt werden, verweisen auf die kulturspezifische Seite der Informantin und die sozialen Strukturen ihrer Umgebung« (Nadig 1986, S. 47).

Bei ihrer ethnopsychoanalytischen Untersuchung bediente sich Maya Nadig zwar einer Technik, die von der abweicht, wie sie Paul Parin, Fritz Morgenthaler und Goldy Parin-Matthèy bei den Dogon und den Agni verwendet haben, jedoch blieb die ethnopsychoanalytische Methode die gleiche. Wahrscheinlich wird die Eigenart der zu untersuchenden Ethnie, werden die äußeren Umstände und Besonderheiten der Forscher und Forscherinnen weitere technisch vielleicht sehr unterschiedliche Verfahren erfordern, auch um die Methode der Ethnopsychoanalyse mit Erfolg anwenden zu können.

Maya Nadig gelang es, die drei in ihrer Individualität einmaligen Frauen, deren Gespräche im Buch dokumentiert sind, auch als Vertreterinnen ihrer Kultur und ihres Geschlechts kennenzulernen und darzustellen. Die Unterredungen wurden nach Reihenfolge und Datum aufgezeichnet und von einem Kommentar begleitet, in dem die Autorin ihren »Irritationen« und emotionalen Bewegungen nachforschte, welche der Kommunikation ihre innere Struktur gab.

»Die ethnopsychoanalytischen Gespräche stellen eine Form von gesellschaftlicher Interaktion auf einer libidinösen Ebene dar. Menschen, die verschiedenen Kulturen angehören, agieren und reagieren kulturspezifisch aufeinander. Die in der Beziehung ausgelösten emotionalen und libidinösen Bewegungen werden in einer Weise strukturiert, die für die Kultur, der jede Teilnehmerin angehört, typisch ist. Das Aufeinanderstoßen zweier kultureller Kommunikationsmuster löst bei der Ethnologin subjektive Irritationen aus, die sie unweigerlich in den oszillierenden Prozeß der empathisch-identifikatorischen Annäherung und des reflexiv abgrenzenden Rückzuges hineinführen. Ohne diesen Oszillationsprozeß könnte sie die kulturspezifische Umgangsweise des Gegenüber gar nicht wahrnehmen, sie müßte sie – aus Selbstschutz – als neurotische und individuelle Abwehrformen deuten. Die Pathologisierung des Anderen würde im Dienste der eigenen Abwehr eingesetzt werden müssen« (Nadig 1986, S. 49f.).

Tiefenhermeneutischer Verarbeitungs- und Interpretationsprozeß

Nach Abschluß der Feldforschung in der fremden Kultur und nach Rückkehr in die eigene Kultur hat Maya Nadig begonnen, ihre Erfahrungen, die aus verschiedenen Quellen stammenden Daten und Materialien und die aufgezeichneten Gespräche zu bearbeiten. Auch für diesen Teil der sekundären Bearbeitung des Materials, das aus der ethnopsychoanalytischen Forschung gewonnen wurde, blieb die Subjektivität der Forscherin als Erkenntnisinstrument maßgeblich. »Bei der Auswertung der selbstreflektiven Gespräche werden alle gesammelten Informationen verwendet. Theoretisches Wissen, Informationen aus der teilnehmenden Beobachtung und die Erinnerung an die eigenen subjektiven Gefühle, Hypothesen und Erfahrungen fließen im Verarbeitungsprozeß zusammen« (Nadig 1991a, S. 233).

Dieses schriftliche Material, insbesondere die aufgezeichneten Gespräche, analysierte und interpretierte Maya Nadig analog der tiefenhermeneutischen Textinterpretationsmethode, wie sie von Alfred Lorenzer entwickelt wurde (Lorenzer 1986; Belgrad / Görlich / König / Schmid Noerr 1987). Dabei wurden die beim Lesen auftauchenden Irritationen und Assoziationen als Hinweise auf Bruchstellen oder Widersprüche im manifesten Text wahrgenommen und festgehalten, um damit einen Zugang zur latenten Ebene zu finden, auf der sich unbewußte und bestimmende Momente der Lebensgeschichte fanden, die gleichzeitig auf unbewußte Sozialmechanismen der betreffenden Kultur verwiesen. Diese Interpretationsarbeit erforderte ebenfalls die systematische

Wahrnehmung der eigenen Gegenübertragungsreaktionen. Dabei spielen wiederum die »Irritationen« eine wichtige Rolle, die aus einer Kombination von idiosynkratischen und konventionellen Reaktionen handeln. Einerseits persönliche Überempfindlichkeiten, die in der Lebensgeschichte wurzeln und von libidinösen Empfindungen und aktuellen Stimmungen bestimmt werden, andererseits mit ihnen verbundene allgemeinere Reaktionsweisen, die von den theoretischen und kulturspezifischen Kenntnissen, die in der Gegenübertragung in bezug auf den Text mobilisiert werden, abhängig sind.

> »Die historischen, ökonomischen und theoretischen Problemkreise waren bei der Bearbeitung des Materials in Form von Fragestellungen ständig präsent. Sobald eine Textstelle einen möglichen Zusammenhang mit den wie Reizwörtern wirkenden theoretischen Bereichen aufwies, reagierte ich irritiert neugierig. Hier flossen die objektiv-theoretische Auswertungsebene, meine Kenntnisse zur Makro-Ebene in die Interpretation der Mikro-Ebene ein. So waren meine Kenntnisse zur Geschichte, Wirtschaft und Ethnizität der mexikanischen Bauern ein wichtiges Hilfsmittel, um die Vielfalt der persönlichen und gesellschaftlichen Daten in einen sinnvollen Zusammenhang zu stellen ... Bei der Einschätzung meiner Irritationen, ich mußte eine bestimmte Auswahl davon treffen, spielten das Gespräch und die Zusammenarbeit mit Freunden, Kollegen und Studenten und Studentinnen eine wichtige Rolle. Schon in Mexiko habe ich ausführlich mit befreundeten Ethnologen und Ethnologinnen über die Bedingungen der Bauern in Mexiko gesprochen. In Zürich konnte ich meine Irritationen und Hypothesen einigen meiner Freunde vortragen und mit ihnen besprechen. So sind bei der Auswertung, die zuerst auf zwei getrennten Ebenen vorgenommen wurde, schließlich beide Ebenen im Irritationsprozeß wieder aufgetaucht und ineinander übergegangen: die psychoanalytische und die ethnologische. In der Darstellungsform des Buches spiegelt sich dieser Arbeitsprozeß wider« (Nadig 1986, S. 59f.).

Die auf ihre Bruchstellen hin analysierten Lebensgeschichten wurden von Maya Nadig auf die sich überschneidenden ökonomischen, kulturellen (ethnischen) und subjektiven Themenkreise hin untersucht, um die Biographien in ihrem sozialen Zusammenhang zu verstehen und um Rückschlüsse auf die Wechselwirkung ziehen zu können zwischen der Subjektivität des Individuums und den es bestimmenden Sozialmechanismen und unbewußten Funktionsweisen seiner Kultur.

»Werden die ökonomischen Gesetzmäßigkeiten, die kulturellen Institutionen, Traditionen und Normen sowie die Sozialisationsbedingungen der Lebenswelt der Erzählenden mit ihrer lebensgeschichtlichen Darstellung und ihrer Persönlichkeit in Zusammenhang gebracht, so wird deutlich, bis zu welchem Ausmaß die Autoren der Lebensgeschichte in Anpassung oder Widerspruch zu den sozio-ökonomischen Strukturen ihrer Umgebung stehen. Es geht darum, nachzuvollziehen, inwieweit und bis zu welchem Punkt es dem Subjekt gelingt, sich die im Wandel befindlichen Institutionen und kulturellen Muster seiner Umgebung kreativ anzueignen, sie zu umgehen oder sie zu bekämpfen, bzw. inwieweit es ihnen ausgeliefert ist« (Nadig 1991a, S. 234).

Das Ziel ist, das subjektiv-individuelle Erleben in das gesellschaftlich-kulturelle Gefüge einzubetten und das Verhältnis und die Widersprüche zwischen Subjekt und gesellschaftlicher Wirklichkeit darzustellen. Die Enthüllung der verborgenen Kultur der Otomi-Frauen ergab die Möglichkeit, eine Reihe von weiteren Problemkreisen zu klären. Deutlich konnte das Zusammenspiel von historisch-ökonomischen Entwicklungen, ethnischen und subjektiven Faktoren am Phänomen des Machismo als kulturellem Verhaltensvorbild aufgezeigt werden.

»Der Mann ist durch die Verhältnisse der Kolonisation damals und des Kapitalismus heute immer wieder gezwungen, das Dorf, seine Ethnie, seine Familie zu verlassen und sich fremden und erniedrigenden Umständen auszusetzen. Für ihn wird die Kontinuität der Arbeit und der Beziehungen immer neu unterbrochen, er muß immer neue Verluste hinnehmen. Es kann nun eine Form der Konfliktbewältigung sein, wenn er in ›Abwehr‹ gegen seine Verletzlichkeit und den Schmerz um den Verlust, das aktive und wiederholte Unterbrechen von Beziehungen und Verhältnissen, das Verhindern von Kontinuität zu einer erwünschten Eigenschaft erhebt und zu seiner positiven Identität macht. Somit können Abhängigkeiten und Verluste von Liebespartnern nicht mehr schmerzlich, sondern als ehrenhaft und männlich erlebt werden, der Austausch von selbstbestimmter und autonomer Arbeit wird zum Abenteuer, zum mutigen Glücksspiel transformiert« (Nadig 1986, S. 391).

Ich möchte auf die von Nadig eingeschlagene Richtung der Analyse hinweisen, in der dieser bei Männern vorherrschende Verhaltenskomplex der Anpassung an die Ideologie der Machorolle, der mit übertriebenen Eigenschaften wie

Dominanz, Mangel an Selbstkritik und Rücksichtnahme, Indifferenz gegenüber Bedürfnissen anderer, Selbstherrlichkeit und Angeberei einhergeht, diskutiert wird. Ihre Beobachtungen berechtigten sie zu der Annahme, daß im Dorf Daxhó ökonomische Widersprüche auf der moralischen Ebene der Machismo-Gesetze inszeniert und ausgetragen werden. Damit kann angestaute Aggression kanalisiert und abgeführt werden. In der Folge werden die unlösbaren ökonomischen Spannungen nicht zum sprengenden Potential, das die Gemeinde zerstören könnte.

»Die Denk-, Handlungs- und Beziehungsformen der Daxhóaner orientieren sich am Prinzip der an der Subsistenz orientierten Ökonomie. Die starke Integration des Dorfes in die nationale kapitalistische Ökonomie fördert die Verarmung der einen und die Akkumulation von Besitz in den Händen weniger. Der Überlebenskampf in diesem Spannungsfeld (Migration, Kredite, Bodenkonzentration) führt die Dorfmitglieder dazu, sich zunehmend an den kapitalistischen ökonomischen Prinzipien zu orientieren. Trotzdem wirkt die moralische Ökonomie als handlungs- und wertorientierendes Prinzip weiter. Meine These geht dahin, daß die zunehmenden Widersprüche innerhalb des Dorfes und zwischen Dorf und Außenwelt immer weniger anhand der moralischen Ökonomie gelöst werden können, sondern immer mehr durch eine *ökonomische Moral* verdrängt werden, wobei der ökonomische Teil daran unbewußt bleibt. Da die wirtschaftlichen Gesetzmäßigkeiten vom äußeren System, auf das die Dorfmitglieder keinen Einfluß haben, bestimmt werden, führt dies dazu, daß der ökonomische Anteil der moralischen Ökonomie verdrängt wird und daß Konflikte vorwiegend auf der moralischen Ebene angegangen werden. Eines der geeignetsten Instrumente dazu ist der Machismo: er ist Teil der ökonomischen Moral« (Nadig 1986, S. 379, siehe auch Nadig 1990a).

Matthias Adler hebt die gelungene Verbindung von historisch-ökonomischen, ethnischen und subjektiven Faktoren in der Untersuchung von Nadig hervor.

»Beispielsweise kann sie die mit der Wanderarbeit der Männer in die USA und in die städtischen Zentren verbundenen Probleme für die Frauen zu deren ökonomischer Situation ebenso in Beziehung setzen, wie auch zum Verhältnis der Geschlechter allgemein; das kulturelle System des ›machismo‹ scheint hier eine erhebliche ergänzende und verstärkende Rolle auf der psychologischen Ebene zu spielen« (Adler 1993, S. 156).

Damit es möglich wird, »aus den libidinösen Bewegungen und deren Abwehr Rückschlüsse auf unbewußte Kulturmechanismen« (Nadig 1986, S. 56) ziehen zu können, hält Nadig eine offene Darstellung des Forschungsprozesses und die Nachvollziehbarkeit der Interpretationen für nötig. Dieses Vorgehen hat sie in ihrer Studie über die Kultur der Otomi-Frauen exemplarisch vorgeführt.

»Während wir in den Texten die vertiefte ›Selbstreflexion‹ der Autorin mitmachen, enthüllt sich das, was sie mit Recht ›die verborgene Kultur der Frau‹ nennt. Die Entdeckung dieser Kultur überzeugt uns, als ob wir selber dabeigewesen wären. Die ethnopsychoanalytische Darstellung gewinnt die Qualität einer eigenen Lebenserfahrung« (Parin 1987k, S. 1042).

In weiteren theoretischen und methodischen Arbeiten zur Ethnopsychoanalyse hat sich Maya Nadig mit der Rolle der Frau, der Mutterschaft und der Geschlechterbeziehung im Kulturvergleich beschäftigt. Aus verschienensten thematischen Perspektiven fragt sie nach der Bedeutung kultureller Muster für die Subjektivität von Frauen und nach deren Versuche, diese Muster für eigene Anliegen umzugestalten.

Psychoanalytisch orientierte Beiträge zur ethnologischen Frauenforschung und feministischen Ethnologie sind in verschiedenen Sammelbänden enthalten (vgl. Kossek/Langer/Seiser 1989; Arbeitsgruppe Ethnologie Wien 1989; Rippl 1993; Hauser-Schäublin/Röttger-Rössler 1998).

2.3.2. Eine zweite Reise zu den Iatmul

Florence Weiss hat ihre Form der Darstellung des ethnopsychoanalytischen Prozesses und Verstehens, wie sie diese in dem Buch *Gespräche am sterbenden Fluß* benutzt hat, auch für eine neue Studie mit einer Iatmul-Frau gewählt. Das praktische ethnopsychoanalytische Vorgehen steht hier im Mittelpunkt und veranschaulicht eindringlich die Entwicklung der Beziehung der beiden Frauen. Für diese Studie kehrte die Autorin 1986 mit Milan Stanek für drei Monate wieder nach Palimbei zurück. Florence Weiss veröffentlichte 1991 das Buch *Die dreisten Frauen. Ethnopsychoanalytische Gespräche in Papua-Neuguinea* (Weiss 1991, 2001), das auf ihrer neuen Untersuchung basierte. Sie hatte sich vorgenommen, mit ihrer Iatmul-Freundin Miat, mit der sie seit ihrem ersten Aufenthalt befreundet war, regelmäßige Gespräche zu führen. Miat ist die Mutter von Kwaigambu, die bei der ersten ethnopsychoanalytischen Forschung eine der Gesprächspartnerinnen von Florence Weiss war.

Der Verlauf der Unterredung ist ein eindringlicher Beleg für die Möglichkeit der Vermittlung von Erfahrungen, »wie Verständnis zwischen zwei Frauen aus unterschiedlichen Kulturräumen erarbeitet werden kann« (Kretzen 1991, S. 7), eine Erfahrung, deren Resultat – »Wir können uns verstehen« – in der Verbindung von ethnopsychoanalytischen Aufzeichnungen und literarischer Verdichtung einprägsam nachvollziehbar wird.

»Die Ethnopsychoanalytikerin ringt in und mit ihrer Sprache um ein Verstehen der anderen, indem sie ihr eigenes Unverständnis zu entziffern versucht. Was sie dabei herausfindet, stellt sie der anderen als Deutung bzw. Bedeutung wieder zur Verfügung. Insofern ist dieser Bericht hier über die Gespräche der beiden Frauen eine radikale Selbstdarstellung der Ethnologin, die bereit ist, Auskunft zu geben, wie ihre Beobachtungen auf sie als Beobachterin wirken ... Hier wird nicht eine stumme Wahrheit über eine fremde Kultur und eine ihrer Stellvertreterinnen ausgesprochen. Die Forscherin reflektiert ihre eigene Kultur in der Begegnung mit der anderen und setzt sich mit Macht und Herrschaft auseinander, deren Subjekt und zugleich Instrument sie ist« (Kretzen 1991, S. 9f.).

Die Reflexion der eigenen Position, die mit der Überlegung und der Frage zusammenhängt: »Was muß ich von mir zeigen, um verstanden zu werden?«, ist der Ausgangspunkt für die Darstellung und Vermittlung des ethnopsychoanalytischen Verstehensprozesses. Florence Weiss nutzte dies als Mittel, um bei ihrer Darstellung anderer Personen und Kulturen und bei der Konfrontation mit dem Fremden auch die eigene Gesellschaft zugänglich zu machen.

Während ihres ersten, eineinhalb Jahre dauernden Forschungsaufenthaltes in einem Iatmul-Dorf im Gebiet des mittleren Sepik in Papua-Neuguinea freundete sich Florence Weiss mit Miat an, einer Iatmul-Frau. Sie teilte ihren Alltag, begleitete sie zum Fischfang und zum Markt und führte ethnologische Gespräche mit ihr. Als Sprache wurde das Pidgin verwendet, das nahezu alle erwachsenen Iatmul neben der Iatmul-Sprache beherrschen (Weiss 1987).

Bei den Iatmul sind die Frauen für die Ernährung der Familie und die Nahrungsbeschaffung verantwortlich. Die Ökonomie beruht zum überwiegenden Teil auf Subsistenzwirtschaft. Durch Fischfang und Tausch erfüllen sie diese Aufgabe, die sie mit großer Autonomie und Eigenverantwortlichkeit durchführen. Die Männer bauen Häuser und Kanus und fertigen kunstvolle Schnitzereien an. Während die Frauen Tag für Tag in aller Frühe Fische fangen und gegen Mittag heimkehren, um Essen für ihre Familie zu kochen, sorgen sich die älteren Kinder eigenständig um die jüngeren Geschwister.

Bei ihrem zweiten Aufenthalt im Dorf, 1979/1980, führte Florence Weiss mit Iatmul-Frauen ethnopsychoanalytische Gespräche. Es war dies die Zeit, in der sich die Salvinia-Alge auf den Gewässern auszubreiten begann und die Existenzgrundlage der Iatmul, den Fischfang, bedrohte. Diese Gefahr, die in den folgenden Jahren gebannt werden konnte, hat dem Buch *Gespräche am sterbenden Fluß* seinen Titel gegeben.

Florence Weiss kehrte 1984 und 1986 wieder in das Dorf zurück. Beim letzten Aufenthalt arbeitete sie mit ihrer Freundin Miat über zweieinhalb Monate. Miat war zu dieser Zeit etwa 50 Jahre alt und hatte elf Kinder. Die Gespräche fanden meist täglich im Haus von Miat statt. Das Dorf, das etwa 300 Einwohner zählt, liegt eine halbe Wegstunde vom Sepik-Fluß entfernt, an dessen Ufer Florence Weiss und Milan Stanek ein Haus bewohnten.

Inmitten des Dorfes, das aus etwa 60 Häusern besteht, liegt die große Zeremonienwiese, die von Kokospalmen eingesäumt und von zwei großen Zeremonienhäusern begrenzt wird. Sie sind der Ort, wo sich die Männer aufhalten, während die Wohnhäuser der Aufenthaltsort der Frauen und Kinder sind. Wird den Männern der Lärm zu Hause zu stark, ziehen sie sich hierin zurück. Die Männer, welche das Dorf nach außen vertreten, besprechen hier alle wichtigen Angelegenheiten. In den Zeremonienhäusern werden auch Rituale vorbereitet und durchgeführt.

»Dann verwandelt sich der große Platz davor in eine Bühne, auf der geschmückte Männer auftreten, von tanzenden Frauen mit Säuglingen auf den Armen umringt. Immer, wenn ich in Europa Fotos vom Dorf zeige, glauben die Leute, es stehe in einem Park. Es sind die satten Farben der tropischen Pflanzen und das Fehlen jeder Abschrankung zwischen den Häusern, welche diesen Eindruck verstärken« (Weiss 2001, S. 31f.).

Um die Wohnhäuser sind freie Plätze angelegt, wo in den Nachmittagsstunden nach der großen Hitze die Frauen sitzen, Neuigkeiten austauschen, Fischreusen und Taschen anfertigen und sich auch die Kinder gerne aufhalten.

Ein Ausschnitt aus dieser Unterredung soll die ethnopsychoanalytischen Erfahrungen beleuchten, die auf der Grundlage der Beziehung der beiden Frauen das gegenseitige Verstehen strukturieren.

»*Florence:* Wie wir zwei jeden Tag zusammen sind, ist etwas Besonderes. Ich bin eine weiße, du eine schwarze Frau. Ich komme aus der Schweiz, du vom Sepik. Und obwohl wir so verschieden sind, verstehen wir uns gut. Du bist zu Hause und schaust aus dem Fenster, ob mein Schirm in der

Ferne sichtbar ist, und ich bin am Sepik und schaue auf die Uhr: Ist es Zeit, ins Dorf zu gehen? Warte ich noch, bis die Sonne nicht mehr so stark brennt? Ach nein, ich habe ja meinen Schirm und mache mich auf den Weg. Wenn ich weiß, daß du zum Sepik kommst, wie heute, denke ich, wann wird Miat wohl hier sein? Wir reden immer miteinander. Manchmal ist eines deiner Kinder dabei, dann schickst du es weg.

Miat: Ich will nicht, daß sie uns stören.

Florence: Was wir miteinander sprechen, verteilen wir nicht, wie ihr eure Fische verteilt.

Miat: Niemals. Du behältst es für dich, und ich behalte es für mich. Die Gespräche gehören nur uns zweien.

Florence: Solche Beziehungen kennt ihr nicht. Wenn du mit einer Frau zusammen bist, dann fischt ihr, geht auf den Markt, unternehmt etwas zusammen. Wir tauschen Gedanken und Gefühle aus. Vielleicht gibt es so enge Beziehungen, wie wir sie zueinander haben, zwischen Kindern. So, wie du es mir gestern mit Paswat gezeigt hast.

Miat: Doch wenn er älter ist, kann ich mich nicht mehr so um ihn kümmern, dann holt er sich selbst, was er braucht.

Florence: Wir zwei sind erwachsene Frauen. Das ganze Dorf schaut auf uns und fragt sich, was wir jeden Tag zusammen haben.

Miat: Sie denken: Die zwei kennen sich von früher, und deshalb treffen sie sich jeden Tag. Sie stehen draußen und begreifen nichts.

Pause.

Was wir zwei zusammen haben, gibt es nur zwischen Zauberinnen. Die haben auch eine enge Beziehung miteinander und erzählen nichts von dem weiter, was sie besprechen. Doch Zauberinnen sehen sich nicht jeden Tag. Und wenn sie sich treffen, besprechen sie, welches Kind sie töten und aufessen wollen. Wären wir zwei Zauberinnen und hätten wir Kinder getötet und aufgegessen, hätte man uns längst vor Gericht gestellt. *Miat lacht und schlägt mir dazu mit der Hand aufs Bein.* Ich traf die alte Nachbarsfrau, sie wollte wissen, wann ihr wegfahrt. ›In zwei Wochen‹, sagte ich. ›So bald?‹ rief sie aus. ›Weshalb nur? Die beiden sollten für immer hier bleiben, sie gehören ins Dorf.‹ Sie war an jenem Morgen auch am Sepik, als du auf Taga gewartet und ihr das Geld für den Markt gegeben hast. Sie staunte nur und schnalzte mit der Zunge. Als ich ihr dann erzählte, daß wir überlegt haben, wie ich die Marktfahrt am besten organisieren könnte, und daß du gemeint hast, es wäre zuviel für mich, zum See und auch noch zum Markt zu fahren, schnalzte sie wieder mit der Zunge. Sie meinte: ›Florence weiß so gut über uns Iatmul-Frauen Bescheid, als wäre sie selbst eine. Sie muß hier bleiben.‹

Florence: Die Frau hat recht. Weshalb fahre ich weg? Ich meine, wenn wir uns doch so gut verstehen, weshalb gehe ich fort?
Miat schaut mich erstaunt an: Du kommst aus der Schweiz. Du arbeitest an der Universität. Du mußt doch zurück.
Florence: Du hast recht. Und trotzdem. Wir verstehen uns gut, und da liegt es nicht nahe, sich zu trennen. Hätten wir Streit, wäre alles einfach. Im Streit geht es sich leicht auseinander. Wir würden uns gegenseitig beschimpfen, daß es das ganze Dorf hören könnte. Ich würde sagen: ›Ich habe genug von dieser Miat, ich gehe!‹
Miat fällt mir ins Wort: Und ich würde sagen: ›Auch mir reicht es jetzt mit diesen Gesprächen. Ich bin froh, wenn du gehst!‹
Florence: Aber wir haben keinen Streit. Und vielleicht sieht es jetzt so aus, als ob ich dich verlassen würde, wie dich einst deine Mutter verlassen hat, als sie starb. Mit ihr hattest du auch keinen Streit und wolltest nicht, daß sie weggeht.
Miat sagt nichts. Sie schaut aus dem Fenster. Langsam beginnt sie zu sprechen: Als meine Mutter starb, war ich ein kleines Mädchen. Ich kann mich nicht daran erinnern. Aus Erzählungen weiß ich, daß ich ununterbrochen weinte und meine Mutter überall suchte. Wenn ich allzu sehr weinte, wurde ich zur Schwester meiner Mutter gebracht. Doch ich weinte weiter. Man versuchte es mit anderen Frauen. Es half nichts. Ich beruhigte mich nicht. Nur auf dem Schoß meines Vaters hörte ich zu weinen auf. Wenn ich mit ihm im selben Moskitonetz schlafen konnte, wurde ich ganz ruhig und zufrieden. So ist es gewesen, hat man mir erzählt.
Pause.
Wenn du weggehst, werde ich auch weinen.
Florence: Auch ich werde traurig sein, wenn wir uns nicht mehr sehen können. Du wirst mir fehlen. *Pause.* Ich werde wiederkommen.
Miat: Du hast recht. Wir beide sind noch jung, wir werden noch lange leben. Die anderen Ethnologen sind nicht zum Sepik zurückgekehrt, du aber und Milan, ihr kommt immer wieder. Jetzt ist es schon das vierte Mal.
Pause.
Als ich erfahren habe, daß du in Afrika krank geworden bist, erschrak ich und dachte, du kommst nie wieder hierher. Als ihr jetzt gekommen seid, war ich ganz aufgeregt. Das nächste Mal mußt du genau schreiben, wann ihr ankommt, daß ich mich vorbereiten kann. Dann werde ich für dich ein *naven* tanzen.
Pause.
Wenn du gehst, gibt es kein Fest, dann bin ich nur traurig.
Pause.

Manchmal überkommt mich die Lust, etwas zu stehlen. Ich sehe etwas, das ich haben möchte. Dann sage ich mir, sieh nicht genau hin, dann vergeht auch der Wunsch, es zu besitzen.
Ich sehe Miat fragend an. Sie lacht nur, streckt sich auf dem Boden aus und legt die Arme unter den Kopf.
Die letzte Geburt meiner Tochter Kasoagwi war schwierig. Sie lebte in der Stadt, und man mußte ihr einen Kaiserschnitt machen. Das Kind war nicht normal und hatte einen zu großen Kopf. Kurz nach der Geburt starb es. Jetzt ist sie wieder schwanger, und ich mache mir Sorgen um sie. Heute habe ich sie zur Krankenschwester geschickt, damit sie sich untersuchen läßt.
Pause.
Ich habe vor jeder Geburt Angst. Seit meinem dritten Kind gebäre ich liegend, so wie ich es auf der Missionsstation gelernt habe.
Pause.
An meiner letzten Geburt bin ich beinahe gestorben. Zwei Tage lang hatte ich Wehen, und die Geburt ging nicht voran. Da wußte ich, daß es schlecht um mich steht, und Temben beschloß, in die Klinik der Mission zu fahren. Guses Mann lieh uns sein Motorkanu aus. Ich schleppte mich zum Sepik. Ich hatte kaum die Kraft dazu und mußte mich immer wieder ausruhen. Als wir das Boot bestiegen und losfuhren, war ich nicht mehr bei vollem Bewußtsein. Ich befand mich in einem eigenartigen Zustand, als ob ich keinen Kontakt mehr mit dem hatte, was um mich herum geschah. Wie soll ich das beschreiben? Ich versank ganz in mir. So, als ob es nur noch mich auf der Welt geben würde. Ich vergaß, daß ich zehn Kinder habe, ich vergaß Temben. Mir war alles gleichgültig. Ich war bereit zu sterben. So muß der Tod sein. Ich war tot. Doch plötzlich erinnerte ich mich: Du hast Kinder, die dich brauchen und ohne dich nicht leben können. Du hast einen Mann, du hast Verwandte, du bist nicht alleine. Ich wollte wieder leben und kehrte dem Tod den Rücken. Als wir bei der Missionsstation anlegten, kamen zwei Schwestern und trugen mich in die Klinik. Sie legten mich auf ein Bett und gaben mir eine Spritze. Mit ihrer Hilfe gebar ich Paswat. Ich verlor viel Blut und mußte mich zwei Wochen lang erholen. Dann kehrten wir nach Hause zurück.

Florence: Auch an deiner ersten Geburt bist du beinahe gestorben, da hast du ein totes Kind geboren.

Miat: Alle Geburten verliefen ohne Schwierigkeiten, nur die erste und die letzte waren schwierig.

Florence: Wirklich, du hast so viele Geburten erlebt, und alles ist gut gegangen. Du lebst und hast elf gesunde Kinder. Deine Mutter starb an der Geburt ihres vierten Kindes.

Miat setzte sich auf und sagte in seltsam ruhigem Ton: Sie starb, weil mein Vater Unrecht getan hat. Er ist schuld. Wäre er nicht zur Mission gegangen, hätte er nicht den katholischen Glauben ins Dorf gebracht und die Leute aufgefordert, die alten Kultgegenstände zu verbrennen, dann wäre meine Mutter nicht gestorben. Die Ahnen haben sich an ihr gerächt. Es ist seine Schuld.

Seit wir uns kennen, hat Miat nie ein böses Wort über ihren Vater geäußert, und jetzt macht sie ihn für den Tod ihrer Mutter verantwortlich. Als wir aufstehen und über die Brücke gehen, zieht sie aus ihrer Tasche ein Stück eines zerbrochenen Spiegels hervor.

Miat: Das habe ich aus Amuias Haus mitgehen lassen. Ich will sehen, ob ich ein weißes oder ein schwarzes Gesicht habe.
Florence: Und was siehst du?
Miat: Mein Auge ist wieder ganz gesund.

Im Haus sitzen Temben und Milan. Miat und ich lassen uns bei den beiden auf dem Boden nieder. Temben beginnt darüber zu erzählen, daß übermorgen im Nachbardorf am See eine Initiation stattfinden wird. Es ist die erste seit vielen Jahren. Alle Männer sind eingeladen mitzumachen.

Temben: Nun sind die Beziehungen zwischen den beiden Dörfern auch wieder besser. Vor einigen Jahren ist es beinahe zu einem Kampf gekommen. Wir verweigerten den Leuten vom Nachbardorf, den Weg, der hier vorbeiführt, zu benützen. So hatten sie keinen Zugang zum Sepik. Um zu zeigen, daß es uns damit ernst ist, hängten wir ein Verbotszeichen über den Weg. Es ging nicht lange, und da begann das Unheil: Als erste traf es Miat. Sie starb beinahe an der Geburt von Paswat. Als zweite wurde eine Frau schwer krank. Dann starben zwei Frauen, eine an der Geburt eines Kindes. Die Ahnen bestraften uns dafür, dem Nachbardorf den Weg versperrt zu haben.

Ich denke, was Temben erzählt, paßt genau zu dem, worüber ich eben mit Miat gesprochen habe, als hätte er ihre Stimmung gespürt. Die beiden stehen schon in der Tür, um zu gehen, da fällt Miat ein, daß sie eine Taschenlampe für ihre Söhne ausleihen möchte. Die wollen in der Nacht auf die Jagd gehen. Ich schaue beiden nach, wie sie den Weg ins Dorf einschlagen.

Es ist still. Ich nehme mein Heft und schreibe das Gespräch auf. Noch nie habe ich eine so eindrückliche Schilderung einer Geburt gehört. Und noch nie erschien mir die Schwelle von Leben und Tod so klar. Es ist, als würde Miat bei ihren vielen Geburten immer wieder das Schicksal ihrer Mutter durchleben, ihre Schwäche und die Bereitschaft, alles sein zu lassen, zu sterben. Bis zu diesem Punkt folgt Miat ihrer Mutter. Dann erinnert sie sich: Ich habe Kinder, die mich brauchen, einen Mann, Verwandte. Miat will weiterleben. Zwölfmal war sie in Gefahr, dem Schicksal ihrer Mutter zu folgen, zwölfmal gelang es ihr, einen anderen Weg einzuschlagen – als wollte sie den Tod ihrer Mutter wettmachen« (Weiss 2001, S. 194ff.).

Als Papua-Neuguinea 1975 formell unabhängig wurde, lebte die überwiegende Mehrzahl der Bevölkerung auf dem Land. Heute sind es immer noch über 80 Prozent, die sich in ursprünglichen Dorfstrukturen zum größten Teil auf der Basis der Selbstversorgungswirtschaft ihre Existenz sichern. Bei der Abwanderung in die Städte haben im Vergleich zu anderen Bevölkerungsgruppen die Iatmul einen besonders hohen Anteil. Eine weitere Forschungsarbeit von Florence Weiss, bei der sich der Stellenwert der Ethnopsychoanalyse auch bei der Untersuchung einer sozialen Gruppe bestätigt hat, beschäftigt sich mit der Kultur der Itamul-Frauen in der Stadt (Weiss 1991a).

2.3.3. Verschiedene ethnopsychoanalytisch orientierte Ansätze und Untersuchungen

Lise Tripet, eine aus der französischsprachigen Schweiz gebürtige und heute dort praktizierende Psychoanalytikerin, hatte während ihres Ethnologiestudiums und ihrer Beschäftigung mit der westafrikanischen Kunst das Buch *Les blancs pensent trop* (die 1966 in Paris erschienene französische Übersetzung von *Die Weißen denken zuviel*) kennengelernt und nach der Lektüre Kontakt mit den Autoren aufgenommen. Über Paul Parin ergab sich eine Verbindung zum französischen Psychiater und Psychoanalytiker Henri Collomb und der von ihm aufgebauten und geleiteten psychiatrischen Universitätsklinik in Dakar-Fann, die als »École de Dakar« bekannt wurde und ein Ort war, in der afrikanische Psychiater, traditionelle Psychotherapeuten und Pflegepersonal mit europäischen Psychiatern, Psychoanalytikern, Psychologen und Ethnologen zusammentrafen (Diefenbacher 1985). Collomb gründete 1965 die bis heute erscheinende Zeitschrift *Psychopathologie africaine* (Association des Chercheurs Sénégalais 1997, Collignon 1978, 2000). Die Studie *Œdipe africain* von Marie-Cécile Ortigues und Edmond Ortigues basiert auf psychoanalytischen Erfahrungen, die in der Zeit von 1962 bis

1966 in diesem Milieu gewonnen wurden (Ortigues/Ortigues 1966, 2000); Collomb hatte die herkömmliche Anstalt reformiert und zu einer sozialpsychiatrischen Einrichtung mit Außenstellen auf dem Lande umgebaut, in der in therapeutischer Gemeinschaften traditionelle und westliche Behandlungsmethoden verbunden wurden.

Lise Tripet übernahm die Aufgabe, anläßlich des »Deuxième colloque africain de psychiatrie«, das 1968 in Dakar stattfand, eine Ausstellung der künstlerischen Arbeiten von Patienten der psychiatrischen Klinik in Fann zu organisieren. Sie hat in dieser Institution klinisch-psychologisch zu arbeiten begonnen und bildete sich in der Schweiz zur Psychoanalytikerin aus. Von 1970 bis 1979 war sie in der Equipe der Klinik Collombs als Psychotherapeutin tätig und hat als Dozentin für Psychoanalyse die Technik der psychoanalytisch orientierten Psychotherapie gelehrt. Parin und Parin-Matthèy beschrieben die Universitätsklinik Dakar-Fann als

> »eine der besten und modernsten psychiatrischen Kliniken überhaupt: ärmlich ausgestattet, mit einer wahrhaft menschlichen Zusammenarbeit von Patienten, Pflege- und ärztlichem Personal und mit einer einmaligen Verknüpfung der traditionellen afrikanischen Heilrituale mit einer psychoanalytisch orientierten Psychotherapie. Als wir dort im Jahre 1977 Seminare für Studenten und Vorlesungen zur Weiterbildung gaben, hatten wir den Eindruck, in Fann wären die meisten Ideen der Antipsychiatriebewegung ohne viel Aufhebens verwirklicht« (Parin/ Parin-Matthèy 1990e, S. 10f.).

Lise Tripet hat aus ihren acht Jahren psychoanalytischer und psychotherapeutischer Erfahrungen in Dakar zwei ihrer Fallgeschichten mit Westafrikanern in ihrem Buch *Wo steht das verlorene Haus meines Vaters? Afrikanische Analysen* (Tripet 1990) veröffentlicht und dazu, als dritte Fallgeschichte, ein Stück ihrer Selbstanalyse wiedergegeben.

> »Wenn ich meinen Fall hier erzähle, so deshalb, weil auch ich bedroht war, psychisch zugrunde zu gehen. Ich war meiner Identität beraubt worden und konnte sie in dem Milieu, aus dem ich kam, nicht wiederfinden. Gerade dieses Milieu hatte aber auch einen Widerstand in mir lebendig erhalten, der mir paradoxerweise die Sehnsucht nach einem Anderswo ermöglichte, wo ich das Ideal, das mir und auch meiner Zivilisation verlorengegangen war, wiederfinden sollte. Wer diesen Widerspruch am wenigsten verstand, war mein erster Analytiker.

> Meine wiedererlangte Identität verdanke ich der Vermischung meiner eigenen mit einer ganz fremden Kultur. Die Gründe für meine Suche nach dem Anderswo waren nicht nur psychischer Art: Die Bedingungen, die ich dort schließlich fand, waren tatsächlich besser als die, unter denen ich gelebt hatte« (Tripet 1990, S. 126).

In der Zeit ihrer ersten Analyse hatte Tripet das Buch über die Dogon kennengelernt und konfrontierte ihre Erkenntnisse aus der Lektüre mit ihren psychoanalytischen Erfahrungen: »Die darin enthaltenen dreizehn Gespräche mit den Dogon machten mir zum ersten Mal klar, was die Sprache des Unbewußten ist, was Psychoanalyse sein kann. Die Dogon waren mir viel näher und vertrauter als die satten Bürger meiner Umgebung« (Tripet 1990, S. 144f.).

Tripet bestätigte mit ihrer persönlichen Geschichte eindringlich die Erfahrungen und theoretischen Folgerungen der Ethnopsychoanalyse hinsichtlich der Bedeutung des gesellschaftlich-sozialen Ortes und dessen Vernachlässigung in der gängigen psychoanalytischen Theorie und Praxis.

> »Warum versank ich derartig in Passivität? Nach Winnicott bedarf es einer ›hinreichend guten Umgebung‹, in der der Analysand leben muß, damit eine Analyse erst fruchtbar werden kann. Möglicherweise unterschätzte dieser Analytiker die Bedeutung, die diese gute Umgebung für mich haben mußte, oder er glaubte, sie mir durch seine Stunden bei ihm bereits hinreichend bereitet zu haben. Darüber hinaus war er offensichtlich nicht in der Lage, die metapsychologische Bedeutung eines veränderten gesellschaftlich-kulturellen Rahmens anzuerkennen, hätte er doch damit seine eigene, mühsam erworbene gesellschaftliche Stellung in Frage stellen müssen« (Tripet 1990, S. 127).

In ihrem Vorwort zum Buch von Lise Tripet unterstreichen Paul Parin und Goldy Parin-Matthèy die methodische Bedeutung dieser ethnopsychoanalytischen Schrift und verweisen dabei auf die im Unterschied zu ihren eigenen Forschungen veränderte Herangehensweise:

> »Es ist wohl möglich, daß die Autorin die drei Analysen, die sie nebeneinanderstellt, ohne das Konzept der Ethnopsychoanalyse nicht oder nicht so geführt hätte. Allerdings ist sie nicht wie andere Ethnopsychoanalytiker/innen mit dem Anspruch ausgezogen, mit der Psychoanalyse als Untersuchungsinstrument die Wirkungen gesellschaftlicher Konflikte, Versuchungen und Frustrationen dort aufzuklären, wo sie sich auswirken: im bewußten und unbewußten Seelenleben von Individuen. Ihre

Analysanden hatten den Wunsch, behandelt zu werden. Unsere Analysanden mußten hingegen irgendwie dazu gebracht werden, sich in die psychoanalytische Situation zu begeben. Insofern bieten die vorliegenden therapeutischen Analysen im Gegensatz zur analytischen Arbeit, die wir und andere Feldforscher/innen durchführten, unzweifelhaft einen methodischen Fortschritt, weil die therapeutische Motivation gerade der Besonderheit der Psychoanalyse entspricht, in der die therapeutische Analyse gleichzeitig die bestmögliche Voraussetzung für die Forschung darstellt. Damit fällt auch der größte, von uns ebenso wie von unseren Kritikern bemerkte Nachteil unserer Forschungen, die Beschränkung der Zeitdauer und damit der Stundenzahl fort. Der Analysand und die Analysandin von Lise Tripet blieben in Analyse, so lange sie es nötig hatten. Wenn auch die Heilung oder das Verschwinden von Symptomen allein kein Kriterium für die Richtigkeit der Deutungsarbeit sein kann, sind Entwicklungen, wie wir sie hier nachvollziehen dürfen, doch ungleich überzeugender als noch so scharfsinnige Schlußfolgerungen von Forschern, die gezwungen sind, ihre in der fremden Kultur geführten Analysen abzubrechen und wieder nach Hause zu fahren« (Parin/Parin-Matthèy 1990e, S. 12f.).

Markus Weilenmann, der sich nach seinem Ethnologiestudium zum Psychoanalytiker ausbilden ließ, hat ausgehend von einer 1978/1979 durchgeführten Untersuchung zum Erziehungssystem in Burundi, seinen Feldforschungsaufenthalt als ethnopsychoanalytische Studie zum Problem subjektiver Wahrnehmungsprozesse im kulturellen Kontext dieses Landes ausgewertet (Weilenmann 1985, 1990). In Burundi kam es in den letzten 30 Jahren immer wieder zu Massakern, deren ethnische Problematik strikt tabuisiert wurde. Im Alltag wurde dagegen eine permanente Denk- und Handlungskontrolle aufgerichtet. Weilenmann stellte während seiner Feldforschungen fest, wie dieses Tabu nicht nur den emotionalen Raum seiner Beziehungspersonen einschränkte, sondern daß sich bei ihm selbst intrapsychische Reaktionsbildungen ergaben, von denen er vermutete, daß sie sich auf seine Untersuchung über Burundi und sein Erziehungssystem auswirkten. Im Verlauf der Untersuchung wurde die Frage nach dem Stellenwert der subjektiven Rezeption im ethnologischen Erkenntnisprozeß und die nach der Integration unbewußter Bedingungen in die Deutung kultureller Phänomene aktueller:

»Inwieweit präformierte der subjektive Integrationsprozeß in die Gesellschaft Burundis die Art der Datensammlung?

Inwiefern können die subjektiven Reaktionen, Gedanken und Gefühle, die aus der Begegnung mit der Kultur Burundis resultierten und die ich in persönlichen Tagebuchnotizen festgehalten habe, als Daten über die fremde Kultur, über Burundi betrachtet werden?« (Weilenmann 1985, S. VI).

Mit der ethnopsychoanalytischen Betrachtungsweise, die sowohl auf die Herkunftskultur, insbesondere auf die institutionelle Einbindung des Beobachters, als auch auf dessen persönliche Affektstruktur und auf die zu verstehende Kultur Bezug nimmt und sich dabei auf die unbewußten Prozesse konzentriert, versuchte Weilenmann diese Fragestellungen zu beantworten.

Er fragte sich, inwieweit seine Träume, die er in der Zeit seiner Feldforschung hatte, als Gegenübertragungen Ausdruck der spezifischen gesellschaftlichen Prozesse sein könnten, denen er unterworfen war. Die Ergebnisse hat er in seiner Arbeit *Zur Bedeutung der eigenen Traumwelt im ethnologischen Erkenntnisprozeß* (Weilenmann 1985) vorgelegt.

»Als Schlüsseldatum wählte ich *mein eigenes Traumerleben* in Burundi. Dabei interessiert – sofern dem Trauminhalt entnehmbar – meine aktuelle, existentielle Problematik als Träumer im Feld; jene *durch das neue gesellschaftliche Umfeld wachgerufenen Erinnerungen, Konflikte, Wünsche, Bilder, die ich vor allem auf ihre fremdkulturelle Relevanz hin befrage*« (Weilenmann 1985, S. IX).

Drei Fragen standen bei seiner Vorgehensweise im Mittelpunkt:
1. Welche Tagesreste werden im eigenen Traumerleben wie thematisiert?
2. Gibt es fremdkulturelle Anhaltspunkte, weshalb meine Auseinandersetzung mit Burundi, mein Leben in Burundi, in mir diese und keine anderen Assoziationsketten wachrief?
3. Werden in der Dynamik des eigenen Traumgeschehens auch fremdkulturelle, gesellschaftliche Prozesse und Probleme sichtbar?

Bei der Betrachtung des Stellenwertes und der Aussagekraft des eigenen Traumerlebens während der Zeit der Feldforschung bezieht Weilenmann die vielschichtigen Wahrnehmungsprozesse auf zwei voneinander grundsätzlich unterschiedene Ebenen. Ein Prozeß auf der Ebene bewußter Wahrnehmungen, mit dem eine Annäherung und eine Integration der Fremderfahrungen vollzogen werden soll. Diese Arbeitsweise bewegt sich im Rahmen sozialwissenschaftlicher Arbeiten, was zu themenbezogenen Skizzen der fremden Kultur auf der Basis kognitiver Lernprozesse führt.

»Da ist zum einen meine Beschäftigung mit dem Erziehungssystem Burundis, meine manchmal täglichen Gänge zum Erziehungsministerium, um einige Blicke in wichtige Bücher und Statistiken zu werfen, dann meine Gesprächsprotokolle und meine stichwortartig festgehaltenen Beobachtungen, schließlich meine Schulbesuche und zuletzt meine vorderhand noch unsicheren Versuche, das neu Erlernte mit den alltäglichen Erfahrungen in Burundi und mit meinen theoretischen Vorkenntnissen aus Zürich zu verbinden« (Weilenmann 1985, S. 50).

Auf der zweiten Ebene wurde eine Verbindung dieser Tagesarbeit mit den Inhalten des persönlichen Tagebuches herzustellen versucht.

»Dort aber schrieb ich nicht nur auf, was ich beobachten konnte, was ich tagtäglich erlebte und erfuhr, sondern ich begann auch von dem zu reden, was mir in den Sinn kam, von meinen Phantasien, Träumen und Wünschen, von jenen *Metaphern* also, die mein *Unbewußtes zur Bewältigung der neuen und fremdartigen Situation bereitstellte*. Hier muß zunächst von den *unbewußten Wahrnehmungsprozessen* gesprochen werden.

Daraus entstand dann ein dialektischer Prozeß, der nur vereinfacht als Beziehung des Forschers zur Fremdkultur et vice versa beschrieben werden kann. Denn genau gleich wie in der psychoanalytischen Situation kam a) in mir selbst eine spezifische Dynamik in Gang, die mit meinen Bezugspersonen und Bezugsgruppen Burundis in bestimmter Weise korrespondierte oder konfligierte et vice versa; darüber hinaus war b) mein Handeln als Ethnologe wie das meiner Bezugspersonen an einen bestimmten sozialen Ort gebunden, der von gesamtgesellschaftlichen Prozessen der Herkunfts- und der Fremdkultur (der Schweiz und Burundis) determiniert wurde. So habe ich während meiner Zeit in Burundi einen Persönlichkeitswandel durchlebt, der sich zwangsläufig auch in der ethnologischen Arbeit spiegeln mußte« (Weilenmann 1985, S. 50f.).

Parallel zur Aktualisierung der eigenen, privaten Biographie im Feld wuchs das Interesse des Ethnologen für die Lebensläufe und verwandtschaftlichen Verflechtungen seiner nächsten Freunde, und er konnte sich mehr und mehr in das intensive, verwandtschaftliche Beziehungsgeflecht seiner Bezugsgruppe einfügen. Die Bedeutung dieses Prozesses konnte er erst nach der Rückkehr in seine eigene Kultur einschätzen, als er sich mit der großen persönlichen Isolation der städtischen Lebensweise konfrontiert sah.

> »Doch nun war die Optik eine andere, ich begann quasi ›aus der Familie heraus zu denken‹, und ich nahm nun auch den sozio-historisch tiefgreifenden Prozeß der Auflösung von Familienverbänden wahr, wie er den Übergang von bäuerlichen Sippengesellschaften in hierarchische und später industrielle Gesellschaften kennzeichnet« (Weilenmann 1985, S. 50f.).

Die Analyse dieser Arbeit, die an sehr konkretem, persönlichem Material durchgeführt wurde, knüpfte auch an die Beobachtung an, daß viele Ethnologen im Feld von zu Hause träumen, wenn fremdkulturelle Konfliktsituationen ins Unbewußte abgedrängt werden. Diese Bewegung nahmen einige Ethnologen zum Anlaß, nicht über ihre Träume nachzudenken, da diese nach ihrer Meinung offensichtlich nichts mit der fremdkulturellen Situation zu tun hatten. Dagegen resümiert Weilenmann bei der Analyse seiner persönlichen Beispiele,

> »daß der Integrationsprozeß in Burundi in mir zunehmend Erinnerungen an den eigenen Familienroman wachrief. Diesen Prozeß erkläre ich zunächst mit der Bedeutung der Verwandtschaft für Burundi und weise dabei darauf hin, daß die Verwandtschaftszugehörigkeit in dieser traditionellen Feudalgesellschaft auch den sozialen Ort bestimmt, mit dem ich mich als Ethnologe zu identifizieren begann, und der als Kategorie der Macht auch die gesellschaftliche Position markiert. Meine Bemerkungen zur Bedeutung der Verwandtschaftszugehörigkeit führten uns auch in die Bedeutung des Klientelsystems ein, und meine Auseinandersetzung mit dem Erziehungssystem machten schließlich eine dritte Kategorie der Macht sichtbar: Ihre Verinnerlichung im Subjekt selbst, die die Wahrnehmung der Außenwelt über die erinnerten Fragmente der eigenen Familiengeschichte ursächlich determiniert und so den alltäglichen Umgang mit dem ethnischen Konflikt bestimmt« (Weilenmann 1985, S. 95).

Die zwei wesentlichen Thesen, die er bei der Analyse seiner Traumwelt verfolgen konnte, faßte Weilenmann in einer »kulturhistorischen« und einer »gesellschaftspolitischen« These zusammen:

> »a) kulturhistorische These
>
> Ich begann in Burundi von der eigenen Familie zu träumen, weil in dieser Kultur als einstiger Sippengesellschaft und traditioneller Feudalgesellschaft verwandtschaftlichen Interaktionsgeflechten noch immer

ein großer Stellenwert zukommt, wie meine Beispiele aus dem Alltag im Feld zeigen. Ich erlag dabei dem privaten Verführungsangebot und meine Träume nehmen sich als subjektive Projektionsleinwand des Intergrationsprozesses aus. Sie machen die verwandtschaftlich determinierten Identifikationsangebote Burundis sichtbar und stehen für die schichtspezifischen Ambivalenzkonflikte, die auch auf meine gesellschaftliche Position in der Schweiz verweisen.

b) gesellschaftspolitische These

Der ethnische Machtkonflikt Burundis und der gesellschaftliche Umgang damit ist sowohl für die Beobachter (die Ethnologen) als auch für die Beobachteten (die Burundi) angstauslösend.

Die regressive Linie, entlang der die Angstlinderung gesucht werden kann, führt das verängstigte Subjekt in die eigene Familiengeschichte zurück, die die entsprechenden Metaphern für die Bewältigung des politischen Dramas bereitstellt, so daß die Handlungen, kraft derer man sich der Politik zu erwehren versucht, dem eigenen ›Familienroman‹ entsprechen.

Er wäre unsinnig, nach der Priorität der einen oder anderen These zu fragen, denn beide Interpretationsangebote lassen zentrale Aspekte der Kultur Burundis sichtbar werden und zeichnen zwei Bilder, die sich jedoch gegenseitig bedingen. Die gesellschaftlich institutionalisierte Privatheit und der skizzierte Familiarisierungsprozeß sind darum die beiden Brennpunkte, über die wir die skizzierten Assoziationen bündeln können« (Weilenmann 1985, S. 110f.).

Weilenmann hat seine ethnopsychoanalytischen und rechtsethnologischen Untersuchungen in Burundi fortgesetzt und in weiteren Publikationen ausgewertet (Weilenmann 1997, 1998, 1998a).

Claudia Roth, eine Züricher Ethnologin, lebte zwischen 1989 und 1992 14 Monate in Bobo-Dioulasso (Burkina Faso/Westafrika) auf dem Hof einer Großfamilie, die drei Generationen umfaßte. Sie lebte hier mit 30 Erwachsenen und etwa ebenso vielen Kindern zusammen. Die Kultur der Zara lernte sie hauptsächlich über Beziehungen kennen. Sie verwendete eine Variante der Technik teilnehmender Beobachtung und hat darüber in ihrer ethnopsychoanalytisch inspirierten Forschungsarbeit zum Thema der Bedeutung der Geschlechtertrennung für die Geschlechterbeziehung berichtet (Roth 1994).

Claudia Roth hatte als fremde Frau sowohl zur Männerwelt als auch zur Frauenwelt Zugang. Die Verschiedenartigkeit und die Getrenntheit der beiden Welten und das darin vorhandene Spannungsfeld machte sie zu ihrem speziellen Erfahrungsraum. Als weiteres Moment, das den ethnologischen Forschungsprozeß begleitet, kam das Pendeln zwischen dem Fremden und dem Eigenen hinzu, weil die Vorstellungen der Forscherin über die »Afrikanerin« und die an Ort und Stelle von ihr wahrgenommene Realität aueinanderklafften. Das in Europa verbreitete Bild der unterdrückten Afrikanerin war nicht mit der Erscheinung und dem Verhalten der Frauen in Übereinstimmung zu bringen. Damit geriet auch ihr Bild der Europäerin ins Wanken. Die Bilder der Afrikanerin und der Europäerin standen sich gegenüber: die Afrikanerin, die ihrem Mann Gehorsam entgegenbringen muß, über ihr Tun und Lassen nicht selbst entscheiden kann, doch über einen geschlechtsspezifischen Erfahrungsraum – die Frauenwelt – verfügt, und die Europäerin, die ihrem Mann keine Rechenschaft schuldet, ihr Leben auch unabhängig von einem Mann gestalten kann – in der Männerwelt (Roth 1995, 1998a).

Die Arbeitsweise, derer sich Claudia Roth bedient, um den erfahrbaren Aspekten der Wirklichkeit der Kultur der Zara näherzukommen, bezeichnet sie als »situationsgeleitete« Forschung. Sie versteht darunter eine Spezifizierung der teilnehmenden Beobachtung, die dadurch charakterisiert ist, daß offene Fragen und unklare Aspekte zwar präsent sind, aber ein Gespräch, eine Begegnung nicht unmittelbar bestimmen. Vorrangig ist die »Situation«, d.h. das, was im Raum steht: Die Person und was sie gerade beschäftigt, die Zusammensetzung der Anwesenden, der Ort und seine Atmosphäre – das Alltägliche. Dazu gehört die Geduld, mit den eigenen Fragen bis zu einem adäquaten Augenblick warten zu können. Gleichzeitig ergeben sich aufgrund einer bestimmten Situation immer wieder Themen, die nicht geplant und zum Teil auch nicht zu erfragen sind und doch in engem Zusammenhang mit dem eigenen Interessengebiet stehen.

> »Konkret beinhaltet die situationsgeleitete Arbeitsweise, sich auf Beziehungen einzulassen und am Alltag teilzunehmen. Ich begleitete die Frauen an ihre Orte: auf den Markt, in ein Dorf, zu Verwandten; ich leistete ihnen beim Kochen Gesellschaft, nach getaner Arbeit saßen wir zusammen. Ich aß abwechslungsweise bei den Frauen und bei den Männern, half den Jungen bei den Schulaufgaben, trank mit ihnen Tee, begleitete Frauen oder Männer bei Besorgungen. Die außerhalb des Hofes lebenden Frauen ging ich häufig grüßen und blieb eine Viertelstunde oder auch den ganzen Nachmittag – je nach Situation« (Roth 1994, S. 21f.).

Claudia Roths Forschungsdaten beruhen auf zwei- bis dreimal täglich verfassten Gedächtnisaufzeichnungen, ohne daß sie Tonband oder Notizblock verwendete. Für ihre Art von Begegnungen hätten sie die Geräte gestört, da jene »Offizielles« vermitteln und das Unvorhergesehene verhindern. Fragen ergaben sich aufgrund ihres Vorwissens und ihres Interesses. Die situationsgeleitete Forschung eröffnete darüber hinaus neue Wege. Ergänzend zu ihrer Arbeitsmethode hatte die Ethnologin gezielte Gespräche mit alten Männern geführt, in denen sie den Hintergrund der traditionellen Gesellschaft der Zara erkundete. Ferner organisierte sie regelmäßige Treffen mit Frauen, die in keinem Zusammenhang mit dem Hof, in dem sie lebte, standen, um die Familie in ihrem weiteren Umfeld situieren zu können. Auch hatte sie Zusammenkünfte arrangiert, an denen sie einzelne Frauen und die jungen Frauen des Hofes gemeinsam zu von ihr festgelegten Themen befragte.

Es waren vor allem zwei Gründe, welche die Ethnologin zu ihrer Arbeitsweise veranlaßten: Zum einen ist Fragenstellen nicht Teil der afrikanischen Kultur, und sie machte – auf der Suche nach anderen Wegen des Verstehens – die Erfahrung, daß die anregendsten Gespräche sich dann ergaben, wenn ein aktuelles Geschehen die Gemüter beschäftigte. Dabei konnte sie miterleben, weshalb wie worüber gesprochen wurde, und Aspekte ihres Themas – die Beziehung zwischen Frauen und Männern – wurden mehrmals täglich aktuell und gaben zu Diskussionen Anlaß. Unter Frauen wie Männern ist die Diskussionskultur ausgeprägt; ein Geschehen wird von allen Seiten beleuchtet und debattiert.

»Zum anderen sind Beziehungen die Grundlage meiner Erkenntnis. Meine Kontakte zu den vielen Frauen und Männern, die ich kennengelernt habe, waren unterschiedlich intensiv. Am meisten erfahren und von der Lebensweise der Zara begriffen habe ich dank Beziehungen, die nicht durch ein existentielles Ungleichgewicht wie etwa Erwartungen an mich als Weiße geprägt waren; Beziehungen, die in erster Linie auf gegenseitiger Sympathie beruhen, ohne daß dabei das Trennende, die unterschiedlichen Möglichkeiten negiert und ausgelöscht werden« (Roth 1994, S. 20).

Claudia Roth konnte auch davon ausgehen, daß Menschen, die eine Forscherin, eine Fremde bei sich aufnehmen, am »anderen«, am »Fremden« interessiert und darauf sensibilisiert sind, das »Eigene« nicht als das einzig Denkbare zu verstehen. »Ich habe die Erfahrung gemacht, daß durch mein Dortsein und durch mein Interesse an der Geschlechterbeziehung ein Reflexionsprozeß zu Gemeinsamkeiten und Unterschieden, d.h. zur ›Kulturbedingtheit‹ von mir wie von ihnen, in Gang kam« (Roth 1994, S. 20).

Ein vergleichbarer Prozeß ist bei der späteren Arbeit zu den Seifenfrauen in Bobo-Dioulasso im Gange – es ist eine Begegnung, durch welche die Bilder, die Claudia Roth und die Fotografin Susi Lindig von den Seifenfrauen und sie von ihnen haben, sich laufend verändern und dabei differenzierter und vielschichtiger werden (Roth/Lindig 1998; Roth 1999).

Der in Bonn praktizierende Psychoanalytiker Christian Maier unternahm 1989 und 1991/1992 eine ethnopsychiatrische bzw. ethnopsychoanalytische Studienreise nach Papua-Neuguinea (Maier 1993, 1996, 1996a). Bei seinem ersten Aufenthalt hatte Maier mehrere Wochen in einer psychiatrischen Einrichtung gearbeitet und dabei Gelegenheit gehabt, mit einem als schizophren diagnostizierten Patienten eine Psychotherapie durchzuführen, in deren Verlauf die sich herausstellende Identitätskrise des Patienten in der Auseinandersetzung mit dem fremden Psychiater einen günstigen Ausgang nahm. Meier diskutierte diese diagnostische Etikettierung im Zusammenhang mit dem Kulturwandel, der sich als Kulturzerstörung äußert, indem positive Einstellungen zur traditionellen Kultur in die psychiatrische Klassifikation einbezogen werden.

»Das diagnostische Etikett diente dazu, die Widersprüche im Identitätsgefühl, die eine Begleiterscheinung der Europäisierung traditioneller Völker sind und die nicht William allein erschüttern, sondern große Teile der Gesellschaft von Papua-Neuguinea, verschwinden zu lassen. Gerade die Diagnose ›Schizophrenia simplex‹, welche die Anpassung als ein wichtiges Kriterium nimmt, ist in neugeschaffenen Nationen eine sehr beliebte Diagnose, während sie von den meisten westlichen Ländern aufgegeben wurde. In die neueste Version des psychiatrischen ICD wurde diese Diagnose nur unter dem vehementen Druck der nichtindustrialisierten Staaten aufgenommen« (Maier 1994, S. 51).

Ein erster Bericht über die ethnopsychoanalytischen Beobachtungen, die Christian Maier bei seinem zweiten Aufenthalt in Papua-Neuguinea bei den durch die Forschungen von Bronislaw Malinowski bekannt gewordenen Bewohnern der Trobriand-Inseln machen konnte, knüpft unter dem Titel »Der Ausgang des ödipalen Konflikts bei den Trobriandern in Papua-Neuguinea« (Maier 1993) an das seinerzeit heftig diskutierte Thema an (siehe Kap. 1.2.). Diese Arbeit basiert, ebenso wie der vollständige ethnopsychoanalytische Reisebericht, auf den Tagebuchnotizen seines fünfwöchigen Aufenthaltes im Dorf Okaiboma auf der Insel Kiriwina.

»Die Untersuchungsergebnisse kamen durch psychoanalytisch orientierte Gespräche mit einigen Dorfbewohnern, ferner durch viele Begegnungen und Gespräche mit anderen Bewohnern des Dorfes, dessen Bevölkerung auf mich als ganzes reagierte, zustande. Eine nicht zu vernachlässigende Beobachtungsquelle war mein besonderer Aufgabenbereich für die Dörfer Okaiboma und Olivilevi, der mir eine bereitwillige Aufnahme ermöglichte. Mein Aufenthalt auf den Trobriandinseln – es war mein zweiter, zu dem ich Ende 1991 nach Papua-Neuguinea aufbrach – war sowohl durch mein Interesse wie auch durch den Wunsch meiner Gastgeber zustande gekommen. Anläßlich meines ersten Besuches hatte man mich gebeten, die jungen Männer im Fußballspiel zu trainieren. So kam ich zum Amt des Fußballtrainers beider Dörfer. Man weiß, daß Fußball von einem Europäer auf Normanby eingeführt wurde und schon vor Jahrzehnten, wahrscheinlich über das viele Inselgruppen einbeziehende Kula-Tauschsystem, auf die Trobriandinseln kam. Der Europäer, der Fußball auf Normanby eingeführt hatte, hieß übrigens Géza Róheim« (Maier 1993, S. 91f., 2001).

Bei seiner Arbeit auf den Trobriandinseln wollte Maier, angeregt und beeinflußt von den Untersuchungen der Züricher Ethnopsychoanalytiker, mit einigen seiner trobriandischen Gastgeber Gespräche führen, um mehr über sie zu erfahren. Er wählte einen Zugang, der die Alltagssituation im Dorf gleichsam als ein natürlich gegebenes Experiment ansah: Er wollte erkunden, wie das Dorf auf ihn, den Fremden, reagierte und wie er als Person wiederum auf seine Gastgeber antwortete. Seine Reaktionen waren, sowohl in Träumen wie auch im Verhalten, sehr intensiv. Im Rückblick auf seinen Aufenthalt ist Maier zur Meinung gelangt, daß die Dorfgemeinschaft versuchte, sich den angstmachenden Fremden einzuverleiben (und ihn damit auch ungefährlicher zu machen), und daß er diesen Bestrebungen – teilweise jedenfalls – auch entsprach, weil er sich als einzelner Fremder der konflikthaften Thematik von Ausgeschlossensein und Dazugehörenwollen, die in der trobriandischen Gesellschaft eine bestimmende Rolle spielt, nicht entziehen konnte. Christian Maier kommt zum Schluß, daß die vorübergehenden Veränderungen, die sich in ihm während seines Aufenthaltes vollzogen haben – und die Träume während dieser Zeit bestärkten ihn in dieser Ansicht –, einem Schnellkursus in trobriandischer Sozialisation entsprangen. Ein Thema für seine Gastgeber war die Frage nach dem Beweggrund für seinen Besuch. Dazu möchte ich ein Beispiel ethnopsychoanalytischer Erfahrungen von Christian Maier anführen:

»›Was ist wirklich der Grund, daß du zu uns kommst?‹, wollte er wissen. ›Ich möchte verstehen, wie ihr lebt, wie ihr denkt und wie ihr fühlt. Deshalb bin ich vor allem gekommen‹, antwortete ich. ... Gilayviyaka sah mich nachdenklich an und sagte ernst. ›Sogar in der Nacht wird die Papaya leuchten wie am Tag‹. ... Die Dorfbewohner von Okaiboma sagen, daß sie nachts einen goldenen Schein verbreite. Aber die Trobriander wissen auch, daß es nicht ›stimmt‹, wie mir Bagidou einmal sagte, ›der Satz bedeutet etwas ganz anderes‹. ... Als Gilayviyaka geendet hatte, nickte ich spontan, denn ich fühlte mich von ihm verstanden und hatte gleichzeitig das Gefühl, von ihm beschenkt worden zu sein. Mein erster Gedanke war, daß dieser Satz die Begegnung mit dem Unbekannten in einem poetischen Bild zusammenfaßt. Die Nacht steht für das Fremde und auch für das Unbewußte. Wenn man sich darauf einläßt, kann man da und dort etwas aufscheinen sehen und so der Dunkelheit entreißen. Aber es ist und bleibt Nacht, und eine klare, alles erhellende Erkenntnis wird man nicht finden können. Und die Papaya leuchtet nicht wirklich, es ist der Betrachter, der sie leuchten sieht: Es kommt auf das subjektive Erleben des Beobachters an. Was für ein treffendes Bild für mein Vorhaben. ... Daß darin auch eine aggressive Entwertung – etwa in der Bedeutung von ›Du kannst bei uns sehen, was du willst, es bleibt doch alles nur Einbildung‹ – liegen könnte, habe ich damals nicht in Erwägung gezogen und konnte diesen störenden Gedanken in meiner besonderen Erwartungshaltung wohl gar nicht zulassen. ... Im nachhinein neigte ich mehr und mehr zu der Überzeugung, daß mir Gilayviyaka, wenn auch dunkel, über die Verbindung von Unbewußtem zu Unbewußtem einen wertvollen Hinweis, gleichsam den Schlüssel zu einem Geheimnis, das mir den Weg zum Verstehen der Trobriander weisen würde« (Maier 1996, S. 19f.).

Christian Maier hat nach dem Prinzip der Ethnopsychoanalyse als vergleichender Untersuchungsmethode und einer Pendelbewegung zwischen der fremden und der eigenen Kultur, seine Erfahrungen in der fremden Kultur mit denen in seiner eigenen Kultur verbunden und ausgewertet (Maier 1996b, 1997, 1998). Der Ethnologe Karl-Heinz Kohl schrieb den tiefen Einblick in die Psyche, die Denkweisen und Lebensformen der heutigen Trobriander, den der Bericht Christian Maier's von den Trobriandern vermittelt, weniger der von ihm verwendeten Methode als dem Umstand zu,

> »daß es ihm gelungen ist, zu seinen Gastgebern eine Beziehung der Gegenseitigkeit aufzubauen. Als Fußballtrainer ging er einer auch für sie

sinnvollen Tätigkeit nach. Seine Dorfgemeinschaft konnte schließlich alle Spiele gewinnen. Sie haben ihm dafür ihr Vertrauen geschenkt. Auf diese Weise hat er erreicht, was vielen professionellen Ethnologen versagt blieb: eine fremde Gesellschaft von innen zu erleben« (Kohl, 1997, S. 9).

Der in Saarbrücken als Psychoanalytiker praktizierende Soziologe und Mediziner Alf Gerlach hat sein Interesse an China, seiner Geschichte, Kultur und Mythologie mit professionellen Kontakten im Rahmen der Ausbildung chinesischer Psychologen und Psychiater in psychoanalytischer Psychotherapie und seit seiner zweiten Reise nach China im Jahre 1985 mit der Teilnahme an einem Forschungsprojekt zur Erforschung der Koro-Epidemien in Süd-China verbunden. Angeregt durch den komplementaristischen Ansatz von Georges Devereux verbindet Gerlach seine Erfahrungen mit der psychoanalytischen Methode in einer nicht-westlichen Kultur im Rahmen eines kulturvergleichenden ethnopsychoanalytischen Ansatzes mit der psychoanalytischer Praxis in seiner eigenen Kultur. Bei der periodisch auftretenden Koro-Epidemie, von der vorwiegend junge, unverheiratete Männer betroffen sind, manifestieren sich unbewußte Konflikte, die einem Initiationsritual vergleichbar gemeinschaftlich ausgetragen werden und als Bewältigungsmuster von Kastrationsängsten und Konflikten um den Geschlechterneid verstanden werden können. In der Untersuchung »Kastrationsangst und oraler Neid im Geschlechterverhältnis. Analytisches Arbeiten mit einer ethnologischen Beobachtung« (Gerlach 1995), nutzt Gerlach das ethnopsychoanalytische Wissen in einer Analyse eines Mannes in Deutschland mit vergleichbarer Symptomatik. Und die aus ethnopsychoanalytischen Gesprächen in China gewonnenen Einsichten bestätigten die Erkenntnisse aus den Untersuchungen der Koro-Epidemien über das unbewußte Festhalten an Passivität und Ohnmacht als typischen unbewußten Konflikt bei vielen chinesischen Männern. Gerlach hat in seine psychoanalytische Untersuchungen über das Geschlechterverhältnis in China, zum Kannibalismus und über Hexenforschung insbesondere Devereux' Unterscheidung eines ethnischen und eines idiosynkratischen Unbewußten einbezogen. In seinem Aufsatzband *Die Tigerkuh. Ethnopsychoanalytische Erkundungen* (Gerlach 2000) werden drei Möglichkeiten ethnopsychoanalytischen Arbeitens vorgestellt: Die am Beispiel der Koro-Untersuchung erwähnte Anwendung der komplementaristischen Methode, zweitens die psychoanalytische Arbeit mit Patienten aus fremden Kulturen und die ethnopsychoanalytische Forschung in der fremden Kultur »tragen dazu bei, daß die Psychoanalyse über ihre Anwendung als therapeutische Methode hinaus den Status einer wirklichen Wissenschaft vom Menschen für sich beanspruchen darf« (Gerlach 2000, S. 13).

Überlegungen zu einer »Ethno-Hermeneutik« hat der Soziologe Hans Bosse in seiner Studie über Anpassungsprozesse und Verweigerungsstrategien in der Dritten Welt am Beispiel der Analyse des importierten westlichen Ausbildungssystems entwickelt. In *Diebe, Lügner, Faulenzer. Zur Ethno-Hermeneutik von Abhängigkeit und Verweigerung in der Dritten Welt* (Bosse 1979) lenkte er die Aufmerksamkeit auf die Folgen der »inneren Kolonialisierung«, die sich beispielsweise in individuellen pathologischen Fehlentwicklungen äußern können. Mit der ethno-hermeneutischen Verstehensmethode, mit der er das Material ethnologischer und ethnopsychoanalytischer Forschungen interpretierte, sollte das Zusammenspiel von individuellen und gesellschaftlichen Entwicklungen aufgeklärt werden. »Die Ethno-Hermeneutik untersucht die subjektive Seite dieser inneren Kolonialisierung, nachdem sie dessen objektive Seite, die Transnationalisierung der kapitalistischen Kultur, soziologisch erfaßt hat« (Bosse 1979, S. 10f.). Bosse beabsichtigte mit diesem Verfahren,

> »das Ausmaß der kollektiven psychischen Vergewaltigung zu erfassen, das mit der Ausbeutung traditioneller Abwehrformationen zu Zwecken einer kapitalistischen Klassendifferenzierung einhergeht, die der vorkapitalistischen kollektiven Lebens-, Produktions- und Distributionsform den Boden entzieht. Sind diese ethno-hermeneutischen Einsichten erst einmal vorhanden, verlieren die manipulativen Modernisierungsstrategien ihre scheinbare Unschuld. Ihre Basis und ihre Rechtfertigung aus dem Kalkül ökonomischer Interessen werden erkennbar« (Bosse 1979, S. 90).

Erdheim hat in diesem Zusammenhang auf die Grenzen, die der »inneren Kolonialisierung« gesetzt sind, aufmerksam gemacht (Erdheim 1982, S. 424).

Hans Bosse und Werner Knauss haben 1984 und 1985 mit Jugendlichen im Sepik-Gebiet in Papua-Neuguinea ethnopsychoanalytisch orientierte Feldforschungen durchgeführt, bei denen sie in gruppenanalytischen Gesprächen das Ziel verfolgten,

> »mit den Schülern gemeinsam zu verstehen, wie diese in der Beziehung zu weißen Forschern ihre Adoleszenzkonflikte inszenieren und formulieren und wie sie mit der Tatsache fertigwerden, daß sie in einer Stammeskultur aufgewachsen sind und in einem westlich geprägten Schulsystem ausgebildet werden« (Bosse/Knauss 1984, S. 68).

»Die Jugendlichen repräsentieren überwiegend die erste Generation in ihrer Ethnie, die als eine kleine Minderheit den ethnisch-dörflichen

Lebenszusammenhang nicht nur vorübergehend verläßt, um in den wenigen Städten des Landes Arbeit zu finden, sondern vielmehr, anders als die Altersgenossen, die zumeist nur einen Teil der sechsjährigen Primarschule im Dorf abgesessen haben, über die Sekundarschule den Einstieg in die moderne Arbeits- und Konsumgesellschaft wählt, oft von ihren Eltern, von Missionaren und Lehrern dazu überredet. Mein Forschungsziel war und ist, in jeweils über mehrere Wochen laufenden analytisch orientierten Gruppengesprächen, ergänzt durch Einzelgespräche, gemeinsam mit den Jugendlichen herauszufinden, wie sie den Zusammenprall zweier diametral entgegengesetzter Lebensentwürfe erleben und überleben« (Bosse 1992, S. 145).

Für diesen Forschungsansatz, der sich vorwiegend auf Angehörige von Institutionen und informelle Gruppen bezieht, verwendet Bosse den Begriff »Ethnoanalyse«, wobei er damit sowohl das aus dem psychoanalytischen Gruppengespräch heraus entwickelte »ethnoanalytische Gruppengespräch« mit begleitenden Forschungstechniken, als auch das von ihm verwendete Auswertungsverfahren der »ethno-hermeneutischen Textinterpretation« versteht (Bosse 1991, S. 200f.).

»Wie in einer klassischen Gruppenanalyse geht der Leiter mit der Gruppe über Monate oder Wochen ein Arbeitsbündnis ein. Die Pflege der Beziehung durch den Forscher ermöglicht den Teilnehmern, die Gefühle, Phantasien und Meinungen assoziativ zu äußern, die in der Begegnung mit dem eigenen und dem anderen Geschlecht, mit Angehörigen ›fremder‹ (früher oft feindlicher) Sprachgruppen vom Sepik, mit Erwachsenen und schließlich mit weißen Forschern auftreten und die in der ethnischen Ordnung durch traditionelle Tabus zwischen den Geschlechtern, den Alters- und Staatsgruppen unmöglich gemacht werden. Im Fortschreiten der Gespräche werden die Tabus auch als Zensur des individuellen und vor allem des kollektiven Ichs erkennbar. Der Forscher erhält einen mit den Teilnehmern geteilten Zugang zum individuellen und ethnischen Unbewußten. Dieses wird als Widerspenstiges oder Unterdrücktes erkannt. Über diese Sicht auf die Kultur erschließt sich erst deren Tiefendimension« (Bosse 1992, S. 146f.).

Eine zusammenfassende Darstellung seiner Untersuchungen erschien unter dem Titel *Der fremde Mann. Jugend, Männlichkeit, Macht. Eine Ethnoanalyse* (Bosse 1994, 1994).

»Die Studie gibt wichtige neue Aufschlüsse über die innerpsychischen Mechanismen, über die sich Männlichkeit mit Herrschafts- bzw. Unterwerfungsbereitschaft, mit Destruktivität, einer Entwertung des Weiblichen, mit Machtausübung und Gewalt gegenüber Frauen verbindet. Sie konzentriert sich wesentlich auf die sozialisierende Bedeutung von Männerzusammenhängen, von ›inner-männlichen Beziehungen zwischen Männern und Jungen‹ (S. 309) und läßt die Geschlechterbeziehungen weitgehend außer acht. Damit wird eine Dimension männlicher Sozialisation beleuchtet, die bisher kaum thematisiert worden ist und deren Bearbeitung sich für das Verstehen des unter gegenwärtigen gesellschaftlichen Verhältnissen Verdrängten, in den für Männer spezifischen Entwicklungsverläufen unbewußt Gemachten als überaus produktiv erwiesen hat. So gelingt es auf überzeugende Weise, sowohl aggressive als auch sinnlich-sexuelle Impulse, Wünsche und Vorstellungen in den Vater-Sohn-Beziehungen herauszuarbeiten« (Flaake 1997, S. 79f.).

Evelyn Heinemann ist Psychologin, Sonderpädagogin und Psychoanalytikerin, sie lehrt als Professorin für Allgemeine Sonderpädagogik an der Universität Mainz. Sie hat ethnopsychologische und ethnopsychoanalytische Forschungen in der Karibik, in Polynesien und in Australien durchgeführt. Ihre Forschungsschwerpunkte liegen in den Bereichen »Frauen in anderen Kulturen« und »Behinderung in anderen Kulturen« (Heinemann/Groef 1997). Bei einem einjährigen Forschungsaufenthalt in Jamaika untersuchte Heinemann das Thema »Kultur und Behinderung in Jamaika«. Aus dieser Forschungsarbeit entstand das Buch *Das Trauma der Versklavung. Eine ethnopsychoanalytische Studie über Persönlichkeit, Magie und Heilerinnen in Jamaika* (1990) das in einer neu bearbeiteten Ausgabe 1997 unter dem Titel *Das Erbe der Sklaverei. Eine ethnopsychoanalytische Studie in Jamaika* erschien. Ein weiteres ethnopsychoanalytisches Forschungsfeld fand Heinemann in Palau, einer pazifischen Inselkette, wo sie ihre Untersuchung in einer matrilinear organisierten Gesellschaftsstruktur durchführte. Die Ergebnisse wurden in der Publikation *Die Frauen von Palau. Zur Ethnoanalyse einer mutterrechtlichen Kultur* veröffentlicht (Heinemann 1995). 1996 reiste Heinemann nach Tonga und führte dort eine zweimonatige Feldforschung mit dem Schwerpunkt »Kultur und Transsexualität« durch. Das bei dieser Untersuchung gewonnene Material floß in eine Arbeit über Inzesttabu und Transsexualität in Tonga ein. »»Fakafefine‹: Männer, die wie Frauen sind« (Heinemann 1998) zeigt an Hand von ethnopsychoanalytisch orientierten Gesprächen, wie in einer polynesischen Kultur transsexuell erzogene Jungen gewissermaßen als Negativbild männlicher Entwicklung auf die Einhaltung des Inzesttabus und die Trennung der Geschlechter verweisen, um die traditionell und kulturell erwünschte Identifikation mit dem mütterlichen Clan und dem an der Spitze stehenden Geschwisterpaar zu erreichen. Evelyn Heinemann war Mitorganisatorin von vier Tagungen zur Ethnopsychoanalyse, die 1991 und 1992 in Nürnberg, sowie 1995 und 1997 an der *Johannes Gutenberg-Universität* in Mainz stattfanden (Heinemann/Krauß 1992, 1995). Zur Zeit forscht sie im Raum Mainz über Aufmerksamkeitsstörungen mit und ohne Hyperaktivität bei Jungen und Mädchen aus ethnopsychoanalytischer Perspektive (Heinemann/Hopf 2001; Heinemann 2002).

Die Psychologin Sigrid Awart führte 1990/1991 eine deskriptive Feldforschung über die psychische Verarbeitung des Kulturwandels von Frauen in Lihir (Papua Neuguinea) durch (Awart 1993). Sie kommt bei der methodischen und theoretischen Auseinandersetzung mit ihrem Thema zum Schluß, daß die Ethnopsychoanalyse zur Untersuchung des Phänomens des Kulturwandels besonders gut geeignet ist, weil sie sich dezidierter als andere psychologische Konzepte mit der Wechselwirkung von Individuum, Gesellschaft und Kultur beschäftigt, Erklärungsmöglichkeiten für Psychopathologien anbietet und von einer interaktiven Forschungspraxis ausgeht. Durch einen offenen Zugang, unter Verwendung qualitativer Methoden, wie etwa biographischer Interviews oder Inhaltsanalysen von Schulaufsätzen sowie Selbstreflexion in Tagebüchern, Briefen und Gesprächen, versuchte Awart die Subjektivität der Befragten und der Forscherin in ihre Studie einzubeziehen. So konnte sie einerseits durch die Darstellung ihrer eigenen Projektionen und Ängste in Bezug auf die Bewohner Lihirs Verzerrungen ihrer Wahrnehmung während des Forschungsprozesses aufzeigen sowie andererseits durch die Beschreibung der unterschiedlichen Erwartungen, Projektionen und anderer gefühlsmäßiger Einstellungen der Beforschten in Bezug auf die Ethnologin Hinweise auf unterschiedliche Umgangsformen mit dem Fremden geben. Bei einer zweiten Forschung 1996/97 dokumentierte sie die massiven Veränderungen durch den Bau einer Goldmine während ihrer Abwesenheit. Sie stellte fest, daß die Bevölkerung Lihirs die Fähigkeit hat, die so gegensätzlich erscheinende »moderne Welt« mit der »traditionellen Kultur« zu verbinden und daß die psychische Verarbeitung des Verarbeitung des Kulturwandels individuell sehr unterschiedlich ist (Awart 1998). Von 1994 bis 1998 führte Sigrid Awart auch mehrere Studien in Österreich durch, wie etwa über die Wiener Drogenszene, die berufliche Integration von Suchtmittelabhängigen und über Geistheiler und ihre Klientel. 1999 arbeitete Awart an einem qualitativen Forschungsprojekt über den informellen Arbeitssektor in Dakar/Senegal (Awart 1999, 2000, 2000a). Sie wandte auch bei ihren in der eigenen Kultur durchgeführten Untersuchungen das von Maya Nadig entwickelte Verfahren der »ethnopsychoanalytische Begleitung« an, mit dem es möglich ist, Verzerrungen durch Vorannahmen, Einstellungen und Affekte des Forschers nachvollziehbar und handhabbar zu machen.

Ute Meiser forschte in Polynesien auf der Insel Tonga. Die polynesisch-tonganische Kultur und Lebenswelt wird durch zahlreiche traditionelle Tabus geregelt, die häufig im Widerspruch zum Kulturwandel stehen. Bei ihrer ethnopsychoanalytischen Interpretation von Gesprächen und Beziehungsverläufen mit Tonganerinnen wird deutlich, wie die Frauen auf diese Konflikte mit eigenen und kreativen Lösungen reagieren. In ihrer Studie geht Meiser besonders auf den traditionellen und modernen Umgang mit Krankheit, Beeinträchtigung, Rehabilitation und Heilung und den Wandel des Schul- und Gesundheitssystems ein (Meiser 1995, 1996, 1999). Ihre Forschungsmethode bezieht sich auf das »szenische Verstehen«. Sie vereint Elemente aus der »Lebensweltanalyse« und des »dialogischen Wissenschaftsverständnisses« und benutzt die Auswertung der Gegenübertragung und die zeitliche Abfolge von Inhalten, die ihr während des Gespräches vermittelt werden, als weitere Erkenntnisquellen. Sie zeigt auf, wie wichtig eine genaue Konzeption, ein Setting und ein Abgrenzungskonzept in dieser Art von Forschung ist, die sie als »ethnopsychoanalytische Beziehungsanalyse« bezeichnet (Meiser 1997).

Die hier skizzierten ethnopsychoanalytisch orientierten Forschungen von Lise Tripet, Markus Weilenmann, Claudia Roth, Christian Maier und Alf Gerlach, sowie von Hans Bosse, Evelyn Heinemann, Sigrid Awart und Ute Meiser sollen beispielhaft auf die verschiedenen methodischen und theoretischen Zugänge und auf die unterschiedlichen Kulturen und möglichen Themenstellungen hinweisen, die bei der Anwendung ethnopsychoanalytischer Konzepte ins Blickfeld geraten können und in Betracht gezogen werden müssen. Zentral bleiben dabei Elemente des psychoanalytisch strukturierten Forschungsgesprächs, die Analyse von Übertragungs- und Gegenübertragungsprozessen und die Beachtung der subjektiven Erfahrungen und Reaktionen, die im Spannungsfeld zwischen der eigenen und der fremden Kultur in der Feldforschungssituation entstehen.

Einige weitere Arbeiten möchte ich hier noch nennen: Daniel Stutz (Stutz/ Erdheim 1991) führte im Rahmen einer ethnologischen Feldforschung über sieben Monate hinweg mit einem jungen Ecuadorianer ethnopsychoanalytische Gespräche und leitete daraus Thesen zur Problematik von Adoleszenz, Familie und Kultur ab; auf die Schuldgefühle und Ängste, die bei einem ethnologischen Feldforschungsprojekt auftreten können, geht die psychoanalytisch orientierte Ethnologin Anna Bally ein. Sie forschte eineinhalb Jahren im Hochland des südlichen Sumatra in Indonesien, während dieser Zeit führte sie mit vier Frauen ethnopsychoanalytische Gespräche (Bally 1992); Edith Brenner, eine Züricher Ethnologin und Psychoanalytikerin, hat in Nicaragua in einem armen Stadtviertel von Managua mit Frauen und Männern ethnopsychoanalytisch geforscht und diese Gespräche unter dem Aspekt der Frage der Elternschaft ausgewertet (Brenner 1993, 2002); Elisabeth Rohr analysierte ihre Forschungserfahrungen bei der Untersuchung religiöser Sekten in Lateinamerika und die geschlechtsspezifischen Reaktionsweisen in Feldforschungssituationen (Rohr 1992, 1993; Rohr/Jansen 2002); Nasrin Siege hat eine Studie über die Veränderungen im Gruppen-Ich einer tansanischen Frau vorgelegt und über ihre Arbeit mit Straßenkindern berichtet (Siege 1993, 1995, 1999). Eine Auswahl der thematisch und methodisch weit gestreuten Untersuchungen bieten die bisher erschienenen sechs Bände der Reihe »Ethnopsychoanalyse«, in der auch die hier genannten Autorinnen und Autoren publizierten (Apsel et al. 1990, 1995, 1998; Blum et al. 1991; Sippel-Süsse et al. 1993, 2001).

3. Die Ethnopsychoanalyse in der eigenen Kultur

3.1. Die Auswirkungen der ethnopsychoanalytischen Erfahrungen auf die Theorie und Praxis der Psychoanalyse und das Verfahren der ethnopsychoanalytischen Erfassung gesellschaftlicher Verhältnisse

Die sozialen und politischen Bedingungen für die Ausarbeitung und Anwendung der gesellschaftskritischen Aspekte der Psychoanalyse hatten sich Anfang der 70er Jahre – mit umgekehrten Vorzeichen im Vergleich zu denen der 50er Jahre – verändert. Alexander Mitscherlich, Peter Brückner, Igor A. Caruso, Horst-Eberhard Richter, Alfred Lorenzer, Klaus Horn, Helmut Dahmer und die Züricher Ethnopsychoanalytiker wurden zu Exponenten dieser Entwicklung. Letztere hatten in diesem Kontext ihre ethnopsychoanalytischen Erfahrungen und Erkenntnisse im Hinblick auf die eigene Sozietät auszuwerten begonnen. Die Züricher Psychoanalytiker hatten zwar weitere ethnopsychoanalytische Forschungen geplant, doch Paul Parin und Goldy Parin-Matthèy konnten sie aus Gründen ihres Engagements in der eigenen Gesellschaft und der mit ihrem Alter nicht mehr zu vereinbarenden Anstrengungen nicht mehr durchführen. Fritz Morgenthaler hielt sich 1979/1980 für eine weitere ethnopsychoanalytische Untersuchung bei den Iatmul in Papua-Neuguinea auf. Er starb 1984 auf einer Reise in Äthiopien.

Die ethnopsychoanalytischen Beobachtungen und Untersuchungen, die in den Jahren 1954 bis 1971 in Westafrika gemacht wurden, haben zu »Einsichten über bis dahin unerkannte oder zu wenig beachtete Zusammenhänge gesellschaftlicher Einrichtungen mit unbewußten Prozessen« geführt, die sich »geradezu aufdrängten« (Parin 1989c, S. 103). Diese Erfahrungen standen im Wechselverhältnis mit der psychoanalytischen Tätigkeit und ihrem wissenschaftlichen und gesellschaftlichen Kontext in der eigenen Kultur. Im Zeitraum vor und während der Untersuchungen in Westafrika wurden eine Reihe von Arbeiten publiziert, die nicht direkt mit der Entwicklung des ethnopsychoanalytischen Verfahrens verbunden sind und verschiedene Aspekte der psychoanalytischen Praxis behandeln: zur Frage der Indikation, der Gegenübertragung und der Abwehrmechanismen; zur Psychoanalyse der Sexualstörungen, der Homosexualität und der Perversion (Parin 1952a, 1958b, 1960a, 1960b, 1961a, 1961b, 1966b; Parin-Matthèy 1962; Morgenthaler 1951, 1952, 1961). Mit den ersten Reisen und deren Auswertungen beginnen die ethnopsychoanalytischen Gemeinschaftsarbeiten, die bis zum Ende der 60er Jahre um die Erfahrungen bei den Dogon zentriert sind. Mit der Studie über die Agni, die 1971 veröffentlicht wurde, nimmt die Ausarbeitung, Darstellung und Anwendung des ethnopsychoanalytischen Ansatzes in der Publikationstätigkeit der Autoren den breitesten Platz ein. Die ethnopsychoanalytischen Anschauungen wurden

> »bei den Afrikanern und gleichzeitig und danach bei unseren Analysanden in der Schweiz in direkten Untersuchungen von Individuen entwickelt. Dabei haben wir die psychoanalytische Theorie, oder Metapsychologie von Sigmund Freud, seinen Mitarbeitern und Nachfolgern vorerst unverändert angewandt. Erst wenn sich diese Theorie einmal nicht eignete, um unsere Beobachtungen zu erklären, haben wir sie modifiziert, etwas hinzugefügt, anderes weggelassen oder abgeändert. So kommen wir natürlich nicht zu einer neuen, geschlossenen Theorie. Doch wirken unsere Hypothesen und Annahmen auf die psychoanalytischen Anschauungen zurück, beeinflussen unser Handeln als Analytiker, können anderen Analytikern vielleicht helfen, die Probleme ihrer Analysanden besser zu verstehen« (Parin 1980c, S. 6).

Parin stellte zusammenfassend fest, was bei den ethnopsychoanalytischen Untersuchungen offensichtlich geworden ist:
– daß es eine kulturunabhängige Normalität nicht gibt
– daß jede Abwehr (auch solche, die bei uns pathologisch genannt wird) unter Umständen Ich-synton ist
– daß nicht nur die Erlebnisse der frühen Kindheit, sondern in hohem Maße die Adoleszenz und gesellschaftliche Einwirkungen auf das erwachsene Individuum das Seelenleben tiefgehend mitbestimmen
– daß dem Analytiker Rollenerwartungen und Rollenprojektionen zukommen, die in die Analyse einbezogen werden müssen, damit sich die Übertragung jeweils optimal entfalten und äußern kann
– daß sich eine genügende emotionale Offenheit nur einstellt, wenn der Analytiker es zuläßt, die genannten Gegebenheiten zu beachten (Parin 1995b).

Parin beschreibt auch die bei den Forschern eingetretenen Veränderungen:

»Als Psychoanalytiker sind wir wegen der lebendigen Erfahrung mit Afrikanern freier und mutiger geworden, besser im Stande, auf die sozialen Beziehungen unserer Analysanden in Europa einzugehen, und weniger geneigt, ein Verhalten, das von unserem eigenen abweicht, als krankhaft anzusehen. Das hat auch auf unsere theoretischen Anschauungen zurückgewirkt« (Parin/Morgenthaler/Parin-Matthèy 1993c, S.18).

Zu den grundlegenden Annahmen des ethnopsychoanalytischen Ansatzes, die gleichzeitig zum Bestand der psychoanalytischen Theorie gerechnet werden, gehörte die Auffassung der einheitlichen Triebausstattung des Menschen, bei deren Ausformung jedoch die biologischen Momente gegenüber den kulturellen Bedingungen zurücktreten, und die auf Freud zurückgehende Erkenntnis, daß es im Psychologischen keine wissenschaftlich nachweisbaren Unterschiede zwischen normal und anormal, gesund und krank geben kann.
Die Auffassung des Ich in der von Freud entwickelten Strukturtheorie und das von Anna Freud (1936) und von Hartmann, Kris und Loewenstein (1949) weiterentwickelte Konzept der psychoanalytischen Ich-Psychologie eignete sich als theoretische Basis für die Ethnopsychoanalyse als Konfliktpsychologie, mit der das psychoanalytische Studium der Veränderung und Veränderbarkeit des Menschen in unterschiedlichen gesellschaftlichen Verhältnissen betrieben werden konnte (Parin 1978f, S. 188).
Die psychoanalytischen Untersuchungen bei den Dogon und den Agni hatten die Wirkung der gesellschaftlichen Kräfte im Individuum unmittelbar deutlich werden lassen. Diese Erfahrungen schufen die notwendige Distanz, um bei der psychoanalytischen Arbeit in der eigenen Kultur die komplexen gesellschaftlichen Prozesse zu erfassen und in die psychoanalytische Theorie und Praxis miteinzubeziehen. Auf der theoretischen Ebene wurde dem insofern Rechnung getragen, als die psychoanalytische Ich-Psychologie um das Konzept der Anpassungsmechanismen des Ichs erweitert wurde. »Gruppen-Ich« und »Clangewissen« wurden in der fremden Kultur als Formen von »Anpassungsmechanismen« abgeleitet, die »das Ich in ähnlicher Weise von der ständigen Auseinandersetzung mit der Außenwelt entlasten, wie die Abwehrmechanismen das gegenüber den abgewiesenen Triebansprüchen leisten« (Parin 1977a, S. 485). Nun wurde dem Vorhandensein und dem Funktionieren von Anpassungsmechanismen in der eigenen Kultur nachgegangen, was zur Elaborierung der »Identifikation mit der Ideologie einer Rolle« führte. Damit konnte die soziale Umwelt nicht mehr wie bisher als

unveränderliche Größe angesetzt werden, sondern es war möglich, unterschiedliche soziale und gesellschaftliche Gegebenheiten und Verhältnisse in der Struktur und für die Funktion des Ichs zu studieren und so die Leistungen des Ichs in einer sich verändernden und auf es einwirkenden Umwelt zu bestimmen.

»Während man die Abwehrmechanismen als Niederschlag (oder als das im Ich errichtete Erbe) der kindlichen Triebkonflikte ansehen kann, sind die Anpassungsmechanismen ein viel direkterer Ausdruck dessen, daß die soziale Umwelt in die Ichstruktur eingreift: Sie werden zwar ebenfalls in der Kindheit angelegt. Zeitlebens bleiben sie aber sozialen Kräften unterworfen« (Parin 1977a, S. 489).

Praxis und Technik der Deutungsarbeit veränderten sich durch die Einbeziehung der Anpassungsmechanismen, was von Parin als »Gesellschaftskritik im Deutungsprozeß« zusammengefaßt wurde. Diese »ethnopsychoanalytische« Erweiterung der Psychoanalyse ermöglichte eine umfassendere psychoanalytische Untersuchung des Einzelnen in seiner Gesellschaft. Die Hindernisse bei der Ausarbeitung des Verfahrens lagen nicht auf der theoretischen Ebene oder in den Grundannahmen der psychoanalytischen Theorie, die in ihren Ansätzen, etwa dem Konzept der Verdrängung oder der Auffassung des Über-Ich, die Wirkung gesellschaftlicher Kräfte berücksichtigt hatte, sondern vielmehr in den Umständen, unter denen die psychoanalytische Forschung in der eigenen Kultur betrieben wurde:

»Der psychoanalytische Beobachter gehörte immer der gleichen Gesellschaft und oft der gleichen Klasse an wie sein Analysand, den er untersuchte, und beide hatten mehr oder weniger die gleiche Sozialisation durchgemacht. Die nötige Distanz zur Erfassung gesellschaftlicher Prozesse war kaum zu gewinnen. Zumindest diese eine Schwierigkeit fällt weg, wenn man das Instrument der Psychoanalyse auf Angehörige eines anderen Volkes anwendet, besonders wenn man sich damit außerhalb dessen begibt, was man den ›abendländischen Kulturkreis‹ genannt hat. Dann tritt der Zusammenhang gesellschaftlicher Einrichtungen und Prozesse mit psychischen Strukturen und Funktionen ungleich klarer hervor« (Parin 1976a, S. 2).

Mehrere Arbeiten von Paul Parin analysieren dies am Beispiel der Psychoanalyse als Institution (Parin 1978e, 1983c, 1984b, 1985c, 1990c; Erdheim 1988).

Die Übersichtlichkeit der psychosozialen Zusammenhänge in der Welt der Dogon und der Agni und der Eindruck, daß ihr soziales Gefüge dem Menschen besser zu entsprechen scheint als bei uns, kontrastierte mit der in der abendländischen Kultur vorherrschenden Situation.

»Im Gegenteil scheint die Ausdehnung des Kulturkreises, die Veränderung der Produktionsweisen, die Vielfalt und Unübersichtlichkeit der sozialen Bezüge und der beschleunigte Wandel der Werte und wirksamen Institutionen trotz der Vermehrung der Informationsquellen die Fähigkeit relativ herabgesetzt zu haben, die menschliche Umwelt zu verstehen und zu erklären« (Parin/Morgenthaler/Parin-Matthèy 1971a, S. 552f.).

Dieser Beschränkung der Fähigkeit, die eigene Gesellschaft und ihre Einrichtungen richtig zu sehen,

»begegnet die Ethnopsychoanalyse dadurch, daß sie Distanz nimmt. Sie macht aus der Not der Verschiedenheit der Völker eine Tugend, sieht sie als fertig aufgestelltes natürliches Experiment an. Das Gesellschaftsgefüge der Agni erscheint uns übersichtlicher als das unsere, weil es kleiner und vielleicht weniger kompliziert gebaut ist, und weil wir es gleichsam von außen studieren können« (Parin/Morgenthaler/Parin-Matthèy 1971a, S. 551).

Bei den Forschungen in Westafrika war es notwendig, »die jeweilige gesellschaftliche Wirklichkeit unserer Gesprächspartner von Grund auf neu zu studieren« (Parin 1975a, S. 109). Wie tief Gesellschaftliches in die Psyche jener Menschen eingriff, haben die aus den Beobachtungen hervorgehenden Annahmen und metapsychologisch beschriebenen psychischen Strukturen und Funktionen, zum Beispiel der Instanzen »Gruppen-Ich« und »Clangewissen« bei den Dogon und Agni, gezeigt. Analog dazu sollte der Analytiker bei den Patienten seiner eigenen Kultur erkennen können,

»welche Einflüsse die Makrosozietät eines Volkes, einer Klasse, einer sozialen Schicht auf seinen Analysanden ausgeübt hat und noch ausübt. Er muß in Betracht ziehen, daß ein Beamter nicht nur nützliche organisatorische Funktionen hat, sondern daß er Mitmenschen durch seine Macht unterdrückt, daß ein Unternehmer nicht nur einen interessanten und initiativen Beruf hat, sondern auch Herrschaft ausübt und Ausbeutung betreibt, daß ein Industriearbeiter nicht nur eine eintönige manuelle Beschäftigung ausübt, sondern dabei das Ausführungsorgan eines ihm fremden und feindlichen Interesses ist. Erst mit solchem Wissen kann die Ich-Analyse an die Deutung der zur Anpassung dienenden Mechanismen herangehen; das heißt, es können jene Anteile des Ich analysiert werden, die durch Angleichung geformt oder deformiert worden sind« (Parin 1975a, S. 101).

Die in den Kapiteln »Metapsychologie« und »Ethnopsychoanalyse: ein Studium des Menschen in seiner Gesellschaft« in der Untersuchung über die Agni (Parin / Morgenthaler/Parin-Matthèy 1971a) begonnene theoretische Ausarbeitung der vergleichenden Psychoanalyse wurde in einer Reihe von Publikationen fortgesetzt, die zum überwiegenden Teil in den Aufsatzsammlungen *Der Widerspruch im Subjekt* (Parin 1978a, 1992a) und *Subjekt im Widerspruch* (Parin/Parin-Matthèy 1986a, 1988a, 2000a) enthalten sind. Sie beinhalten die Ableitungen der Modifikationen und Erweiterungen der psychoanalytischen Theorie und Praxis durch die ethnopsychoanalytischen Erfahrungen und die Anwendungen des ethnopsychoanalytischen Verfahrens für die Sozialpsychologie und Kulturkritik der eigenen Gesellschaft. Dies kennzeichnet die Verbindung der Ethnopsychoanalyse mit einer gesellschaftskritischen Psychoanalyse.

Unter den Bedingungen fremder Kulturen und mit veränderten Parametern des psychoanalytischen Settings (Ort, Bezahlung, Sitzordnung) war es gelungen, psychoanalytische Prozesse einzuleiten, in Gang zu setzen und zu studieren. Diese Erfahrungen mit einer variablen Praxis, einer für Veränderungen offenen Theorie und einer gleichbleibenden Methode wirkten sich auf die psychoanalytische Arbeit in der eigenen Kultur aus. Die psychoanalytische Deutungsarbeit und -technik konnten erweitert werden, der psychoanalytische Prozeß und sein Verlauf rückten in den Mittelpunkt der Überlegungen. Diese Reflexionen hat Fritz Morgenthaler in seinem Buch *Technik. Zur Dialektik der psychoanalytischen Praxis* (Morgenthaler 1978, 1991) beschrieben.

> »Statt das Tun des Analytikers, wie es bisher zumeist geschehen ist, ›idealistisch‹ in der dünnen Luft einer wertfreien Wissenschaft anzusiedeln, in der das ›Setting‹, die Zeit, der Ort, die Person des Analytikers nur als vorgegebene unveränderliche oder nicht diskutierbare Rahmenbedingungen vorkommen, zeigt der Autor, daß es notwendig und unvermeidlich ist, alle jene ›nichtinterpretierbaren‹ Vorgänge mitzudenken und in den Prozeß der Deutung miteinzubeziehen« (Parin 1986d, S. 9).

Morgenthaler hat seine Überlegungen auf der Ebene der Metapsychologie geführt. Er widmete sich neben der Ausarbeitung einer Theorie der Technik der Erweiterung der psychoanalytischen Theorie der Sexualität und des Traumes. In den Deutungsprozeß wurden bei der Analyse der Abwehrmechanismen »normale«, unauffällige Züge der Analysanden einbezogen, um rollenkonforme, angepaßte, sozial nicht störende oder auffällige Einstellungen des Ichs zu analysieren, die als Abwehr wirkten. Dabei wurde die Kritik gesellschaftlicher Einrichtungen miteinbezogen. Diese Deutungsarbeit erweiterte auch das Feld der Übertragung. Rollenverhalten und Rollenzuschreibungen des Analytikers, seine Ideologie und seine schichtspezifischen Besonderheiten wurden für Deutungen zugänglich.

Die Orientierung am psychoanalytischen Prozeß als einem Prozeß der Konfliktbewältigung (und nicht der Heilung) hat die Verzerrungen und Vorurteile erkennbar und korrigierbar gemacht, die durch die Medizinalisierung der Psychoanalyse entstanden sind, die sich durch die historische Entwicklung und die gesellschaftliche Anpassung der Psychoanalyse in ihrer klinischen Theorie und Technik herausgebildet hatten. »Wir finden, daß viele Zeiterscheinungen in der Psychoanalyse keine andere Deutung zulassen, als daß sich Medicozentrismus und Normdenken der Analyse immer mehr bemächtigen« (Parin/Parin-Matthèy 1983d, S. 105).

»Die Ethnopsychoanalyse versucht, mittels der psychoanalytischen Methode gesellschaftliche Verhältnisse, politische, ideologische und andere soziale Erscheinungen aufzuklären« (Parin 1978g, S. 633). Das ethnopsychoanalytische Instrumentarium kann bei der Betrachtung und beim Studium gesellschaftlicher Macht-, Herrschafts- und Unterdrückungsverhältnisse, herrschender Ideologien und Institutionen, die zu ihrer Aufrichtung und Sicherung immer einen psychologisch wirksamen Faktor der Unbewußtheit produzieren, sowie bei der Untersuchung historischer Phänomene, hilfreich sein. Mit ihm können die Mechanismen der Ausübung von Macht und ihre Wirkung auf die Psyche der Beherrschten und Mächtigen analysiert werden. Seine Verwendung versteht sich als Fortsetzung und Erweiterung der psychoanalytischen Kultur- und Gesellschaftskritik. Die Anwendung beruht nicht auf der direkten psychoanalytischen Beobachtung, verwendet aber Deutungen unter Einbeziehung der Subjektivität des Beobachters. »Noch heute ist es mir ein emotionell hochbesetztes Bedürfnis, die unheilvollen Folgen von politischer, sozialer, rassischer Unterdrückung aufzudecken« (Parin 1985b, S. 195). Die Ethnopsychoanalyse wird als wissenschaftliches Werkzeug eingesetzt, mit dem auch politische Schlußfolgerungen gezogen werden.

»Man nimmt das gesellschaftliche Verhältnis, versucht eine ›wilde‹ Deutung und untersucht, in einem zweiten Schritt, ob diese Deutung anderen Erscheinungen der untersuchten Verhältnisse widerspricht oder mit ihnen übereinstimmt. Dabei ist es unerläßlich, die historischen Veränderungen zu berücksichtigen. Eine Betrachtung, die gesellschaftliche Verhältnisse als unverändert oder zeitlos ansieht, führt zur Beliebigkeit, das heißt zur Unmöglichkeit jeder Deutung, vergleichbar mit einer Analyse, in der Analytiker und Analysand ihre Abwehrsysteme nicht verändern würden« (Parin/Parin-Matthèy 1988b, S. 870).

Die Darstellung des ethnopsychoanalytischen Ansatzes ging schrittweise vor sich und war von einem Diskussionsprozeß begleitet, der praktizierende Psychoanalytiker ebenso einbezog wie die im engeren Sinne an dem Thema interessierten Sozialwissenschafter und die Teilnehmer des »Interdisciplinary Colloquium on Psychoanalytic Questions and Methods in Anthropological Fieldwork«, das ab 1967 von der *American Psychoanalytic Association* jährlich veranstaltet wurde.

»Ich ließ mich von der Vorstellung leiten, daß es darauf ankäme, zuerst Widerstände der praktizierenden Analytiker zur Sprache zu bringen. Es schien mir, daß von der althergebrachten, durch viele Faktoren vom politischen und gesellschaftlichen Geschehen isolierten täglichen Praxis der Psychoanalytiker/innen Widerstände ausgingen und daß nach deren Bearbeitung ernsthafte Fragen, Probleme, Bedenken diskutiert werden könnten. Obwohl ein Großteil des Materials, insbesondere das Konzept der Anpassungsmechanismen, im Kopf und zum Teil schriftlich vorbereitet war, habe ich zuerst ›Gesellschaftskritik im Deutungsprozeß‹ in mehreren psychoanalytischen Institutionen vorgetragen und 1975 als eine Kritik der täglichen Routine und Praxis veröffentlicht. Der Erfolg blieb nicht aus. Es wurde äußerst lebhaft diskutiert. Ganz scheinen mir auch heute irrationale Ängste, die ›reine‹ Analyse zu verwässern oder zu kontaminieren, vom Idealbild Freud abzuweichen (dessen ›Billigung‹ ich mir freilich zugesichert hatte), die Patienten zu indoktrinieren, statt sie aufzuklären, u.ä. nicht überwunden« (Parin 1989c, S. 103f.).

Die Ethnopsychoanalyse setzte die Tradition der psychoanalytischen »Epoche der Entdeckungen und großzügigen Spekulationen über gesellschaftliche Verhältnisse und Veränderungen« auf ihre Weise fort: »Von großzügigen Verallgemeinerungen kehrt sie zurück zu Einzeluntersuchungen und gleichzeitig versucht sie, ihr theoretisches Rüstzeug zu verfeinern und zu ergänzen« (Parin 1980c, S. 12). Parin erinnerte dabei an die Entstehung der kulturkritischen Arbeiten von Sigmund Freud:

»Erkenntnisse, die sich in einigen wenigen therapeutischen Analysen (einschließlich seiner Selbstanalyse) ergeben hatten, waren das geistige Rüstzeug, mit dem Freud seine vielfältige und tiefschürfende Kulturkritik unternahm. Man kann ihm da und dort die direkte oder allzu direkte Anwendung psychoanalytischer Deutungen, Analogieschlüsse, Extrapolationen vom Individuellen auf die Gemeinschaft, ja auf die gesamte Kulturentwicklung nachweisen. Im ganzen jedoch hat ein neues Denken, eine bis dahin unerhörte Art, menschliche Verhältnisse zu verstehen, die Gültigkeit seiner Kulturkritik begründet ... Die Ethnopsychoanalytiker ... stützen sich zumeist auf Erkenntnisse in Einzelanalysen von Individuen, die etwas gemeinsames haben ... Der Sprung vom Individuum zur Kultur rechtfertigt sich nicht durch die kausale Stringenz oder statistische Gültigkeit von Beobachtungsdaten. Der heuristische Wert solcher Untersuchungen beruht auf der vielfach gesicherten Annahme, daß sich gesellschaftliche Verhältnisse jedenfalls auch im bewußten und unbewußten Seelenleben der Subjekte geltend machen, die dem betreffenden Gesellschaftsgefüge angehören und in ihm sozialisiert worden sind« (Parin 1985b, S. 194).

Die Aufgabe, das Zusammenspiel psychischer Vorgänge und gesellschaftlicher Prozesse mit den Mitteln der Psychoanalyse zu erfassen, hat in der psychoanalytischen Bewegung Tradition. Sigmund Freud versuchte in seiner *Massenpsychologie und Ich-Analyse* im Jahre 1921 eine Antwort auf diese Fragestellung zu finden und legte damit den Grundstein zur psychoanalytischen Sozialpsychologie. Im 1923 ausformulierten Strukturmodell (Es, Ich, Über-Ich) vermittelt das Über-Ich die von der sozialen Realität ausgehenden Verdrängungen. Ein Teil der sozialistischen und kommunistischen Psychoanalytiker und Psychoanalytikerinnen hatten ein politisch motiviertes Interesse an der wissenschaftlichen Aufklärung des Verhältnisses von Individuum und Gesellschaft und unternahmen verschiedene Versuche einer Konzeptualisierung (Otto Gross, Otto Fenichel, Wilhelm Reich, Siegfried Bernfeld, Erich Fromm, Edith Jacobson, Annie Reich, Berta Bornstein u.a.). Diese Zusammenhänge sind für die Entwicklung ethnopsychoanalytischer Fragestellungen problemgeschichtlich interessant. Auch in der Ethnopsychoanalyse wurde die Erfassung des Zusammenspiels psychischer Vorgänge und gesellschaftlicher Prozesse ausschließlich mit dem theoretischen und methodischen Instrumentarium der Psychoanalyse selber bewerkstelligt.

»Ganz bescheiden ist die Ethnopsychoanalyse, dem ethnologischen Verfahren folgend, in den noch einigermaßen vorkapitalistisch organisierten Gesellschaften von der Produktionsweise ausgegangen, hat die marxistische Gesellschaftstheorie angewandt, aber alle Institutionen, von den einfachsten, der Familie, den Heiratsregeln, den Arbeitsverhältnissen angefangen bis zu den scheinbar esoterischen, wie Traditionen, Mythen, Wertsystemen und Religionen einer neuen ökonomisch-historischen *und* psychologischen Analyse unterzogen« (Parin 1980c, S. 16).

Die Untersuchung der äußeren Verhältnisse, des gesellschaftlichen Umfeldes

»müssen wir genauer untersuchen, als es einerseits die Psychoanalyse, andererseits Soziologie und Gesellschaftstheorie bisher getan haben. Die Psychoanalyse hat sich, entsprechend ihrer Entdeckung, wie ausschlaggebend die emotionalen und sexuellen Erfahrungen in der Kindheit sind, bei der Erforschung des Sozialen im Wesentlichen auf die entsprechende Institution, die Familie als Umwelt, beschränkt und darüber hinaus nur ganz große allgemeingültige Phänomene der Kultur und ihrer geschichtlichen Entwicklung mit dem Seelischen in Beziehung gesetzt. Es gibt einige Ausnahmen: Freuds Untersuchung über unorganisierte und institutionalisierte Massen, die Analyse von sogenannten Kriegsneurosen und von psychischen Schädigungen der in Konzentrationslager Verschleppten und ihrer Nachkommen. Dann hat Erikson in seiner Lehre von der Identitätsfindung den Eintritt ins erwachsene Leben und den Beruf beachtet. Die Familientherapeuten haben den Einfluß der Familie und ihrer Ideologie durch mehrere Generationen studiert. Andere haben die Auswirkungen von Gruppenprozessen miteinbezogen. Doch hängen diese alle, soziologisch, ökonomisch und politisch gleichsam in der Luft: die Familie der klassischen Analyse, Eriksons Erwachsener, der seine Identität gefunden hat, die Generationenfamilie der Familientherapie, die psychoanalytisch durchleuchteten Klein- und Großgruppen befinden sich in einer Umwelt, die als naturgegeben und unveränderlich angenommen wird, der man gegenübersteht als einem gemeinen Unglück, die man fürchten, akzeptieren, an die der Einzelne oder die Gruppe sich anpassen muß. Für den jeweiligen begrenzten Untersuchungszweck mag das hingehen. Die Dialektik, die sich immer und während des ganzen Lebens, am deutlichsten im Arbeitsprozeß und in den Widersprüchen der Klassengesellschaft zwischen dem Subjekt und den objektiven Verhältnissen abspielt, kann so nicht erfaßt werden« (Parin 1980c, S. 15).

Diese Vorgangsweise hat die Ethnopsychoanalyse analog zur Erforschung der Dialektik im Inneren des Individuums in bezug zu den materiellen und kulturellen Bedingungen übernommen und daraus eine Regel abgeleitet:

> »In einer Klassengesellschaft genügt es für die psychoanalytische Forschung nicht, ganze Völker, Ethnien oder sonstwie konstituierte Gruppen ins Auge zu fassen. Nur Untersuchungen innerhalb einer Klasse und da wiederum nur in ökonomisch und soziologisch einheitlichen Schichten, können zur Ableitung einigermaßen gültiger Gesetzmäßigkeiten und Verallgemeinerungen führen. So haben Goldy Parin-Matthèy und ich selber bei der psychoanalytischen Untersuchung von Schweizern und Süddeutschen uns auf eine genau umschriebene Schicht des gebildeten Kleinbürgertums beziehen müssen, um typische psychologische Unterschiede herauszuarbeiten, bei denen die Dynamik von Sozialisationsprozessen eine unterschiedliche seelische Entwicklung zur Folge hat« (Parin 1980c, S. 17).

Die theoretische Erfassung der Beobachtungen basierte auf zwei Prinzipien: »Erstens empfehlen wir, die dialektisch-materialistische Gesellschaftstheorie anzuwenden, und zweitens, bei der Untersuchung psychischer Prozesse auf die Unterscheidung des funktionellen Gesichtspunktes vom genetischen zu achten« (Parin 1975a, S. 109).

Beim ersten Prinzip wird darauf Rücksicht genommen, daß die sich ständig verändernden Produktions- und Machtverhältnisse von Menschen gemacht werden und von ihnen auch verändert werden können und daher nicht als unveränderbar beschrieben werden dürfen. Nur ein diachrones funktionelles System, wie es im dialektischen Materialismus vorliegt, kann mit dem diachronen Entwicklungsmodell der Psychoanalyse in Einklang gebracht werden, womit die der Sozialordnung zugrundeliegenden Gesetze und Kräfte, die auf den psychischen Apparat wirken, zur Anschauung gebracht werden können.

»Da in jeder Gesellschaft die bedeutendsten Konflikte von den Produktionsverhältnissen ausgehen, müssen diese von der verwendeten Gesellschaftstheorie erfaßt werden. Konflikte zwischen den Interessen des Individuums und jenen der Gesellschaft, die wir im psychischen Entwicklungsprozeß in Bezug auf die Beziehungspersonen und die Erziehungsmodalitäten würdigen, wirken – wie es die marxistische Gesellschaftstheorie und einige ethnologische Theorien feststellen – zeitlebens auf das Individuum ein. Sie gehen von Widersprüchen aus, die in der spezifischen gesellschaftlichen Organisation enthalten sind. Hat der historische Fortschritt die bestehenden Widersprüche überwunden, werden neue entstehen. Eine konfliktfreie Gesellschaft ist für die dialektisch-materialistische Geschichtstheorie ebenso undenkbar wie für die Psychoanalyse ein konfliktfreies Individuum. Widerspruchsfrei kann in beiden Theorien nur eine Utopie sein, die auf Erforschung der Realität verzichtet und sich auf Wunschdenken stützt« (Parin 1975a, S. 109).

Beim zweiten für die Untersuchung psychischer Prozesse empfohlenen Prinzip verweist Parin auf Hartmann, Kris und Loewenstein, die in den 50er Jahren die Unterscheidung des funktionellen Gesichtspunktes vom genetischen vorgeschlagen haben. Eine während der psychischen Entwicklung ausgebildete Struktur (z.B. ein Abwehrmechanismus oder ein Charakterzug) kann eine Funktion übernehmen, die von den Bedingungen ihrer Entstehung unabhängig ist. Sie kann einem anderen Zweck dienen als dem, der bei ihrer Entstehung gegeben schien. »Darum kann die gleiche dynamische Konstellation eine andere Funktion übernehmen, sobald die soziale Umwelt andere Anforderungen an den psychischen Apparat stellt – was wiederum zu intra- und interstrukturellen Änderungen Anlaß gibt« (Parin 1975a, S. 109ff.). Daraus ergibt sich folgendes Verständnis: Der Einfluß einer sozialen Situation kann Symptombildungen erzeugen, die sich durch Deutung der sozialen Bezüge verändern und die in der Folge auf ganz andere Entwicklungsschritte in der Kindheit zurückgeführt werden müssen, als es erst den Anschein hatte.

Die Ethnopsychoanalyse bietet das theoretische und methodische Instrumentarium, die von der klassischen Psychoanalyse als konstant angesetzte soziale Realität in ihrer Dynamik sehen zu lernen und in der Genese psychischer Konflikte und Konfliktlösungen angemessen zu erfassen. Sie geht von zwei Grundannahmen aus, durch die sie sich gleichzeitig von anderen Theorien unterscheidet, die menschliches Verhalten erklären wollen.

»Einerseits schreibt sie den Triebenergien, die zum Teil aus dem Unbewußten wirken, die Bedeutung zu, die ihnen die Psychoanalyse gibt. Dadurch unterscheidet sie sich von den Lerntheorien, von der klassischen marxistischen Gesellschaftstheorie und auch von den Lehren der Strukturalisten. Anderseits nimmt sie an, daß die Kräfte, welche von der Geschichtsschreibung, der Ethnologie und Soziologie studiert werden, die Evolution der Kulturen in Bewegung halten und daß sie nicht nur in der Makrosozietät ihre Wirkung entfalten, sondern bis in die verborgenen Regungen der individuellen Psyche hinein wirksam sind. Dies gilt für soziale Strukturen und für alle Produktionsverhältnisse, von den einfachsten, welche die Subsistenz garantieren, bis zu jenen politischen Strukturen, die im Dienste einer umfassenden und komplizierten Wirtschaftsordnung stehen. Dadurch unterscheidet sich die Ethnopsychoanalyse von den rein psychologischen Theorien, welche annehmen, daß es allein die Gesetze der menschlichen Psychologie sind, die – neben denen der Naturwissenschaften – die Natur und das Verhalten des Menschen erklären können« (Parin 1976a, S. 2f.).

Die Ethnopsychoanalyse bedient sich der psychoanalytischen Theorie, um den Ablauf und das Ergebnis der psychischen Entwicklung zu beschreiben, die je nach Kulturen, Subkulturen, Schichten oder Klassen verschieden ausfallen. In jeder ethnischen Einheit müssen verschiedene Einflüsse der »Umwelt« einbezogen werden; in der klassischen Psychoanalyse wurde diese »Umwelt« stillschweigend als immer gleich gegeben angenommen. Das Entwicklungs-»Modell« umfaßt schließlich auch Lernprozesse und Anpassungsvorgänge jeder Art und fällt etwa mit dem zusammen, was von der Soziologie mit Sozialisation bezeichnet wird.

»Das kulturspezifische psychoanalytische Modell umfaßt demnach das, was man in der klassischen Analyse als das Ergebnis der psychischen Entwicklung ansieht, betont aber zusätzlich jene strukturellen, funktionellen und inhaltlichen psychischen Phänomene, die aus der Umwelt herstammen. Sie sind also ein spezifischer Bestandteil des Modells, während sie in der klassischen psychoanalytischen Entwicklungstheorie zwar als allgemeine Voraussetzung für die seelische Entwicklung (oft nur als ›Reize‹) Beachtung finden, aber innerhalb des entwickelten seelischen Apparats nur soweit beschrieben werden, als sie einen besonderen Stellenwert haben, z.B. als Ichideal, als Introjekt, als dauerhafte Identifikation u.ä.m.« (Parin 1976a, S. 3f.).

Die vergleichende Psychoanalyse rechnet auch mit den Auswirkungen, die makrostrukturelle Kräfte und die von ihnen im Sozialgefüge erzeugten Widersprüche auf das Individuum haben.

»Gleichzeitig wirken aber auf die Mütter, die Familien, die Generationen Kräfte ein, die ich nach ihrem makrostrukturellen Ursprung zusammenfassen möchte. Das sind die Produktions- und Machtverhältnisse, die allerdings von den Ethnopsychologen genauer als von der Geschichtsschreibung nach der psychologischen Wertigkeit ihrer

Institutionen, der Bedürfnisse und Frustrationen, die von ihnen ausgehen, zu berücksichtigen sind. Am übersichtlichsten ist ihr Einfluß da, wo er ökologisch erfaßbar ist, wo eine bestimmte Umwelt und Technologie ganz bestimmte Produktionsweisen und Lebensformen erzwingt, um das Überleben zu sichern« (Parin 1976a, S. 4f.).

Die kulturspezifische Sozialisation als konservativer Anteil an der Kultur und die gesellschaftlichen Verhältnisse als progressiver, verändernder Faktor müssen in jeder vergleichenden psychoanalytischen Untersuchung berücksichtigt werden.

»Beide kann man sich als Koordinaten in einem Koordinatensystem vorstellen, das für die Bestimmung jeder ethnopsychoanalytischen Beobachtung unerläßlich ist. Eine dritte Koordinate, also in der dritten Dimension, wäre der zeitliche Verlauf. Beide Faktoren, die Sozialisation und die gesellschaftlichen Verhältnisse, sind prinzipiell diachrone Phänomene, d.h., sie sind immer in Veränderung begriffen« (Parin 1976a, S. 6).

Beispielsweise ist weder bei den Angehörigen der herrschenden Klasse noch im Proletariat »der innere Widerspruch zwischen dem beharrenden Faktor der frühen (und späteren) Sozialisation und dem verändernden der ›äußeren‹ Einwirkungen gleich groß, gleich wirkungsschwer« (Parin 1976f, S. 122).

Mit diesem Koordinatensystem wird die Dialektik erfaßt, die sich bei der ethnopsychoanalytischen Forschung ergibt, und es lassen sich mit ihm Forschungsergebnisse miteinander in Beziehung setzen oder vergleichen, die mit den verschiedensten ethnologischen und psychologischen Methoden gewonnen worden sind.

Die Vorgangsweise bei der vergleichenden Psychoanalyse ist analog jener der klassischen Psychoanalyse als einem nach allen Seiten hin offenen psychologischen Konfliktmodell, das ohne Annahmen einer psychischen Normalität auskommen muß, mit der psychoanalytischen Methode arbeitet und das Psychische nach verschiedenen metapsychologischen Gesichtspunkten betrachtet. Alle Vorstellungen von Normalität und Pathologie, »die aus der Medizin und dem Alltagsbewußtsein stammen und uns auch von Analysanden suggeriert werden«, sind wie Vorurteile zu behandeln, die einer psychoanalytischen Aufklärung bedürfen (Parin/Parin-Matthèy 1983d, S. 97). In der Psychoanalyse kann die psychische Realität des Analysanden weder an einer erwünschten noch an einer angenommenen Normalität gemessen werden. Für die therapeutische Praxis muß noch der Aspekt der Übertragung, des Widerstandes gegen die Aufdeckung abgewehrter Regungen und der

Gegenübertragung (von Gefühlen und Einstellungen des Analytikers auf seinen Analysanden) herangezogen werden, Phänomene, die während einer therapeutischen Analyse zu beobachten sind. Für die Rekonstruktion der »psychischen Realität« werden gleichzeitig und abwechselnd verschiedene Gesichtspunkte angewandt: der »genetische«, der die psychische Entwicklung nachvollzieht, der »dynamische«, der das psychische Geschehen als ein Kräftespiel auffaßt, der »ökonomische«, der den quantitativen Faktor in jedem psychischen Konflikt bestimmt, der »topische«, der bewußte Phänomene dem unbewußten Seelenleben gegenüberstellt, der »strukturelle«, der Phänomene den verschiedenen theoretisch angenommenen Strukturen (oder »Instanzen«, Es, Ich und Über-Ich) zuweist und der »adaptive«, der die Abstimmung seelischer Vorgänge untereinander im Bezug auf die Erfahrungen und Konflikte mit der Außenwelt ins Auge faßt.

»Es wird dabei angenommen, daß alle seelischen Vorgänge determiniert sind und daß sie nach Art von mehr oder weniger akuten Konflikten verlaufen, deren Folgen sich in neue Konflikte umsetzen. Diese Grundannahmen erlauben es, Widersprüche in und mit der sozialen Sphäre in die psychoanalytischen Betrachtungen einzubeziehen und die Wirkung sozialer Kräfte im Seelenleben zu verfolgen. Praktisch und theoretisch geht man so vor, daß man einen oder mehrere der Gesichtspunkte anwendet, andere vorerst beiseite läßt, bis eine genügende Aufklärung gefunden ist« (Parin 1980c, S. 18).

Jede psychoanalytische Erklärung eines psychischen Phänomens kann einen dieser Gesichtspunkte hervorheben, muß aber prinzipiell mit den übrigen Punkten in Übereinstimmung gebracht werden können. Die Ethnopsychoanalyse versucht ihre Beobachtungen nach diesen Aspekten zu organisieren, wobei ein Netzwerk von mehr oder weniger gewichtigen Einflüssen und Wirkungen entsteht.

»Dabei darf die vergleichende Psychoanalyse die makrostrukturellen Einflüsse nicht als einfache Phänomene nehmen, sondern muß ihre latenten Strukturen, Funktionen und Absichten aufdecken, bevor sie sie mit den Ergebnissen der psychologischen Forschung konfrontiert. Die psychoanalytischen Gesichtspunkte, die man einnehmen kann, sind auch nicht mehr die einfachen Grundannahmen der Metapsychologie. Es sind Ansätze, die sich mehr oder weniger bewährt haben, um sogenannte soziale Einflüsse auf das Individuum zu erfassen. Jeder einzelne Ansatz muß jedoch so behandelt werden wie die ›Gesichtspunkte‹ der

Psychoanalyse. Die Ergebnisse werden unweigerlich falsch oder einseitig sein, wenn der Ansatz als die einzige Erklärung mit Ausschluß anderer dargestellt wird« (Parin 1976a, S. 15).

Beim ethnopsychoanalytischen Verfahren wurde der von Heinz Hartmann entwickelte adaptive Aspekt ausdifferenziert. Aufgegeben wurde dabei die Ansicht von einer durchschnittlich zu erwartenden Umwelt, die als naturgegeben und unveränderlich angenommen wurde und somit vom Individuum auch nicht veränderbar ist und die Vorstellung der psychoanalytischen Ich-Psychologie von sekundär-autonomen, konfliktfreien Ich-Anteilen.

»Es entspricht unserer klinischen Erfahrung, daß längst überwundene Konflikte in entsprechenden Lebenssituationen wieder aktiviert werden können und daß es praktisch nicht möglich ist, eine Analyse genügend vollständig zu führen, wenn man ›normale‹ Verhaltensweisen, Gewohnheiten, Charakterzüge – die als sekundär-autonom imponieren – nicht in die Deutungsarbeit einbezieht. Mit anderen Worten: Die Trennung eines konflikthaften von einem gesunden, autonom gewordenen, konfliktfreien Ich-Anteil schränkt die Möglichkeiten der Analyse ein, die eine Konflikttheorie ist, und kann der Tragik der conditio humana und der konflikthaften Wirklichkeit des Seelenlebens nicht gerecht werden« (Parin/Parin-Matthèy 1983d, S. 100).

»Gruppen-Ich«, »Clangewissen« und »Identifikation mit der Rolle«, die aus den psychoanalytischen Gesprächen mit Afrikanern abgeleitet wurden, konnten auch beim »Ich« der Analysanden in Europa gefunden werden. Als gemeinsame Merkmale der Anpassungsmechanismen wurde hervorgehoben,

»daß sie sich als Stabilisatoren für die Ichorganisation erweisen, solange die sozialen Verhältnisse, unter denen eine Person lebt, sich nicht ändern. Sie funktionieren automatisch und unbewußt, und sie gewährleisten einen relativ konfliktfreien Umgang mit ganz bestimmten gesellschaftlichen Einrichtungen. Dadurch sind sie ökonomisch vorteilhaft: Sie entlasten andere Ichapparate und erleichtern es, zu Triebbefriedigungen zu gelangen, die von der Umwelt im Rahmen der entsprechenden Institution geboten werden. Narzißtische Befriedigungen treten dabei gegenüber den objektbezogenen in den Vordergrund. Anderseits schränken alle Anpassungsmechanismen die Flexibilität des Ichs ein und verhindern, daß eine weitere Anpassung der Triebwünsche an andere oder sich verändernde soziale Verhältnisse zustandekommt.

Ursprünglich dienen sie also der Einrichtung des Realitätsprinzips; dann aber können sie es beeinträchtigen« (Parin 1977a, S. 489).

Die Anpassungsmechanismen bedingen kultur- und schichtspezifische Rollenmuster und Ichvarianten nach den jeweiligen Bewältigungsformen der Anforderungen aus der sozialen Umwelt. Sind sie realitätsgerecht eingespielt, entlasten und stabilisieren sie das Ich. Sie schränken aber seine Flexibilität ein, wenn sich die sozialen Gegebenheiten rasch ändern.

Der Ansatz, über die Anpassungsmechanismen des Ichs zur Psychoanalyse gesellschaftlicher Prozesse zu gelangen, hebt sich von anderen Versuchen dieser Art dadurch ab, daß er es mit den Mitteln der Psychoanalyse selbst, ihrer Methode und Theorie, unter Beibehaltung des Trieb- und Konfliktmodells der Psychoanalyse, leistet. Die Psychologie des Ichs wurde so ausgebaut, daß das Wirken gesellschaftlicher Prozesse dort aufgeklärt werden konnte, »wo sie sich jedenfalls bemerkbar machen: im Seelenleben des Einzelnen« (Parin/Parin-Matthèy 1978a, S. 412).

> »Wenn wir uns fragen, woher stammt die Struktur dieses zweiten, gesellschaftlich gewählten, dem Subjekt gleichsam eingesetzten Ichs, das sein Handeln bestimmen oder mitbestimmen soll, haben wir keine andere Antwort als die: Es sind die gesellschaftlichen Strukturen selbst, die sich in Ideologien übermitteln und im Ich zur psychischen Struktur geworden (zeitweise) unser Fühlen, Denken und Handeln bestimmen. Unser Ich handelt als Agent der Gesellschaft, deren Einrichtungen eine neue Qualität, die psychische, angenommen haben. Diese Aussage tönt nicht neu. Soziologen haben das immer schon gesagt. Nur hatten wir Psychoanalytiker gute Argumente gegen die Kränkung, die darin liegt, daß wir nun auch der sonst so feindlich entgegenstehenden Gesellschaft, der wir andererseits durch den Eros verbunden sind, im Innern unseres seelischen Haushalts begegnen und ihr oft gar bewußtlos gehorchen sollen. Wir haben drei Tröstungen anzubieten: Erstens sind solche Ich-Identifikationen im Prinzip reversibel. Zweitens unterliegt die Rollenrepräsentanz den inneren Gesetzmäßigkeiten der Metapsychologie. Drittens ergibt sich aus ihrem Studium ein Ansatz zu einer psychoanalytischen Theorie des sozialen Handelns, von der Hartmann (1947) schrieb, daß wir sie nicht haben« (Parin/Parin-Matthèy 1978a, S. 426f.).

Die zusammenfassende Frage, wie weit die Konfrontation der vergleichenden Psychoanalyse mit der Makrosozietät bisher geführt hat und worin ihre weiteren Möglichkeiten liegen, beantwortete Paul Parin:

»Die Änderung eines kultur- oder klassenspezifischen psychischen Modells, eines typischen psychischen Verhaltens erfolgt nur langsam, weil sich Erziehungsgewohnheiten nur langsam ändern und weil sie langwährende Folgen haben, die über Generationen hinaus fortwirken. Raschere und spektakulärere Folgen (für psychologisch vergleichbar strukturierte Personen) sind von Änderungen der Macht- und Lebensverhältnisse in einer Sozietät, in einer Klasse, bei einem Volk zu erwarten. Diese Prozesse ergänzen einander und müssen wohl in einer noch kaum zu erfassenden Weise aufeinander einwirken, um historische, das heißt fortschreitende und gesellschaftlich wirkende Folgen zu haben und nicht einfach zu einer Vermehrung psychischer Pathologie und gesellschaftlichen Elends zu führen.

Die Ethnopsychoanalyse vermag Einblicke in innere Konflikte in ihrem Zusammenhang mit Widersprüchen und Spannungen im Gesellschaftsgefüge zu geben, die der Aufklärung in der Analyse von Einzelpersonen unzugänglich sind. Zwar ist der individuelle psychoanalytische Prozeß ihre wichtigste Methode, um Beobachtungen zu machen. Das Ergebnis innerer Konflikte und deren Herkunft vermag sie aber im Zusammenhang mit gesellschaftlichen Zuständen und mit historischen Prozessen zu sehen« (Parin 1976a, S. 23f.).

3.2. Die ethnopsychoanalytische Erforschung der Frauenkultur

Maya Nadig hat bei ihren Feldforschungen in Mexiko mit ihren ethnopsychoanalytischen Untersuchungen die vielfältigen Wert- und Regelsysteme, den Alltag, die Beziehungen und die Interpretation der gesellschaftlichen Gegebenheiten aus der Sicht von Frauen erforscht und damit eine »verborgene Kultur der Frau« erkennbar machen können. Aus ihren Erfahrungen, bei denen die Ethnopsychoanalyse als Forschungsinstrument verwendet wurde, ist die Fragestellung zu einem Forschungsprojekt entstanden, das die Kultur der Frau in der eigenen Gesellschaft zum Gegenstand hatte. Als Vorarbeiten dazu können ihre vergleichende Studie zur Mutterschaft in der indianischen Bauernkultur der Maya in Yucatan in Mexiko und in der eigenen urbanen Gesellschaft angesehen werden, von der sie auf grundlegende Mängel psychoanalytischer Auffassungen zur Psychologie der Weiblichkeit und Mutterschaft aufmerksam machte (Nadig 1990, 1998), sowie ihre Überlegungen zur

Verbindung der Ethnopsychoanalyse mit der feministischen Wissenschaft zur Erarbeitung eines Konzepts der kulturellen Räume der Frau (Nadig 1986a). Goldy Parin-Matthèy hat während einiger Jahre eine Frauengruppe organisiert, die mehrere Zürcher Psychoanalytikerinnen hinsichtlich der Bearbeitung frauenspezifischer Fragestellungen, vermutlich auch Maya Nadig, beeinflußt haben dürfte (Psychoanalytisches Seminar Zürich 1988; Wissenschaftlerinnen in der Europäischen Ethnologie 1993).

Bei der Erforschung des kulturellen Raums der Frau ist der ethnopsychoanalytische Ansatz für das Verständnis der Lebenszusammenhänge der Frau besonders geeignet,

> »weil er dem Subjektiven, dem Privaten, dem Unsichtbaren oder Latenten Raum verschafft und sich dafür interessiert und weil er eine Methode zur Verfügung hat, die Zugang dazu ermöglicht. Frauen bewegen sich immer in Zwischenbereichen: zwischen dem öffentlichen Bereich ihrer Gesellschaft und der Familie, die dem Privaten zugewiesen wird, zwischen Erwerbstätigkeit und Hausarbeit, die unsichtbar ist, zwischen der herrschenden Kultur und einer den Frauen zugewiesenen und gleichzeitig von ihnen erzeugten, die nicht benannt werden kann. Mit ihrer individuellen Lebensgeschichte sind sie ein Produkt von gesellschaftlichen Verhältnissen, die sie gleichzeitig zu verändern suchen« (Nadig et al. 1991, S. 19).

Maya Nadig hat mit drei Mitarbeiterinnen, Anne-Françoise Gilbert, Maria Gubelmann und Verena Mühlberger, zwischen 1988 und 1991 eine ethnopsychoanalytische Untersuchung in der Schweiz durchgeführt. Der Untersuchungsbericht hat den Titel *Formen gelebter Frauenkultur. Ethnopsychoanalytische Fallstudien am Beispiel von drei Frauengenerationen des Züricher Oberlandes*. Die Studie selber wurde in Pfäffikon, einem Ort mit 8000 Einwohnern im weiteren Einzugsbereich von Zürich, durchgeführt (Nadig et al. 1991; Nadig 1991b). Sowohl von der Fragestellung als auch von der methodischen Verwendung der Ethnopsychoanalyse her bewegte sich diese Untersuchung auf einem neuen Gebiet.

> »Wir fragten uns, wo und wie finden Frauen – Hausfrauen, Mütter, Alleinlebende, Berufstätige, Alte und Junge – in unserer Gesellschaft eine positive Spiegelung ihres Frauseins und wo erfahren sie eine Befriedigung ihrer Wünsche. Auf der sozioökonomischen Ebene stellen wir dar, wie sich die Spannung zwischen Familie und öffentlicher Kultur in den Zeit- und Arbeitsstrukturen des Alltags von Frauen niederschlagen.

Auf der psychodynamischen Ebene stellen wir die Wünsche und Verletzungen dar, die Frauen bewegen, sowie die Mechanismen, anhand deren sie versuchen, mit den Gegebenheiten ihrer Situation fertig zu werden« (Nadig et al. 1991, S. 6).

Mit einer ethnopsychoanalytischen und einer ethnologischen Perspektive, bei der die Erforschung der Subjektivität und die des Alltags im Vordergrund standen, haben jeweils zwei der Forscherinnen über drei Monate im Hort gelebt und Daten erhoben. Maya Nadig und Maria Gubelmann, praktizierende Psychoanalytikerinnen und Ethnologinnen, haben diese Feldforschung mit der Methode der teilnehmenden Beobachtung durchgeführt, und jede von ihnen hat mit zehn Frauen ethnopsychoanalytische Gespräche geführt. Die Ethnologinnen Anne-Françoise Gilbert und Verena Mühlberger arbeiteten ebenfalls mit der teilnehmenden Beobachtung und nahmen bei 20 Frauen Tagesabläufe auf. Auch dabei wurden die jeweiligen subjektiven Reaktionen miteinbezogen:

> »Parallel zur Aufnahme der Gespräche haben wir jeweils begonnen, Tagebuch zu führen über den Beziehungs- und Gesprächsablauf, wie wir uns bei den Begegnungen fühlten, was uns aufgefallen war usw. Im Verlaufe der Bearbeitung der Tagesabläufe haben wir diese Notizen immer wieder beigezogen, um die emotionale Qualität der jeweiligen Situationen besser einschätzen und eigene subjektive Anteile allenfalls benennen zu können« (Nadig et al. 1991, S. 128).

Ferner wurden zwei Forschungsgruppen mit alleinerziehenden oder verheirateten Müttern gebildet. Der Forschungsprozeß, die Aufnahme und die Verarbeitung des Materials wurden begleitet von Einzel- und Gruppensupervisionen, welche die immer wieder notwendige Distanzierung von dem umfangreichen und komplexen Material ermöglichten.

> »Der erste Schritt bestand darin, daß wir uns mit unseren Gesprächsprotokollen und Tagebüchern vertraut machten, um ein eigenes und abgegrenztes Verhältnis dazu zu finden. Wir begannen, die inzwischen niedergeschriebenen Tonbandaufzeichnungen immer neu durchzulesen und unsere Assoziationen dazu festzuhalten. Sie setzten sich aus persönlichen Gefühlseindrücken, aber auch aus theoretischen Einfällen und Hypothesen zusammmen. Wir teilten uns in regelmäßigen Sitzungen unsere Arbeit am Material mit, ließen uns gegenseitig auf Beispiele der anderen ein. So wuchs fast unmerklich und ganz nahe am Material ein

Eindruck, ein Bild, eine Vorstellung von den Lebensverhältnissen der Frauen in Pfäffikon. Ein wesentlicher Bestandteil unserer Arbeit bestand darin, Perspektiven zu öffnen und Fragen zu entwickeln. Erst gegen Schluß dieses Aufarbeitungsprozesses begannen wir systematisch nach Grundstrukturen, Kategorien und Theorien zu fragen. Dieser Prozeß des Sicheinlassens auf das Material, ohne bereits zu wissen, wo es hinführt, was dabei herauskommt, d.h. auch ohne eingegrenztes Konzept mit Hypothese, war oft schwer auszuhalten« (Nadig et al. 1991, S. 13).

Erst im Verlauf des Forschungsprozesses wurden Hypothesen und Fragestellungen formulierbar. Sie entstehen

»im Laufe der Erhebung der Daten: Im Zusammenleben mit den anderen Menschen, in den Gesprächen, aus den inneren Erschütterungen, die dies alles in der Forscherin auslöst. Die theoretische und strukturelle Ordnung der Untersuchung und der Auswertung entsteht aus den Forschungserfahrungen und vor allem aus der Struktur der erhobenen Daten heraus. Und diese können, da sie nicht von vorneherein standardisiert oder strukturiert sind, nicht vorausgesehen werden. Es ist auch nicht sinnvoll, sich zuvor allzu viele präzise Vorstellungen und Fragen auszuarbeiten, um dann das Material danach durchzukämmen. Denn es geht gerade darum, das Material von innen heraus in seiner gewachsenen Struktur zu erkennen und sprechen zu lassen. Die einzige Möglichkeit, einen authentischen Bezug zu dieser Struktur zu finden, ist die eigene Subjektivität, die emotional und rational darauf reagiert. Das bedeutet, daß sich die Forscherin bei der Auswertung sehr unmittelbar in Form von mehrmaliger Lektüre auf das Material einläßt und sich erlaubt, irritiert, abgestoßen, erstaunt und erfreut darauf zu reagieren. Diese emotionalen Bewegungen muß sie festhalten und im Zusammenhang als Ausdruck kultureller Strukturen zu verstehen suchen« (Nadig et al. 1991, S. 16).

Das Material entsprach dem bei einer klassischen Feldforschung: das Leben und die teilnehmende Beobachtung am Untersuchungsort, dessen historische und sozioökonomische Verhältnisse gut dokumentiert waren, und die Wahl eines geeigneten Ortes. Die regelmäßigen, insgesamt über 200 geführten ethnopsychoanalytischen Gespräche mit 20 Frauen aller Altersgruppen wurden auf Tonband dokumentiert und in Tagebuchnotizen beschrieben. Aus diesen Daten und deren Verarbeitung wurden die Einsichten in die subjektiven

Interpretations- und Erlebnisweisen der Frauen gewonnen. Auch die insgesamt 130 Tagesabläufe, die bei 21 Frauen unterschiedlichen Alters und aus verschiedenen sozialen Schichten eine Woche lang erhoben wurden, wurden auf Tonband dokumentiert.

Die Gespräche, die wöchentlich stattfanden, erstreckten sich im Durchschnitt auf zehn Sitzungen. Die Initiative dazu ging von den Forscherinnen aus und hatte zum Ziel, etwas über das Leben einer Frau und die spezifische Verankerung beider Gesprächsteilnehmerinnen in der Kultur zu reflektieren und zu verstehen. Zu den Rahmenbedingungen der Gespräche, über welche die Gesprächspartnerinnen informiert wurden, gehörte auch, daß die Gespräche Teil eines Forschungsprojektes waren.

Die Gespräche wurden durch die Beziehung und deren emotionalen Verlauf strukturiert und basierten auf einem Vertrauensverhältnis. Sie gaben den Gesprächspartnerinnen Raum und Zeit zur Darstellung und den Forscherinnen zum Verständnis des Dargestellten. Die Forscherin war in der Gesprächssituation sowohl Beobachterin als auch Beteiligte.

> »Formen von Frauenkultur sind nur erfahrbar und erkennbar, indem wir als Forscherinnen in eine Beziehung treten mit den Frauen und eine Forschungssituation, ein Setting einrichten, wodurch uns ein Erkenntnisinstrument zur Verfügung steht, das Latentes zutage fördern kann und Bestehendes schärfer konturiert. Das Forschungsgespräch selbst bringt etwas in Bewegung« (Nadig et al. 1991, S. 375).

In der Anfangsphase waren die Gespräche durch konventionelle Einstellungen und Haltungen charakterisiert, aus denen sichtbar werden konnte, wie man, je nach Generation unterschiedlich, einem Fremden begegnet. Im weiteren Verlauf der Gespräche wurden die Komplexität des Lebens einer Frau in unserer Kultur und die Gestaltung ihres Alltags dargestellt und erfahrbar.

> »Wir gehen davon aus, daß die spezifische Form, wie in unserer Kultur einer Fremden begegnet wird, auf Normen und Vorstellungen von Frauen verschiedenen Alters hinweist. Wir meinen, daß erst in einer Beziehung, wo wir die Frauen mehrere Male treffen, wo also Vertrautheit entstehen kann, die ganze Komplexität des Subjektes verstanden werden kann. Am Anfang des Kontaktes werden eher Haltungen gezeigt, die in der Öffentlichkeit gegenüber Fremden üblich sind, und erst mit der Zeit können die konflikthafteren Aspekte eines Frauenlebens zum Ausdruck gebracht und allenfalls erkannt und benannt werden. Dies ist erst die Voraussetzung, daß ein Raum entstehen kann

für eine mögliche Reflexion über das Leben des Subjekts und seine Zugehörigkeiten innerhalb der Kultur. Das Gespräch ist beeinflußt durch die Erwartung und den Rahmen, in welchem es stattfindet. Was will die Forscherin? Wie verhält sich eine Frau im Gespräch einer Forscherin gegenüber, einer Frau aus der Mittelschicht, einer Akademikerin aus der Stadt, einer Professionellen, Mitarbeiterin eines nationalen Forschungsprojekts und schließlich einer Psychoanalytikerin gegenüber, falls sie letzteres in Erfahrung gebracht hat« (Nadig et al. 1991, S. 376).

Die ethnopsychoanalytischen Gespräche enthalten eine Fülle von Informationen, die während der Feldforschung und im Auswertungsprozeß geordnet und unterschieden werden können. Diese Informationen setzen sich zusammen:
– aus der Art, wie eine Frau die Gespräche inszenierte
– aus den von der Frau gewählten Inhalten und
– aus der Reflexion der emotionalen Bewegung im Gespräch.

Die wichtigsten Schritte bei der Auswertung, in denen das Material auf seine Vielschichtigkeit hin bearbeitet wird, sind: Ausgehend von Tonbandgesprächen und Notizen werden die Situation und die Szenen der Gespräche, die Gegenübertragungs- und Übertragungsverhältnisse zu verstehen versucht; die Abfolge der Sitzungen wird beschrieben, um die Entwicklung der emotionalen Beziehung, der Abwehrformen und Inhalte am Material nachvollziehen zu können; die beim Lesen der transkribierten Tonbandgespräche mit Anmerkungen versehen Stellen werden themenspezifisch ausgewertet (nach der Beziehung zwischen den Gesprächspartnerinnen, der psychischen Entwicklung und nach lebensgeschichtlichen Erfahrungen und kulturellen Mustern), um Vergleichsmöglichkeiten zu erhalten. Da dies die erste ethnopsychoanalytische Untersuchung war, die nicht in einem freundschaftlichen, sondern in einem zeitlich und ökonomisch relativ engen institutionellen Rahmen organisiert wurde, der auch hierarchische Verhältnisse, Abhängigkeit und Rechenschaftspflicht bedeutete, kam die ethnopsychoanalytische Arbeitsweise immer neu unter Legitimations- und Erklärungsdruck. Diese Auseinandersetzung wird in der Arbeit auch deutlich gemacht.

Markante Unterschiede ergaben sich bei der ethnologischen Forschung in der eigenen Kultur im Vergleich zur Forschung in fremden Gesellschaften, und zwar in bezug auf die konkrete Situation der Feldforschung und auf den theoretischen Rahmen, an dem die Vielfalt der Daten gemessen werden kann.

Die für die fremde Kultur charakteristische kulturelle Verschiedenheit und Fremdheit entfallen, ebenso die Reaktionen der Forscherin darauf, die oft auf zentrale Punkte der fremden Kultur hinweisen. Die Gesprächspartnerinnen teilen grundsätzlich dieselbe Kultur, Sprache und Gesellschaftsstruktur. Das gemeinsame kulturelle Unbewußte und die gemeinsamen Abwehrmechanismen stehen im Vordergrund.

> »Es hat sich gezeigt, daß in der eigenen Gesellschaft nicht vorwiegend der Befremdungsschock wegleitend ist, sondern die Irritation gegenüber dem allzu Bekannten. Sie äußert sich in einem nicht immer bewußten Distanzierungs-, Abgrenzungs- oder Absetzungswunsch, der sich auch in Entwertung und Herabminderung des Interesses äußern kann. Wir haben entdeckt, daß oft gerade an diesen Punkten der Distanzierung zentrale, gesellschaftlich unbewußt gemachte Konflikte zu entdecken sind ... Das Aufspüren dieses eigenen und gemeinsamen Unbewußten verläuft nicht wie in der Psychoanalyse über die Irritation am Neurotischen im Gegenüber, sondern vor allem über die Irritation gegenüber den eigenen Entwertungen und gegenüber den eigenen Rationalisierungen« (Nadig et al. 1991, S. 76).

Die Forscherinnen waren als solche in der Kleinstadt nicht erkennbar oder unterscheidbar und mußten die Kontaktaufnahme aktiv gestalten, da sie nicht damit rechnen konnten, Neugier auf sich zu ziehen. Die Durchbrechung der verinnerlichten sozialen Grenzen, der Normen der Diskretion, der Distanzhaltung und des Respektes vor der Privatheit war mit der Angst vor der Abweisung gekoppelt. »Die verblüffendste Erfahrung für uns war, daß neun von zehn Frauen sich sehr für uns interessierten und sich über unsere Annäherung und die Möglichkeiten von Gesprächen freuten« (Nadig et al. 1991, S. 77).

Die für eine fremde Kultur charakteristische Rollenübertragung der Idealisierung oder Entwertung der als mächtig erlebten Fremden trat nicht ein. Die Gesprächspartnerinnen in der eigenen Kultur begegneten den Forscherinnen

> »in einer realen Identifikation mit unserer Rolle und der Hoffnung auf eine kompetente Fachfrau, die sich wirklich anhört, welche Erfahrungen in einem Frauenleben gemacht worden sind, um es anklagend oder auch anerkennend hinauszuschreien oder darzustellen. Wir waren Figuren, die zwischen der häuslichen Sphäre der Frauen und der öffentlichen der Männer standen und somit Zugang zu zwei Welten hatten. Von daher sind wir mit bestimmten Rivalitätsproblemen beladen, aber vor allem mit vielen Hoffnungen und Erwartungen besetzt worden« (Nadig et al. 1991, S. 77).

Deutlich wurde bei der Forschung die Wichtigkeit von formellen und informellen Frauengruppen zur Überwindung des Widerspruchs zwischen Familie und öffentlicher Kultur. »Frauen sind ständig dabei, ein Gleichgewicht zu finden zwischen den realen Schranken, die ihnen gesetzt sind, und einem möglichst großen Ausmaß an Selbstverwirklichung innerhalb dieser Schranken« (Nadig et al. 1991, S. 529).

Der Raum, den Frauen dabei miteinander teilen, ist Ausdruck ihres Strebens nach Öffentlichkeit, nach gesellschaftlicher Anerkennung, ohne auf eine Familie verzichten zu müssen.

»Ein wesentliches Ergebnis unserer Untersuchung ist die Erkenntnis, daß die Frauenräume in diesem Spannungsfeld eine hervorragende Vermittlerrolle spielen. Sie überbrücken die Jahre der Isolation in der Mutterschaft oder in einer einseitigen Erwerbsarbeit und helfen der Frau ihre soziale und persönliche, d.h. auch geschlechtsspezifische Identität aufrechtzuerhalten und im stattfindenden sozialen Wandel zu modifizieren. Von vielen Frauen haben wir gehört, daß sie nur aufgrund der positiven Erfahrungen in einem Frauenraum später wieder den Mut fanden, sich sozial oder beruflich wieder zu engagieren« (Nadig et al. 1991, S. 529).

Dabei ist der gesellschaftliche Anspruch dieser Gruppen nicht entscheidend für deren subjektive Bedeutung: »Es hat sich häufig gezeigt, daß Institutionen, die in unseren Augen konservativ sind und ein traditionelles Frauenbild ansprechen, für einzelne Frauen eine stark emanzipatorische und persönlichkeitsentfaltende Bedeutung haben können« (Nadig et al. 1991, S. 531).

Die Formen von Frauenräumen sind in der Industriegesellschaft so verschiedenartig gestaltet, wie es der allgemeinen Individualisierung entspricht, und so bieten sich vielen unterschiedlichen Bedürfnissen Befriedigungsmöglichkeiten.

»Man könnte sagen, daß die ›Frauenkultur‹ gerade aus diesem fast unüberschaubaren Angebot an unterschiedlichsten Frauenräumen besteht, das die Frauen selber erzeugt haben und tragen. Diese Frauenräume stellen in jedem Frauenleben ein zentrales Regulativ dar, das ihr hilft, mit ihrer konkreten Alltagssituation, ihrer strukturellen Entwertung, ihren Krisen und ihrem Selbstwertgefühl besser fertig zu werden. Gleichzeitig aber, und das ist sehr wichtig, wurde uns klar, daß diese vielfältigen und nuancierten Frauenräume gegenüber der weiteren öffentlichen Kultur wie durch eine unsichtbare Barriere abgeschottet sind – durch die Entwertung und Unsichtbarmachung der Arbeit und der Belange der Frau, durch ihre ideologische Abdrängung ins Private« (Nadig et al. 1991, S. 536).

3.3. Die Subjektivität des Forschers

3.3.1. Beobachtung und Gegenübertragung

Georges Devereux' Buch *Angst und Methode in den Verhaltenswissenschaften* (Devereux 1973) ist aus einer Dokumentation »verlorener Fälle« hervorgegangen, in der sich Notizen, Ideen, Fallmaterial und Ereignisse ansammelten, mit denen Devereux während seiner sich über mehr als drei Jahrzehnte erstreckenden Forschungspraxis konfrontiert sah. Die so gewonnenen Einsichten, die ursprünglich in eine rein theoretische Untersuchung zur Epistemologie der Verhaltenswissenschaften hätten münden sollen, können in seinem Buch wie in einem Forschungstagebuch nachvollzogen werden. Der Autor macht sich dort selbst zum Gegenstand und betrachtet und analysiert den Psychoanalytiker Devereux ethnologisch und den Ethnologen Devereux psychoanalytisch; dabei bleibt er seinem Prinzip der Komplementarität treu, das heißt psychologische und soziologische Erklärungen und Deutungen von Fakten nicht aufeinander zu reduzieren, sondern diese immer nur einander ergänzend anzusehen.

Das Zustandekommen des Buches verweist auf einen weiteren Aspekt des methodischen Ansatzes von Devereux: Die Schwierigkeiten und Widerstände sind Anknüpfungspunkte für den Erkenntnisgewinn, den der Verhaltenswissenschaftler bei sich selbst beginnen lassen soll.

> »Eine dieser Einsichten – und nicht die geringste – besteht darin, daß es mich mehr als drei Jahrzehnte kostete, mich durch den Wirrwarr meiner eigenen Vorurteile, Ängste und blinden Flecken zu den, wie auch immer gearteten, Wahrheiten durchzukämpfen, die dieses Buch enthält« (Devereux 1973, S. 14).

Auf der anderen Seite wird der Leser aufgefordert, bei seinen eigenen Schwierigkeiten und Irritationen mit diesem Buch, seine innere Wahrnehmung zu mobilisieren, um herauszufinden, was das Verständnis hemmt. Devereux will die Quellen der Verzerrungen von Daten in den Verhaltenswissenschaften diskutieren, und er will zeigen, wie in den Verhaltenswissenschaften, einschließlich der Sozial- und Kulturwissenschaften, Menschen mit sich und miteinander umgehen. Die Wahrnehmung einer Situation wird von der Persönlichkeit des Wahrnehmenden grundlegend beeinflußt. Aufgrund seiner Persönlichkeitsstruktur, seinen starken, teils unbewußten Bedürfnissen und Konflikten zieht er von der Wirklichkeit oft etwas ab, fügt etwas hinzu oder arrangiert sie auf irgendeine andere Weise um. Das Buch ist in vier Teile gegliedert: I. »Daten und Angst«, II. »Gegenübertragung in der verhaltenswissenschaftlichen Forschung«, III. »Der Wissenschaftler und seine Wissenschaft«, IV. »Verzerrung als Weg zur Objektivität«.

Perspektive und Begrifflichkeit werden in den beiden ersten Teilen dargelegt und in den beiden anschließenden Teilen theoretisch ausgebaut und erweitert. Theoretische Erläuterungen und Fallbeispiele werden so angeordnet, daß der Leser neben den theoretischen Ausführungen mitverfolgen kann, wie in einem Fallbeispiel verschiedene Aspekte enthalten sind, die beobachtbar und interpretierbar sind.

Die Neuformulierung des Verhältnisses von Beobachter und Objekt, mit den Begriffen »Übertragung«, »Gegenübertragung« und »Angst«, wird am Beginn des Buches gegeben: »Nicht die Untersuchung des Objekts, sondern die des Beobachters eröffnet uns einen Zugang zum Wesen der Beobachtungssituation« (Devereux 1973, S. 20).

Devereux' Forderungen nach einer grundlegenden Neuorientierung der Verhaltenswissenschaften, die zugleich eine Kritik an deren gängiger Praxis und Theorie darstellen, zielen auf den Beobachter, die Analyse der durch ihn hervorgerufenen »Störungen« und des Verhaltens des Beobachters selbst. Wird dies vermieden, zum Beispiel aufgrund methodologischer Techniken, geschieht dies Devereux zufolge weitgehend aus Angst, die durch das Objekt hervorgerufen wird, wobei Methodologie und Forschungstechnik den Stellenwert eines Abwehrmanövers besitzen. Dieses Geflecht der Beziehungen zwischen Beobachter und Beobachtetem wird durch über 400 Beispiele plastisch gemacht und spricht überzeugend für die Wiedereinführung des Affekts und des Lebens in die Forschung und die Wiedereinsetzung der Rolle des Beobachters. Dazu kann die Psychoanalyse beste Dienste leisten, soweit ihr »ausschließliches und charakteristisches Ziel die Erforschung dessen ist, was am Menschen menschlich ist« (Devereux 1973, S. 164).

Bei einer wissenschaftlichen Verhaltenstheorie erscheint die Subjektivität des Forschers im Forschungsprozeß mindestens an zwei entscheidenden Stellen: bei der Auswertung sowohl der persönlichen Verstrickung mit dem Material als auch bei der Einflußnahme auf das zu beobachtende Ereignis. In einem ersten Schritt muß die wissenschaftliche Erforschung des Verhaltens »mit der genauen Untersuchung der komplexen Matrix der Bedeutungen beginnen, in die ihre relevanten Daten sämtlich eingebettet sind, sowie mit einer Spezifizierung der Mittel, durch die der Forscher zu einer möglichst großen Anzahl dieser Bedeutungen Zugang gewinnen kann« (Devereux 1973, S. 28).

Der zweite Schritt besteht darin,

»die persönliche Verstrickung des Verhaltenswissenschaftlers mit seinem Material und die Realitätsverzerrungen, die diese ›Gegenübertragungs‹-Reaktionen nach sich ziehen, zu studieren. Denn das größte Hindernis auf dem Wege zu einer wissenschaftlichen Erforschung des Verhaltens ist die ungenügende Berücksichtigung der emotionalen Verstrickung des Untersuchenden mit seinem Material, das er letzten Endes selbst ist und das deshalb unvermeidlich Ängste in ihm erregt.
 Der dritte Schritt besteht in der Analyse von Art und Ort der Trennung zwischen Objekt und Beobachter.
 Der vierte und (vorläufig) letzte Schritt, den man im gegenwärtigen Stadium unseres Wissens unternehmen kann, besteht darin, die Subjektivität des Beobachters und die Tatsache, daß seine Gegenwart den Verlauf des beobachteten Ereignisses so radikal beeinflußt wie die Messung das Verhalten eines Elektrons beeinflußt (›stört‹), zu akzeptieren und auszuwerten« (Devereux 1973, S. 28f.).

Zu dieser wissenschaftlichen Verhaltenstheorie gehört auch die Klärung der Spezifität der Verhaltenswissenschaften, wobei es ganz und gar auf die Betrachtungsweise bzw. die Zuordnung ankommt, ob ein beobachtetes Phänomen ein Datum für die Verhaltenswissenschaften wird.

»Jedes Phänomen, das tatsächlich in den Begriffen einer authentischen Verhaltenstheorie erklärt worden ist, ist ein verhaltenswissenschaftliches Datum. Ein auf andere Weise erklärtes Phänomen ist kein Datum der Verhaltenswissenschaft, auch wenn seine Aktivität von lebender Materie manifestiert und in den gängigen Begriffen des common sense ›Verhalten‹ darstellen würde. Im letztgenannten Fall könnte das beobachtete Phänomen wohl ein ›Verhaltensereignis‹ sein, aber kein Datum für die Verhaltenswissenschaft. Eigentlich stellt die Schnelligkeit eines Windhundes auf der Ebene des gesunden Menschenverstandes ›Verhalten‹ dar, erklärt man sie aber als ›Energieumwandlung‹ oder untersucht sie als ›Geschwindigkeit‹, so ist sie kein Datum für die Verhaltenswissenschaft« (Devereux 1973, S. 38).

Bei dieser Betrachtungsweise ist wiederum die Bestimmung der Position des Beobachters für die verhaltenswissenschaftliche Forschung am wichtigsten, wie Devereux es im Kapitel über die »Reziprozität zwischen Beobachter und Objekt« ausführt.

»Das grundlegende Merkmal der Verhaltensforschung ist (hingegen) die aktuelle oder potentielle Reziprozität der Beobachtung zwischen Beobachter und Beobachtetem, die theoretisch eine symmetrische Beziehung konstituiert: Der Mensch beobachtet die Ratte, die Ratte aber auch den Menschen. So ist die in einer Richtung geführte Beobachtung in der Verhaltensforschung weitgehend eine konventionelle Fiktion, der mit Hilfe der Versuchsanordnung Genüge getan werden soll. Gegenbeobachtung oder Gegenreaktion sollen dadurch auf ein Minimum beschränkt werden, da die (vermeintlich) ›unerwünschte‹ Gegenbeobachtung des Experimentators durch das Versuchstier die erwünschten ›objektiven‹ Resultate ›verhindern‹ kann« (Devereux 1973, S. 42).

Die schwer zu bestimmenden Grenzen zwischen Beobachter und Objekt sind von der Beweglichkeit der psychologischen »Grenzen des Selbst« abhängig.

Die Psychoanalyse ist mit diesen Fragen und Problemen von ihrer Entwicklung her innig verbunden, und die Thematisierung des Beobachters sowie die Angst sind als elementare Daten für sie selbstverständliche Voraussetzungen. Sie hat sich eine Begrifflichkeit, ein Instrumentarium und eine Methodologie geschaffen, die Devereux benutzt und in ein neues Bezugsfeld stellt. Die Psychoanalyse selbst wird im Rahmen der Verhaltenswissenschaft neu bestimmt, zum Beispiel durch eine operationale, rein aus der Beobachtung zugängliche Definition des Unbewußten, unabhängig von der Gültigkeit oder Nichtgültigkeit psychoanalytischer Begriffe und Theorien. Die moderne Physik, auf die sich Devereux oft bezieht, liefert weitere Bestätigungen für die den Forschungs- und Theoriebildungsprozeß konstituierende Rolle des Beobachters bzw. der Methodologie (zum Beispiel Niels Bohrs »Abtötungsprinzip«).

»Um zum Hauptthema zurückzukehren, es ist offensichtlich, daß ›das Subjektive‹ von den meisten Verhaltenswissenschaftlern als Quelle systematischer Fehler behandelt wird, während der Psychoanalytiker es als hauptsächliche Informationsquelle behandelt, und zwar einfach deshalb, weil er infolge seiner Lehranalyse derlei subjektive Informationen zu ertragen in der Lage ist« (Devereux 1973, S. 336).

Devereux sieht die Gegenübertragung als das entscheidende Datum der Verhaltenswissenschaften an, wobei er sie als »die Summe aller Verzerrungen« definiert,

»die im Wahrnehmungsbild des Psychoanalytikers von seinem Patienten und in seiner Reaktion auf ihn auftreten. Sie führen dazu, daß er seinem Patienten antwortet, als sei er eine von dessen frühkindlichen Imagines, und sich in der analytischen Situation verhält, wie es seinen eigenen – gewöhnlich infantilen – unbewußten Bedürfnissen, Wünschen und Phantasien entspricht« (Devereux 1973, S. 64).

Die Fragestellung wird präzisiert, die Persönlichkeitsstruktur, die Verzerrung und vor allem die Angst und ihre Ursachen werden in den Mittelpunkt der Betrachtung gerückt. Da jede Kultur das gleiche psychische Material auf verschiedene Weise behandelt, kommt gerade der Ethnologe bei der Untersuchung fremder Kulturen oft mit Material in Berührung, das er selbst verdrängt. Die Verzerrung ist dann dort besonders ausgeprägt,

»wo das beobachtete Material Angst erregt. Der Wissenschaftler, der sich mit dieser Art von Material beschäftigt, sucht sich im allgemeinen gegen die Angst zu schützen, indem er bestimmte Teile seines Materials unterdrückt, entschärft, nicht auswertet, falsch versteht, zweideutig beschreibt, übermäßig auswertet oder neu arrangiert« (Devereux 1973, S. 67).

In der komplexen Situation zwischen Beobachter und Beobachtetem spielen die Ängste des Forschers eine entscheidende Rolle. Devereux gibt verschiedene Ursachen dieser Ängste an, die durch verhaltenswissenschaftliches Material erregt werden und für die Wissenschaftler deshalb relevant sind, »weil sie Abwehrreaktionen mobilisieren, deren Ausprägung und Hierarchie durch die Persönlichkeitsstruktur des Wissenschaftlers bestimmt werden, und diese letztlich die *Art* bestimmt, in der er sein Material verzerrt« (Devereux 1973, S. 69).

Diese angsterregenden Faktoren sind auch in der eigenen Kultur wirksam, etwa bei der Untersuchung von Gesellschaftsmitgliedern, die einer anderen Schicht, anderen Rasse, anderen Altersklasse, einem anderen Geschlecht usw. als der Forscher angehören. Zum Beispiel kann die Untersuchung der Subkultur der Schüler, bei der die Schüler den Forscher beobachten und relevante Aussagen über ihn machen, angstauslösend sein, und besonders, wenn man bedenkt, wie fremd es uns ist, Aussagen von Schülern ein Gewicht zu verleihen, das über das Pädagogische hinausgeht.

Devereux fordert, daß diese Angst, die in jeder verhaltenswissenschaftlichen Situation auftaucht, zur Kenntnis genommen wird. Nur dann seien die Voraussetzungen gegeben, daß man damit umzugehen lernt – »gute Methodologie« habe dem Forscher ein Instrumentarium in die Hand gegeben, das ihm erlaube, seine Angst zu bearbeiten, ohne sie ignorieren zu müssen.

»Sie (die gute Methodologie) entleert die Realität nicht ihres angsterregenden Inhalts, sondern ›zähmt‹ ihn, indem sie beweist, daß auch er vom bewußten Ich verstanden und bearbeitet werden kann. Zudem reduziert sie über die Einsicht die Angst selbst auf ein wissenschaftlich nützliches Datum« (Devereux 1973, S. 124).

Beim Vergleich der Tätigkeit des Psychoanalytikers mit der des Verhaltenswissenschaftlers werden die unterschiedlichen »Angstgrenzen« sichtbar, die vom Wissenschaftler gesetzt werden und die bestimmen, wieviel an Information für ihn erträglich ist, wieweit die Störungen »am Beobachter« in Daten umgesetzt werden können, was an ihm und in ihm vorgeht. In diesem Sinne durchzieht der Satz »Und dies nehme ich wahr!« das ganze Buch von Devereux. Er meint auch dem Sinn nach »Dies ist alles, was ich ertragen kann!« und bestimmt damit den Charakter der Forschung und die Forschungsergebnisse.

Eine Voraussetzung, um sich auf die von Devereux geforderte Weise ins »Feld« zu begeben, mag es sich dabei nun um eine fremde Kultur oder eine Schulklasse handeln, ist die Fähigkeit, persönliche Beziehungen einzugehen, trotz der oben erwähnten Hindernisse, und sich bewußt zu sein, daß jede Konfrontation mit einem menschlichen Wesen eine Beziehung bedeutet, und sei es auch die, daß man sein Gegenüber ignoriert.

Entsprechend der subjektiven Geschichte und der davon bestimmten Wahrnehmung verzerrt jeder Forscher auf irgendeine Weise sein Material. »Jede Forschung ist auf der Ebene des Unbewußten Selbst-bezogen, gleichgültig, wie weit ihr Gegenstandsbereich auf der manifesten Ebene vom Selbst entfernt sein mag« (Devereux 1973, S. 178).

Die Daten sind daher unter drei Gesichtspunkten aufzuschlüsseln:

»1. Das Verhalten des Objekts. 2. Die ›Störungen‹, die durch die Existenz und die Tätigkeit des Beobachters hervorgerufen werden. 3. Das Verhalten des Beobachters: seine Ängste, seine Abwehrmanöver, seine Forschungsstrategien, seine ›Entscheidungen‹ (d.h. die Bedeutung, die er seinen Beobachtungen zuschreibt)« (Devereux 1973, S. 20).

Devereux' Untersuchung läßt eine Verkehrung der Priorität dieser Daten erkennen, so daß schließlich die Störung selbst zu einem Datum wird. Der Beobachter verrät mehr wissenschaftlich Auswertbares als das untersuchte Objekt. Im II. und III. Teil seines Buches schildert Devereux die Verzerrungen, die bei der Beobachtung, Sammlung und Interpretation von Daten in bezug auf die Persönlichkeitsstruktur des Wissenschaftlers entstehen können, desgleichen durch den sozialen Hintergrund des Forschers, sein Geschlecht, sein Alter etc. Im IV. Teil wird der »Ort der Trennung« metatheoretisch weiter geklärt.

Das Hindernis im Forschungsprozeß ist also der Forscher selbst, der sich nicht einbezieht, d.h. der von der Illusion ausgeht, eine Kultur und eine Personengruppe etc. seien beobachtbar, als ob kein Beobachter vorhanden wäre.

Wie schon erwähnt, bedeuten zwischenmenschliche Interaktionen immer auch Beziehungen. Devereux gibt ein sehr anschauliches Beispiel dafür, wie verändert die Daten aussehen, je nachdem wie die Beziehungen strukturiert sind:

> »Meine Sedang-Informanten erzählten mir wiederholt, daß während (ritueller) Trinkgelage Sexspiele stattfänden. Sie zitierten eine Reihe von Vorfällen, die ihre Aussagen stützen sollten. Ich war zunächst geneigt, Abstriche zu machen, denn obwohl ich mehrere Trinkgelage beobachtet hatte, hatte ich keinerlei wie auch immer geartete Sexspiele bemerken können. Nachdem ich jedoch durch meine Adoption zu einem Mitglied der Ingroup geworden war, wurde ich Zeuge einiger Vorfälle, die die früheren Aussagen meiner Informanten bestätigten und somit im Gegensatz zu meinen eigenen früheren *Beobachtungen* standen. Vor meiner Adoption war das erotische Verhalten durch meine Anwesenheit gehemmt worden; sobald ich adoptiert war, verhielten sich die Leute in meiner Gegenwart so, wie sie es auch normalerweise taten (Fall 415)« (Devereux 1973, S. 301).

Dieses Beispiel kann zeigen, welche Art von Zuneigung bei den Sedang nötig ist, um »gewöhnliches« Verhalten zu ermöglichen. Es gibt aber auch darüber Auskunft (und deshalb sind auch die vorausgehenden Beobachtungen von Devereux wichtig), wie die Sedang auf eine Person, die nicht zur Gruppe gehört, reagieren. Weiter sagt es etwas aus über die Schwierigkeiten des Forschers im Feld, daß nämlich seine Beobachtungen, wenn sie im Widerspruch zu Angaben von Informanten stehen, durchaus falsch sein und daß die Informanten recht haben können, obwohl die eigenen Augen etwas anderes gesehen haben. Es wird auch klar, daß der Ethnologe innerhalb der Gesellschaft, die er untersucht, einen bestimmten Status übernimmt. Dies kann problematische Konsequenzen haben: So mußte Devereux, der ein ausgesprochener Tierfreund war, einmal ein Schwein mit einer Keule erschlagen.

Devereux zeigt auf, daß der Ethnologe – und somit jeder Forscher, der sich auf eine Feldsituation einläßt – lernen muß, Beziehungen einzugehen, sich mit den Untersuchten zu identifizieren und Rollen mit allen ihren Konsequenzen zu übernehmen. Gleichzeitig muß er jedoch der »Verführung« widerstehen, damit eigene unbewußte Bedürfnisse zu befriedigen und sich mit den Informationen, die man seiner Rolle gemäß erhält, zu begnügen. Wie bei der Angst, so kann es auch bei den unbewußten Bedürfnissen nicht darum gehen, sie zu ignorieren oder einfach zu beseitigen. Sie müssen bewußt gemacht werden, um als Instrument der Erkenntnis verwendet zu werden. Devereux hat seine epistemologischen und methodologischen Überlegungen, die er aus dem therapeutischen Setting herausgelöst hat, selbst nicht systematisch und forschungspraktisch umgesetzt. Sie bilden aber – neben dem ethnopsychoanalytischen Ansatz von Parin, Morgenthaler und Parin-Matthèy, der aus den praktischen Erfahrungen bei der Anwendung der psychoanalytischen Technik entwickelt wurde – den Ausgangspunkt für die ethnopsychoanalytischen Arbeiten von Maya Nadig, Mario Erdheim, Florence Weiss und anderen, die den Forderungen von Devereux in ihren ethnopsychoanalytischen Forschungen nachkommen und die affektive Verstrickung des Forschers mit seinem Gegenstand und die Subjektivität des Beobachters selbst als Weg zur Erkenntnis des Fremden und zur Aufklärung von Zusammenhängen nutzen. Die von Devereux geforderte Einbeziehung der Subjektivität des Forschers und der Einsatz seiner Gegenübertragung als eigenständige Erkenntnisquelle haben auch in der qualitativ orientierten sozialwissenschaftlichen Forschungspraxis dazu geführt, ethnopsychoanalytische Gesichtspunkte als Bestandteile der praktischen Untersuchungen und der Reflexion eigener persönlichkeits-, institutions- und kulturbedingter unbewußter Verstehensbarrieren miteinzubeziehen. Wie weit dies möglich ist und entweder bloße Absichtserklärung bleibt oder als »gute Methodologie« eingelöst werden kann, hängt, wie Devereux betont, davon ab, wie weit die Ängste und Verzerrungen als Störungen am Beobachter in Daten umgesetzt werden können.

In der Praxis selbst erweist sich die von Devereux und anderen geforderte Bereitschaft, im Kontext von Übertragung, Gegenübertragung und Angst zu forschen, oft nur als Lippenbekenntnis, da der damit verbundene Aufwand an Zeit, Geld und Energie beträchtlich ist.

3.3.2. Ethnopsychoanalytische Forschungspraxis in den Sozial- und Kulturwissenschaften

Als Beispiel einer gelungenen Umsetzung dieser Forderungen sei auf die von Marva Karrer vorgelegte Arbeit *Die Piazza. Frauen und Männer in einem süditalienischen Dorf* verwiesen (Karrer 1995). Die Ethnologin hat zwischen 1981 und 1988 in einem kleinen Hügeldorf in Süditalien mehrmals Feldforschungen unternommen. Thematisch stand die Art und Weise im Vordergrund, wie Männer und Frauen den öffentlichen Raum des zentralen Platzes nutzen, wie die »piazza« in ihren Alltag eingebunden ist. Die vielfältige Bedeutung von Plätzen ist eine überaus typische Besonderheit in weiten Teilen des Mittelmeerraumes. Gerade in Italien, auch im als »rückständig« und bäuerlich geltenden Süden, wird bis in kleine Dörfer hinein auf der »piazza« städtische »civiltà« – Kultur – gepflegt. Marva Karrer benennt explizit den Prozeß, in dem sich dieses Thema erst als zentrales herausgebildet hat. Das entspricht der verschiedentlich getroffenen Feststellung, »daß zu Beginn einer ethnopsychoanalytischen Arbeit das Ziel der Forschung unbestimmt ist« (Erdheim 1988, S. 61), zeigt aber darüber hinaus konkret, wie auch die Themenwahl im Wechselspiel zwischen der Subjektivität des Forschers und der Subjektivität der untersuchten Menschen entsteht. In der Studie werden – nach der Auseinandersetzung mit ethnologischen und architektursoziologischen Piazza-Studien – zwei Gruppen von jungen Leuten vorgestellt, eine aus Männern und eine aus Frauen (im Alter zwischen Anfang und Ende 20) bestehend. Die Porträtierung dieser beiden Gruppen entlang der Darstellung der sich entwickelnden Beziehung zwischen Forscherin und untersuchten Subjekten macht den wichtigen und originellen Beitrag zur Ethnopsychoanalyse aus. Beide Peer-Groups hielten sich besonders häufig auf dem Platz auf, wobei das Verhalten der jungen Männer traditionell kulturkonform ist, im Fall der jungen Frauen jedoch eine neue Entwicklung bedeutete. Zu beiden Gruppen entstanden enge freundschaftliche Beziehungen, genauer zu den Individuen, aus denen sich diese Gruppen zusammensetzten.

Für Marva Karrer war es wichtig, aufzuzeigen und nachvollziehbar zu machen, wie aus der scheinbaren Banalität des Alltags und der entsprechenden scheinbaren Banalität der Tagesnotizen Fragen und Themen hervorgehen, mit anderen Worten, wie »Wissen« entsteht – ähnlich wie Crapanzano es einmal formuliert hat: Theorie als Aufwertung des Idioms, »mit dessen Hilfe die Begegnung und die von ihr ausgehende Belastung zur Sprache gebracht werden« (Crapanzano 1983, S. 14). Die Autorin wollte vor allem die als Blendwerk fungierenden Verknüpfungen von Empirie und Theorie vermeiden bzw. solche Verbindungen produzieren, die zur Entmystifizierung wissenschaftlicher Konstrukte beitragen können. Das »Ethnopsychoanalytische« an ihrer Arbeit bezieht sich nicht auf die meist als maßgebliches Kriterium betrachteten »Einzelgespräche« sondern, im Sinne von Devereux, auf die Einbeziehung beider Seiten – der Untersucherin und des Untersuchten – in einen Prozeß. Die Methode der »Einzelgespräche«, die von der psychoanalytischen Praxis herkommt, kann als eine der möglichen Methoden, sie sollte aber nicht als »die richtige« Methode angesehen werden.

Die persönlichen Beziehungen während ihrer Zeit in dem süditalienischen Dorf hat Marva Karrer nicht als ethnopsychoanalytische Beziehungen verstanden oder zu gestalten versucht. Ihre eigentliche Deutungsarbeit bezieht sich ausschließlich darauf, daß sie ihre Tagesnotizen zur Grundlage der Schilderung der beiden Gruppen – der jungen Männer und der jungen Frauen – nahm. Im Anschluß an die Wiedergabe eines Abschnittes aus den Tagesnotizen benutzte sie ihre eigenen Assoziationen, um sowohl die Beziehungsdynamik deutlich zu machen, als auch sachliche Informationen über die kalabrische Kultur zu vermitteln. Die Tagesnotizen hatte sie bewußt nicht getrennt nach Gesichtspunkten wie »Fakten«, theoretische Metareflexionen, Hypothesen, Fragen etc. So bildeten sie später ein dichtes, wenn auch schwer zu entwirrendes, Material.

Besonders aufmerksam beobachtete die Forscherin Reaktionen von Überraschungen, Fehleinschätzungen, ungeschicktem sozialen Herumstolpern ihrerseits, Stockungen in der Kommunikation etc. Innerhalb der langen Zeitblöcke ihrer Feldforschungen von je sieben Monaten ging sie bei der Darstellung chronologisch vor, als sie erkannte, daß ihr die »Informanten« nach und nach bestimmte Seiten ihrer Person und bestimmte Aspekte ihrer Kultur zugänglich machten. Das betraf Themen wie Neid, Scham, Emigration oder Parteilichkeit für das eigene Dorf, ebenso wie komplexe, im Spannungsfeld zwischen Tradition und Modernität stehende Erwartungen an Ehe und Liebe, sowie zahlreiche Konflikte, die beim Übergang zwischen der Phase der Gleichaltrigengruppe und jener der Familiengründung entstehen. Die Forscherin ließ sich auf der Grundlage ihrer emotionalen Konfrontation mit Personen und auf der Suche nach dem Verständnisgewinn auf einen vor allem von den Menschen im Dorf selbst bestimmten Prozeß ein, der ihr den Zugang zu zentralen kulturellen Strukturen und Konflikten eröffnete.

Die wissenschaftliche Anwendung der psychoanalytischen Technik, des Prinzips der Gegenübertragung auf Gegenstände, Texte und Kunstwerke, zur Analyse der unbewußten Strukturen, die Kulturprodukten innewohnen, begann mit Lorenzer (1981, 1988), wurde von Leithäuser und Volmerg (1988) weitergeführt, und auf Gruppen und Fragestellungen der Sozialpsychologie ausgeweitet (Keupp 1994; Menschik-Bendele/Ottomeyer 1998, 2002; Ottomeyer 2000; Salis Gross 2001). Leuzinger verficht das »Junktim« von quantifizierbaren Methoden mit psychoanalytischen Vorgehensweisen in psychologischen Forschungen (1993, 1998). Diese methodischen Verbindungen stehen den Ansätzen der Ethnopsychoanalyse nahe. Als allgemeine Voraussetzung für eine sozialwissenschaftliche Forschungspraxis in der eigenen Kultur, die ethnopsychoanalytische Gesichtspunkte berücksichtigt, gelten die Vertrautheit mit ethnologischen Fragestellungen wie auch eine enge Verbindung zur Psychoanalyse, die praktisch in Form der Supervision des Forschungsprozesses durch eine psychoanalytisch ausgebildete Person einbezogen wird, um die unbewußten Verstrickungen in der eigenen Kultur zu ermitteln und für die Untersuchung verwertbar machen zu können.

»Als einzig sinnvolle Einführung in die Ethnopsychoanalyse erachte ich die Feldforschung, das heißt die Einarbeitung in eine fremde Kultur, und zwar mittels Gesprächen. Diese Gespräche orientieren sich an der Psychoanalyse, insbesondere am Konzept der Bewußtmachung von Übertragung und Gegenübertragung. Zur Erarbeitung sowie Anwendung dieser Konzepte scheint mir das Modell der Supervisionen bzw. Intervisionen innerhalb von Gruppen brauchbar« (Erdheim 1992, S. 24).

Auf diesem Wege können die einander ergänzenden Voraussetzungen von Psychoanalyse und Ethnologie sich so weit annähern, daß es möglich ist, »die Ethnopsychoanalyse nicht als interdisziplinäre Wissenschaft zwischen Psychoanalyse und Völkerkunde aufzufassen, sondern als eigenständige Möglichkeit zur Erfassung des Menschen in seiner Gesellschaft« (Parin-Matthèy/Parin 1990, S. 13f.). Die Arbeit des Psychoanalytikers, das Innenleben seiner Patienten aus intimster Nähe und dennoch als Fremder zu betrachten, entspricht der Herangehensweise des Ethnologen, mit dem »Blick des Fremden« die von ihm betrachteten kulturellen und menschlichen Verhältnisse gleichsam neu wahrzunehmen.

An einzelnen universitären und außeruniversitären Einrichtungen, meist in den Bereichen der Psychologie, der Ethnologie oder der Psychoanalyse, wurden Untersuchungen mit Methoden einer ethnopsychoanalytisch orientierten qualitativen Sozialforschung durchgeführt. Ein Beispiel sind die sozialpsychologischen Forschungsprojekte, die von Klaus Ottomeyer und Mitarbeitern an der Universität Klagenfurt mit einem Methodeninstrumentarium durchgeführt wurden, »das sich aus Ideen der Ethnopsychoanalyse, dem szenischen Verstehen und dem Psychodrama entwickelt hat« (Ottomeyer 1992, S. 93).

Unter dem Titel *Szenen der Gewalt* (Graf/Ottomeyer/ÖIF 1989) wurden Studien zusammengefaßt, von denen einige, wie die Arbeit »Vergangenheitsbewältigung und Volksgruppenkonflikt in Kärnten« (Englert/Migsch/Rainer 1989), sich auf spezifisch historische und soziale Bedingungen einer für den Untersucher fremden Kultur in der eigenen Gesellschaft bezogen – in diesem Fall der assimilierten slowenischen Minderheit in Kärnten –, um die psychologisch und kulturell wirksamen identitätsbildenden Faktoren zu ermitteln. Im Mittelpunkt der empirischen Erhebung standen Gespräche mit assimilierten Angehörigen der Minderheit, welche die Kärntner Umgebung unter dem Stichwort »Kärntner Urangst« als Projektionsleinwand benutzt und die ein permanentes Konfliktpotential darstellt. Die Phasen der Vorbereitung und der Erhebung wurden von psychoanalytischen Supervisionssitzungen begleitet.

»In Kärnten ist es – bei Drohung der Ausgrenzung – für die Menschen wichtig, auf die Frage, ob man Slowene oder ›Deutschkärtner‹ ist, sofort eine klare Antwort geben zu können, obwohl fast jeder ›Deutschkärtner‹ ein oder zwei slowenische Eltern- oder Großelternteile hat und fast jeder Slowene einige deutsch sprechende Vorfahren« (Ottomeyer 1992, S. 21f.).

Mit Hilfe der Gegenübertragungs- und Irritationsanalyse und der Supervision durch einen Psychoanalytiker wurde eine sozialpsychologische Studie über den rechtsradikalen Politiker Jörg Haider mit den Mitteln des szenischen und psychodramatischen Verstehens erarbeitet (Goldmann/Krall/Ottomeyer 1992). Kärnten und sein spezifischer kultureller Hintergrund trugen zur Erhellung bestimmter Mechanismen bei, die sich dem Forscher in sehr eindringlicher und direkter Weise offenbaren können: »Kärnten gleicht manchmal noch einer Art Sozialmuseum oder einem Kapitel aus einem psychoanalytischen Lehrbuch, in dem die Menschen noch fast unverhüllt und unverdorben vom popularisierten psychoanalytischen Wissen ihr Unbewußtes sprechen lassen« (Ottomeyer 1992, S. 143).

»Jörg Haider fasziniert sein Publikum durch die rastlose Aufführung eines mehrschichtigen Wunsch-Erfüllungs- und Angst-Abwehr-Theaters, das auf wechselnden Bühnen und in verschiedenen Kostümen aufgeführt wird. Er betreibt eine Art von ebenso massenwirksamer wie letztlich irreführender Großgruppen-Psychotherapie ... Eine erste, sehr grundlegende Inszenierung, mit der Haider großen Menschengruppen ›ihr Selbstgefühl zurückgibt‹, bezieht sich auf die NS-Vergangenheit und wurde z.B. im Oktober 1990 auf dem Ulrichsberg, der Kärtner Soldaten-Gedenkstätte, aufgeführt. Man könnte sie unter die Überschrift stellen: Ich nehme alle Schuld von Euch und versöhne zwischen den Generationen« (Ottomeyer 1992, S. 134).

Mit seiner Studie *Die Haider-Show* hat Klaus Ottomeyer seine Untersuchungen zu einer ethnopsychoanalytisch orientierten Politologie fortgesetzt (Ottomeyer 2000).
Von 1995 bis 1997 haben Mitglieder der Klagenfurter Forschergruppe in Kärnten und der südlichen Steiermark umfangreiche Felduntersuchungen zur Attraktivität des Rechtsextremismus unter Jugendlichen durchgeführt. Mit

fast 200 Jugendlichen beiderlei Geschlechts wurden psychodramatische Rollenspiel-Workshops bzw. Gruppengespräche durchgeführt sowie Zeichnungen erstellt. Zwischen 10% und 15% der 13- bis 19jährigen Schüler in den Workshops wurden aufgrund einer genauen qualitativen Dokumentation ihrer Beiträge und Inszenierungen als »rechtsextrem« oder als unter Einfluß »rechtsextremer Tendenzen« stehend eingestuft. Die genauere Beschäftigung mit solchen (fast ausschließlich männlichen) Jugendlichen, die offen rechtsextrem und gewaltbereit waren, ergab, daß die gewalttätige Aggression gegen Fremdgruppen und »Schwächlinge« dazu dient, eigene Schwächen und depressive Tendenzen, das »innere Muttersöhnchen«, nicht mehr zu spüren, indem es abgespalten und auf einer äußeren Bühne bekämpft wird. Dort liegt dann das »Niedergeschlagene« und die Jugendlichen stacheln sich an, noch einmal hineinzutreten. »Und wenn ich schon mal dran bin, tret ich nochmal rein, ist ja nur ein armes Türkenschwein«, heißt es in einem der Liedtexte von rechten Rockgruppen, die die Jugendlichen teilweise auswendig können. Die Stiefel sind Werkzeuge der Gewalt und zugleich Identitätsmetaphern für die Jugendlichen. In einem Gruppengespräch, das Klaus Ottomeyer und Sigrid Zeichen mit einigen gewaltbereiten Neonazis geführt haben, kommt es zunächst zu einer Abgrenzung von den »verwaschenen Schuhen« der anderen, in diesem Fall der Mutter eines Jungen.

> »Die Stiefel sind eine Metapher für die Identität der Jugendlichen, welche mit Stolz verbunden, die einen Glanz haben und gewissermaßen fest geschnürt sein soll. [...] Die verwaschenen Schuhe ... so könnte man mit den Worten des wichtigsten Identitätsforschers E. H. Erikson ... sagen, symbolisieren die ›Identitätsdiffusion‹, welche die Jugendlichen fürchten und bei ihren Eltern wahrnehmen« (Menschik-Bendele/ Ottomeyer 2002, S. 57).

Ausgehend vom Spott über die Mutter knallen die Jugendlichen ihre Stiefel vor den Forschern auf den Tisch, sprechen von ihrem »Stolz auf die weiße Rasse« und zitieren eines der rechten Lieder: »Er blutet aus dem Schädel und bewegt sich noch, da tret ich nochmal rein mit meinen Vierzehnloch« (Menschik-Bendele/Ottomeyer 2002, S. 56) (»Vierzehnloch« sind eine bestimmte Art Springerstiefel). Die Gewalt auf der Straße hilft auch gegen die typischen adoleszenten Ängste vor körperlicher Minderwertigkeit und Unmännlichkeit (gegen die »Dysmorphophobie«) und stellt eine Art selbstorganisiertes Initiationsritual dar, welches manchmal wirklich makabre Ähnlichkeiten mit einer Kopfjagd hat. Die Autoren der Studie gelangen zu ihren Interpretationen aufgrund sehr genau transkribierter Videobänder und der Analyse ihrer eigenen Irritationen, Abwehrmechanismen, Ängste und Aggressionen, die in der lebendig-riskanten Begegnung mit den Jugendlichen entstanden. Manchmal wären die Forscher am liebsten weggelaufen. Theorie ist hilfreich, muß aber auch in ihrer potentiellen Abwehrfunktion reflektiert werden.

»So wird im Text über die auffällig-rechtsradikalen Jugendlichen, dort, wo es um ihre festgeschnürten, glänzenden Stiefel als Identitätsmetapher geht, das theoretische Konzept der Ich-Identität nach Erikson zwar eingeführt, aber so, daß wir vorher auf die Angst zu sprechen kommen, die die Stiefelinszenierung uns machte und machen sollte« (Menschik-Bendele/Ottomeyer 2002, S. 9).

Unter dem Aspekt einer »Ethnopsychoanalyse des Inlandes« wurde die verborgene Bedeutung des Internationalen Golf-GTI-Treffens in Maria Wörth in Kärnten zu ergründen versucht. Die Studie zeigt am Beispiel einer Gruppe jugendlicher Autofahrer und ihrer Inszenierungen die Symbolkraft des Automobils (Krall 1991).

Thomas Leithäuser und Birgit Volmerg von der Universität Bremen haben den psychoanalytischen Prozeß der Erkenntnisbildung in ihre sozialpsychologischen Forschungsprojekte einbezogen, wobei sie sich auf die Erfahrungen bei ethnopsychoanalytischen Untersuchungen stützten. Sie haben Idee und Methode des »szenischen Verstehens« von Alfred Lorenzer zu einer neuen Arbeitsweise in der empirischen Kultur- und Sozialforschung weiterentwickelt, welche die aktive Teilnahme der Forschergruppe an der Lebenswelt der von ihr Untersuchten voraussetzt und bei der ethnopsychoanalytische Gesichtspunkte wie die Analyse der Erschütterungen und Irritationen der eigenen akademischen Identität miteinbezogen werden. (Leithäuser/Volmerg 1988; Volmerg/Senghaas-Knobloch/Leithäuser 1986; Larcher 1992). Psychoanalytische Theorie- und Methodenansätze werden auch für das Projekt einer reflexiven Sozialpsychologie genutzt, an dem in der Abteilung Sozialpsychologie des Instituts für Psychologie der Universität München gearbeitet wird (Keupp 1994; Brockhaus 1994).

1993 erschien eine von Marianne Leuzinger-Bohleber, Ariane Garlichs und Mitarbeiterinnen im Herbst 1990 in Jena und Kassel durchgeführte vergleichende psychoanalytisch orientierte Studie über Zukunftshoffnungen und -ängste von Kindern und Jugendlichen, die von den Autorinnen auch als ethnopsychoanalytische Studie in der eigenen Kultur verstanden wird: *Früherziehung West/Ost. Zukunftserwartungen, Autonomieentwicklung und*

Beziehungsfähigkeit von Kindern und Jugendlichen (Leuzinger-Bohleber/ Garlichs 1993). Diese Studie widmet sich unter anderem der Frage, wie Kinder und Jugendliche in beiden Teilen Deutschlands die großen Veränderungen 1989/1990 erlebt haben, wie sie diese Erfahrungen verarbeiten und wie die sich auf ihre persönlichen und gesellschaftlichen Zukunftserwartungen auswirken. Zu diesem Zweck wurden (im September 1990) in Jena zwei zweite Klassen, zwei vierte Klassen und eine achte Klasse (je 20 Schüler) und in Kassel (im Oktober 1990) ebenso viele Kinder und Jugendliche untersucht. Aufgrund psychoanalytischer Überlegungen, und um den Schülern nicht die Zukunftsvisionen der Untersucher zu suggerieren, war es wichtig, sie zu ganz persönlichen Phantasien über ihre Zukunft anzuregen. In einem meditativen Einstieg wurde eine »Traumreise in die Zukunft« unternommen. Die Schülerinnen und Schüler gaben anschließend ihre Phantasien darüber, wie sie sich die Welt vorstellen, wären sie selbst erwachsen, in Zeichnungen wieder. Mit jedem Kind wurde ein Tiefeninterview durchgeführt, in dem es zu seiner Zeichnung assoziierte, aber auch Raum hatte, seine aktuellen Phantasien, Sorgen und Konflikte szenisch darzustellen. Mit den Grundschulkindern wurde zudem ein projektives Verfahren durchgeführt (Schwarzfuß-Test nach Corman et al.). Die Schüler der vierten und achten Klassen füllten die »Gießener Beschwerdeliste zur Erfassung psychosomatischer Symptome« aus.

Die unerwartet eindringlichen und reichhaltigen Ergebnisse dieser Pilotstudie werden nicht nur als eine historische Dokumentation möglicher Auswirkungen der deutsch-deutschen Veränderungen auf Kinder und Jugendliche im Herbst 1990 angesehen, sondern auch als ein erster ethnopsychoanalytischer Beitrag zur psychischen und psychosozialen Situation der Heranwachsenden in beiden Teilen Deutschlands. Bei der Analyse der Beobachtungen und Ergebnisse erkannten die Forscher, wie sehr die Zukunftserwartungen, aber vor allem auch der Stand der Autonomieentwicklung und der Objektbeziehungen, von den Früherfahrungen der Kinder in den beiden unterschiedlichen kollektiven Frühsozialisationssystemen (DDR/BRD) sowie von ihrer divergierenden, aktuellen psychohistorischen Situation geprägt waren. Dazu werden erste Hypothesen in dieser Publikation zur Diskussion gestellt.

Die ethnopsychoanalytischen Dimensionen der Fragestellung versuchte man durch folgende methodische Vorgehensweise zu berücksichtigen:
– gemeinsame Reflexion der Tiefeninterviews in Kleingruppen mit besonderer Berücksichtigung von Übertragung und Gegenübertragung;
– intensive, kritische und mehrmalige Diskussion der Fallporträts der einzelnen Kinder und Jugendlichen mit ihren Lehrern, um durch sie Projektionen der Untersucher auf »das Fremde im eigenen Lande« erkennen zu können;

– durch intensiven fachlichen und emotionalen Austausch mit einer Kollegin aus Ost-Berlin (Dr. Heike Bernhard, die in der DDR aufgewachsen ist, aber durch ihr Engagement im *Neuen Forum* auch eine kritische Distanz zum ehemaligen DDR-Regime hatte);
– durch gemeinsame Diskussion von wissenschaftlichen, öffentlichen und literarischen Berichten zu »beiden Teilen Deutschlands«.

Die Autorinnen sind bei der Wahl dieser in der ethnopsychoanalytischen Fachliteratur beschriebenen Forschungsmethoden davon ausgegangen, daß das Irritierende der Konfrontation mit dem Fremden in der eigenen Kultur mindestens teilweise in ihrem Bewußtsein erhalten blieb und daher auch kritisch diskutiert werden kann.

Untersuchungen zur Zeitgeschichte, bei denen biographisches Material und erzählte Geschichte im Vordergrund stehen, können in Verbindung mit ethnopsychoanalytischen Methoden durchgeführt werden. Ich möchte dazu eine Studie als Beispiel anführen. Gesa Koch-Wagner hat intergenerative »Gefühlserbschaften« am Beispiel der Mutter-Tochter-Interaktionsformen unter dem Einfluß von Kriegstraumen und nationalsozialistischen Ideologiefragmenten mit Hilfe eines ethnopsychoanalytischen Ansatzes untersucht (Koch-Wagner 2001). Sie zeigt mit ihrer Studie, wie der ethnopsychoanalytische Ansatz modifiziert in der eigenen Kultur verwandt werden kann, um persönliche Schicksale, ihre Gleichheiten und Verschiedenartigkeiten herauszuarbeiten. In psychoanalytisch orientierten Interviews erzählen und reflektieren Frauen der Jahrgänge 1938 bis 1948 ihre Vorstellungen, wie der kulturelle Raum der Nazi-, Kriegs- und Nachkriegszeit, in der ihre Mütter als verantwortlich Handelnde involviert waren, auf die Mutter-Tochter-Beziehung einwirkte. Vier Interviews sind umfangreich dokumentiert, andere gehen kursorisch in die Gesamtauswertung ein. In den Gesprächen wurden zwei von der Zeitgeschichte beeinflußte mütterliche Haltungen deutlich: einmal einer depressiv gestimmten Mutter, die durch eine Vielzahl von Verlusten zeitweilig innerlich abwesend, überfordert und für die Tochter schwer erreichbar war, zum anderen einer mit nationalsozialistischen Ideen identifizierten, die Bedürfnisse der Tochter übergehenden »kalten« Mutter, die Schwierigkeiten hatte, ihre Ideale aufzugeben. Beide Haltungen wurden in den Mutter-Tochter-Konfigurationen sichtbar und erschwerten im Lebensentwurf der Generation der Töchter, über die Botschaften und Delegationen ihrer Mütter hinweg den eigenen kulturellen Raum ihrer Generation zu bestimmen.

»Der kulturelle Raum für die Integration von Gefühlserbschaften aus der Nazi- und Kriegszeit war in der Lebenszeit der Frauen bis heute entscheidenden Wandlungen unterworfen, wie die folgende Jugendepisode verdeutlicht, die eine der Gesprächspartnerinnen erinnert: 15jährig war sie mit ihrer Herkunftsfamilie zum ersten Mal im Ausland. Der Vater war stolzer Besitzer seines ersten Autos, die Familie besichtigte Utrecht, als ein Einheimischer sie in großer Erregung wüst beschimpfte. Die Tochter konnte die Einzelheiten nicht verstehen, aber sie ›wußte‹, daß sie alle als ›Nazis‹ beschimpft wurden. Sie erinnert sich, daß alle Familienmitglieder beschämt der Kopf einzogen, aber niemand über das Vorgefallene sprach. [...] Die Familien waren, was das Nazierbe anging, sprachlose Schuld- und Schamgemeinschaften, konnten mit dem Erbe nicht umgehen und wurden es doch nicht los. Mit dem kulturellen Abwehrmuster der Derealisierung und projektiven Mechanismen versuchten sie es auf Abstand zu halten. Typisch für die Nachkriegszeit wurde aber auch das Reisen über die Landesgrenzen hinweg und darüber die Konfrontation mit anderen Lebens- und Sichtweisen angeregt, die in der Kriegszeit nur eingeschränkt Soldaten in ihrer Funktion als Eroberern (und später als Gefangenen) möglich gewesen waren« (Koch-Wagner 2001, S. 253ff.).

Für Sigmund Freud war die Entdeckung eines wissenschaftlichen Zuganges zu unbewußten psychischen Bereichen eine grenzüberschreitende wissenschaftliche Revolution. Im Einklang damit standen die Anwendung der neuen Erkenntnisse auf die Menschheitsgeschichte und seine universalistischen und evolutionistischen Spekulationen über die Anfänge der Kultur, wie er sie in *Totem und Tabu* darlegte. Die theoretische Expansion wurde von einer psychoanalytischen Bewegung begleitet, die sich international ausbreitete. Das wissenschaftliche Neuland wurde zwar unter den Einschränkungen von evolutionistischen, ethnozentrischen und patriarchalen Perspektiven erkundet, die »Internationalität des Unbewußten« blieb aber ein fixer Bestandteil der Freudschen Entdeckung und als Orientierungspunkt leitend. Der neuen Wissenschaft sollten keine Grenzen gesetzt werden und viele der späteren Pioniere der Psychoanalyse in Nord- und Südamerika, in Indien, Japan und Afrika fanden sich in Wien, Budapest, London und vor allem in Berlin ein, den Zentren der psychoanalytischen Forschung und Ausbildung nach dem Ersten Weltkrieg. Einen unfreiwilligen Anstoß zur Verbreitung der Psychoanalyse gab die Vertreibung der Psychoanalyse aus ihren mitteleuropäischen Zentren durch den Nationalsozialismus und den Faschismus. Die exilierten Psychoanalytiker setzten sich mit den neuen Gegebenheiten auseinander und die an der Psychoanalyse als Kulturwissenschaft Interessierten werteten ihre psychoanalytischen Erfahrungen für neue Fragestellungen aus. In der von

Otto Fenichel mit seiner »Rundbrief-Organisation« zusammengehaltenen Emigrantengruppe aus Berlin wird dies besprochen. Zum Beispiel stellt Georg Gerö in Kopenhagen in einer Diskussion mit Otto Fenichel in Oslo fest:

> »Wenn man plötzlich gute Skandinavier analysiert, obwohl man darauf vorbereitet ist, staunt man doch über die Internationalität des Unbewußten. Die verdrängten Inhalte sind dieselben, aber es gibt Unterschiede in der Abwehr. Sie ist auch sonst, wie wir wissen, das wirklich Individuelle« (Fenichel 1998, S. 185).

Fenichel greift diese Beobachtungen auf und animiert zu weiteren Forschungen.

> »Ich schlage vor, daß die Emigrantenanalytiker, die jetzt Möglichkeit haben, Patientenmaterial von verschiedenen Nationen zu beobachten, solche vergleichenden Beobachtungen über bestimmte typische nationalbedingte Charakterzüge oder Formationen, und über die national verschiedenen Formen der Sexualunterdrückung sammeln. Sie haben recht, die Schwierigkeit ist, daß uns die historischen und soziologischen Kenntnisse fehlen« (Fenichel 1998, S. 186).

Mit einem ähnlichen Ansatz begannen die Untersuchungen der Zürcher Psychoanalytiker Parin, Parin-Matthèy und Morgenthaler in Westafrika (Kap. 2.1.). Bestandteile der Geschichte der psychoanalytischen Bewegung sind ihre vielen Erfahrungen mit Emigration, Migration und Exil (Mühlleitner/Reichmayr 1995; Felber-Villagra 1998; Zwiauer 2002). In unterschiedlichen Kulturen hat sie sich Raum geschaffen, in denen sie neue Erkenntnisse gewinnen konnte. Als »Wissenschaft in Bewegung« wurde sie durch diese unterschiedlichen Kulturen ebenso geprägt und verändert, wie sie selber auf diese in einem Spannungsfeld von Autonomie und Konformität zurückwirkte. Der veränderte kulturelle Kontext und seine Wirkung auf die Entwicklung der Psychoanalyse ist eine Fragestellung, die sich mit der Geschichte derjenigen Konzepte beschreiben läßt, die das Verhältnis von Individuum und Kultur zu bestimmen versuchen. Seit Géza Róheim werden ethnopsychoanalytische Konzepte von Psychoanalytikern entwickelt oder angewendet, die eigene Migrationserfahrungen und Erfahrungen mit unterschiedlichen kulturellen Kontexten haben. César Rodríguez Rabanal, Sudhir Kakar und Jalil Bennani haben ihre psychoanalytische Ausbildung in Europa absolviert und haben anschließend in ihrer Herkunftskultur die Psychoanalyse klinisch und als Untersuchungsmethode angewandt. Der in Zürich zur Psychoanalytikerin und Psychodramatikerin ausgebildeten Ursula Hauser, die seit Jahren in Costa

Rica arbeitet, ist die fremde Kultur zu ihrer eigenen geworden. Sie verbindet in Projekten in Costa Rica, Nicaragua, El Salvador und Kuba ihre psychoanalytischen und psychodramatischen Erfahrungen mit einem ethnopsychoanalytischen Ansatz. Die Schweizer Psychoanalytikerin Ruth Waldvogel sammelte ihre ethnopsychoanalytischen Erfahrungen bei ihrer Supervisionstätigkeit in einem Salud Mental Projekt in El Salvador.

Der in Lima in Peru geborene César Rodríguez Rabanal studierte Medizin in Madrid und Frankfurt/Main und wurde am Frankfurter *Sigmund-Freud-Institut* zum Psychoanalytiker ausgebildet, wo er auch als Dozent wirkte. Seit 1982 lebt und arbeitet Rodríguez Rabanal in Peru und leitete 1982 bis 1986 eine Forschungsgruppe, die sich mit den Lebensbedingungen in den Slums von Lima auseinandersetzte. Psychoanalytische Gespräche mit Slum-Bewohnern ermöglichten es, Einsichten in psychische Strukturen und innere Verarbeitungsmechanismen von Individuen zu gewinnen, die extrem marginalisierten Gruppen angehören (Rodríguez Rabanal 1990).

>»Es handelt sich um den Bericht über einen der raren Versuche zu einer ›Ethnopsychoanalyse im eigenen Land‹, bei der es darum geht, sich und anderen das Befremdliche im Gewohnten zur Erfahrung zu bringen, das heißt: mit Hilfe einer in Sozialforschung umgewandelten Psychoanalyse den aktuellen Strukturierungen des gesellschaftlich unbewußt Gemachten, seiner Transformation in Verhaltensdispositionen an Einzelfällen nachzuspüren« (Dahmer 1991, S. 23f.).

1995 wurde ein weitere Studie in Buchform unter dem Titel *Elend und Gewalt* (Rodríguez Rabanal 1995) veröffentlicht, in der aus psychoanalytischer Perspektive der Zusammenhang von Gewalt und Verelendung nachgezeichnet wurde. Ihre Zielsetzung war, »die Wirkungen manifester Gewalt und vitaler Bedrohung auf das seelische Geschehen herauszuarbeiten« (Rodríguez Rabanal 1995, S. 10), wobei vor allem auch unbewußte Vorgänge und Verschränkungen erfaßt werden sollten. Die Verbindungen zwischen der äußeren politischen Gewalt und der innerpsychischen Realität sollten deutlich gemacht werden, um aufzuzeigen, »wie sehr Gewalt die seelischen Strukturen prägt und auch auf diesem Wege unbewußt und unwillentlich Gewalt zu perpetuieren vermag« (Rodríguez Rabanal 1995, S. 10). Die Ergebnisse der von 1986 bis 1993 durchgeführten Untersuchung basieren auf dem Material und der Kasuistik von psychoanalytisch orientierten Interviews, mehrjährigen psychoanalytischen Einzel- und Gruppentherapien von Bewohnern aus Elendsvierteln und gruppendynamischen Sitzungen mit Organisatoren.

Das Team von Rodríguez Rabanal betreute vor allem Flüchtlinge aus den südlichen Anden, die vor den Gewalttaten der Guerrilla des Sendero Luminoso (»Leuchtender Pfad«) oder vor den Greueltaten des Militärs in den Slums der Hauptstadt Zuflucht suchten. In den Slums bilden Armut und Entwurzelung eine explosive, gewaltfördernde Mischung. Mißtrauen, Enttäuschung und Argwohn und nicht Solidarität, die Außenstehende etwa so gern beschwören, prägen hier die Menschen und ihr Zusammenleben. Die Armen in den Elendsvierteln erschöpfen ihre physischen und psychischen Energien im Überlebenskampf, und die herrschenden Gewaltstrukturen fördern die Destruktivität und verhindern die Entfaltung von kreativen Fähigkeiten. Die heranwachsenden Kinder, die keinen Raum zum spielerischen Erlernen der Unterschiede zwischen Realität und Phantasie finden, werden davon ebenso geprägt wie die Jugendlichen, für die Gewalt oft die einzige Alternative zur häuslichen Einkapselung und Abschirmung darstellt. Die vom Sendero Luminoso angebotenen Gewaltaktionen im Gruppenverband versprechen die Verwirklichung von Größenphantasien, wobei der Angreifer sich zum Herrn über Leben und Tod macht und so seine eigenen Unterlegenheits- und Ohnmachtsgefühle kompensieren kann. Die von dem Team um Rodríguez erprobte Anwendung der Psychoanalyse als Sozialforschung hat ein reiches Material erbracht – Beschreibungen der therapeutischen Gruppen mit Kindern, neun therapeutische Fallstudien, gruppendynamische Sitzungen mit Organisatoren und ein Interview mit einem Mitglied des Sendero Luminoso – das die gesamtgesellschaftlichen Wurzeln des Verelendungsprozesses und der Aggressionsbereitschaft überzeugend dokumentiert.

Rodríguez Rabanal arbeitet als Psychoanalytiker und leitet das *Centro Psicoanálisis y Sociedad* in Lima. Er war Präsident des *Demokratischen Forums* in Lima und wurde nach dem Sturz der Fujimori-Montessinos-Diktatur Berater des 2001 gewählten peruanischen Präsidenten Alejandro Toledo.

Sudhir Kakar wurde 1938 in Indien geboren und erlebte von Kindheit an das Streben der indischen Mittelschicht nach modernen westlichen Werten inmitten einer von Aberglauben und Irrationalität geprägten traditionellen (Kasten-) Gesellschaft. Kakar studierte in Indien, Deutschland und Österreich. Nach seiner Bekanntschaft mit Erik H. Erikson im Jahr 1964, der in Indien Recherchen für sein Buch über Gandhi durchführte, entschloß er sich, Psychoanalytiker zu werden. Nach einem Psychologiestudium in Wien wurde Kakar Assistent bei Erikson an der *Harvard University* und von 1971 bis 1978 absolvierte er seine psychoanalytische Ausbildung am *Sigmund-Freud-Institut* in Frankfurt/Main. In dieser Zeit begann Kakar mit kulturpsychologischen Analysen des Lebens in seiner Heimat und veröffentlichte 1978 *The*

Inner World. A Psychoanalytic Study of Children and Society in India, das in deutscher Übersetzung 1988 publiziert wurde (Kakar 1988). Nachdem Kakar wieder nach New Delhi zurückkehrte und sich als Psychoanalytiker niederließ, untersuchte er traditionelle indische Heilverfahren (Kakar 1984). Auch dem Phänomen des religiösen Fundamentalismus in der indischen Gesellschaft hat Kakar eine Studie gewidmet (Kakar 1997). Kakar behandelte in seiner psychoanalytischen Praxis hauptsächlich indische Patienten, Europäer und Amerikaner und sammelte vergleichende Daten über die psychologischen und kulturellen Gemeinsamkeiten bzw. Unterschiede von Patienten aus westlichen und östlichen Kulturen. Von diesen Erfahrungen ausgehend hat er Überlegungen zur Psychoanalyse in nichtwestlichen Kulturen angestellt. Die (koloniale und postkoloniale) Geschichte der Psychoanalyse in Indien verlief weitgehend unbeeinflußt von ihrem kulturellen Kontext, womit die Möglichkeit ausgeschlossen war, daß »andere Kulturen, mit ihren andersartigen Weltanschauungen, Familienstrukturen und Beziehungen einen eigenen Beitrag zur Entwicklung psychoanalytischer Prinzipien und Modelle leisten könnten« (Kakar 1999, S. 13). Interpretationen psychologischer und kultureller Daten blieben meist äußerlich und ethnozentrisch verzerrt. Wertvorstellungen und Normen in bezug auf Gesundheit und Krankheit und professionelle Ideologien in bezug auf das psychoanalytische Setting, sowie die Haltung und Technik des Psychoanalytikers, die für eine amerikanisierte und medizinalisierte Psychoanalyse charakteristisch sind, wurden meist unreflektiert übernommen, ohne die kulturellen Repräsentanzen zu berücksichtigen. Kakar wirft Fragen auf, die sich in ähnlicher Weise am Beginn und im Verlauf der ethnopsychoanalytischen Forschungen von Paul Parin, Goldy Parin-Matthèy und Fritz Morgenthaler in den 50er Jahren stellten und beantwortet wurden. Jedoch setzt Kakar die Psychoanalyse nicht als Forschungsmethode ein, sondern nutzt sie von ihrer therapeutischen Anwendung her. Kakar beschreibt Probleme, die einem im Westen ausgebildeten Psychoanalytiker in nichtwestlichen Kulturen begegnen, wenn er sein Wissen, seine Methoden und seine analytischen Erfahrungen an spezifische gesellschaftliche und kulturelle Verhältnisse anzupassen versucht. Er findet in den neueren beziehungstheoretischen Konzepten »mit ihrem anderen Verständnis menschlicher Entwicklung, psychoanalytischer Technik und therapeutischen Handelns« einen besseren Ansatz. Seiner Meinung nach stimmt dieser »mit den vorherrschenden kulturellen Orientierungen und Erfahrungen der Menschen, die in nichtwestlichen Gesellschaften leben« besser überein (Kakar 1999, S. 26). In den von ihm vermuteten »individualistischen Voraussetzungen des klassischen Triebmodells« sieht er eine Begrenztheit der Psychoanalyse auf westliche Gesellschaften, das auch »mit der vorherrschenden kulturellen Orientierung nichtwestlicher Gesellschaften« zusammenprallt. Kakar sieht darin auch den Grund für die »jahrzehntelange Stagnation der Psychoanalyse in Indien beziehungsweise Japan, nachdem sie sich über die europäischen Grenzen hinausgewagt hatte« (Kakar 1999, S. 26). Er ist davon überzeugt, daß die psychoanalytische Theorie kein universelles Erklärungsmodell und die psychoanalytische Technik keine universelle Heilmethode darstellt. Die große Qualität der Psychoanalyse sieht er hingegen in der Synthese des Widerspruches zwischen »kulturellem Relativismus« und »psychologischem Universalismus« (Kakar 2001).

Der in Rabat praktizierende Psychoanalytiker Jalil Bennani absolvierte seine psychoanalytische Ausbildung in Paris und hat sich für die Entwicklung und Ausbreitung der Psychoanalyse in Marokko seit den 70er Jahren eingesetzt. Die Fragestellung der wissenschaftlichen Migration und des Exils wandte er auf die Psychoanalyse in seinem Land an und untersuchte dieses Thema historisch in bezug auf die Etablierung der Psychoanalyse in seinem Land (Bennani 1996, 2000). Die Psychoanalyse hat ihre ersten Spuren in Marokko im Zuge der Auswanderung des französischen Psychoanalytikers René Laforgue in den 50er Jahren des letzten Jahrhunderts hinterlassen. Bei der Untersuchung der »Migration der Psychoanalyse« in Marokko berücksichtigt Bennani verschiedene historische Abschnitte und kulturelle Kontexte, wobei Kolonialgeschichte, arabisch-islamische Kultur, traditionelle Formen der Psychotherapie, Zweisprachigkeit, Diaspora in Frankreich und in Kanada, Liberalisierung und Öffnung des Landes und anderes als Faktoren der Wissenschaftsentwicklung wirksam sind. Um eine eigenständige Entwicklung der Psychoanalyse in einer fremden Kultur zu gewährleisten, sieht es Bennani als notwendig an, daß sie in diesem neuen Kontext »neu entdeckt« bzw. »neu erfunden« wird. Erst in der Auseinandersetzung mit der fremden Kultur und ihren Widerständen kann sie ihren spezifischen Zugang zum Unbewußten finden und ihre eigene wissenschaftliche Kultur und Tradition ausbilden. Damit formt sie ihr klinisches Potential und kann sich als kritisches Instrument der Analyse der Kultur und des Verständnisses des Individuums in dieser Kultur bewähren (Bennani 1980, 1999; Bennani/Braconnier 2002). Einen analogen Prozeß hat Mario Erdheim bei der Entstehung der Ethnopsychoanalyse beobachtet (Erdheim 1986). Eine simple Transmission von psychoanalytischen Theorien oder Techniken und deren Vermittlung in der Ausbildung, wie es von psychoanalytischen Verbänden und ihren psychoanalytischen »Missionaren« praktiziert wird, sieht von den kulturellen Realitäten und ihren Herausforderungen ab und fördert eine Psychoanalyse in neokolonialer Tradition.

Ursula Hauser lebt und arbeitet in Costa Rica. Der Schwerpunkt ihrer psychoanalytischen Tätigkeit liegt in der Ausbildung in Costa Rica, Kuba und El Salvador. Sie unterrichtet Psychoanalyse sowie Gruppenmethoden, die auf psychoanalytischer Theorie basieren. Sie ist seit 1990 als Dozentin an der Universität von Costa Rica (UCR) tätig und kreierte einen Studiengang mit einem ethnopsychoanalytischen Schwerpunkt (»Maestria con enfoque en etnopsicoanálisis«). Seit 1999 gibt sie Kurse in Ethnopsychoanalyse am Institut für Sozialforschung in einem post-graduierten Lehrgang. Es sind dies begleitende Kolloquien, in denen vor allem die Übertragungsprozesse beachtet werden. Unter anderem werden folgende Forschungsprojekte begleitet: Ethnopsychoanalytische Untersuchung der Mutterschaft bei den Bribris in Talamanca (Costa Rica); Studien bei den Miskitos an der Atlantikküste von Nicaragua von 1980–1984 aus heutiger Sicht; der Einfluß der katholischen Kirche auf das Schulsystem in Costa Rica; costaricanische Frauen in den Wechseljahren; die Motivation zum Psychologiestudium; eine hermeneutische Textanalyse der Medea; Kindermörderinnen in Costa Rica; sexuelle Ausbeutung von Mädchen und Jugendlichen in San José; die Probleme der nicaraguanischen Immigrantinnen in San José (Costa Rica).

Ursula Hauser kombiniert Ethnopsychoanalyse und Psychodrama. Sie arbeitet mit dieser Methode in verschiedenen Ländern vor allem mit Frauengruppen. Sie kann dabei neben der direkten sozialen und psychoanalytischen Intervention die Probleme der Teilnehmerinnen in den verschiedenen kulturellen Kontexten studieren. Im Psychodrama kommt neben der Verbalisierung auch der Körperarbeit, der Gruppendynamik und der spontanen Kreativität große Bedeutung zu. Besonders für die Arbeit mit Frauen, die politische Gewalt in verschiedenen Formen, sowie physische und psychische Vergewaltigungen und sexuelle Ausbeutung erlitten haben, bietet diese Gruppenmethode gute Möglichkeiten, die traumatischen Erfahrungen in einem sicheren Setting wieder in Erinnerung zu rufen, in Szene zu setzen und durchzuarbeiten. Diese Arbeit liegt im therapeutischen Bereich, sowie im Rahmen der lateinamerikanischen Tradition der »consentisación« (Bewußtmachung) und versucht, die Spuren der Vergangenheit im individuellen und im sozialen Bereich zu erkennen und womöglich bewußt zu verändern. Für Frauen ist die Körperarbeit besonders wichtig, da sie ihre Sexualität und ihren Körper immer auch im Zusammenhang von Ausbeutung, Aggressionen und Entwürdigung erfahren. Die eigene Kraft und Schönheit zu entdecken geht über Sprache, Körper und Bewegung, involviert die unbewußte Dynamik der Psychosomatisierungen, die traditionellen »Auswege« in Symptome und Leiden. Wo die katholische Kirche ihre Macht hat, sind sexuelle Wünsche begraben unter Schuldgefühlen, anstelle des Genusses tritt die Scham und masochistische Haltungen werden gefördert.

Ursula Hauser arbeitet seit 1996 regelmäßig in El Salvador mit der politischen Frauenorganisation *Melida Anaya Montes* zusammen. Diese Frauen, die in der Guerilla tätig waren und jetzt im ganzen Land Gesundheitszentren für Frauen aufgebaut haben, leiden selber unter den Nachwirkungen des Krieges und haben keine Möglichkeit für psychotherapeutische Behandlungen. Mit der Methode des Psychodramas war es möglich, einen Rahmen für Therapie, Ausbildung und feministische Arbeit zu schaffen, die jetzt bereits von den Salvadorianerinnen weitergeführt wird.

In Kuba arbeitet Ursula Hauser seit 1996 auch an der Universität von La Havana, wo sie Vorlesungen und Seminare über Ethnopsychoanalyse hält und vor allem an der Ausbildung der kubanischen Psychologen beteiligt ist. Neben der Supervision hat sich die Arbeit mit dem Psychodrama bewährt, das in einem reduzierten Setting die Möglichkeit bietet, unbewußte Prozesse und Übertragungsphänomene zu erleben und zu studieren. Hauser begleitet in Kuba eine von der schweizerischen medizinischen Hilfsorganisation *Medi-Cuba* geförderte Kooperation zwischen dem *Psychoanalytischen Seminar Zürich* und der ersten psychologisch-psychotherapeutischen Beratungsstelle *Centro de Orientación y Atención Psicológica a la Población* (COAP), die 1995 an der Universität Havanna gegründet wurde (Hauser-Grieco 1999). 1998 fand das siebte Treffen lateinamerikanischer marxistischer Psychoanalytiker und Psychologen in Havanna statt, in dessen Rahmen es gelang, einen Austausch von Falldarstellungen zwischen den schweizerischen und den kubanischen Projektteilnehmern zu organisieren. An diesem Seminar

> »verwirklichte sich plötzlich, was lange erwünscht, aber bis dahin nicht möglich gewesen war: Kubaner, andere Lateinamerikaner und Schweizer fanden in einem Werkstattgespräch zusammen und eine gemeinsame Sprache. Beide Seiten konnten für einmal die Scheuklappen ihrer Ideologien ablegen, fühlten sich befreit und diskutierten leidenschaftlich über die Möglichkeiten und Grenzen psychoanalytisch orientierter Psychotherapie unter den konkreten gesellschaftlichen Bedingungen ihrer jeweiligen Länder« (Modena 1999, S. 4; Busslinger 1999).

Die in Basel als Psychoanalytikerin praktizierende Ruth Waldvogel arbeitet seit Jahren in einem Salud Mental-Projekt in El Salvador mit. Sie hat auf diese Weise ethnopsychoanalytische Erfahrungen sammeln können, bei denen Übertragungs- und Gegenübertragungsphänomene im Mittelpunkt stehen. Bei diesem Projekt handelt es sich um eine Supervisionstätigkeit mit ACISAM (*Asociatión de capacitación e investigación para la Salud Mental*), einer Institution im psychosozialen Bereich, die einem partizipativen, ressourcenorientierten Ansatz im Sinne der »consentisación« (Bewußtmachung) verpflichtet ist und den Zusammenhang von Armut, Gewalt und psychischer Verelendung in die Arbeit miteinbezieht. Die Idee der Supervision entstand in den 90er Jahren, als das Team der Institution sich bewußt wurde, daß Themen, die direkt und indirekt mit den traumatischen Erfahrungen des zwölfjährigen Bürgerkriegs verbunden waren, nur schwer zu bearbeiten waren, da die Teammitarbeiter selbst betroffen und involviert waren. Sie suchten daher jemanden, der das Land kannte, ohne selbst vom Krieg betroffen zu sein. Das Ziel der Arbeit ist es, bei der Bevölkerung armer und ärmster urbaner und ländlicher Gebiete ein Verständnis für die Zusammenhänge zwischen den gravierenden Problemen wie Gewalt, Alkoholismus und Delinquenz und den individuellen und kollektiven Erfahrungen zu schaffen. Mit Hilfe eigener, oft nicht wahrgenommener Ressourcen werden neue Lösungsansätze erarbeitet. Die Arbeit erfolgt in Workshops, an denen Freiwillige aus der Gemeinschaft als Promotoren teilnehmen. Meist sind dies Leute, die bereits eine aktive Rolle im Gemeindeleben führen, aber nicht unbedingt politische Führungspositionen einnehmen. Die Workshops werden in den betreffenden Zonen durchgeführt, um einerseits die Akzeptanz der Bevölkerung zu verstärken, aber auch um die Mitarbeiter der Institution mit den aktuellen Lebensbedingungen der Leute vertraut zu machen.

Die Supervision verläuft auf zwei Ebenen. Einerseits handelt es sich um Teamsupervision, bei der latente und manifeste Konflikte angegangen werden. Auf der anderen Seite steht die Supervision der Arbeit in den Gemeinden. In den ersten Jahren war Ruth Waldvogel an den Workshops als teilnehmende Beobachterin beteiligt. Dies ermöglichte ein vertieftes Kennenlernen der realen Bedingungen, unter denen die Leute der Institution arbeiteten, und erlaubte Einblicke in das Alltagsleben der Bevölkerung, welches sich vom Leben der städtischen Mittelschicht, aus der die meisten Mitarbeiter stammen, sehr stark unterscheidet.

In der Arbeit kommt Übertragung und Gegenübertragung ein zentraler Stellenwert zu. Dabei werden verschiedene Ebenen berücksichtigt. Einerseits ist die Supervisionstätigkeit immer Arbeit in einer »fremden« Kultur, da jede Institution ihre eigene Kultur besitzt, die von ihrer Geschichte und den einzelnen Mitarbeitern geprägt ist. Hinzu kommt in diesem speziellen Fall die außereuropäische Kultur. Da Lateinamerika jedoch sehr stark jüdisch-christlich geprägt ist, sind die Unterschiede oft nicht eindeutig zu erkennen; es ist daher um so wichtiger, sich der eigenen Gegenübertragungsreaktionen bewußt zu sein. Eine weitere Ebene ist auch die unterschiedliche Kultur von Teammitarbeitern und der betroffenen Bevölkerung. Diese Unterschiede wurden während des Krieges durch den gemeinsamen Kampf oft verwischt, sind jedoch heute wieder deutlich spürbar und eine wichtige Quelle für latente inter- und intrapersonale Konflikte und ein Mittel, um an der »eingefrorenen« Trauer zu arbeiten. Das theoretische Konzept von Übertragung und Gegenübertragung wird den Mitarbeitern auch vermittelt, um es ihnen als Instrument in der Arbeit mit den Promotoren zugänglich zu machen (Waldvogel 1998, 1999).

Über die oft sehr unterschiedlichen Umsetzungen und Anwendungen ethnopsychoanalytischer Ideen auf Phänomene der eigenen Kultur informiert das deutschsprachige »Projekt Ethnopsychoanalyse«, das in Frankfurt/Main entstanden ist und das von 1990 bis 2001 sechs Bände der Reihe *Ethnopsychoanalyse* zu unterschiedlichen Themenschwerpunkten herausgegeben hat. Kennzeichnend ist ein breites Spektrum von Fragestellungen, mit denen Phänomene in der eigenen Kultur einer ethnopsychoanalytischen Betrachtung unterzogen werden. Darin finden so unterschiedliche Themen wie die erkenntnistheoretische Erschließung von Freuds Theorie des Witzes für die Ethnopsychoanalyse (Oester 1992) und der Erfahrungsbericht »Als Dänin in Deutschland psychotherapeutisch arbeiten« (Josefsen 1993) Beachtung (Apsel et al. 1990, 1995, 1998; Blum et al. 1991; Sippel-Süsse et al. 1993, 2001). Zum »Projekt Ethnopsychoanalyse« erscheint im Verlag Brandes & Apsel auch die Reihe *Schriften zur Ethnopsychoanalyse*. Ein vergleichbares angloamerikanisches Projekt stellen die 19 Bände der Reihe *The Psychoanalytic Study of Society* dar, die von 1960 bis 1994 erschienen sind (siehe Kap. 4.2.1.).

3.3.3. Konvergenz der Methoden

In den Sozialwissenschaften hat sich im deutschsprachigen Raum im Verlauf der 70er Jahre des letzten Jahrhunderts ein als »qualitative Wende« (Mayring 1989) bezeichneter Trend zu qualitativen Erkenntnismethoden herausgebildet, der »eine tiefgreifende Veränderung der Sozialwissenschaften in diesem Jahrhundert« darstellt (Mayring 2002, S. 9). In den Sozial- und Kulturwissenschaften, in der Philosophie, Literaturwissenschaft, Geschichte und Psychologie wurde, entsprechend den lokalen Wissenschaftskulturen und -traditionen, dieser epistemologische Perspektivenwechsel wirksam und hat zu neuen methodischen Herangehensweisen an Forschungsgegenstände geführt. Diese Tendenz spiegelt sich auch in der Aufnahme der Ethnopsychoanalyse und der psychoanalytischen Sozialpsychologie in der sozialwissenschaftlichen Forschungspraxis, wie es im letzten Kapitel an Beispielen ethnologischer, sozialpsychologischer und historischer Untersuchungen deutlich wurde (siehe Kap. 1.5. und 2.3.). Dieser Wechsel ging einher mit der wissenschaftshistorischen und -theoretischen Kritik an dualistischen und objektivistischen Wissenschaftskonzepten (Kuhn 1976, 1977; Toulmin 1991; Lyotard 1993; Daston 2001). Er öffnete »den Weg für dynamische, prozeßhafte und relationale Konzepte« und schärfte das »sozial- und literaturwissenschaftliche Bewußtsein für die Problematik generalisierender Aussagen und Zuschreibungen und für die Standortbezogenheit jeder Erkenntnis« (Nadig/Reichmayr 2000, S. 82). Toulmin sieht diesen Wandel als Gegenbewegung zu dem von Descartes und Newton geprägten einseitigen Rationalitätsbegriff der Moderne, der auf der Illusion beruht, daß sich Natur und menschliche Gesellschaft den gleichen rationalen Kriterien fügen würden. Die skeptisch-liberalen Vorstellungen der Renaissance und des Humanismus wurden zugunsten der rationalistischen Traditionslinie der Moderne unterdrückt, die mit dem Streben nach strikter, emotionsloser Rationalität in Philosophie, Natur- und Sozialwissenschaft gleichgesetzt wurde. Die Ausklammerung der Mehrdeutigkeit und Ungewißheit wurde durch Abstraktion und die Dekontextualisierung der Gegenstände der Forschung erreicht. »Die ›moderne‹ Betonung des Schriftlichen, des Allgemeinen, des Überörtlichen und des Überzeitlichen – die die Arbeit der meisten Philosophen nach 1630 mit Beschlag belegte – wird jetzt wieder auf das Mündliche, das Besondere, das Lokale und das Zeitgebundene erweitert« (Toulmin 1991, S. 298).

In der Ethnologie ist die qualitative Sichtweise, die Konzentration auf die Struktur des Erkenntnisprozesses und auf die Transparenz der Methode, in der »Writing culture-Debatte« am deutlichsten zum Ausdruck gekommen. Das ethnographische Arbeiten wird in seiner Relativität und Bezogenheit auf die Situation des Forschers in der eigenen und der fremden Kultur hinterfragt (Duerr 1981; Kohl 1993; Berg/Fuchs 1993; Gingrich 1999; Fischer 2002; Niekisch 2002).

> »In der postkolonialen Krise der Ethnologie wurde konstatiert, daß eine deterritorialisierte, globalisierte und vernetzte Welt eine veränderte Wissenschaft in Theorie und Praxis zur Folge habe (z.B. Berg/Fuchs 1993; Kuper 1973; Hall 1994, 1997; Hannerz 1992, 1995, u.a.), z.B. die Auflösung des herkömmlichen territorialen und einheitlichen Kulturbegriffs zugunsten eines prozeßhaften Konzeptes, oder die Hinwendung zur Analyse der Konstruktion von Diskursen aus unterschiedlichen Perspektiven und in unterschiedlichen Kontexten statt von ›Realitäten‹. Verkürzt ausgedrückt geht es um folgende Schlagworte: Verzicht auf den Objektivitätsanspruch, auf vorschnelle Verallgemeinerungen und Kategorisierungen; Dynamisierung des fundamentalistischen Kultur- und Ethnizitätsbegriffs und des essentialistischen Sex- und Genderbegriffs;

Kritik am dualistischen Denken, das die Welt in binäre Oppositionen einteilt; Akzeptanz der Standortgebundenheit jeder wissenschaftlichen Aussage; Aufwertung des qualitativen Forschens und des methodischen Prinzips der dialogischen Praxis (Dammann 1991), des Geschichten-Erzählens (Abu-Lughod 1991, 1993), der dichten Beschreibung und Selbstreflexion (Geertz 1972, 1973, 1990; Clifford/Marcus 1986; Clifford 1993, 1993a, 1993b)« (Nadig/Reichmayr 2000, S. 82).

Die Ethnopsychoanalyse im deutschsprachigen Raum setzt die Tradition der Freudschen Auffassung von Psychoanalyse als einer Forschungsmethode fort, eine Tradition, die innerhalb der medizinalisierten Psychoanalyse aufgegeben wurde. Der Einsatz der Technik der Psychoanalyse als Feldforschungsmethode, wie sie von Parin, Morgenthaler und Parin-Matthèy in ihren ethnopsychoanalytischen Untersuchungen praktiziert wurde, bestätigte den Wert der kontext-, zeit- und standortbezogene Interpretation für die qualitative sozialwissenschaftliche Forschung (Nadig 1997). Die psychoanalytische Technik orientiert sich am Individuum, der Erfassung seiner Subjektivität, Konflikthaftigkeit und Unbewußtheit im Verlauf der Entwicklung einer Beziehung in einem bestimmten Rahmen (Setting), mit Hilfe der Methode der freien Assoziation und analogen Techniken und Interventionen wird an orts- und situationsspezifische Bedingungen gebundenes Material erhoben und gedeutet. Die epistemologische und methodische Position der Ethnopsychoanalyse nahmen in paradigmatischer Weise die Forschungspostulate vorweg, die durch die »qualitative Wende« in der Sozialforschung etabliert wurden (Flick 1995; Flick et al. 2000; Mayring 2002). Das von Seiten der Ethnopsychoanalyse gesammelte methodische Erfahrungspotenzial ist noch lange nicht ausgeschöpft.

»Mit dem poststrukturalistischen Paradigmenwechsel haben in Ethnologie, Literatur- und Kulturwissenschaft Grundsätze an Gewicht gewonnen, die die ethnopsychoanalytische Methodik schon früh elaboriert und differenziert hat. Die methodischen Gesichtspunkte und das technische Instrumentarium, denen sich andere Richtungen angenähert haben, wurden von der Psychoanalyse bzw. Ethnopsychoanalyse in einem Jahrzehnte dauernden Prozeß ausgearbeitet. Dazu zählen:
– vorwiegend qualitatives Arbeiten, bei dem die Darstellung von Fallgeschichten und das ›Geschichtenerzählen‹ eine wichtige Rolle spielen.
– Transparenz der Forschungsbeziehung durch die Reflexion von Übertragung und Gegenübertragung, und der Standortgebundenheit der Beziehungen.

- Deuten der situationsspezifischen, subjektiven oder emotionalen Materialien, d.h. Kontextualisierung und Spezifizierung anstatt Kategorisierung.
- Beachten von Sequenzen, d.h. Prozeßhaftigkeit der Forschung bzw. Forschungsbeziehung« (Nadig/Reichmayr 2000, S. 82ff.).

Die Nähe des ethnopsychoanalytischen Forschens zu den Forschungspostulaten der qualitativen Sozialwissenschaft ist vor allem auf das methodische Vorgehen bezogen. Jedoch kann bei der Verarbeitung und Interpretation der dokumentierten Gesprächsdaten, Beziehungsverläufe und der gesammelten Beobachtungen und Materialien, bei ihrer sekundären Interpretation, ein zuordnender Bezug auf feststehende Modelle von Kultur und Gesellschaft gemacht werden, der die prozeßhafte Lebendigkeit der Primärdaten wieder reduziert oder aufhebt. An Hand der biographisch-zeitgeschichtlichen Studie *Wie das Leben nach dem Fieber* von Regula Schiess zur Geschichte Ungarns im 20. Jahrhundert zeigt Paul Parin, wie das mit der Methode der »Oral History« gewonnene Material verarbeitet werden kann, ohne seiner Qualitäten beraubt zu werden (Schiess 1999, Parin 2000e).

3.4. Ethnopsychoanalytische Aspekte der Wissenschaftskritik und Kulturtheorie

Die Ausklammerung der Subjektivität des Forschers und der des Forschungsgegenstandes aus dem Erkenntnisprozeß und die damit verbundene Wissenschaftsauffassung und Forschungspraxis waren für Mario Erdheim und Maya Nadig der Ausgangspunkt für die Verbindung von Psychoanalyse und Ethnologie und die Entwicklung ihrer ethnopsychoanalytischen Untersuchungen. Beide Wissenschaftler haben im Verlauf einer ethnologischen Feldforschung auf die Widersprüche aufmerksam gemacht, welche die Anwendung des psychoanalytischen Instrumentariums unter den Bedingungen der Institution Universität in der eigenen Kultur hervorgerufen haben. In besonderem Maße haben die Arbeiten von Mario Erdheim das Unbewußte im historischen und sozio-kulturellen Prozeß zum Gegenstand.

> »Während sich die meisten Evolutionstheorien vor allem auf die Entwicklung und Komplexitätssteigerung kognitiver Strukturen, also auf die Evolution des Bewußtseins, konzentrieren, bemühte ich mich aufzuzeigen, daß die kulturelle Evolution auch mit der Produktion von

Unbewußtheit verknüpft ist. Diese Evolution vollzog sich ja unter dem Vorzeichen der Herrschaft, und da die Aufrichtung von Herrschaft nicht so sehr unter dem Druck von Einsichten, sondern von Gewalt stattfand, war das, was unbewußt gemacht werden sollte, die Aggression, welche sich gegen die ihre Macht ausdehnende Herrschaft richtete. Durch die Unbewußtmachung sollte verhindert werden, daß das durch die Machtträger hervorgerufene Anwachsen des Aggressionspotentials der Beherrschten in Kritik und aktiven Widerstand umschlagen konnte ... In dem Maß, wie sich die Gesellschaft in Klassen spaltete und sich divergierende Klasseninteressen entwickelten, nahm die gesellschaftliche Produktion von Unbewußtheit zu und trat in ein spannungsvolles Verhältnis zur gleichzeitig und notwendig sich entfaltenden rationalen Bewältigung von Natur und Gesellschaft ... Wo sich noch keine Herrschaftsverhältnisse herausgebildet haben, ist das Unbewußte ein Mittel nicht-destruktiver Entlastung; wo sich aber Herrschaft etabliert hat – sei es die des Mannes über die Frau, sei es die einer Minderheit über eine Mehrheit –, verwandelt sich das Unbewußte in eine zerstörerische Potenz, und die Normalität, die darauf beruht, wird zum Hindernis für die kulturelle Entfaltung« (Erdheim 1984, XIV).

Die ethnopsychoanalytische Untersuchung von Geschichte und Kultur bemüht sich um die Aufdeckung des »gesellschaftlichen Unbewußten«, in dem das angesammelt wurde, »was eine Gesellschaft gegen ihren Willen verändern könnte« (Erdheim 1982, S. 221).

Auf forschungspraktischer Ebene läßt die Reflexion des jeweiligen sozialen Ortes und der institutionellen Bedingungen der Forscherin oder des Forschers in der eigenen und in der fremden Kultur die Wirksamkeit unbewußter individueller und gesellschaftlicher Kräfte erkennen, welche die »gesellschaftliche Produktion von Unbewußtheit« bestimmen.

Der theoretische Anknüpfungspunkt war die Einsicht von Georges Devereux, die Bedeutung der Subjektivität des Forschers in Wechselwirkung mit der des Untersuchungsobjekts hervorzuheben und die davon ausgehenden Verzerrungen im Erkenntnisprozeß zu untersuchen. Seine Überlegungen dazu hat Devereux in *Angst und Methode in den Verhaltenswissenschaften* systematisiert (Devereux 1973). Sie waren in einem akademischen Spannungsfeld entstanden, in dem sich auch die Fragestellungen von Erdheim und Nadig entwickelten. Anders als bei Paul Parin, Fritz Morgenthaler und Goldy Parin-Matthèy, die bei ihren Forschungen nicht den einschränkenden Bedingungen des akademischen Milieus unterworfen waren. Sie waren bei der Vermittlung ihrer Ergebnisse nicht allein auf die psychoanalytische »scientific community«

konzentriert, in der ihre ethnopsychoanalytische Kritik und Erweiterung der psychoanalytischen Theorie und Praxis nur begrenzte Zustimmung fand (Parin 1989c; Vogt 1988; Modena 1992). Dabei stand jedoch nicht das Problem im Vordergrund, auf die Bedeutung der Subjektivität des Forschers hinweisen zu müssen und ihren Stellenwert im Forschungsprozeß zu vermitteln, Erkenntnisse, die für die Psychoanalyse und ihre Methode konstitutiv sind.

Maya Nadig und Mario Erdheim haben in ihrer 1980 erschienenen Arbeit »Die Zerstörung der wissenschaftlichen Erfahrung durch das akademische Milieu« diese Verhältnisse analysiert. Mit einer Gruppe von Ethnologiestudenten haben sie den Ablauf des Forschungsprozesses vor, während und nach der Durchführung ihres Feldforschungspraktikums studiert.

»Unser Ziel war es, den Alltag von mexikanischen Arbeitern und Bauern zu studieren. Es interessierte uns, wie sie die Faktoren, die ihren Alltag bestimmen, erleben, handhaben und beschreiben. Das heißt, wir mußten sowohl ihre objektive soziale und ökonomische Situation als auch ihre subjektive Wahrnehmung, Interpretation und Verarbeitung ihrer Realität untersuchen. Wir nahmen aber an, daß wir dieses Ziel nur erreichen können, wenn wir dieselben Fragestellungen auch auf uns selbst richteten; wir wollten also gleichsam am eigenen Leib erfahren, was wir den anderen zumuteten. Wir wollten Licht in unsere akademische Black Box bringen, indem wir das Seminar als Simulation der Feldforschung betrachteten. Es war uns damals nicht klar, daß wir gerade damit Verhältnisse schufen, die es uns ermöglichten, die akademische Aggressionsproblematik in der Gruppe zu dramatisieren und damit den Forschungsgegenstand vor der Zerstörung zu bewahren« (Nadig/ Erdheim 1980, S. 40).

Die Ausklammerung der menschlichen Beziehungen im Zusammenhang mit dem Erwerb von Wissen und wissenschaftlichen Erfahrungen führt zu einem akademischen Objektivierungsprozeß, in dem die subjektiven Anteile und im besonderen aggressive Momente auf einer theoretischen Ebene intellektualisiert und rationalisiert werden, was in der Forschergruppe Spannungen erzeugt und den Forschungsgegenstand eliminiert. Die Aufdeckung und Klärung dieses vom universitär-institutionellen Machtgefüge bestimmten Umgangs miteinander und mit dem Gegenstand führte zu einer Entspannung und gab die Möglichkeit, die Forschung zu vertiefen. Das individuelle Erleben der fremden Kultur und die Tagebücher, in denen die ethnographischen Beobachtungen und alltäglichen Erfahrungen sowie die dadurch ausgelösten

Wünsche und Ängste aufgeschrieben wurden, konnten so als Arbeitsinstrumente bei der Feldforschung eingesetzt werden.

»Wahrscheinlich waren wir damals der Utopie der Universität am nächsten: ein gegenseitiger Lernprozeß kam in Gang, vermittelt durch die gemeinsamen Erfahrungen in einer gemeinsamen Situation. Die meisten hatten sich auf eindrückliche Art und Weise in die Verhältnisse eingelebt und näherten sich immer mehr der sozialen Wirklichkeit an ... Es war ihnen gelungen, Wissenschaftlichkeit und alltägliches Verhalten zu integrieren: dort leben, d.h. in Beziehungen zu den Leuten treten, mit ihnen reden, essen, arbeiten, hieß wissenschaftlich tätig, Zeuge sein bei dem, was geschah – sie lebten in ihrem Thema. Die Verhältnisse zu verstehen, bedeutete, sich auf die dortige Lebensweise einzulassen, die eigenen Wahrnehmungen und Vermutungen mit den Leuten zu besprechen, um zu klären, ob man etwas Richtiges begriffen hatte oder nicht« (Nadig/Erdheim 1980, S. 51).

In der Phase der Auswertung der Beobachtungen und Erfahrungen kam es zu einer neuerlichen Konfrontation mit den Mechanismen der Akademisierung. Diesen konnte nun in einer flexibleren Weise als zum Beginn der Forschung begegnet werden. Der Rekurs auf die Subjektivität des Forschers und des untersuchten Objekts sowie die Einführung psychoanalytischer Techniken bedeuteten ein neues methodisches Paradigma in der ethnologischen Feldforschung und Theoriebildung und eröffnete der Psychoanalyse neue methodische und theoretische Perspektiven für das Studium der Kultur.

Mario Erdheim hat in seinem Buch *Die gesellschaftliche Produktion von Unbewußtheit. Eine Einführung in den ethnopsychoanalytischen Prozeß* (Erdheim 1982) die Verbindung von Ethnologie und Psychoanalyse zum Ausgangspunkt genommen, um den Gegenstandsbereich der Ethnopsychoanalyse zu erschließen und die Möglichkeiten zu zeigen, die der Psychoanalyse als eigenständiger Wissenschaft mit ihrer besonderen Forschungsmethodik innewohnen. Er analysiert gesellschaftliche Prozesse der Unbewußtmachung, in denen die Subjektivität des Wissenschaftlers involviert ist. In seinem Buch hat er den ethnopsychoanalytischen Prozeß »als Pendelbewegung zwischen der Analyse der eigenen und derjenigen der fremden Kultur« (Erdheim 1982, S. 34) auf verschiedene Fragestellungen angewandt und auf der Basis der Freudschen Entdeckungen eine Rekonstruktion und Erweiterung der psychoanalytischen Kulturtheorie und -kritik vorgenommen. Er bestimmte dabei die historischen und gesellschaftlichen Faktoren der Produktion von Unbewußtheit, um die in den Herrschaftsverhältnissen und den Interessen der Macht liegenden Manipulationen der Unbewußtheit aufzuzeigen. Erdheim zeigt an der Biographie Sigmund Freuds und der Entdeckungsgeschichte des Unbewußten, in welcher kulturhistorischen Szenerie die Entwicklung des Konzepts des Unbewußten möglich wurde. Erst nachdem es Freud gelang, das eigene Unbewußte mit Hilfe seiner Selbstanalyse zu erschließen und sein Verständnis für unbewußte Mechanismen bei seinen Patienten zu erweitern, konnte er auch die eigenen Größen- und Machtphantasien, die er mit den Intellektuellen seiner Zeit teilte und die ihm den Einblick in unbewußte Vorgänge verstellten, reduzieren. Dieser Teil enthält die Analyse verschiedener Tendenzen wissenschaftlicher, literarischer und künstlerischer Wahrnehmungs- und Verleugnungsformen des Unbewußten, die auch als Ansätze zu einer psychoanalytischen Kritik der Wissenschaften relevant sind. Die psychoanalytische Kritik der Wissenschaften wurde von Mario Erdheim fortgeführt und ist in einem eigenen Kapitel in seiner Aufsatzsammlung untergebracht (Erdheim 1988). Ein weiterer Teil versammelt seine Kritik der Psychoanalyse als Institution, insofern sie sich selbst an der Produktion von Unbewußtheit beteiligt, sei es über die entmündigende wissenschaftliche Sozialisation der Psychoanalytiker oder über die Reduktion und Aufgabe ihrer theoretischen Positionen, z.B. ihrer Kulturtheorie. Die weiteren Abschnitte des Buches von Erdheim zeigen die soziale Bedeutung des Unbewußten und die Produktion von Unbewußtheit in der Geschichte der Azteken, bei der Diskussion über Adoleszenz und Kulturentwicklung und in der Analyse der Phantasmen der Herrschenden, die These von der Manipulation der Unbewußtheit durch die Macht belegen. Diese Fragestellungen wurden in Untersuchungen fortgeführt, die sich vermehrt mit Phänomenen der eigenen Kultur beschäftigen: mit der Gewalt, dem Militär, dem Hexenwahn und der Problematik kultureller Identität (Erdheim 1988, 1991, 1997).

»Was man in einer Gesellschaft nicht wissen darf, weil es die Ausübung von Herrschaft stört, muß unbewußt gemacht werden. Das Wissen von Realitäten, das unbewußt geworden ist, ist darum aber nicht unwirksam – es entwickelt sich zur Ideologie, die, im Subjekt verankert, als falsches Bewußtsein wieder herrschaftsstabilisierend wirkt. Die Produktion von Unbewußtheit muß gesellschaftlich organisiert werden, und der Ort, wo sie stattfindet, ist nicht so sehr die Familie als jene Institutionen, die das öffentliche Leben regulieren«(Erdheim 1982, S. 38).

Erdheim untersucht die Adoleszenz als Angelpunkt zwischen Individuum und Kultur. Im Gegensatz zu den Schicksalen der frühen Kindheit, den in der Familie gebildeten psychischen Strukturen, die »Voraussetzungen für

Institutionen, für Dauer im Wandel« sind, stellt die Adoleszenz ein Veränderungspotential dar, eine der Voraussetzungen dafür, »daß der Mensch Geschichte macht, und das heißt: die überkommenen Institutionen nicht nur überliefert, sondern auch verändert« (Erdheim 1984, XVI). Die Adoleszenz als entscheidende Lebensphase legt die Strukturen der gesellschaftlichen Unbewußtheit fest. In Verbindung mit dem von Freud hervorgehobenen Antagonismus zwischen Familie und Kultur standen zwei Theoriegruppen zur Verfügung, mit denen Erdheim die gesellschaftliche Produktion von Unbewußtheit aufzuklären begann.

»Von 1974 an begann ich mich, beeindruckt von der Begegnung mit Minenarbeitern in der Toskana, für deren Kultur zu interessieren. 1977 verbrachte ich vier Monate in einem Dorf von Minenarbeitern in Oaxaca. An ihren Lebensgeschichten fiel mir ein merkwürdiges Phänomen auf: Betrachtete man ihre frühe Kindheit, so wies sie derartig traumatisierende Erlebnisse von Verlassenheit, Tod, Unfällen auf, daß man hätte annehmen müssen, daß sie als Erwachsene psychisch stark in Mitleidenschaft gezogen worden wären. Das war aber nicht der Fall: Die Minenarbeiter sind eine der kämpferischsten Gruppen, voller Bewußtsein und Leben. Diese Erfahrung brachte mich dazu, die Bedeutung der frühen Kindheit für das spätere Leben aus einer anderen Sicht zu betrachten. Hinzu kam, daß ich selber als Psychoanalytiker tätig wurde und an einem Gymnasium, wo ich Geschichte unterrichtete, mit einer Untersuchung über die psychische und soziale Bedeutung der Schule für die Adoleszenz anfing« (Erdheim 1982, S. 39).

Dieser Ansatz, der von Erdheim in seinem Buch und in weiteren Arbeiten (Erdheim 1988, 1993, 1998, 2001) vorgestellt wurde, kann als konstitutives Element seiner ethnopsychoanalytischen Überlegungen zur Kulturtheorie angesehen werden. Er erreicht damit, daß in der Psychoanalyse die Verbindung von individueller und gesellschaftlicher Unbewußtheit wiederhergestellt wird und die psychoanalytische Kulturtheorie fortgesetzt werden kann.

Erdheim griff auf den von Sigmund Freud in den *Drei Abhandlungen zur Sexualtheorie* ausgearbeiteten zweizeitigen Ansatz der sexuellen Entwicklung zurück und konnte zeigen, daß die mit dem zweiten sexuellen Organisationsschub verbundenen Bearbeitungen der verdrängten und aus dem Unbewußten fortwirkenden Konflikte der Kindheit in der Adoleszenz durch gesellschaftliche Mechanismen der Unbewußtmachung beeinflußt werden: »Die Verflüssigung der in der Familie angeeigneten psychischen Strukturen ermöglicht es dem Menschen, neue Anpassungs- und Kulturformen zu entwickeln, die nicht auf die Familie zurückführbar sind« (Erdheim 1982, S. 277).

Die Verbindung des von Freud gesehenen Antagonismus zwischen Familie und Kultur mit der Zweizeitigkeit der sexuellen Entwicklung ermöglicht Einsichten in die gesellschaftliche Produktion von Unbewußtheit. Dabei rücken die Fragen der Ausübung und Funktion von Macht und Herrschaft in das Blickfeld der ethnopsychoanalytischen Forschung. »Freuds These von der Zweizeitigkeit der sexuellen Entwicklung muß im Zusammenhang mit seinem Konzept der Familie in ihrem Verhältnis zur Kultur gesehen werden« (Erdheim 1982, S. 277), wobei dieser Antagonismus von Familie und Kultur selbst wieder kulturabhängig ist.

Erdheim entwickelt seinen Ansatz der Dynamik von Adoleszenz und Kulturentwicklung in einer Untersuchung der Institutionen und Mechanismen, mit denen die von Claude Lévy-Strauss als »kalt« und »heiß« bezeichneten Kulturen – statisch-traditionsgeleitete einerseits und einem raschen Kulturwandel unterworfene Gesellschaften andererseits –, auf die Adoleszenten einwirken. Eine der effizientesten Möglichkeiten der »kalten Kulturen«, die in der Adoleszenz durchbrechenden libidinösen und aggressiven Triebwünsche und neu belebten Größen- und Allmachtsphantasien gesellschaftlich einzubinden, besteht in der Initiation. Sie bewirkt Anpassungsprozesse an die herrschenden Verhältnisse, übt einen ausgleichenden Effekt auf die Folgen der Machtverteilung in diesen Gesellschaften aus und neutralisiert den Kulturwandel. Bei der Initiation werden die in Bewegung geratenen psychischen Strukturen durch neue, das weitere Leben bestimmende Fixierungen gestützt. Die libidinösen Bindungen werden von den Eltern auf die Verwandtschaftsgruppe verlagert.

> »Die Funktion der Initiation in den ›kalten Gesellschaften‹ wäre demnach, den Verlauf der Adoleszenz so zu regulieren, daß die frühen Repräsentanzen der Mutter auf die Verwandtschaftsgruppe übertragen werden. Die materielle Basis dazu sind die sozialen Gegenseitigkeitsstrukturen, die Rituale und Festlichkeiten, in welchen die Gruppe *real* die Mutterfunktion übernimmt. In dieser gesellschaftlichen Realität kann dann auch das Ich ein anderes Verhältnis zum Es entwickeln als z.B. in unserer Gesellschaft« (Erdheim 1982, S. 294).

Unabhängig vom Verlauf der frühen Kindheit sind immer besondere Anstrengungen erforderlich, um die Adoleszenten in das Gesellschaftssystem zu integrieren. Schulen, Arbeitsplätze, Jugendvereine und das Militär strukturieren den Verlauf der Adoleszenz so gut es geht,

»können es aber nicht verhindern, daß sich ihnen ein Teil der Jugendlichen entzieht – auch aufgrund der ökonomischen Voraussetzungen, die ein Überleben außerhalb des Systems ermöglichen, und wegen der adoleszenten Sensibilität, die sie zwingt, sich gegen die herrschenden Werte zu entscheiden. Die ›Jugendunruhen‹ sind nicht auf die frühkindliche Erziehung zurückzuführen, und schon gar nicht auf narzißtische Schäden, sondern auf die Widersprüche zwischen der Dynamik der Adoleszenz und den gesellschaftlichen Verhältnissen. Deshalb sind sie charakteristisch für alle Gesellschaften« (Erdheim 1982, S. 283).

Mit der »verlängerten«, der »eingefrorenen« und der »zerbrochenen« Adoleszenz hat Erdheim drei typische Formen ihrer Schicksale in der eigenen Gesellschaft herausgearbeitet. Er benutzt für die Untersuchung der Adoleszenz in der eigenen »heißen«, einem raschen Kulturwandel unterworfenen industriellen Gesellschaft neben den Einsichten einzelner Psychoanalytiker (Siegfried Bernfeld, Anna Freud, Kurt R. Eissler, Peter Blos, Erik H. Erikson) auch seine Erfahrungen als Gymnasiallehrer und als Wissenschaftler, die er während der teilnehmenden Beobachtung seiner Schulklasse gemacht hat. Dabei wurden die Schüler angeregt, ihre eigene Geschichte zu erforschen. Unter Einbeziehung des Verhältnisses zwischen Lehrer und Schüler, Lehrer und Lehrer unter den Bedingungen der Institution Schule und ihren Mechanismen, z.B. dem System der Prüfungen, wurden der Stellenwert, die Bedeutung und die Schicksale der Adoleszenz in der eigenen Kultur untersucht. Dabei ließen sich die Hypothesen über den Zusammenhang zwischen der Dynamik der Adoleszenz und dem Wandel der Kultur bestätigen, und es wurden die kulturverändernden und -bewahrenden Antriebe, welche die Psychologie der Adoleszenz charakterisieren, herausgearbeitet.

»Beide Momente spielen in der Adoleszenz eine entscheidende Rolle: Die Adoleszenz treibt den Menschen einerseits dazu, das Überlieferte in Zweifel zu ziehen, zu verunsichern und neue Perspektiven zu suchen, und andererseits stellt sie ihn vor die Aufgabe, sich nicht zu verlieren und die Kontinuität zu wahren. Wenn der Mensch wegen seines Instinktverlustes der Institutionen als Stütze bedarf, so ist er wegen des Einschnittes, den die Adoleszenz für seinen Lebenslauf bedeutet, auf die Geschichte angewiesen« (Erdheim 1982, S. 196).

Erdheim betrachtet am Beispiel der Schule die Relevanz der Adoleszenz für die Kulturentwicklung von zwei Seiten: »Bei den Adoleszenten kann man der Frage nachgehen, wie sie sich während dieser Zeit ›Kulturgüter‹ aneignen, und bei den Lehrern kann man untersuchen, welche kulturspezifischen Strategien beim Umgang mit der Adoleszenz auftauchen« (Erdheim 1982, S. 336).

Im Gegensatz zur Initiation in den »kalten Kulturen« schafft es die Schule nicht, sich zu einem eigenen Lebensraum zu entfalten, um den Entwicklungstendenzen der industriellen Gesellschaften entsprechende Möglichkeiten zur Eröffnung eigenständiger Dimensionen der Kultur zu bieten. Sie führt zu einer Infantilisierung der Lehrer und bewahrt die Bindungen der Schüler an die Familie.

> »Die Schule könnte ein *Übergangsobjekt* sein, das zwischen Familie und Kultur vermittelt; das als Abwehr gegen die depressiven Trennungsängste von der familiären Welt gleichzeitig als Einführung in die Welt der Kultur dienen könnte. Statt dessen schafft die Schule Fixierungen, die mittels der Initiation die Bindungen an die Familie nicht aufheben, sondern auf die Institution übertragen« (Erdheim 1982, S. 349).

Gegen die Dynamik der Adoleszenz, die diese unbewußt gehaltenen Strukturen in Frage stellt,

> »muß der Lehrer eine beträchtliche Abwehrleistung zustande bringen, die oft seine ganzen Kräfte aufzehrt ... Die Abwehrstruktur, in die der Lehrer gebracht wird, prädestiniert ihn dazu, die Adoleszenzformen zu schaffen, durch die er selbst gehen mußte, also vor allem die eingefrorene und zerbrochene Adoleszenz. Wer darin eingepaßt werden kann, gilt als ›guter‹ Schüler: er ist initiiert worden und hat sich die Formen von Wissen angeeignet, die ihm die Karriere in denjenigen Institutionen ermöglicht, die für die Konservierung der bestehenden Verhältnisse eingerichtet sind« (Erdheim 1982, S. 358).

Im Rahmen der Bestimmung des Verhältnisses von Adoleszenz und Kulturwandel hat Mario Erdheim weitere Thesen ausgearbeitet, zum Beispiel das Konzept der »Repräsentanz des Fremden«, und dabei auf die Bedeutung der inneren Bilder von denjenigen hingewiesen, die nicht »Familie« sind. Auch dabei waren es die für die ethnopsychoanalytischen Erkenntnisse kennzeichnenden Erfahrungen des Ethnologen und des Psychoanalytikers und deren Durchdringung und Vermittlung, die das Interesse auf dieses Phänomen lenkten.

> »Wegen der Bezauberung durch das Fremde fühlte ich mich zur Ethnologie hingezogen. Und in der fremden Kultur merkt man, daß man zu Erkenntnissen kommt, eben weil man ein Fremder ist. Der

Psychoanalytiker ist aber auch ein Fremder, und man kann die Abstinenzregel auch so interpretieren, daß sie den Analytiker für den Analysanden als Fremdes bewahren soll. Die ›Einbürgerung‹ der Psychoanalyse in den akademischen Betrieb hob ihre Fremdheit auf und trübte ihr Erkenntnisvermögen. Wenn das Unbewußte nach Freud das ›innere Ausland‹ ist, so ist man dort immer ein Fremder. Das muß man ertragen lernen«(Erdheim 1988, S. 10).

3.5. Neuere Entwicklungen der Ethnopsychoanalyse

Im Zeitraum der vergangenen zwei Dezennien haben sich im deutschsprachigen Mitteleuropa neue gesellschaftlichen Konflikt- und Problemkonstellationen ergeben, die im Kontext der weltweiten Zunahme von Migrationsbewegungen und Flüchtlingsströmen ausgelöst wurden.

Diese Situation hat vielfältige Bedürfnisse geschaffen und Bemühungen hervorgerufen, die auch im Bereich der Psychotherapie, Psychoanalyse, klinischen Psychologie, transkulturellen Psychiatrie und Ethnologie sichtbar geworden sind. Eine vorangegangene Phase einer mehr theoretischen Beschäftigung mit dem »Anderen«, dem »Fremden« und dem »Fremdkulturellen« wurde nun auch zu einer praktischen Realität (Bielefeld 1991; Balke et al. 1993; Jansen/Prokop 1993; Streek 1993, 2000; Richter et al. 1995; Berghold et al. 2000; Eisenbach-Stangl/Stangl 2000 u.a.). Die theoretischen und methodischen Konzepte der Ethnopsychoanalyse wurden genutzt, um ihre Anwendung innerhalb der interkulturellen Psychotherapie und psychologischen Beratung zu erproben und fruchtbar zu machen. Neben der Exilforschung, die sich vor allem im Zusammenhang mit der Vertreibung und Vernichtung der jüdischen Bevölkerung aus Europa durch den Nationalsozialismus etablierte, hat sich mittlerweile auch im deutschsprachigen Europa die Migrationsforschung mit unterschiedlichen Ansätzen als eigener Forschungszweig durchgesetzt (Fassmann/Matuschek/Menasse 1999; Volf/Bauböck 2001; Bukow/Nikodem/Schulze/Yildiz 2001; Bojadzijev 2002; Ebermann 2002 et al.)

Die Verbindungen der Ethnopsychoanalyse mit klinisch-psychologischen und psychotherapeutischen Erfahrungen lassen sich auch innerhalb Europas nach unterschiedlichen historisch-kulturellen und politisch-sozialen Voraussetzungen der Politik der Integration und der Aufnahme von Flüchtlingen, Asyl Suchenden und Migranten differenzieren. Als klassischem Einwanderungsland mit einer Kolonialisierungspolitik im Inneren vollzogen sich entsprechende Entwicklungen in den Vereinigten Staaten (siehe Kap. 1.4. und 1.5.).

So hat sich die französische Ethnopsychoanalyse im Anschluß an den transkulturell-psychiatrischen Ansatz von Georges Devereux in verschiedene Richtungen entwickelt, während die im deutschsprachigen Raum tradierte Ethnopsychoanalyse der Schweizer Wissenschaftler Paul Parin, Goldy Parin-Matthèy und Fritz Morgenthaler sich als Grundlage für die Anwendung in der interkulturellen Psychotherapie nur indirekt durchgesetzt hat. Auch außerhalb Europas und in den Ländern des Südens finden auf diesem Gebiet ähnliche Entwicklungen statt. Zunächst waren es Einrichtungen, die sich auf psychologische und psychotherapeutische Hilfe für Patienten mit extremen Traumatisierungen spezialisiert haben, in denen die Frage nach der Bedeutung des unterschiedlichen kulturellen Hintergrundes für Ätiologie, Genese und Therapieverlauf aktuell wurde. Ein Thema, mit dem sich als erster der Psychiater Frantz Fanon Anfang der 60er Jahre beschäftigt hat, indem er einen Zusammenhang zwischen der kolonialen Situation und den psychopathologischen Symptomen seiner Patienten klinisch-kasuistisch belegen konnte (Cherki 2002).

Im letzten Dezennium entstanden in Österreich, Deutschland und in der Schweiz einige staatliche und nichtstaatliche Initiativen, die in diesem Praxisfeld tätig wurden. Als Beispiele seien hier nur die Vereine *Hemayat* in Wien, *Omega* und *Zebra* in Graz, *Aspis* in Klagenfurt und das Projekt *Chambre* in Innsbruck, in Zürich das *Ethnologisch-Psychologische Zentrum*, *Xenion* in Berlin angeführt (siehe Kap. 4.2.2.). Auch in der täglichen Praxis des Psychotherapeuten, des Klinischen Psychologen und des psychologischen Beraters hat sich die Patientenschaft im genannten Zeitraum verändert und ist »multikulturell« geworden. In der psychotherapeutischen Allgemeinpraxis treten Fälle auf, deren psychopathologische Symptomatik nicht mehr ohne Rückgriff auf einschlägige interkulturelle Konzepte adäquat behandelt werden können.

Diese klinisch-praxisbezogene ethnopsychoanalytische oder ethnopsychiatrische Richtung wird vor allem von Psychotherapeuten, Psychoanalytikern, Psychiatern und Ethnologen getragen, die therapeutische Erfahrungen mit Exilanten gesammelt haben. Es werden Techniken und Settings entwickelt und erprobt, die der multiplen kulturellen und oft unaussprechlichen traumatischen Erfahrung von Flüchtlingen und Migrierenden Raum verschaffen und eine prozeßhafte gemeinsame Wahrnehmung ihrer Bedeutung ermöglichen sollen. In der Literatur finden sich Beschreibungen, wie bei dieser Arbeit ethnomedizinisches, soziologisches und psychotherapeutisches Wissen in einer Verbindung mit psychoanalytischen und ethnologischen Konzepten umgesetzt wird (Möhring/Apsel 1995; Ottomeyer 1997; Ninck Gbeassor et al. 1999; Pedrina et al. 1999; Kohte-Meyer 1993; 1999, 2000; Bazzi et al. 2000; Moser et al. 2001; Verwey 2001; Bell et al. 2002; Ottomeyer/Peltzer

2002; Kronsteiner 2003 u.a.). Die Erfahrungen, die auf dem Gebiet der Ethnopsychoanalyse und in der interkulturellen und transkulturellen Psychotherapie gewonnen wurden, sind für die theoretische Weiterentwicklung der Psychotherapie und der kulturvergleichenden Psychologie insgesamt von Bedeutung (Egli 2002a; Egli et al. 2002).

3.5.1. Ethnopsychoanalyse und interkulturelle psychoanalytische Therapie

1995 erschien der von Peter Möhring und Roland Apsel herausgegebene Sammelband *Interkulturelle psychoanalytische Therapie* (Möhring/Apsel 1995), der im Titel den Trend zur klinischen Praxis innerhalb der deutschsprachigen Ethnopsychoanalyse anzeigte. Als programmatische Leitlinie haben die Herausgeber formuliert:

»Die Psychoanalyse kann zu der Entwicklung interkultureller Psychotherapie Wichtiges beitragen, denn sie verfügt, besonders unter Einbeziehung der Ethnopsychoanalyse, über die theoretische Breite, die eine angemessene Würdigung der Bedeutung der Kultur für die Persönlichkeitsentwicklung in ihren bewußten und unbewußten Phasen erlaubt. Auch über die psychische Repräsentanz des Fremden, die für die interkulturelle Begegnung so zentral ist, kann die Psychoanalyse grundlegende Aussagen machen, indem die Erfahrung des Fremden zunächst entwicklungspsychologisch als grundsätzliche Erfahrung des befremdenden Anderen, des anderen Geschlechts, sodann auch des eigenen ›Fremden‹, des Unbewußten, definiert wird, um dann auf Erfahrung mit fremden Kulturen und deren Angehöriger bezogen zu werden. So kann sie theoretische Einsichten für interkulturelle Begegnungen formulieren, die Personen in ihrer aktuellen Situation, ihrem kulturellen Kontext und dem Verhältnis von bewußten zu unbewußten psychischen Inhalten erfaßt« (Möhring/Apsel 1995, S. 7).

In den folgenden Jahren intensivierte sich der Trend zur klinisch-interkulturellen Praxis. Ein weiterer Sammelband zum Thema wurde unter dem Titel *Kultur, Migration, Psychoanalyse* von Fernanda Pedrina, Vera Saller, Regula Weiss und Mirna Würgler vorgelegt (Pedrina et al. 1999). Die Beiträge basierten auf einem Vortragszyklus am *Psychoanalytischen Seminar Zürich*, der von den vier Herausgeberinnen 1997/1998 organisiert wurde. Ihr Interesse an der Beschäftigung mit diesem Thema entsprang der therapeutischen Arbeit mit Migranten und deren Familien, aus den »Schwierigkeiten und Überraschungen, die wir mit ihnen in der therapeutischen Arbeit erleben« und aus der sich daraus ergebenden Reflexion der Praxis und ihrer theoretischen Implikationen, in die auch ethnologisches Wissen einbezogen wird. In diesem Zusammenhang wurden die im deutschsprachigen Raum kaum rezipierten Erfahrungen der französischen Ethnopsychoanalyse betont, deren Bedeutung mit Beiträgen von Tobie Nathan und Marie Rose Moro unterstrichen wird (Pedrina et al. 1999, S. 7).

Ethnopsychoanalytische Praxiserfahrungen standen unter dem Titel »Ethnopsychoanalyse als gesellschaftliche Praxis: Interkulturelle Therapie« auch im Zentrum des ersten Themenblocks der Tagung »Das Schicksal der Ethnopsychoanalyse in Theorie und Praxis«, die am 14./15. Dezember 2001 im Zürich stattfand. Erst an zweiter Stelle wurde über »Theoretische Entwicklungen in der Ethnopsychoanalyse« referiert und diskutiert. Seit dem Erscheinen der *Einführung in die Ethnopsychoanalyse* (Reichmayr 1995) liegen die Schwerpunkte der Entwicklungen innerhalb der Ethnopsychoanalyse nicht allein auf dem Gebiet der Forschung, sondern auch auf dem der klinischen Praxis, die vor allem auf Erfahrungen bei der interkulturellen psychotherapeutischen Behandlung von Migranten und Asyl Suchenden mit psychischen Beeinträchtigungen basieren. In einer Fülle von Veröffentlichungen zur interkulturellen und transkulturellen Psychotherapie und zu kulturvergleichenden und ethnomedizinischen Fragestellungen kommen diese Erfahrungen zum Ausdruck (Möhring/Apsel 1995; Peltzer 1995; Hoffmann/Machleidt 1997; Heise 1998, 2000; Gottschalk-Batschkus/Rätsch 1998; Kiesel/Lüpke 1998; Ninck Gbeassor et al. 1999; Wienand 1999; Rodewig 2000; Bazzi et al. 2000; Haasen/Yagdiran 2000; Hegemann/Salman 2001; Ottomeyer/Peltzer 2002; Kronsteiner 2003 u.a.).

Die Tagung »Das Schicksal der Ethnopsychoanalyse in Theorie und Praxis« und die Stadt Zürich bieten einen guten Ausgangspunkt, um die neueren Entwicklungen der Ethnopsychoanalyse an einem konkreten Ort studieren zu können. Unter anderen lokalen Bedingungen entstanden und entstehen ähnliche Initiativen, Verbindungen, Praxisräume und Netzwerke. Die Ethnopsychoanalyse war zunächst durch die psychoanalytische Praxis, das Wirken und die Arbeiten von Parin, Morgenthaler und Parin-Matthèy mit Zürich verbunden. Sie war seit den 70er Jahren auf akademischem Boden am *Ethnologischen Seminar Zürich* präsent. Die Ideen der Ethnopsychoanalyse fanden immer am *Psychoanalytischen Seminar Zürich* einen intellektuellen Nährboden und wurden in Study Groups, Seminaren und verschiedenen Untersuchungen, – so auch zum Thema von Exil, Migration und interkultureller Psychotherapie – aufgenommen (Pedrina et al. 1999). Nach wie vor besteht das Bemühen, auf der Grundlage einer politisch verstandenen psychoanalytischen Wissenschaft eine kritische Gesellschaftstheorie in die Freudsche Psychoanalyse einzubeziehen und dabei die in einem ähnlichen Kontext entwickelten Arbeiten von Paul Parin, Fritz Morgenthaler und Goldy Parin-Matthèy zu berücksichtigen (Psychoanalytisches Seminar Zürich 1986, 1987, 1989; Modena 1998; Modena 2002 u.a.). Das *Psychoanalytische Seminar Zürich* ist Themenschwerpunkt von Heft 12/1993 der *Luzifer-Amor-Zeitschrift zur Geschichte der Psychoanalyse* (Saller 1993; Rothschild 1993; Modena 1993). Mario Erdheim und Maya Nadig, die beide am *Psychoanalytischen Seminar Zürich* und gleichzeitig am *Ethnologischen Seminar Zürich* lehrten, haben mit ihren Arbeiten eine direkte Verbindung zwischen den Disziplinen Psychoanalyse und Ethnologie und ihren jeweiligen institutionellen Einbindungen herstellen können.

Die Zürcher Tagung »Das Schicksal der Ethnopsychoanalyse in Theorie und Praxis« wurde vor allem von ehemaligen Studenten von Maya Nadig und Mario Erdheim organisiert und inhaltlich gestaltet. Werner Egli, Vera Saller und David Signer, die als Vertreter des *Ethnologischen Seminars Zürich* die Organisation der Tagung und die Herausgeber des Tagungsbandes (Egli et al. 2002) übernommen hatten, betonten in ihrem Tagungskonzept den lokalen Bezug, wodurch Entwicklungstendenzen und Rezeptionslinien deutlich hervortreten konnten.

Die Ethnopsychoanalyse auf akademischem Boden ist zwar geschrumpft, in der lokalen Szene hat sie sich aber einen Überlebensraum in der psychosozialen Beratungsarbeit mit Vertriebenen und Immigranten geschaffen und damit gleichzeitig ein neues Berufsfeld für Ethnologen und Psychologen abgesteckt. Als neuer Pol für die Ethnopsychoanalyse hat sich dabei das *Ethnologisch-Psychologische Zentrum* herausgebildet. Das *Ethnologisch-Psychologische Zentrum* ist eine Einrichtung der *Asyl-Organisation Zürich*, in dem ein Fachteam von Ethnologen und Psychologen Asyl Suchende mit psychischen Beeinträchtigungen sowie Traumatisierte (teilstationär und ambulant) nach ethnopsychologischem Ansatz betreut. Es besteht eine enge Zusammenarbeit mit dem Sozial- und Gesundheitsbereich, insbesondere der Psychiatrie. Im psychosozialen Feld der Arbeit mit Exilanten und Flüchtlingen gingen in den letzten Jahren deutliche Professionalisierungs- und Spezialisierungsprozesse vor sich, bei denen Ansätze aus ethnopsychoanalytischen Untersuchungen Beachtung fanden und aufgenommen wurden. Ähnliche Prozesse lassen sich an verschiedenen Orten beobachten; ihre Protagonistinnen und Protagonisten kämpfen auf vorgeschobenen Posten auf psychosozialem Neuland. Es geht auch darum, Menschenrechte für die »displaced persons« einzufordern und durchzusetzen, und psychosoziale Versorgungseinrichtungen und -strukturen zu gewährleisten. Dies ist eine unter den jeweiligen politischen Bedingungen meist mühevolle Arbeit (wie seinerzeit bei der Psychiatrie- und anderen Reformbemühungen), die immer auf Tuchfühlung mit den lokalen und nationalen politischen Rahmenbedingungen steht. Die öffentlichen Einrichtungen werden oft von den vorurteilsgesättigten Meinungen des Common sense beherrscht, die in unseren Breitengraden von Rassismus und Fremdenfeindlichkeit dominiert werden.

Auf der Tagung schilderte der psychologisch geschulte Ethnologe Werner Egli in seinem Eingangsreferat die institutionelle Entwicklung der Ethnopsychoanalyse am *Ethnologischen Seminar Zürich* (Egli 2002). Der neue lokale Pol, an dem die Ethnopsychoanalyse weiterlebt, das *Ethnologisch-Psychologische Zentrum*, wurde von der Ethnologin und Psychologin Heidi Schär Sall und dem Ethnologen Daniel Stutz vertreten. In ihrem Referat »Wie lebt die Ethnopsychoanalyse am Ethnologisch-Psychologischen Zentrum weiter?« berichteten sie aus einem Arbeitsfeld, das den Ansatz ethnopsychoanalytischen Denkens auf eine ihm entsprechende anspruchsvolle Probe stellt und diesen in einer außergewöhnlichen Weise herausfordert, insoferne sie sich in einer unmöglichen Situation zurechtfinden müssen und diese zu reflektieren gezwungen sind (Schär Sall 1999, 2000, 2002; Stutz 2002). Paul Parin hat in seinem Grußwort ihre Lage folgendermaßen geschildert:

> »Es wird Sie nicht überraschen, wenn ich sage, daß die psychologischen Helfer in einer Hinsicht den Hilfsbedürftigen gleichen. Während diese Überlebenskünstler sein müßten, um ihr Leben zu bestehen, müssen die Helfer etwas beinahe Unmögliches versuchen: sie sollten in der Beziehung zu den Fremden ein Ich schaffen, ohne die wichtigste Voraussetzung für ein leistungsfähiges Ich. Die Betreuer haben kaum eine begründete Hoffnung auf eine bessere Zukunft der Betreuten und nicht den geringsten Einfluß auf das weitere Schicksal der Fremden« (Parin 2002, S. 8).

Am *Ethnologisch-Psychologischen Zentrum* hat die Verbindung von Ansätzen aus Ethnologie, Psychoanalyse, Psychotherapie, Psychologie, Pädagogik und Sozialarbeit einen praktischen Stellenwert gewonnen, an dem auch Professionalisierungsprozesse in einem neuen Berufsfeld studiert werden können (Schär Sall 2002; Ninck Gbeassor et al. 1999; Bazzi et al. 2000).

Im ersten Block, der unter dem Titel »Ethnopsychoanalyse als gesellschaftliche Praxis: Interkulturelle Therapie« abgehandelt wurde, kamen nach dem Eingangsreferat von Werner Egli und den Mitarbeitern des *Ethnologisch-Psychologischen Zentrums* Psychoanalytiker und psychoanalytische Psychotherapeuten in freier Praxis zu Wort, die ihre Erfahrungen mit Patienten mit unterschiedlichem kulturellen Hintergrund ethnopsychoanalytisch reflektierten und in Fallgeschichten beschrieben. Der Psychoanalytiker und Psychiater Ruedi Studer gab einen persönlich gehaltenen Bericht über seine langjährigen Erfahrungen mit Problemen von Exilierten, Gregor Busslinger (Ethnologe, Psychoanalytiker) berichtete in seiner Falldarstellung von einer bikulturellen Partnerschaft und beleuchtete, »inwiefern kulturspezifische und kulturelle Vorstellungen in einem komplexen Wechselspiel sowohl in den Dienst der identitätsstiftenden Selbstbehauptung als auch der Abwehr gestellt werden können« (Studer 2002; Busslinger 2002), die Psychoanalytikerin Elisabeth Steiner referierte über »Die Behandlung eines gefolterten Bosniers« und Mirna Würgler (Ethnologin, Psychoanalytikerin) erzählte von ihrer Arbeit mit Kindern mit Migrationserfahrungen (Steiner 2002; Würgler 2002). Studer gehört wie Fernanda Perdrina, Emilio Modena, Berthold Rothschild, Ita Grosz-Ganzoni, Pedro Grosz, Andreas Benz, Ronald Weissberg und andere, zur zweiten Generation von Psychoanalytikern und Rezipienten der Ethnopsychoanalyse, die immer schon interkulturelle fachspezifische Arbeit mit Flüchtlingen und Exilierten leisteten, diese aber eher als kritische Psychoanalytiker reflektieren und sich nicht explizit als Ethnopsychoanalytiker bezeichnen (Studer 1993; Pedrina et al. 1999; Modena 1984, 1995; Benz 1997). Hierzu paßte die Frage der aus Argentinien stammenden Psychoanalytikerin Nelda Felber-Villagra, was denn den Unterschied zwischen der kritischen Psychoanalyse und der Ethnopsychoanalyse ausmache (Felber-Villagra 2002). Im Hinblick darauf hat Felber-Villagra auch ihre Kritik am Migrationsbegriff formuliert (Felber-Villagra 1996). Gesine Sturm berichtete ausführlich über die französische Ethnopsychoanalyse, die im Vergleich zu deutschsprachigen Ländern über insgesamt mehr Erfahrungen im Bereich der psychosozialen Versorgung von Migranten verfügt und die Ethnopsychoanalyse zu Neuerungen in der klinisch-psychotherapeutischen Praxis geführt hat (Sturm 2002).

Der zweite Themenblock zu »Theoretischen Entwicklungen in der Ethnopsychoanalyse« brachte zunächst Überlegungen von Jürg von Ins zur Frage »Gibt es Kulturen des Unbewußten?« und von David Signer (Ethnologe, Psychologe und Journalist) zum Thema »Aids« (Ins 2002; Signer 2002). Anschließend erzählte der Kulturanthropologe, Musikethnologe und Psychoanalytiker Gerhard Kubik aus Wien, wie er bei seinen Feldforschungen in Afrika mit einer Technik des »Floating« einen psychoanalytischen Zugang zu »Formeln der Abwehr« finden konnte. Er stellte ein Anleitungsschema zu einer systematischen psychoanalytischen Auflösung von kulturell transmittierten Abwehrformeln vor und belegte dies mit Analysebeispielen aus Afrika und Mitteleuropa (Kubik 2002b; Kubik/Malamusi 2002; siehe Kap. 2.2.4.).

Die Ethnologin und Psychoanalytikerin Vera Saller sprach zum Abschluß dieses Blocks über die »Die Leib-Seele-Problematik in der Psychoanalyse, Ethnologie und Ethnopsychoanalyse« (Saller 2002).

Den abschließenden dritten Teil »Die Ethnopsychoanalyse in den Sozial- und Geisteswissenschaften« dominierten Ethnologinnen und Psychoanalytikerinnen mit Berichten aus ihren zum Teil noch laufenden Forschungsprojekten. Brigit Allenbach aus Freiburg stellte Überlegungen zum Thema »Übertragung – ein ethnologischer Schlüsselbegriff?« an und Christine Mansfeld vom *Bremer Institut für Kulturforschung* beschäftigte sich mit den »Artikulationsgrenzen« im ethnologischen Forschungsprozeß (Allenbach 2002; Mansfeld 2002). Zwischen diesen beiden Feldforschungsberichten wurde das Spektrum der ethnopsychoanalytischen Ansätze um die Beiträge von Elisabeth Reif (Psychologin, Ethnologin und Mediatorin) aus Wien über »Ethnopsychoanalyse und Konfliktforschung« (Reif 2001, 2002) und der Zürcher Ethnologin und Psychoanalytikerin Edith Brenner aus einer Forschung mit Frauen an der Peripherie von Managua in Nicaragua, erweitert. Werner Egli, der Initiator der Tagung, versuchte am Ende eine Begriffsklärung am Beispiel von »Ethnopsychoanalyse und Kulturvergleichende Psychologie« vorzunehmen (Egli 2002a; Egli et al. 2002).

3.5.2. Klinische Ethnopsychoanalyse in Frankreich

Die Ethnopsychoanalyse hat in Frankreich andere historische, kulturelle und politische Rahmenbedingungen und andere Traditionen und Modelle ausgebildet und insgesamt ein breiteres Betätigungsfeld im Bereich der psychosozialen Versorgung gefunden als dies in deutschsprachigen Ländern der Fall war und ist (Nathan 2001; Fermi 2002). Mitbedingt durch diesen Kontext – Zuwanderung nach dem Ende der kolonialen Herrschaft Frankreichs aus Nord- und Westafrika und nach dem Ende des algerischen Befreiungskrieges, Migration vor allem aus den Ländern des Maghreb und aus Portugal während der 70er Jahre – entstand ein großes Interesse und ein Bedarf an einer ethnopsychoanalytisch orientierten Psychotherapie. Die verschiedenen Richtungen der französischen ethnopsychoanalytischen Therapiepraxis entwickelten sich auf der Grundlage der theoretischen Arbeiten von Georges Devereux, dessen maßgebliches Werk *Ethnopsychanalyse complémentariste* 1972 erschien. Die interkulturelle psychotherapeutische Arbeit mit Immigranten bildet den klinischen Erfahrungshintergrund für die Entwicklung der ethnopsychoanalytischen Ansätze. Der psychoanalytisch ausgebildete Ethnologe Georges Devereux war 1963 aus den Vereinigten Staaten nach Frankreich übergesiedelt, wirkte an der *École des Hautes Études en Sciences Sociales* und lehrte das von ihm als »Ethnopsychiatrie« bezeichnete Fach. In Frankreich hatte Devereux seine klinische Praxis aufgegeben, seine in den USA entstandenen Arbeiten zur interkulturellen Psychotherapie wurden aber, wie auch seine epistemologische Untersuchung *Angst und Methode in den Verhaltenswissenschaften* mit Interesse rezipiert (Devereux 1973, 1974, 1985, 1998) (siehe Kap. 1.4. und 3.3.).

Gemeinsam mit seinem Schüler Tobie Nathan gab Devereux von 1978 bis 1981 die erste in Frankreich erschienene ethnopsychiatrische Zeitschrift *Ethnopsychiatrica* heraus. Der Verleger Allan Geoffroy, der auch schon bei der *Ethnopsychiatrica* mitwirkte, gründete 1983 mit Nathan die *Nouvelle Revue d'Ethnopsychiatrie*, die bis 1998 verlegt wurde.

Tobie Nathan, der seit 1991 das *Centre Georges Devereux* an der *Université Paris 8* leitete und zum Zentrum einer ethnopsychoanalytisch orientierten interkulturellen Psychotherapie entwickelte, arbeitete zuvor am Krankenhaus Avicenne in Bobingy bei Paris, wo er in seiner klinisch-psychotherapeutischen Praxis sich vor allem mit Migranten beschäftigte. Nathan übertrug Devereux' Idee der Komplementarität auf die Psychotherapie und unterschied bei seiner Tätigkeit eine psychologische und eine kulturelle Ebene, die voneinander getrennt bleiben sollten (Nathan 1986, 1988). Er entwickelte ein psychotherapeutisches Setting, bei dem die »kulturelle Ebene« der Herkunftskultur durch ein multikulturelles Team, die Einbeziehung von Übersetzern und den Einsatz von Elementen aus traditionellen Heilverfahren besonders akzentuiert wurde (Nathan 1995). Tobie Nathan geht über den Ansatz von Devereux hinaus und argumentiert mit Lacan »strukturalistisch« oder mit Lévi-Strauss »prästrukturalistisch«. Devereux meinte, daß jedes Individuum ein individuelles und ein kulturelles Unbewußtes oder ebenso zwei Psychen hat, die »obligat komplementär« sind und infolgedessen psychoanalytisch und daneben soziologisch beschreibbar sind. Das beschriebene Substrat wird vom Standpunkt des Forschers notwendigerweise verändert. Nathan geht davon aus, daß der Mensch lediglich eine »kulturelle« Psyche hat, die mit dem identisch wäre, was Freud in seiner Schrift *Die Traumdeutung* den psychischen Apparat nannte. Er leitet Kultur allein von der sprachlichen Kommunikationsfähigkeit ab, wonach der Verlust oder die Beeinträchtigung der Sprache einem Autismus gleichkommt. Diese statische Betrachtungsweise führt rasch zu Widersprüchen im praktischen und klinischen Bereich. Was ist mit der averbalen Kommunikation, wie dem Corps-à-corps der Westafrikaner und der körperlichen Steifheit der Deutschschweizer? Die Arbeiten von Nathan sind in Frankreich umstritten, die Kritik trug ihm den Vorwurf der Scharlatanerie und des kulturalistischen Rassismus ein (Rechtman 1995; Saller 1995; Benz 1997; Fassin 2000).

»Etwas abseits vom Lärm dieser hitzigen Debatten wurden an verschiedenen Orten (Bordeaux, Marseille, Paris) von unterschiedlichen psychotherapeutischen Teams versucht, die transkulturelle Psychotherapiepraxis weiterzuentwickeln. Dabei wurden vielfach Ideen von Devereux und von Nathan aufgegriffen, die teils uminterpretiert und teils mit neuen Ideen vermischt wurden« (Sturm 2001, S. 219).

Gesine Sturm hat in zwei Veröffentlichungen das theoretische Konzept und die Arbeitsweise des ethnopsychoanalytischen Therapieteams am Krankenhaus Avicenne bei Paris am Beispiel einer Therapiesitzung vorgestellt und die Bedeutung des Kulturbegriffs in der französischen transkulturellen Psychotherapie am Beispiel der Ansätze von Nathan und Moro diskutiert (Sturm 2001, 2002; Saller 1999). An der psychiatrischen Ambulanz Avicenne in Bobigny bei Paris wirkte der im Jahr 2000 verstorbenen Serge Lebovici, der auch die klinisch-ethnopsychoanalytische Praxis förderte. Moro leitet hier nun den *Service de Psychopathologie de L'Enfant et de l'Adolescent* und entwickelte ein eigenes ethnopsychoanalytisches Gruppensetting. Ihr Zentrum hat sich im Bereich der transkulturellen Psychiatrie inzwischen auch über die Grenzen Frankreichs hinaus einen Namen gemacht, obwohl weder von ihr noch von Nathan Bücher auf Deutsch erschienen sind und nur vereinzelt Artikel übersetzt wurden (Moro 1999; Moro/Sturm 2001; Nathan 1999). Die von Moro herausgegebene Zeitschrift *L'Autre. Cliniques, cultures et sociétés. Revue transculturelle* und eine von ihr gegründete *Association Internationale d'Ethnopsychanalyse* (AIEP) unterstreichen die institutionelle Präsenz des Ansatzes von Moro. Sie hat sich vor allem mit den psychologischen Problemen der zweiten Generation und mit der transkulturellen Eltern-Kind-Therapie beschäftigt (Moro 1999, 2000, 2001).

»In ihrer aktuellen Arbeit greift Moro eine Reihe der Ideen und technischen Neuerungen von Nathan auf, vertritt aber gleichzeitig einen Ansatz, der sich sowohl auf der theoretischen als auch auf der praktischen Ebene deutlich von demjenigen Nathans unterscheidet. Sie versucht, die Einbindung der MigrantInnen in kulturelle Zusammenhänge jenseits des Gastlandes aufzugreifen, ohne dabei ihr Erleben auf einen unterstellten kulturellen Hintergrund zu reduzieren. Die Ausbildung von Verbindungen zwischen den unterschiedlichen kulturellen Bezügen der PatientInnen steht bei dieser Arbeit im Zentrum« (Sturm 2001, S. 220).

Sturm schildert, wie in den ethnopsychoanalytischen Therapien durch die Arbeit mit Bildern und Geschichten eine Vielperspektivität aufgebaut wird, die es den Patienten ermöglicht, sich auf kulturelle Repräsentationen unterschiedlicher Herkunft zu beziehen. Dabei machte sie deutlich, wie eng der Dialog über kulturelle Repräsentationen mit dem dynamischen Verlauf der Therapie zusammenhängt. Gesine Sturm geht auch in ihren Arbeiten auf zentrale theoretische Aspekte des Ansatzes von Moro ein und stellt an Hand von Fallbeispielen das Setting ihrer Gruppentherapien dar (Sturm 2001, 2002; Moro 2002a). Der transkulturelle Psychotherapeut muß in der Lage sein, fremde Denk- und Empfindungsweisen nachzuvollziehen, »ohne dabei in Versuchung zu geraten, das Fremde ... vorschnell auf Bekanntes zurückzuführen.« Er muß sich von den Normalitätsvorstellungen seiner eigenen Kultur distanzieren können um das Fremde aus seinem eigenen kulturellen und sozialen Kontext verstehen zu können. Diesen Prozeß bezeichnet Moro mit »Dezentrierung«. Theoretisch betrachtet Moro die Grundstruktur der menschlichen Psyche als universell und grenzt sich damit von kulturrelativistischen Positionen ab. Sie ist die Basis für jede interkulturelle Begegnung, Verständigung und interkulturelles Verstehen. Jedoch werden die von allen Menschen geteilten psychischen Mechanismen nicht als gegeben vorausgesetzt, sondern müssen erst entdeckt werden.

»Daher muß in einer therapeutischen Begegnung zunächst versucht werden, die spezifischen kulturellen Kontexte zu verstehen ... Erst über das Verständnis der spezifischen Denkweisen, Normalitätsvorstellungen und Handlungsschemata, auf die sich die PatientIn bezieht, wird ein Zugang zu ihren innerpsychischen Prozessen möglich«. Moros Standpunkt ist also nicht mit der Behauptung zu verwechseln, »daß die Erkenntnisse der westlichen Psychologie ohne weiteres auf alle Menschen übertragbar seien« (Sturm 2001, S. 221). Bei den ethnopsychiatrischen Gruppentherapien wird in einem multikulturellen Team gearbeitet, das meist aus einem leitenden Therapeuten, Übersetzern und Co-Therapeuten besteht und bei einer großen Gruppe insgesamt 15 Personen umfassen kann. Die Sitzungen, die in der Regel mit der ganzen Familie durchgeführt werden, dauern zwei Stunden und finden zweimonatlich statt, parallel können auch Einzeltherapien angeboten werden.

Die in den französischen ethnopsychiatrisch-ethnopsychoanalytischen Konzepten verbreitete Trennung einer »kulturellen« und einer »idiosynkratischen« Psyche entspricht der Tradition des cartesianischen Denkens (Trennung Geist/Körper). Das vernünftige, kognitive, verbale Denken ist dabei prinzipiell getrennt von den Affekten bzw. von allem, was die Psychoanalyse unbewußt nennt. Die Freudsche Psychoanalyse geht von einem Konfliktmodell aus, wobei das Verdrängte ein Ergebnis zwischen bewußten und unbewußten Tendenzen ist. Ein entsprechender Konflikt in der französischen ethnopsychoanalytischen Tradition kann entstehen, wenn sich das Subjekt aus seiner ursprünglichen Kultur entfernt (Trennung Natur/Kultur). In der französischen Schule werden Migration und Exil nicht nur als potenziell pathogen angesehen, sondern kann, wie im Verständnis von Moro, auch als Möglichkeit einer Neustrukturierung, analog den Prozessen in der Adoleszenz, wirksam werden. Bei Nathan bekommt Migration den Stellenwert eines Traumas, das nicht außerhalb der angestammten Kultur geheilt werden kann. Bei Devereux gehört zum Beispiel die Trance zur Natur, ist nicht analysierbar und wird als psychopathologisches Symptom gewertet.

Eine ähnliche Auffassung kommt bei einigen aus Analysen in Westafrika gewonnenen Ergebnissen der für die Diskussion der französischen Ethnopsychoanalyse einflußreichen Studie Œdipe africain der Psychoanalytikerin Marie-Cécile Ortigues und des Philosophen Edmond Ortigues zum Ausdruck. In dieser Arbeit wird zum Beispiel die Abhängigkeit von der Familie, die sich oft auf die Furcht vor magischen Einflüssen ausdehnt (Hexerei), einer paranoischen Struktur der Afrikaner, einer kulturspezifischen Pathologie, zugeschrieben und nicht den realen Abhängigkeiten von der Familie (Ortigues/Ortigues 1966, 2000; Tripet 1990). In einer ausführlichen Besprechung des Buches hat Paul Parin 1968 auf die Problematik der psychoanalytischen Herangehensweise im Ansatz der Ortigues hingewiesen.

»Im Kapitel über das theoretische Problem des Ödipuskomplexes ist der Schlüssel für die Schwierigkeiten der Autoren mit der Analyse zu finden. Die Diskussion des Problems wird durch eine vergleichende Untersuchung der Auffassungen Malinowskis, Kardiners und Lacans eingeleitet. Der erste und der zweite werden zugunsten einer ungewöhnlich statischen Auffassung, die auf Lacan zurückgeführt wird, kritisiert. Modernere Versuche, Soziologie und Psychoanalyse zu koordinieren, werden nicht beachtet. Die Annahme von Trieben wird zugunsten einer Notwendigkeit zur Symbolisation eines ›Wunsches nach Beziehung‹ aufgegeben. Symbolisation bedeutet dabei nicht einfach eine Ichfunktion, sondern ein primäres menschliches Bedürfnis; der Symbolisation werden etwa die Wirkungen zugeschrieben, die Freud auf Triebwünsche zurückführt. Darum erscheint der ödipale Konflikt nicht mehr wie bei Freud als ein dynamisches Geschehen. Persönlichkeiten, die ›Ichs‹ genannt werden, treten als Entitäten in eine Beziehung zueinander; sie haben zwischen Identifikation und Liebe zu wählen. Die Beziehung selbst wird durch ein Symbol, z.B. den Phallus, ausgedrückt, das wieder verschiedene Schicksale haben kann. Der ödipale Konflikt kann nur nach den beteiligten Imagines und nach den

Inhalten der Symbolbildung erkannt und beschrieben werden; verschiedene Formen in den Kulturen haben verschiedene Zeichen und Inhalte. Die sonst übliche Beachtung der präödipalen Phasen der Libidoentwicklung und der verschiedenen Formen der Objektbeziehung, die für den besonderen Verlauf und den Ausgang des Ödipuskonflikts ausschlaggebend sind, kann in dem Lacanschen Schema ... keinen Platz finden. [...] Wie schon aus dem oben resümierten Fall des Samba C. zu sehen ist, kommen die Autoren oft zu verwirrenden Schlußfolgerungen, wie der, man dürfe ein psychisches Geschehen nicht deuten, weil es einen ethnologisch-folklorischen Inhalt hat; in den letzten Kapiteln des Buches wird klar, daß sie meinen, ein Brauch habe entweder einen sozialen oder aber einen psychologischen Ursprung. Das heißt, es ist ihnen nicht möglich zu sehen, daß ein Gegenstand traditionellen Glaubens für das Ich und für das Unbewußte des Patienten eine andere Bedeutung haben kann als für die Sozietät« (Parin 1969d, S. 158f.).

Epilog

Nachdem die Geschichte von Dommo dieses Buch eröffnet hat, möchte ich es mit einer Erzählung von Fritz Morgenthaler beenden.

Fritz Morgenthaler berichtet am Beginn seiner Einleitung zum Buch *Gespräche am sterbenden Fluß* von Erfahrungen, die er als Kind und Jugendlicher in Paris gemacht hat und von einer neuen Erfahrung, aus der er eine Devise ableiten konnte, mit der er anderen und sich selbst einen Schlüssel zum gegenseitigen Verständnis anbietet.

»Als ich im Alter von acht Jahren nach Paris kam, wurde ich in eine Volksschule gesteckt. Mit meinem germanischen Aussehen und der Unfähigkeit mich zu verständigen, war ich als Fremder der aggressiven Verachtung und dem Spott meiner Klassenkameraden und des alten, vom Leben bereits zertretenen Lehrers ausgesetzt. Obschon sie mich plagten, bewunderte ich die unbekümmerte Frechheit der großstädtischen Buben, die in der Lichterstadt Paris die Subkultur der ›poulbots‹ ausmachten. Sie trugen alle ganz kurze Hosen, die typische schwarze Schulschürze und das dunkelblaue béret basque. Ich wollte so schnell und so vollkommen wie möglich sein wie sie. Nach drei Monaten beherrschte ich den poulbot-Slang, bewegte mich wie sie mit dem rebellischen Kindergesicht und dem schief aufgesetzten dunkelblauen béret basque. Ich wurde in eine Dominikanerschule versetzt, wo ich mit meinen poulbots-Errungenschaften die Bewunderung der wohlbehüteten Knaben des begüterten Pariser Mittelstandes auf mich zog und eine führende Rolle zu spielen begann. Es war die glücklichste Zeit meiner Jugend. Anpassung, Angleichung, Imitation und Identifikation hatten dazu geführt, daß ich glaubte, der zu sein, der ich bin.

Spätestens dann, als ich erstmals in den Vereinigten Staaten war, machte ich eine neue Erfahrung. Ich bezog in New York ein kleines Zimmer in einem puertoricanischen Hotel. Am Morgen wollte ich jeweils im gegenüberliegenden Drug-Store einen Kaffee trinken. Ich stellte mich an die Bar. Die meisten Leute tranken den Kaffee stehend und lasen ihre Zeitung. Aufmerksam schaute ich aus, um dem Blick des Kellners zu beggnen, der hinter der Theke das Geschäft betrieb. Der Mann richtete seinen Blick auf mich, schob die Unterlippe leicht über die Oberlippe und hob das Kinn. Ich erkannte die Geste als Zeichen und rief ihm zu ›A coffee please ... without sugar and a little milk only‹. Kurzes Gerassel und Geklapper von Geschirr, Besteck und Maschinen.

Vor mir, zwischen zwei Zeitungsblättern meiner Nachbarn, stand ein Glas mit hellbraunem, gezuckertem Kaffee. In den folgenden Tagen scheiterten alle meine Versuche, mich durchzusetzen. Nach dem Wort ›coffee‹ wandte sich der Kellner ab, noch bevor ich meinen Satz vom Zucker und der Milch zu Ende gesprochen hatte, und das immer gleiche Getränk stand vor mir. Dann fiel mir eines Morgens ein, daß ich anders vorgehen könnte. Als der Kellner mich bedienen wollte, sagte ich laut und deutlich: ›Look, I am a foreigner.‹ Die Wirkung war verblüffend. Die Leute neben mir schauten von der Zeitung auf und betrachteten mich, während der Kellner etwas ratlos wartete, was ich jetzt sagen würde. Es entstand eine Ruhepause, und mir war, als stünde ich auf einem Hügel und schaute in eine weite Ebene vor mir. Ich sagte: ›I am not American, you know. I would like to have a coffee without sugar and a little milk only.‹ ›Of course, Sir‹, antwortete der Kellner. Ein Mann neben mir legte die Zeitung beiseite und begann ein Gespräch. Er wollte wissen, woher ich kam und ob mir die Vereinigten Staaten gefielen. Ein Glas mit dunklem, ungezuckertem Kaffee stand vor mir.

›Look, I am a foreigner‹ wurde zu meiner Devise in den Vereinigten Staaten. Mit diesem Zauberwort gelang es mir, in einem Blumengeschäft in der Fifth Avenue einen individuell zusammengestellten Blumenstrauß nach meinem Geschmack in die Wohnung eines amerikanischen Psychoanalytiker-Ehepaares bringen zu lassen, das während des Zweiten Weltkrieges aus Wien emigriert war. Die Wienerin war gerührt über die Blumen. Ein solcher Strauß ist in den Vereinigten Staaten nicht üblich. Man wählt gewöhnlich nur eine Blumensorte. Das Zauberwort belebte in zahlreichen Situationen meinen Kontakt zu den Fremden. Ich erhielt Informationen, die ich sonst nicht bekommen hätte. Im Grunde genommen war es kein Zauberwort, sondern der Ausdruck der Konfrontation mit mir selbst. Ich will nicht sein wie der andere. Ich grenze mich ab und bin ich, ein anderer als der, der ich war, als ich mich in Paris als Kind angepaßt, angeglichen, identifiziert hatte, um imitierend zu dem zu werden, der sich im Gewande der anderen sicher weiß« (Morgenthaler 1984a, S. 9ff.).

4. Anhang

4.1. Kurzbiographien

In diesem Buch behandelte Autoren werden hier kurz vorgestellt. Ausführliche Angaben zu 113 Personen sind im *Lexikon der psychoanalytischen Ethnologie, Ethnopsychoanalyse und interkulturellen psychoanalytischen Therapie* (Reichmayr et al. 2003, Psychosozial-Verlag, Gießen) zu finden. Aus einer Online-Version dieses Lexikons können weitere Informationen zu Personen, Zeitschriften und Institutionen bezogen werden:

www.chambre.at/lex-epsa/home.html

Allenbach, Brigit (*1962), Ethnologin, studierte Ethnologie und Psychologie, Wirtschafts- und Sozialgeschichte an der Universität Zürich. Feldforschung in Burkina Faso zum Handlungsspielraum von Frauen im urbanen Kontext (Allenbach von Moos 1997). Seit 2000 Oberassistentin am Ethnologischen Seminar der Universität Fribourg/Schweiz.

Awart, Sigrid (*1966), Mag. phil., Dr. phil., studierte Psychologie und Ethnologie an der Universität Wien, Promotion an der Universität Klagenfurt. Feldforschungen und ethnopsychologische Untersuchungen auf der Insel Lihir in Papua Neuguinea, in der eigenen Kultur zur beruflichen Integration von Suchtmittelabhängigen und über Geistheiler und ihre Klientel, 1999–2000 Forschungsprojekt über den informellen Sektor in Dakar/Senegal. Seit 2001 arbeitet Sigrid Awart in Wien beim Verein *Peregrina – Beratungsstelle für Migrantinnen* in der Rechts- und Sozialberatung für Migrantinnen aus afrikanischen Ländern, sie ist Lektorin an der Universität Klagenfurt und Mitarbeiterin beim Wiener *Institut für Ethnopsychoanalyse und Kulturaustausch*.

Kurzbiographien

Bennani, Jalil (*1948), Dr. med., Psychiater, Psychoanalytiker, psychoanalytische Ausbildung in Paris, psychoanalytische Praxis in Rabat/Marokko. Bennani ist durch seine wissenschaftliche und publizistische Tätigkeit maßgeblich am Aufbau und der Verbreitung der Psychoanalyse und Psychotherapie in Marokko beteiligt, die in den 70er Jahren begannen. Er war 1977–1981 Konsulent für Immigrationsfragen aus dem Maghreb am *Centre F. Minkowska* in Paris und zuständig für diese Fragen im Departement Essonnes in Frankreich. Unter anderem war Bennani 1984–1986 Mitbegründer und Leiter der Studiengruppe *Le texte Freudien* in Rabat, 1992–1996 Mitbegründer und Leiter der *Association Marocaine de Psychothérapie*, 1990–1992 war er Generalsekretär der *Société Marocaine de Psychiatrie* und seit 2001 ist er Gründungspräsident der *Société Psychoanalytique Marocaine*. Er leitet die Reihe *Cultures Psy* beim Verlag *Le Fennec* in Casablanca. Seine Arbeitsgebiete sind die Geschichte der Psychoanalyse in Nordafrika, die Verbindung von Migration, Psychotherapie und Kultur sowie die Kinder- und Jugendlichenpsychoanalyse. Neben anderen Auszeichnungen erhielt Jalil Bennani 2002 den Sigmund-Freud-Preis der Stadt Wien.

Benz, Andreas (*1942), Dr. med., Psychiater, Psychoanalytiker. Medizinstudium in Genf, Heidelberg und Zürich, Spezialausbildung in Psychiatrie und Psychotherapie. Psychoanalytische Ausbildung am *Psychoanalytischen Seminar Zürich*, ab 1974 eigene psychoanalytische und psychotherapeutische Praxis in Zürich, zusätzliches Engagement als Supervisor und Konsiliararzt. 1993 Forschungs- und Unterrichtstätigkeit in Kongo/Kinshasa, ab 1994 Unterricht in klinischer Anwendung der Psychoanalyse in Bulgarien und ab 1999 in der Slowakei. Lehrtätigkeit am *Psychoanalytischen Seminar Zürich*.

Bettelheim, Bruno (1903–1990), Dr. phil., Psychologe, Psychoanalytiker, psychoanalytischer Pädagoge, absolvierte seine psychoanalytische Ausbildung in Wien, 1939 Inhaftierung in den Konzentrationslagern Dachau und Buchenwald, im selben Jahr Emigration nach Chicago, wo Bettelheim 1944 die Leitung der *Orthogenic School* übernahm, die von schwer gestörten und psychotischen Kindern besucht wurde. Die Forschungsergebnisse zur Thematik des frühkindlichen Autismus veröffentlichte er 1967 in seinem Werk *Die Geburt des Selbst*. Bettelheim veröffentlichte insgesamt 16 Bücher, vor allem seine Arbeiten über Autismus und die Hervorhebung der Wichtigkeit von Märchen für Kinder brachten ihm hohen Bekanntheitsgrad. Sein populärstes Buch *Kinder brauchen Märchen* (1975) wurde mit dem National Book Award und dem Book Circle Award ausgezeichnet (Kaufhold 1993).

Kurzbiographien

Bosse, Hans (*1938), Dr. theol., Dr. phil., seit 1976 Professor für Sozialpsychologie und Soziologie an der *Johann Wolfgang Goethe-Universität* in Frankfurt/Main, Gründungsmitglied und Lehranalytiker am *Institut für Gruppenanalyse* in Heidelberg. Zwischen 1984 und 1991 drei Feldforschungen und Gruppengespräche mit jungen Männern und Frauen der Sepik-Region in Papua-Neuguinea.

Boyer, L. Bryce (1916–2000), Dr. med., Psychiater, Psychoanalytiker, praktizierte seit 1947 als Psychoanalytiker in Berkeley, Kalifornien. Er war seit 1983 Co-Direktor des *Center for the Advanced Study of the Psychoses* in San Francisco und spezialisiert auf die psychoanalytische Behandlung und Auffassung der Schizophrenie und der Borderline-Störungen. Er leitete ab 1970 die Diskussionen des »Colloquium on Psychoanalytic Questions and Methods in Anthropological Fieldwork«, das im Rahmen der *American Psychoanalytic Association* jährlich stattfand. Gemeinsam mit Muensterberger war Boyer von 1979–1984 Mitherausgeber von *The Psychoanalytic Study of Society* (Bde. 7–10), von Band 11/1985 bis Band 15/1990 hat er diese Reihe mit Simon A. Grolnik ediert und die nachfolgenden vier Bände bis 1994 gemeinsam mit seiner Frau Ruth M. Boyer herausgegeben.

Boyer, Ruth M. (1919–2013), wurde 1973 Professorin im Fach »Humanities and Sciences« am *California College of Arts and Crafts* in Oakland, Kalifornien. Bei ihrer Feldforschungsarbeit konzentrierte sie sich zunächst auf die Erforschung der Sozialstruktur und der Überlieferungen, bevor sie ihren Schwerpunkt auf die Sozialisationsforschung legte. Das Forscherehepaar Ruth M. Boyer und L. Bryce Boyer kann auf eine vierzigjährige psychoanalytisch orientierte Feldforschungspraxis zurückblicken, das längste Projekt unter den Apachen-Indianern im Mescalero Reservat ging über 35 Jahre. Neben zahlreichen Einzeluntersuchungen, die zum Teil mit Ethnologen und Psychologen durchgeführt und publiziert wurden, gingen aus dieser Arbeit zwei Bücher hervor, die die Zusammenhänge zwischen der Sozialstruktur, dem Sozialisationsprozeß und der Persönlichkeitsorganisation im Detail nachweisen und nachvollziehbar machen: Ruth M. Boyer's *Apache Mothers and Daughters. Four Generations of a Family* (Boyer, R. M. 1992) und L. Bryce Boyers *Childhood and Folklore. A Psychoanalytic Study of Apache Personality* (Boyer, L. B. 1979). Weitere Feldforschungen führten die beiden Wissenschafter in Peru, Alaska und Finnland durch (Boyer, L. B. 1983, 1999).

Brenner, Edith (1956–2002), Buchhändlerin, Ethnologin, Psychoanalytikerin, studierte Ethnologie, Psychologie und Soziologie in Zürich, psychoanalytische

Ausbildung am *Psychoanalytischen Seminar Zürich*, 1989 Niederlassung in eigener Praxis in Winterthur. 1985/1986 ethnopsychoanalytische Feldforschung in Managua/Nicaragua über Beziehungs- und Machtstrukturen in einem marginalen Stadtteil, die sie 1991 fortsetzte. Brenner hat diese Forschungen in ihrer Dissertation *Die Bedeutung der Nachkommen. Ethnopsychoanalytische Gespräche mit Frauen und Männern in einem marginalen Stadtteil von Managua* ausgewertet, die für den Abschluß ihres Doktoratsstudiums an der Universität Klagenfurt angenommen wurde. Veröffentlichungen über weibliche Potenz, Mutterbindung und männliche Identität in Nicaragua und die Familienrepräsentanz in der Schweiz.

Busslinger, Gregor (*1959), lic. phil., Psychoanalytiker, Psychotherapeut, Studium der Geschichte und Ethnologie an der Universität Zürich, Feldforschung in Nicaragua. Ab 1989 psychoanalytische Ausbildung am *Psychoanalytischen Seminar Zürich*. Seit 1995 psychotherapeutische Arbeit vorwiegend mit Personen aus dem spanischen und portugiesischen Sprachraum.

Crapanzano, Vincent (*1939), Dr. phil., Literaturwissenschaftler, Ethnologe, studierte verschiedene Fächer in Harvard, Florenz, Wien und Ethnologie in New York an der Columbia Universität. Er lehrte an Universitäten in den Vereinigten Staaten, in Frankreich, Südafrika und Brasilien und ist heute Professor für vergleichende Literaturwissenschaft und Ethnologie am Graduate Center der New Yorker *City University*. Seine literaturwissenschaftlichen Abhandlungen, die sich auch auf eine Fallgeschichte Freuds beziehen (Crapanzano 1987), wurden in dem Sammelband *Hermes' Dilemma and Hamlet's Desire. Essays in the Epistemology of Interpretation* (Crapanzano 1992) veröffentlicht. Er betrieb Feldforschungen unter Navajo-Indianern in Arizona, über die »Hamadša« in Marokko, in Südafrika während der Apartheit und zuletzt unter christlichen Fundamentalisten und Konservativen in den Vereinigten Staaten. Seine Forschungsinteressen beziehen sich auf die Epistemiologie der Interpretation und die Artikulation der Erfahrung.

Devereux, Georges (1908–1985), Dr. phil., Ethnologe, Psychoanalytiker, studierte Ethnologie bei Marcel Mauss, Lucien Lévy-Bruhl und Paul Rivet und das Fach Physik in Paris, 1932 Emigration in die Vereinigten Staaten, psychoanalytische Ausbildung in Topeka. Er kehrte 1963 nach Paris zurück und hatte eine Professor für Ethnopsychiatrie. Nach dem Studienabschluß erhielt er ein Rockefeller-Stipendium und ging 1932 in die Vereinigten Staaten, um sich auf eine Feldforschung bei den Sedang-Moi, einem südvietnamesischen

Bergstamm, vorzubereiten. Diesem Projekt ging eine ethnologische Untersuchung bei den Mohave-Indianern voraus, über deren Geschlechtsleben er 1935 bei A. L. Kroeber promovierte. Er war danach als Ethnologe an verschiedenen psychiatrischen Institutionen als Mitarbeiter, Lehrer und Forscher angestellt. Nach dem Zweiten Weltkrieg wandte sich Devereux der Psychoanalyse zu, unternimmt kurze Analysen bei Róheim in New York und Schlumberger in Paris und beendete 1952 an der Menninger-Klinik in Topeka, Kansas bei Robert Jokl seine psychoanalytische Ausbildung. Er übersiedelte 1956 nach New York, wo er von 1959–1963 als Psychoanalytiker eine Privatpraxis betrieb und an der *Temple University* in Philadelphia im Fach Ethnopsychiatrie unterrichtete. Ein breites Echo erhielten seine Arbeiten erst nach seiner Übersiedlung nach Paris, wohin er auf Einladung und Förderung von Claude Lévi-Strauss 1963 zurückkehrte und bis 1981 auf dem Gebiet der Ethnopsychiatrie an der *École des Hautes Études en Sciences Sociales* unterrichtete. In Frankreich hat Devereux mit seinem komplementaristischen Konzept einer transkulturellen Psychiatrie, für das er auch den Ausdruck »komplementaristische Ethnopsychoanalyse« gebrauchte, neue Akzente für die Verbindung von Ethnologie und Psychoanalyse gesetzt (Boyer/Grolnik 1988).

Egli, Werner (*1957), Dr. phil., Privatdozent für Ethnologie, wissenschaftlicher Mitarbeiter am *Ethnologischen Seminar Zürich*, studierte Ethnologie, Psychologie und Musikwissenschaft in Zürich und Freiburg i. Br., Promotion 1988, Habilitation 1999. Feldforschungen in Nepal und Italien. Forschungsschwerpunkte: Eigentums- und Erbrechte, Ethnologie der Kindheit, kulturvergleichende Psychologie, interkulturelle Kommunikation.

Erdheim, Mario (*1940), Ethnologe, Psychoanalytiker, Ethnopsychoanalytiker, studierte Ethnologie, Geschichte und Psychologie in Wien, Basel und Madrid. Mehrere Feldforschungsaufenthalte in Mexiko. Psychoanalytische Ausbildung und psychoanalytische Praxis in Zürich. Erdheim unterrichtete an verschiedenen Universitäten, habilitierte sich 1985 an der *Johann Wolfgang Goethe-Universität* in Frankfurt/Main und ist als Supervisor in verschiedenen psychosozialen und sozialpädagogischen Einrichtungen tätig. Sein Buch *Die gesellschaftliche Produktion von Unbewußtheit* erschien 2000 in der sechsten Auflage im Suhrkamp Taschenbuch Verlag.

Erikson, Erik Homburger (1902–1994), Psychoanalytiker, psychoanalytische Ausbildung in Wien bei Anna Freud, 1933–1934 Mitglied der *Wiener Psychoanalytischen Vereinigung*, 1933 Emigration nach Boston, 1934 Mitglied der *Boston Psychoanalytic Society*, 1936 am *New Haven Institute of Human*

Relations unter der Leitung von John Dollard, 1938 Forschungsreise zu den Sioux-Indianer in South-Dakota, 1939 Übersiedlung nach San Francisco, Mitglied der *San Francisco Psychoanalytic Society*, 1949 Professor in Berkeley, 1960 Professor für Entwicklungspsychologie an der *Harvard University*. 1940 erschien *Problems of Infancy and Early Childhood*, worin er das Modell des Lebenszyklus entwickelte, eine Erweiterung der psychoanalytischen Entwicklungspsychologie und Basis für alle seine späteren Publikationen. 1950 erschien sein wichtigstes und einflußreichstes Werk *Childhood and Society*. Für sein Buch *Gandhis Wahrheit* erhielt Erikson 1970 den Pulitzer Preis und den National Book Award (Mühlleitner 1992; Conzen 1996).

Fenichel, Otto (1897–1946), Dr. med., Psychoanalytiker, studierte Medizin an der Universität Wien und promovierte 1921. Er war in der Wiener Jugendbewegung um Siegfried Bernfeld aktiv. Fenichel besuchte ab dem Wintersemester 1915/1916 die Vorlesungen Sigmund Freuds an der Universität Wien. Ab 1920 Mitglied der *Wiener Psychoanalytischen Vereinigung*, 1922 Übersiedlung nach Berlin, von 1926–1934 Mitglied und Dozent der *Deutschen Psychoanalytischen Gesellschaft* in verschiedenen Funktionen. Aus einer 1932 gegründeten marxistisch-psychoanalytischen Arbeitsgemeinschaft (an der auch Wilhelm und Annie Reich, Erich Fromm, Georg Gerö, Edith Jacobson teilnahmen) ging die spätere »Rundbrieforganisation« hervor. Er emigrierte 1933 nach Oslo und war von 1934–1936 Mitglied und Sekretär der *Dansk-Norsk Psykoanalytisk Forening*. Im März 1934 begann Fenichel mit der Aussendung seiner »geheimen Rundbriefe«, mit denen er eine Gruppe durch das Exil zerstreuter sozialistisch orientierter Psychoanalytiker zusammenhielt. Von Oslo übersiedelte er 1935 nach Prag, wo er als Nachfolger von Frances Deri die Leitung der *Prager Psychoanalytischen Arbeitsgemeinschaft* übernahm. Fenichel emigrierte 1938 in die Vereinigten Staaten und ließ sich in Los Angeles nieder. Er wurde Mitglied der *Los Angeles Psychoanalytic Study Group*, 1942 Gründungsmitglied der *San Francisco Psychoanalytic Society* und 1944 deren Vize-Präsident. Er war ab 1939 Redaktionsmitglied des *Psychoanalytic Quarterly*. Ende 1945 erschien sein Hauptwerk *The Psychoanalytic Theory of Neurosis* (Jacoby 1985; Fenichel 1998; Mühlleitner 2001).

Gerlach, Alf (*1951), Diplom-Soziologe, Arzt und Psychoanalytiker, studierte Soziologie an der Universität Saarbrücken und an der *Johann Wolfgang Goethe-Universität* in Frankfurt/Main, wo er auch sein Medizinstudium absolvierte. Psychoanalytische Ausbildung am *Sigmund-Freud-Institut* in Frankfurt/Main, zwölf Jahre Tätigkeit an der Abteilung »Psychotherapie und Psychosomatik« der Frankfurter Universitätskliniken bei Prof. Dr. Stavros

Mentzos, 1986 Niederlassung in eigener psychoanalytischer und psychotherapeutischer Praxis, seit 1992 in Saarbrücken, Unterricht an psychoanalytischen Ausbildungsinstituten und an der *Universität des Saarlandes*, 2001–2003 Vorsitzender der *Deutschen Gesellschaft für Psychoanalyse, Psychotherapie, Psychosomatik und Tiefenpsychologie* (DGPT), seit 1983 ethnopsychoanalytische Forschung in China.

Hauser, Ursula (*1946), Dr. phil., Psychoanalytikerin, Psychodramatikerin, lebt und arbeitet in Costa Rica. Sie studierte Pädagogik und Psychologie mit Schwerpunkt Sozialpsychologie an der Universität Zürich, psychoanalytische Ausbildung am *Psychoanalytisches Seminar Zürich*, Promotion an der Universität Klagenfurt. Mitglied der marxistisch orientierten psychoanalytischen Bewegung *Plataforma international*, die von 1969–1989 existierte. Nach einer Projektarbeit in Nicaragua (1981–1983) blieb Hauser in Zentralamerika und legte den Schwerpunkt ihrer Arbeit auf die psychoanalytische und psychodramatische Aus- und Fortbildung. Sie unterrichtet als Dozentin für Ethnopsychoanalyse an verschiedenen Universitäten. 1989 gründete sie ASPAS (*Associacion de psicoanalisis y psicologia social*) und 1999 ICOPSI (*Instituto costarricense de psicodrama psicoanalitico*) und gibt die Zeitschrift *Giros de Aspas* heraus. Hauser ist seit 1996 regelmäßig in Kuba und wirkt in der Ausbildung von Psychologen mit, sowie in El Salvador, wo sie mit der politischen Frauenorganisation *Melida Anaya Montes* arbeitet.

Heinemann, Evelyn (*1952), Dr. phil., Sonderschullehrerin, Pädagogin, Psychologin, Psychoanalytikerin, Professorin für Allgemeine Sonderpädagogik, Geistigbehindertenpädagogik und Verhaltensbehindertenpädagogik, studierte Sonderpädagogik mit Fachrichtung Verhaltensgestörtenpädagogik, Psychologie und promovierte 1985 an der *Johann Wolfgang Goethe-Universität* in Frankfurt/Main, 1990 folgte ihre Habilitation an derselben Universität. 1998 beendete sie ihre psychoanalytische Ausbildung in Gießen (DPV). Evelyn Heinemann arbeitet als Professorin für Allgemeine Sonderpädagogik, Geistigbehindertenpädagogik und Verhaltensbehindertenpädagogik an der *Johannes Gutenberg-Universität* in Mainz sowie als Psychoanalytikerin.

Ins, Jürg von (*1953), Dr. phil., Ethnologe und Religionswissenschaftler, Privatdozent an der Universität Bern. Lehrte an der *Freien Universität Berlin* sowie an den Universitäten Zürich, Basel, Paris und Dakar. Von 1979–1993 leitete er ein Forschungsprojekt zu traditionellen Psychotherapien in Ghana, Senegal und Mosambik, die zur Entwicklung von neuen Formen der Zusammenarbeit zwischen Psychiatern und traditionellen Heilern führte.

Kakar, Sudhir (*1938), Dr. phil., Psychoanalytiker, Kulturwissenschaftler, studierte Maschinenbau, Wirtschaftswissenschaften und Psychologie in Indien, Deutschland und Österreich und war Assistent von Erik H. Erikson in an der *Harvard University*. Er absolvierte seine psychoanalytische Ausbildung am *Sigmund-Freud-Institut* in Frankfurt/Main, psychoanalytische Praxis in New Delhi. Kakar erhielt mehrere Auszeichnungen, darunter 1987 den »L. Bryce Boyer Prize for Psychological Anthropology« der *American Anthropological Association* und 1998 die Goethe-Medaille. Kakar unterrichtete an amerikanischen, europäischen und indischen Universitäten und ist als Schriftsteller tätig.

Kardiner, Abram (1891–1981), Dr. med., 1921/1922 psychoanalytische Ausbildung bei Sigmund Freud in Wien; Mitglied der *New York Psychoanalytic Society*, Professor für Psychiatrie an der *Columbia University* in New York, Zusammenarbeit mit den Kulturanthropologen Ralph Linton und Ruth Benedict, 1942 Mitbegründer des psychoanalytischen Ausbildungsinstituts *Association for Psychoanalytic Medicine* (mit Sándor Radó, George Daniels und David Levy), praktizierte und lehrte Psychoanalyse von 1922–1944 am *New York Psychoanalytic Institute*. Er war nach dem Zweiten Weltkrieg als Leiter einer psychiatrischen Klinik und als Professor für Psychiatrie tätig (Kardiner 1979; Manson 1988).

Karrer, Marva (*1950), Dr. phil., Pädagogin, Ethnologin, Historikerin, Studium der Pädagogik, Soziologie, Psychologie und Politikwissenschaften an den Universitäten Tübingen, Marburg und Hannover. 1980 begann Marva Karrer an der *Freien Universität Berlin* mit dem Studium der Ethnologie und in weiterer Folge 1982 mit ihren Feldforschungen im süditalienischen Dorf Arena in Kalabrien. 1987 begann sie mit einer Studie zum Zusammenhang von Raum, Kultur und Geschlecht in einem süditalienischen Dorf und promovierte1992 in Hamburg im Fach Ethnologie. 1994–1996 erstellte sie im Auftrag der Gedenkstätte Bergen-Belsen Interviews mit Überlebenden des KZ, 1997/1998 war sie Lehrbeauftragte an der Universität Bremen, 1998/1999 war Marva Karrer wissenschaftliche Angestellte an der *Hildesheimer Geschichtswerkstatt*, wo sie Themen der NS-Geschichte der Region bearbeitete. Marva Karrer lebte bis 1999 Sarstedt, wo sie seit 1995 auch in der Erwachsenenbildung und Kommunalpolitik tätig war. Sie betreibt heute mit ihrem Mann eine kleine Pension in Trèves in den Cevennen.

Koch-Wagner, Gesa (*1943), Dr. phil., Dipl.-Psychologin, Psychotherapeutin, studierte Lehramt in Göttingen und Psychologie in Bremen. Weiterbildungen in Familien- und Schulberatung, Gestalttherapie und tiefenpsychologisch fundierter Psychotherapie. Promotion über die intergenerative Weitergabe von nationalsozialistischen Ideologiefragmenten und Kriegstraumen in der weiblichen Linie. Arbeit im Vorschul- und Schulbereich, im schulpsychologischen Dienst und an psychologischen Beratungsstellen. Supervisionstätigkeit im Erziehungs-, Beratungs- und Altenheimbereich. Eigene psychotherapeutische Praxis mit Arbeitsschwerpunkt Psychotraumatologie und Alterspsychotherapie.

Kohte-Meyer, Irmhild (*1941), Dr. med., Fachärztin für Psychotherapeutische Medizin, Kinder- und Jugendpsychiatrie und Psychotherapie, Kinderheilkunde, Lehr- und Kontrollanalytikerin (DGPT, DPG), Psychoanalytikerin in freier Praxis in Berlin für Erwachsene, Jugendliche und Kinder. Langjährige ärztliche Leiterin der *Kinder- und Jugendpsychiatrischen Beratungsstelle* in Berlin-Kreuzberg und des Modellprojektes »Psychosoziale Beratung für ausländische (insbesondere türkische) Kinder, Jugendliche und ihre Angehörigen« der Bundesregierung. Wissenschaftliche Schwerpunkte und Arbeiten zur transkulturellen Psychoanalyse und Migration, zu Objektbeziehungstheorien, Konzepten der psychoanalytischen Entwicklungspsychologie und deren praktischer Anwendung, zu psychohistorischen und kulturkritischen Fragestellungen. Leitungs- und Lehrfunktionen am *Institut für Psychotherapie e. V.*, Berlin. Weiterbildungsbefugte für Psychotherapie in der Kinder- und Jugendpsychiatrie an der *Humboldt-Universität Berlin*.

Krauss, Friedrich Salomo (1859–1938), Dr. phil., studierte an der Universität Wien klassische Philologie und Geschichte, sein Interesse wandte sich bald der Ethnographie und Folklore seiner südslawischen Heimat zu. Im Auftrag des Kronprinzen Rudolf und der *Wiener Anthropologischen Gesellschaft* betrieb er 1884 Feldforschung in Bosnien und Herzegowina. Krauss beschäftigte sich intensiv mit der slawischen Volkskunde wandte sich besonders der Aufzeichnung und Sammlung sexueller Folklore zu. Er gründete 1904 das Jahrbuch *Anthropophyteia*, das bis 1913 in zehn Bänden erschien. Krauss war vor dem Ersten Weltkrieg mehrmals Gast in der *Wiener Psychoanalytischen Vereinigung*. Er gehört zu den Pionieren der Sexualwissenschaft und war Mitglied zahlreicher internationaler wissenschaftlicher Gesellschaften (Reichmayr 1994).

Kroeber, Alfred (1876–1960), amerikanischer Ethnologe, psychoanalytische Ausbildung in New York, 1918–1923 psychoanalytische Praxis in San Francisco, begründete das *Department of Anthropology* an der *University of California* in Los Angeles.

Kubik, Gerhard (*1934), Ethnologe, Psychoanalytiker, Dr. phil., Studium der Ethnologie in Wien, 1980 Habilitation an der Universität Wien, Feldforschungen ab 1959 kontinuierlich in 18 afrikanischen Ländern, seit 1974 in Brasilien, seit 1981 in den Vereinigten Staaten, unterbrochen durch Arbeiten an wissenschaftlichen Publikationen und durch Vortrags- und Lehrtätigkeiten. Kubik spezialisiert sich auf dem Gebiet der Musikethnologie und Kulturanthropologie, psychoanalytische Ausbildung in Südafrika, internationale Bekanntheit erlangte er schon früh in der Musikethnologie. Gastvorlesungen und Gastprofessuren an amerikanischen, afrikanischen und europäischen Universitäten, verschiedene Preise und Ehrungen.

Leuzinger-Bohleber, Marianne (*1947), Dr. phil., Psychologin, Psychoanalytikerin, Professorin für psychoanalytische Psychologie, Direktorin des *Instituts für Psychoanalyse* der *Gesamthochschule Kassel*. Psychoanalytikerin in freier Praxis. Veröffentlichungen zur klinischen und empirischen Forschung in der Psychoanalyse, zur psychoanalytischen Entwicklungspsychologie, zu Psychoanalyse und Literatur, Psychoanalyse und »cognitive science«.

Maier, Christian (*1951), Psychoanalytiker (DGPT, DPG), Psychotherapeut, Facharzt für Neurologie und Psychiatrie, Medizinstudium an der *Freien Universität Berlin*, arbeitete ab 1977 in der Schweiz an verschiedenen psychiatrischen und neurologischen Kliniken und absolvierte eine psychoanalytische Ausbildung in der Schweiz, Mitglied am Kölner *Institut für Psychoanalyse und Psychotherapie im Rheinland*, Maier praktiziert in Bonn. Ab 1983 Reisen nach Melanesien, Durchführung transkulturell psychiatrischer und ethnopsychoanalytischer Untersuchungen, bisher sechs ethnopsychoanalytische Forschungsreisen nach Papua Neuguinea, Trobriandinseln und Sumatra. Neben der Ethnopsychoanalyse: Forschungen zur psychoanalytischen Behandlung psychotischer Störungen.

Malinowski, Bronislaw (1882–1942), Dr. phil., Begründer der funktionalistischen Schule der Ethnologie, hatte in Krakau Naturwissenschaften und Philosophie studiert und war bei Wilhelm Wundt in Leipzig, bevor er sich in London zum Ethnologen ausbildete. Die britischen Ethnologen Rivers und Seligman, die Malinowski förderten, waren der Psychoanalyse gegenüber aufgeschlossen. Der Psychologe und Ethnologe C. G. Seligman hatte ihm psychoanalytische Schriften auf die Trobriand-Inseln gesandt und ihn zu Beobachtungen angeregt, welche die psychoanalytischen Entdeckungen betrafen. Die Arbeiten auf den Trobriand-Inseln wurden dargestellt in *The Sexual Life of Savages* (Malinowski 1929), das 1930 in deutscher Übersetzung erschien: *Das Geschlechtsleben der Wilden in Nordwest-Melanesien* (Kohl 1990).

Mansfeld, Christine (*1958), Mag., Agrarsoziologin und Kulturwissenschaftlerin, arbeitete in der Erwachsenenbildung in Ruanda und Deutschland, machte Feldforschungen zu Hausgeburten in Deutschland und zur Mädchenadoleszenz in Mali. Dissertationsprojekt *Über Sexualität spricht man nicht. Eine Ethnographie zur Mädchenadoleszenz in Bamako (Mali) im Zeitalter von Aids*. Gründungsmitglied des *Bremer Instituts für Kulturforschung*.

Meiser, Ute (*1956), Dr. phil., Soziologin, Pädagogin, studierte Anglistik, Geographie und Soziologie, sowie Pädagogik, Psychoanalytische Pädagogik und Psychologie am *Institut für Psychoanalyse* der *Johann Wolfgang Goethe-Universität* in Frankfurt/Main; mehrjährige Tätigkeit in der Erwachsenenbildung, in der Sozialtherapie, gruppenanalytischen Weiterbildungen. 1991/1992 Feldstudie in Tonga. Promotion 1995. Mitglied der ASAO (*Association for Social Anthropology in Oceania*, USA) und der ESO (*European Society for Oceanists*). Freie Mitarbeiterin in einem Sozial-psychiatrischen Zentrum. Dozentin an der *Evangelischen Fachschule für Sozial- und Heilpädagogik* in Wuppertal.

Modena, Emilio (*1941), Arzt, Psychoanalytiker, studierte Medizin in Zürich, psychoanalytische Ausbildung am *Psychoanalytischen Seminar Zürich*, Gründer der *Stiftung für Psychotherapie und Psychoanalyse* in Zürich, 1974 Eröffnung einer psychoanalytischen Privatpraxis zusammen mit Ursula Hauser, ab 1979 im Rahmen der *Stiftung für Psychotherapie und Psychoanalyse*. Seit 1977 Dozent und Supervisor am *Psychoanalytischen Seminar Zürich*, bei dessen Neugründung Modena beteiligt war, in der Psychiater-Fortbildung an der psychiatrischen Universitätsklinik Burghölzli, Lehrbeauftragter an der Universität Klagenfurt. Im Rahmen der medizinischen Hilfsorganisation *MediCuba* Ausbildungs- und Supervisionstätigkeit an der Universität in Havanna, beteiligt an Hilfswerken in Bolivien, Sri Lanka, Malawi und Indien (Modena 1999a, 2000, 2002).

Möhring, Peter (*1946), Dr. med. habil., Psychoanalytiker, Hochschuldozent für Psychoanalytische Psychosomatik an der Universität Gießen, langjährige Zusammenarbeit mit Prof. Horst-Eberhard Richter, seit 1993 als Psychoanalytiker in freier Praxis tätig, Lehranalytiker, Supervisor und Vorsitzender des *Instituts für Psychoanalyse und Psychotherapie Gießen*. An diesem Institut gründete Möhring 1989 den *Arbeitskreis Ethnopsychoanalyse* und leitete diesen bis 1996. Forschungsschwerpunkte in diesem Rahmen: Ethnopsychoanalyse psychosomatischer Erkrankungen, psychische Begleitphänomene der Migration, Besonderheiten interkultureller psychoanalytischer Psychotherapie.

Morgenthaler, Fritz (1919–1984), Arzt, Psychoanalytiker, Maler, Pionier der Ethnopsychoanalyse. 1946–1951 Assistenzarzt an der *Neurologischen Universitätspoliklinik Zürich* und Ausbildung zum Freudschen Psychoanalytiker bei Prof. Rudolf Brun. 1951/1952 Assistenzarzt in Paris (Kardiologie). Ab 1952 Praxis als Psychoanalytiker in Zürich. Morgenthaler leitete ab 1958 während vieler Jahre das von ihm mitbegründete *Psychoanalytische Seminar Zürich* und war Vorstandsmitglied der *Schweizerischen Gesellschaft für Psychoanalyse*. Er unternahm zwischen 1954 und 1971 sechs ethnopsychoanalytische Forschungsreisen nach Westafrika zusammen mit Paul Parin und Goldy Parin-Matthèy. 1979/1980 eine Forschungsreise ins Sepik-Gebiet von Papua Neuguinea, zusammen mit den Ethnologen Florence Weiss, Milan Stanek und seinem Sohn Marco. Morgenthaler war ausgebildeter Artist (Jongleur) und wandte sich während der letzten 15 Jahre seines Lebens immer mehr der Malerei zu. Er starb 1984 auf einer Reise in Äthiopien (Erdheim 1986; Parin 1993g; Gekle/Kimmerle 1993).

Moro, Marie Rose (*1961), Dr. med., Kinder- und Jugendpsychiaterin, Psychoanalytikerin, Psychotherapeutin, studierte Medizin und Philosophie, sie ist Professorin für Kinder- und Jugendpsychiatrie an der *Universität Paris 13* und leitet den »Service de Psychiatrie de l'enfant et de l'adolescent« am *Hôpital Avicenne* in Bobigny bei Paris. Herausgeberin und wissenschaftliche Leiterin der Zeitschrift *L'Autre. Cliniques, cultures et sociétés – Revue transculturelle*, Gründerin der *Association Internationale d'Ethnopsychanalyse* (AIEP). Ethnopsychiatrische Projekte in Zusammenarbeit mit *Médecins Sans Frontières* u.a. in Armenien und Palästina.

Muensterberger, Werner (1913–2011), Dr. phil., studierte Medizin in Deutschland und promovierte mit einer ethnologischen Arbeit in Basel. Seine psychoanalytische Ausbildung begann er in Berlin, setzte sie in Basel bei Meng und Sarasin fort und schloß sie in Holland bei Lampl-de Groot ab. Danach machte er Feldstudien in Indonesien und war Assistent am *Königlichen Institut für Niederländisch-Indien*. In seinen ersten ethnologischen Arbeiten befaßte sich Muensterberger mit Fragen »primitiver Kunst«. Nach dem Zweiten Weltkrieg übersiedelte Muensterberger 1947 nach New York, unterrichtete an der *Columbia University* und war zunächst Lecturer und sodann Associate Professor of Ethnopsychiatry an der *State University of*

New York, Downstate Medical Center. Mitte der 70er Jahre lebte und arbeitete Muensterberger in London. Muensterberger arbeitete am dritten Band der von Róheim begründeten Reihe *Psychoanalysis and the Social Sciences* mit, gab die zwei folgenden Bände (1955 und 1958) heraus und führte ab 1960 diese Reihe unter dem Titel *The Psychoanalytic Study of Society* bis zum Band 10 (1984) als Herausgeber weiter. Nach dem Tod Róheims im Jahre 1953 übernahm Muensterberger die Herausgabe von Róheims Werken, die auch in deutschen Übersetzungen erschienen. Muensterberger lebt und arbeitet heute in New York. Eine Bibliographie seiner Arbeiten erschien 1985 in dem ihm gewidmeten Band 11 von *The Psychoanalytic Study of Society*, der von L. Bryce Boyer und Simon A. Grolnik herausgegeben wurde (Boyer / Grolnik 1985; Reichmayr 1995, S. 227).

Nadig, Maya (*1946), Ethnologin, Klinische Psychologin, Psychoanalytikerin, Professorin für Europäische Ethnologie an der Universität Bremen, studierte in Zürich Psychologie und Ethnologie und ist diplomierte klinische Psychologin und promovierte Ethnologin. Feldforschungen in Mexiko bei den Otomi in Hidalgo (1975, 1976 und 1977), bei den Maya in Yukatan (1987), in der Schweiz (1988–1991) und in Italien. Sie lehrte ab 1976 am *Ethnologischen Seminar Zürich* und an verschiedenen anderen Universitäten. Maya Nadig begann 1970 ihre psychoanalytische Ausbildung und praktizierte bis 1991 in Zürich als Psychoanalytikerin. 1991 nahm sie einen Ruf als Professorin für Europäische Ethnologie an die Universität Bremen an. Dort ist sie Leiterin des *Bremer Instituts für Kulturforschung*, das 2001 an der Universität Bremen eingerichtet wurde.

Nathan, Tobi (*1948), promovierte in Psychologie und in Sozialwissenschaften in Paris und war Schüler von Georges Devereux. Nathan ist Psychoanalytiker und seit 1986 Professor für Klinische Psychologie an der *Université Paris 8*, wo er 1993 das *Centre Georges Devereux* gründete, das er bis 1999 leitete. Im »Service de Psychopathologie« am *Hôpital Avicenne* in Bobigny bei Paris, der unter der Leitung des Psychoanalytikers Serge Lebovic stand, baute er ab 1979 eine Ambulanz für ethnopsychiatrische Beratungen auf, in der vor allem maghrebinische Migrantenfamilien und deren Angehörige und später Personen aus Westafrika in einem Gruppensetting psychologische und psychotherapeutische Hilfe in ihrer Muttersprache erhielten. Diese ethnopsychiatrischen Konsultationen finden heute am *Centre Georges Devereux* statt. Nathan gab mit Devereux von 1978–1981 die Zeitschrift *Ethnopsychiatrica* heraus, von 1983–1998 die *Nouvelle Revue d'Ethnopsychiatrie* und seit 2000 die Reihe *Ethnopsy – les mondes contemporains de la guérison*. Von 1996–2000 war

Nathan der Leiter des Psychologischen Instituts an der *Université Paris 8*, seit 2000 leitet er an dieser Universität das Institut für Fernstudien. Seine häufige Präsenz in der Öffentlichkeit und seine vielen ethnopsychiatrischen und literarischen Publikationen haben in Frankreich das Verständnis der Ethnopsychiatrie und Ethnopsychoanalyse als einem psychotherapeutischem Verfahren und theoretischem Konzept geprägt, in denen der Herkunftskultur die entscheidende ätiologische Bedeutung beigemessen wird.

Ottomeyer, Klaus (*1949), Soziologe, Psychologe, Psychotherapeut, studierte Soziologie, Psychologie und Ethnologie in Frankfurt/Main, Freiburg und Bremen und lehrte an verschiedenen Universitäten in Deutschland. 1977 erschien im Rowohlt Taschenbuch Verlag sein Bestseller *Ökonomische Zwänge und menschliche Beziehungen*, der 2003 im Lit Verlag wieder veröffentlicht wird. Ausbildung als Psychotherapeut (Psychodrama), seit 1983 Professor für Sozialpsychologie an der Universität Klagenfurt, seine Forschungsschwerpunkte liegen im Bereich der psychoanalytischen Sozialpsychologie des Rechtsradikalismus, Rassismus und der Minderheiten. Er beschäftigt sich seit dem Krieg im ehemaligen Jugoslawien mit der Frage der Verarbeitung von Kriegstraumata und hat sich in Psychotraumatologie spezialisiert. Er gründete 1998 den Verein *Aspis – Beratungs- und Forschungszentrum für Opfer von Gewalt*, in dem Kriegsflüchtlinge, Asyl Suchende sowie inländische Kriminalitätsopfer mit psychischen Beeinträchtigungen medizinische, psychologische und psychotherapeutische Hilfe finden.

Parin, Paul (1916–2009), Dr. med., Dr. phil., Arzt, Psychoanalytiker, Schriftsteller, in Slowenien geboren und aufgewachsen, studierte Medizin zuerst in Graz, danach in Zagreb und ab 1938 in Zürich, wo er 1943 promovierte. Während der ersten Kriegsjahre leistete Parin legale und illegale Flüchtlingshilfe, bevor er 1944/1945 gemeinsam mit Goldy Parin-Matthèy, die er 1939 in Zürich kennenlernte, mit der »1. Chirurgischen Mission« der *Centrale Sanitaire Suisse* zur jugoslawischen Befreiungsarmee ging. 1946–1952 absolvierte er eine Ausbildung in Neurologie und Psychoanalyse in Zürich. Die sechs ethnopsychoanalytischen Forschungsreisen unternahm er zwischen 1954 und 1971 zusammen mit Goldy Parin-Matthèy und Fritz Morgenthaler. Gemeinsam mit Goldy Parin-Matthèy und mit Fritz Morgenthaler begründete er mit den Studien *Die Weissen denken zuviel. Psychoanalytische Untersuchungen bei den Dogon in Westafrika* (1963) und *Fürchte deinen Nächsten wie dich selbst. Psychoanalyse und Gesellschaft am Modell der Agni in Westafrika* die deutschsprachige Tradition der Ethnopsychoanalyse. Erstmals in der Geschichte der Verbindung von Psychoanalyse und Ethnologie war es ihnen gelungen, die Freudsche psychoanalytische Methode und Technik auf ethnologischem Untersuchungsgebiet einzusetzen. Die drei Wissenschaftler haben ihre ethnopsychoanalytischen Erfahrungen für die Erweiterung und Differenzierung der psychoanalytischen Theorie und Praxis ausgewertet. Paul Parin, der heute als Schriftsteller arbeitet, veröffentlichte neben seinen wissenschaftlichen Publikationen und zahlreichen kritischen Essays zu Politik und Kultur bisher sechs Erzählbände. Er wurde 1992 mit dem Erich-Fried-Preis ausgezeichnet, 1997 erhielt er den »Sigmund-Freud-Preis für wissenschaftliche Prosa« der *Deutschen Akademie für Sprache und Dichtung* und 1999 den »Sigmund-Freud-Preis der Stadt Wien«. Paul Parin ist Ehrendoktor der Universität Klagenfurt und lebte 1938–2009 in Zürich; seit 1939 zusammen mit seiner Frau Goldy Parin-Matthèy, die 1997 verstarb (Boyer/Grolnik 1989; Gekle/Kimmerle 1993; Rütten 1996; Parin 2003).

Parin-Matthèy, Goldy (1911–1997), medizinische Labor- und Röntgenassistentin, Psychoanalytikerin, wurde in Graz als Tochter einer wohlhabenden Schweizer Familie geboren, die ihren Besitz nach dem Ersten Weltkrieg verlor. Sie ging 1933 nach Wien und arbeitete in einem Heim für Schwererziehbare. 1934 kam sie nach Graz zurück und bildete sich zur medizinischen Laborantin und Röntgenassistentin aus. Seit Anfang der 30er Jahre war sie in Graz in einer Gruppe junger Antifaschisten aktiv. 1937 ging sie als Freiwillige zu den *Internationalen Brigaden*, wo sie als Röntgenassistentin arbeitete und später das Zentrale Laboratorium der Sanitätsdienste der *Internationalen Brigaden* organisierte. Sie mußte im Herbst 1938 vor den Truppen Francos flüchten, verließ Spanien mit den letzten Mitarbeiterinnen der *Centrale Sanitaire Internationale* im Frühjahr 1939 und wurde bis April 1939 in einem Lager in Frankreich interniert. In Zürich, wo Paul Parin mit ihrem jüngeren Bruder August gemeinsam Medizin studierte, betrieb sie von 1939–1944 ein hämatologisches Laboratorium. Vom September 1944 bis Oktober 1945 war sie mit Paul Parin und weiteren Ärzten in der jugoslawischen Befreiungsarmee und 1946 in der Poliklinik Prijedor in Bosnien. Von 1947–1952 absolvierte sie in Zürich ihre psychoanalytische Ausbildung. Sie veröffentlichte gemeinsam mit Paul Parin und Fritz Morgenthaler zahlreiche wissenschaftliche Arbeiten. Sie lebte bis zu ihrem Tod im Jahr 1997 mit Paul Parin in Zürich (Boyer/Grolnik 1989; Gekle/Kimmerle 1993; Rütten 1996).

Pedrina, Fernanda (*1945), Dr. med., Fachärztin für Pädiatrie und für Kinder- und Jugendlichenpsychiatrie, Psychoanalytikerin, Kinderpsychoanalytikerin, Medizinstudium und Spezialarztausbildung in Zürich und Genf, psychoanalytische Ausbildung am *Psychoanalytischen Seminar*

Zürich, Forschungsschwerpunkte: Früherfassung und Frühbehandlung postpartaler Depressionen, psychoanalytisch orientierte Säugling-Eltern-Therapie, interkulturelle psychoanalytische Psychotherapie. Lehr- und Supervisionstätigkeit, Lehrauftrag an der *Gesamthochschule Kassel*. Mitgliedschaft bei der *Association for Child Psychoanalysis* (ACP), der *Germanspeaking Association for Infant Mental Health* (GAIMH), der *European Federation of Psychoanalytic Psychotherapy in the Public Sector* (EFPP). Fernanda Pedrina lebt und arbeitet in Zürich.

Peltzer, Karl (*1954), Dr. phil., klinischer Psychologe, Psychotherapeut, Professor für Psychologie. Studium der Psychologie an der Universität Bremen, Promotion 1986 in Hannover und Dozentur 1995 an der Universität Klagenfurt. Seit 1980 beschäftigt sich Peltzer in Forschung, Lehre und Praxis mit Ethnopsychologie, Ethnopsychoanalyse und transkultureller Psychotherapie in verschiedenen afrikanischen Ländern. Er lehrt seit 1996 als Professor für Psychologie an der *University of the North* in Südafrika mit den Schwerpunkten transkulturelle Psychopathologie und Psychotherapie, hat über 150 wissenschaftliche Publikationen und sieben Bücher veröffentlicht, u.a. zusammen mit Peter O. Ebigbo ein Lehrbuch über *Clinical psychology in Africa* (1989). Peltzer gründete 1988 das *Journal of Psychology in Africa*. Peltzer ist Forschungsdirektor für das HIV-/AIDS-Programm des *Human Sciences Research Council* in Pretoria in Südafrika.

Reich, Wilhelm (1897–1957), Dr. med., Psychoanalytiker, 1920 Mitglied der *Wiener Psychoanalytische Vereinigung*. In Wien gründete Reich gemeinsam mit Marie Frischauf-Pappenheim 1928 die *Sozialistische Gesellschaft für Sexualberatung und Sexualforschung*. Ende 1930 ging Reich von Wien nach Berlin und gründete den *Deutschen Reichsverband für proletarische Sexualpolitik (Sexpol)* und den *Verlag für Sexualpolitik*. Er wurde Lehranalytiker am *Berliner Psychoanalytischen Institut* und Mitglied der *Deutschen Psychoanalytischen Gesellschaft*. Nach der Machtübernahme Hitlers emigrierte Reich zunächst nach Wien, anschließend nach Kopenhagen und Oslo. In Oslo gründete er 1936 das *Institut für Sexualökonomische Lebensforschung*. Er gab von 1934–1939 unter dem Pseudonym Ernst Parell die *Zeitschrift für politische Psychologie und Sexualökonomie* heraus. Emigration nach den Vereinigten Staaten, 1939 übernahm er einen Lehrauftrag an der *New School for Social Research* in New York (Mühlleitner 1992).

Reif, Elisabeth (*1962), Mag. phil., Dr. phil., Psychologin, Ethnologin, Mediatorin. Studium der Psychologie, Ethnologie und Arabistik. Lehrtätigkeit an der

Universität Wien. Mitarbeiterin der *Südwind-Agentur für entwicklungspolitische Bildungsarbeit.* Arbeitsschwerpunkte: Ethnopsychoanalyse des Islam, Rassimus, interkulturelle Kommunikation und Mediation. Elisabeth Reif arbeitete bei der *Gesellschaft für bedrohte* Völker und im Rahmen des *Wiener Integrationsfonds* in der Beratung von interkulturellen Paaren.

Rodríguez Rabanal, César (*1942), Dr. med., Psychiater, Psychoanalytiker, Medizinstudium in Madrid und Frankfurt/Main, psychoanalytische Ausbildung am *Sigmund-Freud-Institut* in Frankfurt/Main, wo er von 1978–1982 auch als Dozent wirkte. 1982 Rückkehr nach Peru, psychoanalytische Praxis und Leitung einer Forschungsgruppe, die sich mit den Lebensbedingungen in den Slums von Lima auseinandersetzte. Rodríguez Rabanal gründete 1982 das *Centro Psicoanálisis y Sociedad* in Lima, dessen Leitung er innehat und in dessen Rahmen verschiedene Forschungsprojekte durchgeführt werden. Rodríguez Rabanal war Präsident des *Demokratischen Forums* in Lima, eines Zentrums der demokratischen Opposition gegen die Diktatur Fujimori-Montessinos, und übte Beratungsfunktionen in verschiedenen politischen und internationalen Gremien, z.B. der *UNICEF* aus, die sich um Menschenrechte, die Rechte des Kindes und die Bekämpfung der Armut bemühen. Er war von 2001 bis 2006 Berater des demokratisch gewählten peruanischen Präsidenten Alejandro Toledo.

Róheim, Géza (1891–1953), Dr. phil., Ethnologe, studierte Geographie und Ethnologie in Leipzig, Berlin und Budapest, wo er 1914 promovierte. 1915/1916 absolvierte er seine psychoanalytische Ausbildung bei Sándor Ferenczi, ab 1918 Mitglied der *Ungarischen Psychoanalytischen Vereinigung.* Für seine beiden Arbeiten auf dem Gebiet der angewandten Psychoanalyse *Das Selbst* und *Über australischen Totemismus* wurde er von Sigmund Freud 1921 mit einem Preis ausgezeichnet. Róheim war Referent der Sammelberichte über psychoanalytische oder der Psychoanalyse nahestehende Publikationen auf dem Gebiet der Ethnologie und Völkerpsychologie, die in der *Internationalen Zeitschrift für Psychoanalyse* abgedruckt wurden. Nach der Niederschlagung der ungarischen Räteregierung verlor er seinen Arbeitsplatz an der Ethnographischen Abteilung des *Ungarischen Nationalmuseums* und praktizierte als Psychoanalytiker. Zwischen 1928 und 1931 unternahm er vier ethnologische Forschungsreisen, auf denen er im Hinblick auf psychoanalytische Konzepte ethnographisches Material sammelte. Róheim und seine Frau emigrierten Ende der 30er Jahre nach den Vereinigten Staaten, wo er sich als Psychoanalytiker in New York niederließ. Sein kulturtheoretisches Hauptwerk *The Origin and Function of Culture* erschien 1943. Er gründete 1947 die Reihe *Psychoanalysis and the Social Sciences,* deren erste drei Bände er herausgab. Werner Muensterberger setzte diese Edition nach dem Tode Róheims fort und bemühte sich um die Veröffentlichung des ungedruckten Werkes von Róheim (La Barre 1966). Eine Bibliographie der Schriften Róheims bis 1951 findet sich bei Wilbur, G., Muensterberger, W. (Hg.) (1951): *Psychoanalysis and Culture. Essays in Honor of Géza Róheim.* New York, S. 455–462. Die wichtigsten deutschsprachigen Veröffentlichungen und Übersetzungen ins Deutsche sind: Róheim 1919, 1921, 1927, 1932, 1941, 1974, 1974a, 1974b, 1975, 1977.

Rohr, Elisabeth (*1950), Dr. phil., Soziologin, Gruppenanalytikerin, Supervisorin, studierte Soziologie, Pädagogik und Politologie an der *Johann Wolfgang Goethe-Universität* in Frankfurt/Main. Mitbegründerin des *Dritte-Welt-Hauses* in Frankfurt/Main. Ab 1983 Feldforschungen über Sekten und interkulturelle Sozialisationsprozesse in Ecuador, 1982–1994 Mitarbeiterin von Alfred Lorenzer und Hans Bosse an der *Johann Wolfgang Goethe-Universität* in Frankfurt/Main, 1989 Promotion bei Prof. Lorenzer. Seit 1997 ist Elisabeth Rohr Professorin für Interkulturelle Erziehung am Fachbereich Erziehungswissenschaften der *Philipps-Universität Marburg.*

Roth, Claudia (1955–2012), Dr. phil., Ethnologin, studierte Ethnologie und Psychologie in Zürich und war vor ihrer Promotion in Ethnologie im Jahr 1994 als freie Publizistin und Journalistin tätig. 1989–1992 Feldforschung in Burkina Faso, die sie bis heute kontinuierlich fortsetzt. Von 1995–1997 führte Claudia Roth Recherchen zum Leben von Afrikanerinnen in der Schweiz durch, gemeinsam mit der Geographin Chinwe Ifejika Speranza. Mit der Fotografin Susi Lindig aus Zürich arbeitete sie 1997 über die Seifenfrauen in Bobo-Dioulasso, die dabei entstandene Fotoausstellung war in mehreren Städten in Burkina Faso, Mali, in der Schweiz und in Paris zu sehen (Roth/Lindig 1998, 1999). Seit 2000 arbeitet Claudia Roth als Assistentin am *Ethnologischen Seminar Zürich.* Im Rahmen des Nord-Süd-Forschungsprojekts »Lokale soziale Sicherheit und Geschlecht in Indien und Burkina Faso« forscht sie regelmäßig in Bobo-Dioulasso (2001–2003). Sie ist Mitglied der *Schweizerischen Ethnologischen Gesellschaft* (SEG), der *Schweizerischen Afrika-Gesellschaft* (SAG-SSEA) und der *Mande Studies Association* (*Mansa*). Sie starb 2012 in Zürich.

Sachs, Wulf (1893–1949), Dr. med., Psychoanalytiker, Pionier der Psychoanalyse in Südafrika, wohin er mit seiner Familie von St. Petersburg emigrierte. 1928, nach Kontakten mit Sigmund Freud, ging Sachs nach

Europa und unternahm eine Psychoanalyse bei Theodor Reik in Berlin. 1934 wurde er Mitglied der *British Psychoanalytical Society*. 1937 erschien sein Buch *Black Hamlet*, in dem er die Lebensgeschichte seines Analysanden, des traditionellen Heilers John Chavafambira erzählt, der Bericht über die erste mit einem Afrikaner durchgeführte Psychoanalyse.

Salis Gross, Corina (*1959), lic. phil., Dr. phil., Ethnologin, Psychoanalytikerin, forscht und lehrt an verschiedenen Fachhochschulen und Universitäten in der Schweiz an Fragestellungen zur Medizinethnologie, Migrationsforschung und Ethnopsychoanalyse. Ein Anliegen von Corina Salis Gross ist es, die Ethnopsychoanalyse in den Sozialwissenschaften zu etablieren, sowie interdisziplinäre theoretische und methodische Konzepte für die medizinethnologische Forschung und für die Psychotherapie zu erarbeiten. Sie arbeitet zur kulturellen Konstruktion von Sterben und Tod und zur Leidenserfahrung von Migrantinnen und Migranten, sowie zur klinischen Arbeit mit Sterbenden, Migranten und Schmerzpatienten.

Saller, Vera (*1952), lic. phil., Ethnologin, Psychoanalytikerin, studierte Ethnologie, Pädagogik und Psychologie mit Schwerpunkt Ethnopsychoanalyse in Zürich, Feldforschung in Mexiko (mit Mario Erdheim und Maya Nadig). Ausbildung in Psychoanalyse am *Psychoanalytischen Seminar Zürich*, in eigener Praxis ab 1989, interkulturelle Psychotherapie in spanischer und türkischer Sprache. Lehrbeauftragte am *Psychoanalytischen Seminar Zürich* und am *Ethnologischen Seminar Zürich*. Forschungsschwerpunkte: Vera Saller untersucht prozessuale Verläufe in interkulturellen Therapien und entwickelt einen theoretischen Verbindung von Psychoanalyse und Gesellschaft mit den Ansätzen des amerikanischen Philosophen Charles Sanders Pierce und des britischen Psychoanalytikers Wilfred R. Bion.

Schär Sall, Heidi (*1953), lic. phil., Ethnologin, Psychologin, seit 1993 Leiterin des *Ethnologisch-Psychologischen Zentrums* (EPZ) der *Asyl-Organisation Zürich*. Studium der Ethnologie und Psychologie an der *Universität Zürich* mit den Schwerpunkten Ethnopsychoanalyse, Psychoanalyse, Individuum und Gesellschaft sowie Westafrika. Feldstudien in Westafrika (Senegal). 1991–1993 Leiterin eines Durchgangszentrums für Asyl Suchende und später Leiterin eines Integrationszentrums für bosnische Flüchtlinge in Zürich. Konsiliarische Tätigkeit für Institutionen im Asylbereich und in Psychiatrischen Kliniken in Zürich. Kooperation mit der psychiatrischen Universitätsklinik in Dakar-Fann. Lehrtätigkeit zum Thema Migration und angewandte Ethnopsychologie.

Schmidt, Wilhelm (1868–1954), katholischer Pater, Linguist, Ethnologe, Religionswissenschaftler, Begründer der *Wiener Schule der Völkerkunde* und des päpstlich ethnologischen Museums in Rom. Schmidt kam 1895 nach Wien, wo er bis zu seiner Vertreibung durch die Nationalsozialisten (er war ein prominenter und deklarierter Anhänger des austrofaschistischen Systems) im Jahre 1938 am *Missionspriesterseminar St. Gabriel* in Mödling bei Wien tätig war. Er gründete 1906 die internationale ethnologische Zeitschrift *Anthropos*. 1921 wurde er Privatdozent für Völker- und Sprachenkunde an der Universität Wien, ein Fach, das er ab 1941 als Ordinarius an der Universität Fribourg/Schweiz lehrte. Schmidt war ein Hauptvertreter der »Kulturkreislehre«, einer Richtung der diffusionistischen kulturhistorischen Ethnologie (Huber 1977; Fischer 1990).

Siege, Nasrin (*1950), geboren im Iran, übersiedelte mit neun Jahren nach Deutschland, studierte Psychologie und Pädagogik in Kiel und arbeitete als wissenschaftliche Assistentin am *Institut für Psychotherapie in Stuttgart-Sonnenberg*, anschließend als Psychotherapeutin in einer Suchtklinik. Von 1983–1991 lebte sie in Tansania und Sambia, arbeitete als freie Schriftstellerin, beschäftigte sich mit traditionellen Heilverfahren, sammelte Märchen und schreibt Kinderbücher, 1994 Kinderbuchpreis der Ausländerbeauftragten des Senats von Berlin. Siege ist seit 1994 wieder in Dar-es Salaam in Tansania und arbeitet in einem Projekt für Straßenkinder mit. In Gießen gründete sie den Verein *Hilfe für Afrika*, der Straßenkinderprojekte in Tansania unterstützt.

Signer, David (*1964), Dr. phil., Ethnologe, Psychologe, Journalist. Studium der Ethnologie, Psychologie und Linguistik an der Universität Zürich. Feldforschungen im Nahen Osten zum politischen Extremismus Israelis marokkanischer Herkunft und in Westafrika zum Thema, inwieweit Vorstellungen über Hexerei die Ökonomie beeinflussen. Tätigkeit am *Ethnologisch-Psychologischen Zentrum* der *Asyl-Organisation Zürich*. In seiner dekonstruktivistischen Kritik der *Zürcher Schule* der Ethnopsychoanalyse favorisiert er den Ansatz von Georges Devereux.

Stanek, Milan (*1943), Ethnologe, studierte Theaterwissenschaften und Dramaturgie in der Tschechoslowakei, 1968 Emigration in die Schweiz, Studium der Germanistik, Mediävistik, neuere Sprach- und Literaturwissenschaft und Ethnologie in Basel, Promotion 1979. 1972–1974 erste Feldforschung in Papua-Neuguinea, gemeinsam mit Florence Weiss. Nach der ethnopsychoanalytischen Forschung mit Fritz Morgenthaler, Florence Weiss und Marco Morgenthaler weitere Forschungsaufenthalte im Sepik Gebiet bei den Iatmul, 1988–1989 Arbeit mit Gruppen, die vom Dorf in die Städte abgewandert sind. 1986–1996 Anstellung am *Ethnologischen Seminar Zürich*, Lehrtätigkeit in Prag, Bratislawa und Budapest. Seit 1997 Supervisor beim *Verbund für Psychoanalytische Sozialarbeit* in Berlin.

Steiner, Elisabeth (*1943), lic. phil., Psychologin, Psychoanalytikerin, studierte klinische Psychologie an der Universität Zürich, psychoanalytische Ausbildung am *Freud-Institut Zürich*. Zehn Jahre Tätigkeit an verschiedenen psychiatrischen Kliniken, seit 1983 eigene Praxis in Zürich. Arbeitsschwerpunkte: Psychotherapeutische Behandlung von Kriegs- und Folteropfern, Migranten.

Studer, Ruedi (*1945), Dr. med., psychiatrische und psychoanalytische Ausbildung in Zürich, seit über 20 Jahren therapeutische Arbeit und angrenzende Aktivitäten mit Flüchtlingen, Aus- und Zuwanderern, in deren Umfeld er lebt. Mitglied des *Psychoanalytischen Seminars Zürich*, und der *Arbeitsgemeinschaft operative Gruppe* (AGOG), Vortrags- und Supervisionstätigkeit.

Stutz, Daniel (*1959), lic. phil., Ethnologe, Psychoanalytiker, stellvertretender Leiter des *Ethnologisch-Psychologischen Zentrums* der *Asyl-Organisation Zürich*. Studium der Ethnologie, Psychologie und Philosophie an der Universität Zürich mit Schwerpunkt Ethnopsychoanalyse, Kultur und Unbewußtheit. 1983/1984 ethnopsychoanalytische Feldforschung in Ecuador, 1985–1999 psychoanalytische Ausbildung am *Psychoanalytischen Seminar Zürich*.

Sturm, Gesine (*1965), Diplompsychologin, Psychotherapeutin, lebt in Frankreich und hat sich dort mit den unterschiedlichen Strömungen transkultureller Psychotherapiepraxis auseinandergesetzt. Sie arbeitet zurzeit als Psychotherapeutin im *Hôpital Avicenne* bei Paris und gleichzeitig an ihrer Dissertation in Bremen (Kulturwissenschaften) und Paris (Psychologie), in der sie die transkulturellen Gruppentherapien an der ethnopsychoanalytischen Ambulanz des *Hôpital Avicenne* im Rahmen einer ethnographischen Untersuchung analysiert. Weitere Interessensschwerpunkte: Psychotherapie mit Jugendlichen, Psychodrama, Behandlung traumatisierter Patienten, Gründungsmitglied des *Bremer Instituts für Kulturforschung*, Redaktionsmitglied der Zeitschrift *L'Autre. Cliniques, cultures, sociétés. Revue transculturelle*.

Thurnwald, Richard (1869–1954), Dr. jur., Dr. phil., Jurist und Ethnosoziologe, Ethnopsychologe und Entwicklungstheoretiker, Begründer der deutschen Ethnosoziologie, studierte an der Universitäten Wien und Berlin, österreichischer Verwaltungsbeamter in Bosnien, später Museumsbeamter und Professor in Berlin, 1925 Gründer der *Zeitschrift für Völkerpsychologie und Soziologie* (als *Sociologus* fortgeführt), Mitherausgeber des *Archiv für Anthropologie* und der *Zeitschrift für vergleichende Rechtswissenschaft*. Er lehrte Ethnologie und Soziologie an amerikanischen und europäischen Universitäten, zuletzt in Halle. Feldforschungen in Bosnien (1896), in Ozeanien im Bismarck-Archipel und auf den Salomon-Inseln (1906–1909), in Papua Neuguinea (1912–1915), in Ostafrika (1930) und nochmals auf den Salomon-Inseln (1932).

Tripet, Lise (*1929), Ethnologin, Psychoanalytikerin, studierte Anfang der 50er Jahre Literaturwissenschaften an der *Sorbonne* und in den 60er Jahren Ethnologie an der Universität Neuchâtel. 1966 reist sie mit einem Team des *Ethnographischen Museums Neuchâtel* in den Senegal und arbeitete an der Ausstellung des »Premier festival mondial des arts nègres de Dakar« mit. Sie beschäftigt sich mit den ethnopsychoanalytischen Forschungen von Parin, Parin-Matthèy und Morgenthaler und tritt 1967 in Kontakt mit Henri Collomb, dem Leiter der psychiatrischen Universitätsklinik in Dakar-Fann, eines Zentrums moderner sozialpsychiatrischer Praxis und Forschung. Anlässlich des »Deuxième colloque africain de psychiatrie« organisiert sie 1968 in Dakar-Fann eine Ausstellung über künstlerische Arbeiten von psychisch Kranken. Lise Tripet kehrt in den Senegal zurück und arbeitet acht Jahre als psychoanalytisch orientierte Psychotherapeutin in der Klinik in Fann und in einer Privatpraxis. 1979 kehrt sie in die Schweiz nach Neuchâtel zurück und eröffnet noch im gleichen Jahr eine eigene Praxis, in der sie bis heute tätig ist.

Waldvogel, Ruth (*1948), Dr. sc. nat., lic. phil., studierte in Zürich an der *Eidgenössischen Technischen Hochschule* (ETH) und arbeitet heute als Psychotherapeutin und Psychoanalytikerin in Basel in eigener Praxis mit Schwerpunkt Migration und Psychotraumatologie. Supervisorentätigkeit in verschiedenen psychosozialen Institutionen. 1991–1995 als leitende Psychologin maßgeblich am Aufbau der psychotherapeutischen Tagesklinik der *Psychiatrischen Universitätsklinik Basel* beteiligt. 1994/1995 regelmäßige Lehrtätigkeit als Gastdozentin an der *Universidad Centroamerica* (UCA) in El Salvador. Seit 1996 regelmässige Arbeit mit ACISAM, Vizepräsidentin der *Schweizerischen Gesellschaft für Sozialpsychiatrie*, Sektion Deutschschweiz, Mitarbeit in interkulturellen Arbeitsgruppen in Basel. Mitarbeit bei der Zeitschrift *Soziale Medizin*, daselbst verschiedene Artikel zur Arbeit in Zentralamerika.

Weilenmann, Markus (*1954), Dr. phil., Ethnologe, Psychoanalytiker, studierte Ethnologie, Psychologie und Volkskunde an der Universität Zürich, Feldforschung in Burundi. Postgraduatestudium in Rechtsanthropologie an den Universitäten Zürich, Burundi und Wageningen. Psychoanalytische Ausbildung am *Psychoanalytischen Seminar Zürich*, Lehrbeauftragter für Rechtsanthropologie der Universität Zürich, »research fellow« am *Centre Universitaire de Recherche Economique et Sociale* der Universität Burundi und Feldforschung zur Rechtsprechung staatlicher Gerichte in Burundi; danach Gutachtertätigkeit für die *Deutsche Gesellschaft für Technische Zusammenarbeit* (GTZ) und die *Schweizerische Direktion für Entwicklung und Zusammenarbeit* (DEZA). Gründung des *Büro für Konfliktforschung in Entwicklungsländern*, das sich auf Fragen der rechts- und sozialpolitischen Beratung sowie auf Fragen der Entwicklungskommunikation spezialisiert hat. Verschiedene Publikationen zu Fragen der entwicklungspolitischen Relevanz von Rechtsanthropologie und Ethnopsychoanalyse. Weilenmann ist »visiting researcher« am *Max-Planck-Institut* in Halle, er gehört der *Arbeitsgruppe Europäischer Rechtsanthropologen* und der *Commission of Folk Law and Legal Pluralism* an und lebt in Rüschlikon bei Zürich.

Weiss, Florence (*1945), Dr. phil., Ethnologin, promovierte in diesem Fach an der Universität Basel. Seit 1972 Feldforschungen in einem Dorf bei den Iatmul in Papua-Neuguinea, Forschungen zu Ökonomie, Alltag und die gesellschaftliche Stellung der Kinder. 1979/1980 und 1986 ethnopsychoanalytische Gespräche mit Iatmul-Frauen, im Anschluß daran arbeitete sie mit Migrantinnen in den Städten Papua-Neuguineas. 1983 unternahm Florence Weiss Reisen nach Westafrika (Mali, Ghana und Burkina Faso), 1984 betrieb sie urbanethnologische Forschungen mit Studenten in Ouagadougou in Burkina Faso. Florence Weiss ist wissenschaftliche Assistentin am *Ethnologischen Seminar* der Universität Basel und lehrte an verschiedenen Universitäten. Ihre Arbeitsschwerpunkte sind Frauenforschung, Urbanethnologie und Ethnopsychoanalyse.

Weiss, Regula (*1957), Dr. med., Fachärztin für Psychiatrie und Psychotherapie, Psychoanalytikerin mit eigener Praxis in Zürich. Mitarbeit am *Schweizerischen Forum für Migrationsstudien* in Neuchâtel bis 1998. Ihre Arbeitsschwerpunkte sind die therapeutische Arbeit mit Migranten, Fragen zur Übersetzung im klinischen Setting sowie medizinethnologische Konzepte.

Weissberg, Ronald (*1954), lic. phil., Psychoanalytiker, studierte Sozialarbeit in Jerusalem, Ethnologie und klinische Psychologie in Zürich. 1986–1990

Assistent für Ethnopsychoanalyse an der Universität Zürich. Feldforschung in Israel. Seit 1987 psychoanalytische und supervisorische Tätigkeit in eigener Praxis.

Wetli, Elena (*1959), lic. phil., Ethnologin, Soziologin, therapeutische Fachmitarbeiterin am *Ethnologisch-Psychologischen Zentrum* der *Asyl-Organisation Zürich*. Studierte Ethnologie, Soziologie und Psychologie an der Universität Zürich mit den Schwerpunkten Medizinethnologie und arabische Länder. Feldforschungen in Süd-Tunesien (1991) und in palästinensischen Flüchtlingslagern im Libanon (1999). Weiterbildung in Traumatherapie.

Wienand, Ulrich (*1953), Dr. phil., Dr. med., Psychologe, Arzt, Psychoanalytiker. Studium der Psychologie in Berlin und der Medizin in Ferrara. Wienand arbeitet in eigener psychoanalytischer Praxis in Ferrara und ist außerdem am psychologischen postgraduate-Unterricht für Allgemeinpraktiker beteiligt. Arbeitsschwerpunkte sind psychoanalytische Psychosomatik, Ausbildungs- und Organisationsfragen.

Würgler, Mirna (*1958) lic. phil., Ethnologin und Psychoanalytikerin. Studierte Ethnologie an der Universität Zürich, Feldforschung in Saraguro/Ecuador. Ausbildung am *Psychoanalytischen Seminar Zürich*, seit 1994 eigene psychoanalytische Praxis. Arbeit mit Migrantinnen und Migranten.

4.2. Zeitschriften, Institutionen, Internet

4.2.1. Zeitschriften, Reihen

Die wichtigsten Zeitschriften und Buchreihen auf dem Gebiet der psychoanalytischen Ethnologie, Ethnopsychoanalyse und interkulturellen Psychotherapie werden im folgenden kurz vorgestellt. Dabei wurden auch bereits abgeschlossene Reihen berücksichtigt. Den deutschsprachigen Titeln folgen die französisch- und englischsprachigen, jeweils nach Wichtigkeit geordnet.

Für Zeitschriften aus den angrenzenden Gebieten sei hier auf das Internet verwiesen. Psychoanalytische, psychosomatische und psychiatrische Zeitschriften hat Parfen Laszig zusammengestellt: www.parfen-laszig.de.

Wichtige ethnologische Zeitschriften wie *Anthropos*, *L'Homme – Revue française d'anthropologie* und *American Anthropologist*, in denen für die psychoanalytische Ethnologie relevante Arbeiten zu finden sind, können z.B. über die Linksammlung des *Institut d'Ethnologie de l'Université de Neuchâtel* konsultiert werden: www.unine.ch/ethno/welcome.html

Ethnopsychoanalyse (seit 1990, deutsch)
Sechs Bde. erschienen: Bd. 1/1990 *Glaube, Magie, Religion*; Bd. 2/1991 *Herrschaft, Anpassung, Widerstand*; Bd. 3/1993 *Körper, Krankheit und Kultur*; Bd. 4/1995 *Arbeit, Alltag, Feste*; Bd. 5/1998 *Jugend und Kulturwandel*; Bd. 6/2001 *Forschen, erzählen und reflektieren*.
Herausgeber: Roland Apsel und Co-Herausgeber
Dem wissenschaftlichen Beirat gehörten 2001 an:
Vincent Crapanzano (New York), Mario Erdheim (Zürich), Peter Fürstenau (Düsseldorf), Utz Jeggle (Tübingen), Peter Möhring (Gießen), Maya Nadig (Bremen), Johannes Reichmayr (Wien, Klagenfurt), Florence Weiss (Basel).
Verlag: Brandes & Apsel, Frankfurt/Main
www.brandes-apsel-verlag.de

Schriften zur Ethnopsychoanalyse (seit 1995) (deutsch)
Drei Bde. erschienen bis 2002.
Herausgeber: Roland Apsel
Verlag: Brandes & Apsel, Frankfurt/Main
www.brandes-apsel-verlag.de

Studien zur Ethnopsychologie und Ethnopsychoanalyse (seit 2002) (deutsch)
Zwei Bde. erschienen bis 2002.
Herausgeber: Werner Egli, Gerhard Kubik, Maya Nadig, Johannes Reichmayr, Vera Saller
Verlag: Lit Verlag, Münster
www.lit-verlag.de

Kölner Beiträge zur Ethnopsychologie und transkulturellen Psychologie (seit 1995) (deutsch)
Vier Bde. erschienen bis 1998.
Herausgeber, Redaktion: PD Dr. Hans Stubbe, Psychologisches Institut, Universität zu Köln, Herbert Lewin Strasse 2, D–50931 Köln
Verlag: Holos-Verlag, Bonn
www.holos-verlag.de

Curare – Zeitschrift für Ethnomedizin und transkulturelle Psychiatrie (seit 1978) (deutsch/englisch)
Ein Bd. pro Jahr (2 Hefte).
Herausgeber: Arbeitsgemeinschaft Ethnomedizin/Society for Ethnomedicine
Verlag: VWB-Verlag für Wissenschaft und Bildung, Berlin
www.vwb-verlag.com/reihen/Periodika/curare/html

Das transkulturelle Psychoforum (seit 1997) (deutsch)
Acht Bde. erschienen bis 2002.
Herausgeber: Thomas Heise, Judith Schuler
Verlag: VWB-Verlag für Wissenschaft und Bildung, Berlin
www.vwb-verlag.com/reihen/dtp.html

Psychopathologie africaine. Social Sciences and Psychiatry in Africa. Sciences Sociales et Psychiatrie en Afrique (seit 1965) (französisch/englisch)
Begründet von Henri Collomb. 31 Bde. erschienen bis 2001.
Herausgeber: Société de Psychopathologie et d'Hygiène mentale de Dakar, Daouda Sow; Redaktion: Momar Guèye (Dakar), René Collignon (Paris)
Dem Redaktionsbeirat gehörten 2000 an:
René Gualbert Ahyi (Cotonou/Bénin), Thérèse Agossou (Cotonou/Bénin), Moussa Ba, Charles Becker, Abdoulaye Bara Diop, Momar Coumba Diop, Robert R. Franklin (New Orleans/USA), Baba Koumaré (Bamako/Mali), Boubakar Ly, Mamadou Mbodji, Birama Seck, Daouda Sow, Omar Sylla.
Redaktionssekretariat: Mme Octavie Keny Ndiaye, Service de psychiatrie, CHU Fann, BP. 5097 Dakar-Fann/Sénégal, E-mail: fannpsy@refer.sn

Ethnopsychiatrica. Revue semestrielle bilingue. Semi-annual bilingual review (1978–1981) (französisch/englisch)
Vier Jahrgänge erschienen.
Redaktion, Herausgegeber: Georges Devereux, Tobi Nathan
Verlag: Allan Geoffroy, La Pensée Sauvage, Grenoble/Frankreich

Nouvelle Revue d'Ethnopsychiatrie (1983–1998) (französisch)
32 Bde. erschienen, Nr. 1–36, davon 4 Doppelnummern.
Herausgeber: Tobie Nathan, Marie Rose Moro und Redaktionskomitee
Dem wissenschaftlichen Beirat gehörten 1991 an: Odile Bourguignon, Pierre Centlivres (Schweiz), René Collignon, Ellen Corin (Kanada), Boris Cyrulnik, Philippe Gerin, Serge Lebovici, Jean Malaurie, Mariella Pandolfi (Italien), Isabelle Stengers (Belgien), Hélène Stork, Andràs Zempleni.
Verlag: Allan Geoffroy, La Pensée Sauvage, Grenoble/Frankreich
www.entrevues.org/fiches_revues/ethnologie_anthropologie_sociologie/N/182.html

L'Autre. Cliniques, cultures et sociétés. Revue transculturelle (seit 2000) (französisch)
Neun Bde. erschienen bis 2002.
Herausgeberin: Marie Rose Moro; Chefredakteure: Thierry Baubet, Francois Giraud, Abdessalem Yahyaoui
Dem wissenschaftlichen Beirat gehörten 2001 an:
Clara Aistenstein, Jean-François Allilaire, Thérèse Agoussou, Marc Augé, Lionel Bailly, Armando Barriguete, Alban Bensa, Gilles Bibeau, Alain Blanchet, Doris Bonnet, Michel Botbol, Abdelwahab Bouhdiba, Salvador Celia, René Collignon, Ellen Corin, Boris Cyrulnik, Alberto Eiguer, Marcelle Geber, Bernard Golse, Antoine Guedeney, Momar Guèye, Baba Koumare, Suzanne Lallemand, Jon Lange, Michel Lemay, Marsha Levy Warren, Jean Malaurie, Martin Jesus Maldonado Duran, Jacqueline Rabain Jamin, Jean Jacques Rassial, Marcel Rufo, Cécile Rousseau, Andras Zempléni.
Verlag: Allan Geoffroy, La Pensée Sauvage, Grenoble/Frankreich
http://monosite.wanadoo.fr/l.autre

Ethnopsy – les mondes contemporains de la guérison (seit 2000) (französisch)
Vier Bde. erschienen: Nr. 1/Februar 2000 *Actualité de la schizophrénie*; Nr. 2/März 2001 *Drogues er remèdes*; Nr. 3/Oktober 2001 *Suggestion, psychanalyse, hypnose, effet placebo*; Nr. 4/März 2002 *Cultures. Guerre et paix.*
Redaktion, Herausgeber: Tobi Nathan
Dem Redaktionsbeirat gehörten an: Roberto Beneduce (Turin), Gilles Bibeau

(Montreal), Alain Blanchet (Paris), Mikkel Borch-Jacobsen (USA), Piero Coppo (Pisa), Ellen Corin (Montreal), François Dagognet (Paris), Patrick Deshayes (Paris), Vinciane Despret (Liège), Catherine Grandsard (Paris), Henri Grivois (Paris), Lucien Hounkpatin (Paris), Salvatore Inglese (Catanzaro), Bruno Latour (Paris), Marielle Pandolfi (Montreal), Sybille de Pury (Aix-en-Provence), Françoise Sironi (Paris), Isabelle Stengers (Brüssel), Nathalie Zajde (Paris).
Koordination: Emilie Hermant, Centre Georges Devereux, Université Paris 8, 2, rue de la Liberté, F–93200 Saint-Denis
www.ethnopsychiatrie.net

Psychoanalysis and the Social Sciences (1947–1958) (englisch)
Fünf Bde. erschienen.
Herausgeber: Géza Róheim (Bd. 1/1947, Bd. 2/1950, Bd. 3/1951); Werner Muensterberger, Sidney Axelrad (Bd. 4/1955, Bd. 5/1958). Ab 1960 führte Muensterberger die Reihe unter dem neuen Titel **The Psychoanalytic Study of Society** fort.
Dem Editorial Board gehörten u.a. an: Michael Bálint, Marie Bonaparte, Vincent Crapanzano, Georges Devereux, John Dollard, Erik H. Erikson, Paul Federn, Angel Garma, Martin Grotjahn, Heinz Hartmann, Imre Hermann, Edward Hitschmann, Ernest Jones, Clyde Kluckhohn, Ernst Kris, Weston La Barre, Karl A. Menninger, Herman Nunberg, Paul Parin, Oskar Pfister, Robert Waelder, Fritz Wittels, Gregory Zilboorg.
Verlage: Imago Publishing, London; International Universities Press, New York

The Psychoanalytic Study of Society (1960–1994) (englisch)
19 Bde. erschienen.
Herausgeber: Werner Muensterberger mit Sidney Axelrad, Aaron Esman, L. Bryce Boyer und Simon A. Grolnik. L. Bryce Boyer betreute gemeinsam mit Simon A. Grolnik diese Reihe von Bd. 11/1985–Bd. 15/1990. Die letzten vier Bde. wurden von L. Bryce Boyer und seiner Frau Ruth M. Boyer herausgegeben (1991–1994).
Einige Bde. der Reihe waren Pionieren der psychoanalytischen Ethnologie gewidmet: Werner Muensterberger (Bd. 11/1985), Georges Devereux (Bd. 12/1988), Weston La Barre (Bd. 13/1988), Paul Parin (Bd. 14/1989), Melford E. Spiro (Bd. 15/1990), A. Irving Hallowell (Bd. 16/1991), George D. und Louise A. Spindler (Bd. 17/1992), Alan Dundes (Bd. 18/1993), George A. de Vos (Bd. 19/1994).
Verlage: International Universities Press, New York; Yale University Press, New Haven, London; Psychohistory Press, New York; The Analytic Press, Hillsdale, NJ, London

The Journal of Psychological Anthropology (1978–1980) (englisch)
The Journal of Psychoanalytic Anthropology (1980–1986) (englisch)
Neun Bde. erschienen, vier Hefte pro Bd.
Herausgeber: Arthur E. Hippler (1978–1980), Howard F. Stein (1980–1986)
Dem Advisory Board gehörten 1984 an: Victor Barnouw, L. Bryce Boyer, George Devereux, Lloyd de Mause, George De Vos, Robert Endleman, Arthur E. Hippler, Weston La Barre, Paul Parin, George D. Spindler.
Verlag: The Psychohistory Press, New York

Transcultural Psychiatry (seit 1956) (englisch)
39 Bde. erschienen bis 2002.
Zunächst erschienen als **Review and Newsletter. Transcultural Research in Mental Health Problems** (Nr. 1/1956–Nr. 13/1962); **Transcultural Psychiatric Research Review** (Nr. 14–15/1963); **New Series: Transcultural Psychiatric Research Review** (Bd. 1/1964).
Herausgeber: Laurence J. Kirmayer, McGill University, 1033 Pine Ave. West, Montreal, Quebec H3A 1A1/Kanada
Verlag: SAGE Publications, London
http://www.mcgill.ca/psychiatry/transcultural/tprr.html

Culture, Medicine and Psychiatry. An International Journal of Comparative Cross-Cultural Research (seit 1976) (englisch)
Gegründet von Arthur Kleinman
26 Bde. erschienen bis 2002.
Herausgeber: Byron J. Good, Mary-Jo Delvecchio-Good, Dept. of Social Medicine, Harvard Medical School, Boston/USA
Verlag: Kluwer
http://symptom.mit.edu/dumit/cmp.html

Journal of Psychology in Africa. South of the Sahara, the Caribbean and Afro-Latin America (seit 1988) (englisch, französisch, portugiesisch)
Begründet von Karl Peltzer
12 Bde. erschienen bis 2002, zwei Hefte pro Jahr.
Herausgeber, Redaktion: Karl Peltzer (University of the North/Südafrika), Peter O. Ebigbo (University of Nigeria, Enugu/Nigeria), René Collignon (Paris), Chirly dos Santos-Stubbe & Hannes Stubbe (Köln, Rio de Janeiro)
Dem Advisory Board gehörten an: Paul Parin, Alastair Mundy-Castle (Zimbabwe)
Verlag: IKO-Verlag für Interkulturelle Kommunikation, Frankfurt/Main
www.iko-verlag.de
www.unorth.ac.za/faculty/Humanities/social-sciences/journal-psychology.htm

4.2.2. Institutionen, Internet-Präsenz

Die Ethnopsychoanalyse ist in interkulturellen Beratungs-, Forschungs- und Ausbildungseinrichtungen institutionell präsent. Exilanten, Asyl Suchende und Folteropfer mit psychischen Beeinträchtigungen und Traumatisierungen finden inzwischen in einigen Städten Europas psychologische und psychotherapeutische Hilfe. Das universitäre Ausbildungsangebot in Psychologie, Ethnologie und Medizin kommt dem Bedarf allerdings wenig entgegen.

Hinweise auf Beratungsstellen, Vereine sowie spezielle Aus- und Fortbildungsangebote bietet im Internet die *Association Géza Róheim* in Bordeaux: http://geza.roheim.pagesperso-orange.fr

Einen weltweiten, nach Ländern geordneten Überblick zu Web-Sites Psychoanalytischer Verbände gibt Parfen Laszig mit seinen *Psychoanalytischen Ressourcen*: wwwparfen-laszig.de

Hinweise auf Psychotraumaforschung, -behandlung und -fortbildung gibt die Homepage der *Deutschsprachigen Gesellschaft für Psychotraumatologie*: www.degpt.de

Im Internet sind Portale zur Migrationsforschung und zu Flüchtlings-Netzwerken zu finden, der Informationsverbund Asyl bietet eine Adressenliste von psychosozialen Zentren für Flüchtlinge und Folteropfer: www.asyl.net

Im folgenden sind im Internet vertretene Einrichtungen, die Ansätze der Ethnopsychoanalyse anwenden und lehren, nach alphabetischer Ordnung zusammengestellt. Diese Liste erhebt keinen Anspruch auf Vollständigkeit.

- *Aspis. Forschungs- und Beratungsstelle für Opfer von Gewalt* (Klagenfurt)
  www.aspis.at
- *Association Géza Róheim* (Bordeaux)
  http://geza.roheim.pagesperso-orange.fr
- *Association Internationale d'Ethnopsychanalyse* (Paris)
  www.clinique-transculturelle.org
- *Behandlungszentrum für Folteropfer Berlin*
  www.bzfo.de
- *Berliner Seminar für interkulturelle Psychotherapie und Supervision*
  www.interkulturelle-psychotherapie.de
- *Bremer Institut für Kulturforschung (bik)*
  www.kultur.uni-bremen.de

- *Centre Georges Devereux* (Paris)
  www.ethnopsychiatrie.net
- *Convergences Psy.* Psychoanalyse und Psychotherapie in Marokko und im Maghreb (Rabat)
  http://jalil-bennani.blogspot.co.at
- *Dachverband der transkulturellen Psychiatrie, Psychotherapie und Psychosomatik im deutschsprachigen Raum* (Hamm)
  www.transkulturellepsychiatrie.de
- *ESRA. Psychosoziale Ambulanz, Spezialambulatorium für Holocaustüberlebende und Psychotraumatologie, für transkulturelle Psychiatrie und migrationsbedingte psychische Störungen* (Wien)
  www.esra.at
- *Ethnologisches Seminar der Universität Zürich*
  www.ethno.unizh.ch
- *Hemayat. Betreuungszentrum für Folter- und Kriegsüberlebende* (Wien)
  www.hemayat.org
- *Medico International* (Frankfurt am Main)
  www.medico.de
- *Omega. Transkulturelles Zentrum für psychische und physische Gesundheit und Integration* (Graz)
  www.omega-graz.at
- *Psychoanalytisches Seminar Zürich* (PSZ)
  www.psychoanalyse-zuerich.ch/

4.3. Gesamtbibliographie der medizinischen, psychoanalytischen, ethnopsychoanalytischen, kulturkritischen und literarischen Veröffentlichungen von Paul Parin 1944 bis 2001

Diese Gesamtbibliographie der Veröffentlichungen von Paul Parin enthält kein vollständiges Verzeichnis der Buchrezensionen, Artikel und Interviews, die in diversen Zeitungen und Zeitschriften erschienen sind. Die in der Zürcher *Die Wochenzeitung* (WoZ) ab 1997 veröffentlichten essayistischen Buchbesprechungen sind hingegen vollständig enthalten.

Alle Texte, die auf der CD-ROM *Paul Parin – Psychoanalyse, Ethnopsychoanalyse, Kulturkritik* (Psychosozial-Verlag, Gießen 2004) zugänglich sind, wurden fett hervorgehoben; siehe auch www.paul-parin.info.

Bei Aufsätzen folgen, wenn nicht anders angegeben, dem Zeitschriftentitel der Jahrgang, die Heftnummer und die Seitenzahl.

Abkürzungen: Repr. (Reprint); Trsl.(Übersetzung), SiW (*Subjekt im Widerspruch*), WiS (*Der Widerspruch im Subjekt*)

Nach 2001 erschienene Titel sind im Literaturverzeichnis (4.4.) zu finden.

1944

a) Die Abdominaltuberkulose im Kindesalter nach den Fällen der Zürcher Kinderklinik aus den Jahren 1911 bis 1941. Diss. Universität Zürich (Prof. Fanconi).

1946

a) (& Piderman, Guido): Zur Behandlung schwerer Extremitätenverletzungen. In: Therapeutische Umschau (Bern) 3, Nr. 8, S. 1–7.

1948

a) **Die Kriegsneurose der Jugoslawen. In: Schweizer Archiv für Neurologie und Psychiatrie 61, S. 3–24.**

1949

a) Zur Kritik der geisteswissenschaftlichen Richtungen in der Tiefenpsychologie. In: Schweizerische Zeitschrift für Psychologie und ihre Anwendungen 8, Nr. 1, S. 67–84.

1951

a) Zur Frage der Reoperation peripherer Nervenverletzungen. In: Schweizerische Medizinische Wochenschrift 81, Nr. 13, S. 302–311.
b) Opticusatrophie durch Arteriosklerose der Carotis interna. In: Schweizer Archiv für Neurologie und Psychiatrie 67, S. 139–174.
c) (& Böni, A. et al.): Unsere Erfahrungen mit der Cortison- und ACTH-Therapie der primär chronischen Polyarthritis. In: Schweizerische Medizinische Wochenschrift 81, Nr. 39, S. 937–953.

1952

a) Das »sinnlose« Fragen der Patienten. In: Schweizerische Medizinische Wochenschrift 82, Nr. 21, S. 568–582.

1953

a) Über abnorme Ernährungszustände bei Schizophrenen. In: Schweizer Archiv für Neurologie und Psychiatrie 72, S. 221–243.

1956

a) (& Morgenthaler, F.): Charakteranalytischer Deutungsversuch am Verhalten »primitiver« Afrikaner. In: Psyche 10, S. 311–330. Trsl. 1969c.

1958

a) Einige Charakterzüge »primitiver« Afrikaner. In: Psyche 11, S. 692–706.
b) Die Indikation zur Analyse. In: Psyche 12, S. 367–387.

1960

a) Die Gegenübertragung bei verschiedenen Abwehrformen. In: Jahrbuch der Psychoanalyse 1, S. 196–214. Trsl. 1962b.
b) Aus der psychoanalytischen Behandlung einer schweren Sexualstörung. In: Meng, H. (Hg.): Psyche und Hormon. Bern, Stuttgart (Hans Huber), S. 77–97. Repr. 1993f, 1994e; Trsl. 1963c.

1961

a) Die Abwehrmechanismen der Psychopathen. In: Psyche 15, S. 322–329. Repr. 1996f.; Trsl. 1965b.
b) Psychoanalytische Bemerkungen zur Homosexualität. In: Praxis 50, S. 2–20.
c) Die Anwendung der psychoanalytischen Methode auf Beobachtungen in Westafrika. In: Acta Tropica. Zeitschrift für Tropenwissenschaft und Tropenmedizin 18, Nr. 2, S. 142–167.

1962

a) Feldanthropologische Untersuchungen in Afrika. In: Schweizerische Zeitschrift für Psychologie und ihre Anwendungen 21, Nr. 1, S. 49–52.
b) Il contro-transfert rispetto ai diversi meccanismi di difesa. In: Rivista di Psicoanalisi 8, S. 143–159. Trsl. 1960a.

1963

a) (& Morgenthaler, F., Parin-Matthèy, G.): Die Weissen denken zuviel. Psychoanalytische Untersuchungen bei den Dogon in Westafrika. Zürich (Atlantis). Trsl. 1966a, Neuausgabe 1972a, 1983a, 1993c.
b) Eine scheinbare »Schamkultur«. Psychologische Betrachtung über die Regulatoren des Verhaltens im Gesellschaftsgefüge der Dogon in Westafrika. In: Kölner Zeitschrift für Soziologie und Sozialpsychologie 15, Nr. 1, S. 94–107. Repr. 1978a (WiS, S. 134–147).
c) Del tratamiento psicoanalitico de una grave perturbacion sexual. In: Meng, H. (Hg.): Endocrinologia psicosomatica. Madrid (Ed. Morata), S. 101–121. Trsl. 1960b.
d) Il complesso edipico nei Dogon dell'Africa Occidentale. In: Rivista di Psicoanalisi 9, Nr. 2, S. 143–150.
e) Buchbesprechung: Leighton, A. H., Lambo, T. A., Hughes, C. C., Leighton, D. C., Murphy, J. M. & Macklin, D. B. (1963): Psychiatric Disorder among the Yoruba. A Report from the Cornell-Aro Mental Health Research Project in the Western Region, Nigeria. Ithaca, New York (Cornell Univ. Press.). In: Psyche 17, S. 904–907.
f) Buchbesprechung: Malinowski, B. (1963): Sex, Culture and Myth. London (Rupert Hart-Davis). In: Psyche 17, S. 919–921.
g) Buchbesprechung: Herkovits, M. J. (1962): The Human Factor in Changing Africa. New York (Alfred A. Knopf). In: Psyche 17, S. 921–922.
h) Buchbesprechung: Knapen, M.-T. (1962): L'Enfant Mukongo. Orientation de base du système éducatif et développement de la personnalité. Louvain (Éditions Nauwelaerts). In: Psyche 17, S. 941–942.

1964

a) Prof. Dr. med. G. Bally zum 70. Geburtstag: Anthropologie und psychoanalytische Rekonstruktion. In: Schweizerische Zeitschrift für Psychologie und ihre Anwendungen 23, Nr. 2, S. 174–180. Trsl. 1971b.
b) (& Morgenthaler, F.): Typical Forms of Transference among West Africans. In: The International Journal of Psycho-Analysis 45, Nr. 2/3, S. 446–449. Trsl. 1965c.
c) (& Morgenthaler, F.): Ego and Orality in the Analysis of West Africans. In: Muensterberger, W., Axelrad, S. (Hg.): The Psychoanalytic Study of Society, Bd. 3. New York (International Universities Press), S. 197–202. Trsl. 1965a, 1975c.
d) Buchbesprechung: Herrmann, F., Germann, P. (1958): Beiträge zur afrikanischen Kunst. Berlin (Akademie). In: Psyche 18, S. 800.

1965

a) Orale Eigenschaften des Ich bei Westafrikanern. In: Schweizerische Zeitschrift für Psychologie und ihre Anwendungen 24, Nr. 4, S. 342–347. Trsl. 1964c.
b) The Defense Mechanisms of Psychopaths. In: Archivos Panamenos de Psicología (Panama) 1, Nr. 2, S. 88–95. Trsl. 1961a.
c) (& Morgenthaler, F.): Formen der Übertragung bei Westafrikanern. In: Schweizerische Zeitschrift für Psychologie und ihre Anwendungen 24, Nr. 2, S. 336–341. Trsl. 1964b.

1966

a) (& Morgenthaler, F., Parin-Matthèy, G.): Les blancs pensent trop. 13 entretiens psychanalytiques avec les Dogon. Paris (Payot).
b) Zur psychoanalytischen Theorie der sexuellen Perversion. In: Proceedings of the Fourth World Congress of Psychiatry. International Congress Series Nr. 150. Madrid (Excerpta Medica), S. 1024–1027.
c) Buchbesprechung: Psychopathologie africaine. Bulletin de la société de Psychopathologie et d'Hygiène Mentale de Dakar 1, Nr. 1/2/3, 1965. In: Psyche 20, S. 873–877.

1967

a) Zur Bedeutung von Mythus, Ritual und Brauch für die vergleichende Psychiatrie. In: Petrilowitsch, N. (Hg.): Beiträge zur vergleichenden Psychiatrie. Teil II. Spezielle Fragen. Basel, New York (Karger), S. 179–196. Trsl. 1982c.
b) (& Morgenthaler, F.): Observations sur la genèse du Moi chez les Dogon. In: Revue Française de Psychanalyse 31, Nr. 1, S. 29–58.
c) Considérations psychanalytiques sur le moi de groupe. In: Psychopathologie africaine 3, Nr. 2, S. 195–206. Trsl. 1978i.

1968

a) (& Morgenthaler, F., Parin-Matthèy, G.): Aspekte des Gruppen-Ich. Eine ethnopsychologische Katamnese bei den Dogon von Sanga (Republik Mali). In: Schweizerische Zeitschrift für Psychologie und ihre Anwendungen 27, Nr. 2, S. 133–154. Repr. 1978a (WiS, S. 153–174).

1969

a) (& Morgenthaler, F.): Ist die Verinnerlichung der Aggression für die soziale Anpassung notwendig? In: Mitscherlich, A. (Hg.): Bis hierher und nicht weiter. Ist die menschliche Aggression unbefriedbar? München (Piper), S. 222–244.
b) Freiheit und Unabhängigkeit: zur Psychoanalyse des politischen Engagements. In: Psyche 23, S. 81–94. Repr. 1978a (WiS, S. 20–33); Trsl. 1985d, 1989e.
c) (& Morgenthaler, F.): Character Analysis Based on the Behavior Patterns of »Primitive« Africans. In: Muensterberger, W. (Hg.): Man and his Culture. Psychoanalytic Anthropology after »Totem and Taboo«. London (Rapp & Whiting), S. 187–208. Trsl. 1956a.
d) Buchbesprechung: Ortigues, M.-C., Ortigues, E. (1966): »Œdipe Africain« (Der afrikanische Ödipus). Paris (Libr. Plon). In: Psyche 23, S. 156–159.

1970

a) Personality traits susceptible to deterioration under the impact of cultural change. In: Psychopathologie africaine 6, Nr. 1, S. 53–66. Trsl. 1978j.
b) Frustration – Ichideal – Realitätsveränderung. Diskussion über Protest und Revolution. In: Psyche 24, S. 538–540. Repr. 1996d.
c) Buchbesprechung: Dettmering, P. (1969): Dichtung und Psychoanalyse. Thomas Mann – Rainer Maria Rilke – Richard Wagner. München (Nymphenburger Verlagshandlung). In: Psyche 24, S. 884.

1971

a) (& Morgenthaler, F., Parin-Matthèy, G.): Fürchte deinen Nächsten wie dich selbst. Psychoanalyse und Gesellschaft am Modell der Agni in Westafrika. Frankfurt/Main (Suhrkamp). Trsl. 1980a, 1982a.
b) Antropologia e ricostruzione psicoanalitica. In: Psicoterapia e scienze umane 5, Nr. 4, S. 27–29. Trsl. 1964a.

1972

a) (& Morgenthaler, F., Parin-Matthèy, G.): Die Weissen denken zuviel. Psychoanalytische Untersuchungen bei den Dogon in Westafrika. München: (Kindler). Neuausgabe 1963a.

b) Der Ausgang des ödipalen Konflikts in drei verschiedenen Kulturen. Eine Anwendung der Psychoanalyse als Sozialwissenschaft. In: Kursbuch (Berlin) 29, S. 179–201. Repr. 1978a (WiS, S. 195–214); Trsl. 1973b, 1998q.
c) A contribution of ethno-psychoanalytic investigation to the theory of aggression. In: International Journal of Psychoanalysis 53, Nr. 2, S. 251–257. Trsl. 1973a.
d) Änderungen der Geschlechtsidentität während der Therapie. Diskussionsbeitrag »Zur Genese der gestörten Geschlechtsidentität«. In: Psyche 26, S. 74–75.
e) Buchbesprechung: Richter, H. E. (1972): Die Gruppe. Hoffnung auf einen neuen Weg, sich selbst und andere zu befreien. Psychoanalyse in Kooperation mit Gruppeninitiativen. Reinbek (Rowohlt). In: Psyche 26, S. 818–820.

1973

a) Der Beitrag ethno-psychoanalytischer Untersuchungen zur Aggressionstheorie. In: Psyche 27, S. 237–248. Repr. 1978a (WiS, S. 194–194); Trsl. 1972c.
b) L'esito del conflitto edipico in tre diverse società (un'applicazione della psicoanalisi come scienza sociale). In: Psicoterapia e scienze umane 7, Nr. 1/2, S. 1–10. Trsl. 1972b.
c) Buchbesprechung: Erny, P. (1972): L'enfant et son milieu en Afrique Noire. Essais sur l'éducation traditionelle. Paris (Payot). In: Psyche 27, S. 887–888.
d) Buchbesprechung: Devereux, G. (1972): Ethnopsychanalyse complémentariste. (Komplementaristische Ethnopsychanalyse.) Aus dem Englischen ins Französische übersetzt von Tina Jolas und H. Gobard. Paris (Flammarion). In: Psyche 27, S. 975–976.

1974

a) Buchbesprechung: Dahmer, H. (1973): Libido und Gesellschaft. Studien über Freud und die Freudsche Linke. (Literatur der Psychoanalyse, hrsg. von A. Mitscherlich.) Frankfurt/Main (Suhrkamp). In: Psyche 28, S. 80–82.

1975

a) Gesellschaftskritik im Deutungsprozess. In: Psyche 29, S. 97–117. Repr. 1978a (WiS, S. 34–54); Trsl. 1976b.
b) (& Morgenthaler, F., Parin-Matthèy, G.): La méthode psychanalytique au service de la recherche ethnologique. Aperçu de psychosociologie pratique. In: Connexions (Paris) 4, Nr. 15, S. 25–42.
c) (& Morgenthaler, F.): Moi et oralité dans l'analyse des Dogons. In: Connexions (Paris) 4, Nr. 15, S. 43–48. Trsl. 1964c.
d) Is Psychoanalysis a Social Science? In: The Chicago Institute for Psychoanalysis (Hg.): The Annual of Psychoanalysis, Bd. 3. New York (International Universities Press), S. 371–393. Trsl. 2001d.

e) La fine dell' analisi terminabile. In: Psicoterapia e scienze umane 9, Nr. 1/2, S. 1–10. Trsl. 1981f.
f) Buchbesprechung: Stierlin, H. (1975): Adolf Hitler. Familienperspektiven. Frankfurt/Main (Suhrkamp-Taschenbuch). In: Psyche 29, S. 1032–1034.

1976

a) Das Mikroskop der vergleichenden Psychoanalyse und die Makrosozietät. In: Psyche 30, S. 1–25. Repr. 1977c, 1978a (WiS, S. 55–77), 1996e; Trsl. 1978c.
b) Critica della società nel processo di interpretazione. In: Psicoterapia e scienze umane 10, Nr. 1/2, S. 1–13. Trsl. 1975a.
c) (& Parin-Matthèy, G.): Typische Unterschiede zwischen Schweizern und Süddeutschen aus dem gebildeten Kleinbürgertum. Ein methodischer Versuch mit der vergleichenden Psychoanalyse (Ethnopsychoanalyse). In: Psyche 30, S. 1028–1047. Repr. 1978a (WiS, S. 215–232); Trsl. 1977b, 1978b.
d) Anthropologie et psychiatrie. In: Psychopathologie africaine 12, Nr. 1, S. 91–107. Repr. 1978m; Trsl. 1978k.
e) Zuschauen bei der Arbeit in der Volksrepublik China. In: Kursbuch (Berlin) 43, S. 170–176.
f) Die hoffnungsvolle Kindheit und das gefährliche Leben des Kleinbürgers. Eine ethnologisch-psychoanalytische Betrachtung. In: Kursbuch (Berlin) 45, S. 120–134.

1977

a) Das Ich und die Anpassungs-Mechanismen. In: Psyche 31, S. 481–515. Repr. 1978a (WiS, S. 78–111); Trsl. 1979b, 1979e, 1981j, 1988c, 1998r.
b) (& Parin-Matthèy, G.): Diversità tipiche fra membri della piccola borghesia tedesca meridionale e svizzera. Una indagine etnopsicoanalitica. In: Psicoterapia e scienze umane 11, Nr. 3, S. 1–11. Trsl. 1976c.
c) Das Mikroskop der vergleichenden Psychoanalyse und die Makrosozietät. In: Kutter, P. (Hg.): Psychoanalyse im Wandel. Frankfurt/Main (Suhrkamp), S. 94–121. Repr. 1976a.
d) Buchbesprechung: Richter, H.-E. (1976): Flüchten oder Standhalten. Reinbek (Rowohlt). In: Psyche 31, S. 583–587.

1978

a) Der Widerspruch im Subjekt. Ethnopsychoanalytische Studien. Frankfurt/Main: Syndikat. Repr. **1963b** (S. 134–147), **1968a** (S. 153–174), **1969b** (S. 20–33), **1972b** (S. 195–214), **1973a** (S. 184–194), **1975a** (S. 34–54), **1976a** (S. 55–77), **1976c** (S. 215–232), **1977a** (S. 78–111), **1978d** (S. 112–133), **1978e** (S. 7–19),

294

1978i (S. 148–152), 1978j (S. 175–183), 1978k (S. 233–245); Neuausgabe 1983b, 1992a.

b) The Swiss and Southern German lower middle class. An ethno-psychoanalytic study. In: Journal of Psychological Anthropology (New York) 1, Nr. 1, S. 101–119. Trsl. 1976c.

c) The Microscope of Comparative Psychoanalysis and the Macrosociety. In: Journal of Psychological Anthropology (New York) 1, Nr. 2, S. 141–164. Trsl. 1976a.

d) (& Parin-Matthèy, G.): Der Widerspruch im Subjekt. Die Anpassungsmechanismen des Ichs und die Psychoanalyse gesellschaftlicher Prozesse. In: Drews, S. et al. (Hg.): Provokation und Toleranz. Festschrift für Alexander Mitscherlich zum siebzigsten Geburtstag. Frankfurt/Main (Suhrkamp), S. 410–435. Repr. 1978a (WiS, S. 112–133).

e) Warum die Psychoanalytiker so ungern zu brennenden Zeitproblemen Stellung nehmen. Eine ethnologische Betrachtung. In: Psyche 32, S. 385–399. Repr. 1978a (WiS, S. 7–19), 1980d, 1996c.

f) Der Knopf an der Uniform des Genossen. Ein ethnopsychoanalytischer Exkurs über die Veränderbarkeit des Menschen. In: Kursbuch (Berlin) 53, S. 185–194.

g) Zunehmende Intoleranz in der Bundesrepublik. In: Psyche 32, S. 633–638. Repr. 1986a (SiW, S. 189–194).

h) Der ängstliche Deutsche: Kleinbürger ohne Selbstbewusstsein. Ein Gespräch mit dem Ethnopsychoanalytiker Paul Parin. In: Psychologie heute 5, Nr. 10, S. 15–21. Repr. 1983e.

i) Das Ich und das Orale. In: Der Widerspruch im Subjekt. Ethnopsychoanalytische Studien. Frankfurt/Main (Syndikat) S. 148–152. Trsl. 1967c.

j) Persönlichkeitszüge unter dem Druck des Kulturwandels. In: Der Widerspruch im Subjekt. Ethnopsychoanalytische Studien. Frankfurt/Main (Syndikat), S. 175–183. Trsl. 1970a.

k) Ethnologie und Psychiatrie. In: Der Widerspruch im Subjekt. Ethnopsychoanalytische Studien. Frankfurt/Main (Syndikat), S. 233–245. Trsl. 1976d.

m) Anthropologie et psychiatrie. In: Actualités psychiatriques 8, Nr. 2, S. 20–29. Repr. 1976d.

n) Buchbesprechung: Leiris, M. (1977): Die eigene und die fremde Kultur. Ethnologische Schriften. Aus d. Franz. v. Rolf Wintermeyer. Hrsg. u. eingel. v. Hans-Jürgen Heinrichs. Frankfurt/Main (Syndikat). In: Psyche 32, S. 177–179.

1979

a) (& Grosz, P.): Anpassungsmechanismen – ergänzende Gedanken und klinische Beiträge. In: Acta paedopsychiatrica 45, S. 193–208.

b) Le Moi et les mechanisms d'adaptation. In: Psychopathologie africaine 15, Nr. 2, S. 159–195. Trsl. 1977a.

c) Psychoanalytische Theorie und Praxis in ihrer sozialen Relevanz. In: Fischle-Carl, H. (Hg.): Theorie und Praxis der Psychoanalyse. Stuttgart (Bonz), S. 161–182.

d) Ist der Mensch veränderbar? Ein Gespräch mit Paul Parin. In: Freibeuter 2, S. 26–36. Repr. 1986a (SiW, S. 153–164).
e) L'io e i meccanismi di adattamento. In: Psicoterapia e scienze umane 2, Nr. 1, S. 1–28. Trsl. 1977a.

1980

a) (& Morgenthaler, F., Parin-Matthèy, G.): Fear Thy Neighbor as Thyself. Psychoanalysis and Society among the Anyi of West Africa. Chicago and London (Univ. of Chicago Press). Trsl. 1971a.
b) Untrügliche Zeichen von Veränderung. Jahre in Slowenien. München (Kindler). Trsl. 1989b; Neuausgabe 1982b, erw. Neuausgabe 1992b.
c) Die äusseren und die inneren Verhältnisse. Ethnopsychoanalytische Betrachtungen, auf unsere eigene Ethnie angewandt. In: Berliner Hefte 15, S. 5–34. Repr. 1984d, 1985g, 1986a (SiW, S. 140–152).
d) Warum die Psychoanalytiker so ungern zu brennenden Zeitproblemen Stellung nehmen. Eine ethnologische Betrachtung. In: Dahmer, H. (Hg.): Analytische Sozialpsychologie. Frankfurt/Main (Suhrkamp), S. 647–662. Repr. 1978e.
e) Befreit Grönland vom Packeis. Zur Zürcher Unruhe 1980. In: Psyche 34, S. 1056–1065. Repr. 1981d.
f) (& Parin-Matthèy, G.): The Prophet and the Psychiatrist. In: Journal of Psychological Anthropology (New York) 3, Nr. 2, S. 87–117. Trsl. 1971a.
g) Entdeckt: die Unsichtbarkeit der Frau in der Ethnologie. Gespräch mit Paul Parin. In: Der Alltag Nr. 9 (Zürich), S. 45–51.
h) Psychoanalyse und Politik. In: Links. Sozialistische Zeitung (Offenbach) 12, Nr. 120, S. 9–13.
i) Der Mensch hat ungeheuer viele Möglichkeiten. In: Kämpfer 6–7, Juni, S. 11–12.
j) Buchbesprechung: Hart, D. M.: The Aith Waryaghar of the Moroccan Rif. An ethnography and history. Tuscon (Viking Fund Publ. in Anthropology, Univ. of Arizona Press) Bd. 23. In: Journal of Psychological Anthropology (New York) 3, Nr. 1, S. 47–52.

1981

a) Erfahrungen mit der Psychoanalyse bei der Erfassung gesellschaftlicher Verhältnisse. In: Reichmayr, R., Stockhammer, H. (Hg.): Erfahrungen mit der Psychoanalyse bei der Erfassung gesellschaftlicher Wirklichkeit. Klagenfurter Beiträge zur Philosophie. Wien (Verlag des Verbandes der wissenschaftlichen Gesellschaften Österreichs), S. 7–63. Repr. 1984a.
b) Einführung. In: Crapanzano, V. (1981): Die Hamadša. Eine ethnopsychiatrische Untersuchung in Marokko. Stuttgart (Klett-Cotta), S. 7–11.
c) Brief aus Grönland. In: Kursbuch (Berlin) 65, S. 75–89. Repr. 1986a (SiW, S. 195–211).

d) Befreit Grönland vom Packeis. Zur Zürcher Unruhe 1980. In: Aust, S., Rosenbladt, S. (Hg.): Hausbesetzer. Hamburg (Hoffmann & Campe), S. 222–233. Repr. 1980e.
e) Irrationales in der Wissenschaft: lebenslänglich. In: Duerr, H. P. (Hg.): Der Wissenschaftler und das Irrationale, Bd. 1. Frankfurt/Main (Syndikat), S. 518–529. Repr. 1986a (SiW, S. 175–185).
f) Das Ende der endlichen Analyse. In: Ehebald, U., Eickhoff, F. W. (Hg.): Humanität und Technik in der Psychoanalyse. Bern (Huber), S. 179–198. Repr. 1986a (SiW, S. 43–60). Trsl. 1975e.
g) »Sie sind nicht pessimistisch, sondern realistisch«. In: päd.extra 11, November, S. 34–37.
h) Die Psychoanalyse und die kritische Interpretation der Geschichte. In: Psychoanalyse 2, Nr. 3, S. 249–255. Repr. 1985h.
i) Wenn der Freund und Helfer zuschlägt. In: Psychologie heute 8, S. 55–61. Repr. 1983f.
j) El Yo y los mecanismos de adaptacion. In: Clínica y análisis grupal. Revista de psicoterapia y psicologia social aplicada (Madrid) 6, Nr. 26, S. 56–81. Trsl. 1977a; Repr. 1998r.
k) Buchbesprechung: Haynal, A., Molnar, M. & de Puymège, G. (1980): Le fanatisme. Histoire et psychanalyse (Der Fanatismus. Geschichte und Psychoanalyse). Paris (Stock/Monde ouvert). In: Psyche 35, S. 390–391.
l) Buchbesprechung: Bauriedl, Th. (1980): Beziehungsanalyse. Das dialektisch-emanzipatorische Prinzip der Psychoanalyse und seine Konsequenzen für die Familientherapie. Frankfurt/Main (Suhrkamp). In: Psyche 35, S. 579–582.
m) Buchbesprechung: Moser, H. (Hg.) (1979): »Politische Psychologie«. Politik im Spiegel der Sozialwissenschaften. Weinheim/Basel (Beltz). In: Psyche 35, S. 753–754.
n) Buchbesprechung: Leiris, M. (1978): Das Auge des Ethnographen. Ethnologische Schriften II. Übersetzt von Rolf Wintermeyer. Hrsg. u. mit einer Einleitung von Hans-Jürgen Heinrichs. Frankfurt/Main (Syndikat). In: Psyche 35, S. 757–759.

1982

a) (& Morgenthaler, F., Parin-Matthèy, G.): Temi il prossimo tuo come te stesso. Milano (Feltrinelli). Trsl. 1971a.
b) Untrügliche Zeichen von Veränderung. Jahre in Slowenien. Frankfurt/Main (Fischer). Neuausgabe 1980b.
c) De l'importance des mythes, rites et coutumes pour la psychiatrie comparative. In: Confrontations psychiatriques. Revue semestrielle. Psychiatrie et Cultures (Paris) Nr. 21, S. 241–261. Trsl. 1967a.
d) (& Morgenthaler, F., Parin-Matthèy, G.): »Unsere Vorstellungen von normal und anormal sind nicht auf andere Kulturen übertragbar.« In: Heinrichs, H.-J. (Hg.): Das Fremde verstehen. Frankfurt/Main (Qumran), S. 34–50. Repr. 1997d.

e) Vorwort zur deutschen Ausgabe. In: Boyer, L. B. (1982): Kindheit und Mythos. Eine ethno-psychoanalytsche Studie der Apachen. Stuttgart (Klett-Cotta), S. 9–12.
f) (& Morgenthaler, F., Parin-Matthèy, G.): Reply to D. Paul Lumsden Review. In: Journal of Psychoanalytic Anthropology (New York) 5, Nr. 4, S. 404–418.
g) Vorwort. In: Hehlen, H.: Die Freude gestört zu werden. Zürich (Limmat), S. 7–13.
h) Zur Strukturdiskussion: Eingetragene/r Psychoanalytiker/in im PSZ. In: Journal (Psychoanalytisches Seminar Zürich) 6, S. 6–7.
i) Bemerkungen zum Beitrag von H. E. Richter »Psychoanalytische Aspekte der Friedensfähigkeit«. In: Psychosozial 15, Nr. 5, S. 39–42.
j) Erinnern. In: Risotto & Rote Geschichten. Schriftsteller lesen neue Texte am 7. und 8. Literaturfest. Zürich (Bildungsausschuss der Sozialdemokratischen Partei der Stadt Zürich), S. 19–21.
k) Haben Sie den Hyänenmann gesehen? Äthiopische Prospekte. In: Trans-Atlantik 9, S. 67–71.
l) Buchbesprechung: Menne, K., Schröter, K. (Hg.) (1980): Psychoanalyse und Unterschicht: Soziale Herkunft – ein Hindernis für die psychoanalytische Behandlung? Frankfurt/Main (Suhrkamp). In: Psyche 36, S. 187–190.

1983

a) (& Morgenthaler, F., Parin-Matthèy, G.): Die Weissen denken zuviel. Psychoanalytische Untersuchungen bei den Dogon in Westafrika. 3., überarb. Aufl. Mit einem neuen Vorwort der Autoren. Frankfurt/Main (Fischer). Neuausgabe 1963a, 1972a, 1983a.
b) Der Widerspruch im Subjekt. Ethnopsychoanalytische Studien. Frankfurt/Main (Syndikat). Neuausgabe (Taschenbuch) 1978a.
c) Psychoanalyse als Gesellschaftskritik im Werk von Alexander Mitscherlich. In: Psyche 37, S. 364–373.
d) (& Parin-Matthèy, G.): Medicozentrismus in der Psychoanalyse. In: Hoffmann, S. O. (Hg.): Deutung und Beziehung. Kritische Beiträge zur Behandlungskonzeption und Technik in der Psychoanalyse. Frankfurt/Main (Fischer), S. 86–106. Repr. 1986a (SiW, S. 61–80); Trsl. 1983k.
e) Der ängstliche Deutsche: Kleinbürger ohne Selbstbewusstsein. Ein Gespräch mit Paul Parin. In: Ernst, H. (Hg.): Die Seele und die Politik. Weinheim, Basel (Beltz), S. 10–16. **Repr. 1978h.**
f) Wenn der Freund und Helfer zuschlägt. In: Ernst, H. (Hg.): Die Seele und die Politik. Weinheim, Basel (Beltz), S. 96–103. **Repr. 1981i.**
g) Die therapeutische Aufgabe und die Verleugnung der Gefahr. In: Passett, P., Modena, E. (Hg.): Krieg und Frieden aus psychoanalytischer Sicht. Basel, Frankfurt/Main (Stroemfeld/Roter Stern), S. 22–35. Repr. 1983h, 1983o, 1986a (SiW, S. 219–229), 1987i.

h) Die therapeutische Aufgabe und die Verleugnung der Gefahr. In: Psychosozial 19, Nr. 6, S. 17–30. Repr. 1983g.
i) Die Angst der Mächtigen vor öffentlicher Trauer. In: Psyche 37, S. 55–72. Repr. 1986a (SiW, S. 96–112).
j) (& Parin-Matthèy, G.): Das obligat unglückliche Verhältnis der Psychoanalytiker zur Macht. In: Lohmann, H.-M. (Hg.): Das Unbehagen in der Psychoanalyse. Frankfurt/Main (Qumran), S. 17–23. Repr. 1997f, 1986a (SiW, S. 90–95); Trsl. 1998p.
k) (& Parin-Matthèy, G.): Il medicocentrismo nella psicoanalisi. Una proposta di revisione della teoria della tecnica. In: Psicoterapia e scienze umane 17, Nr. 3, S. 39–61. Trsl. 1983d.
m) (& Ziehe, Th.): Kulturkrise und Revolte. Ethnologische und kulturtheoretische Beiträge zur Jugendrevolte. Eine Podiumsdiskussion. In: Breyvogel, W. (Hg.): Autonomie und Widerstand. Essen (Rigodon), S. 106–117.
n) »Meiner Ansicht nach ist es das Schlechteste, gar nichts zu tun.« In: Die Region. Unabhängige Wochenzeitung für die Zentralschweiz, Nr. 33, 19. August, S. 14–17. Repr. 1984e.
o) Die therapeutische Aufgabe und die Verleugnung der Gefahr. In: Friedensnobelpreis für 140.000 Ärzte. Reinbek (Rowohlt), S. 157–166. Repr. 1983g.
p) Gegen den Verfall der Psychoanalyse. Gespräch mit Paul Parin und Goldy Parin-Matthèy. In: Tell, Nr. 15, 4. August 1983, S. 9–15.
q) Buchbesprechung: Muschg, A. (1981): Literatur als Therapie? Ein Exkurs über das Heilsame und das Unheilbare. Frankfurt/Main (Suhrkamp). In: Psyche 37, S. 182–184.
r) Buchbesprechung: Boroffka, A. (1980): Benedict Nta Tanka's Commentary and Dramatized Ideas on »Disease and Witchcraft in our Society«. A Schreber Case from Cameroon. Annotated Autobiographical Notes by an African on his Mental Illness. Frankfurt/Main, Cirencester/U.K. (Peter D. Lang). In: Psyche 37, S. 285–287.
s) Buchbesprechung: Erdheim, M. (1982): Die gesellschaftliche Produktion von Unbewußtheit. Eine Einführung in den ethnopsychoanalytischen Prozeß. Frankfurt/Main (Suhrkamp) 1982. In: Psyche 37, S. 474–477.

1984

a) Erfahrungen mit der Psychoanalyse bei der Erfassung gesellschaftlicher Wirklichkeit. In: Institutsgruppe Psychologie der Universität Salzburg (Hg.): Jenseits der Couch. Psychoanalyse und Sozialkritik. Frankfurt/Main (Fischer), S. 25–48. Repr. 1981a.
b) Anpassung oder Widerstand. Bemerkungen zu dem Aufsatz von Hans Füchtner »Traurige Psychotropen«. In: Psyche 38, S. 627–635.
c) A case of »Brain-Fag« syndrome: Psychotherapy of the patient Adou A. in the village of Yosso, Ivory Coast republic. In: Boyer, L. B., Grolnik, S. A. (Hg.): The Psychoanalytic Study of Society, Bd. 10. Hillsdale (The Analytic Press), S. 1–52. Trsl. 1971a.

d) Die äusseren und die inneren Verhältnisse. In: Lohmann, H. M. (Hg.): Die Psychoanalyse auf der Couch. Frankfurt/Main (Qumran), S. 293–310. Repr. 1980c, 1986a (SiW, S. 140–152).

e) »Meiner Ansicht nach ist es das Schlechteste, gar nichts zu tun«. In: Jürgmeier (Hg.): Fünf nach Zwölf – na und? Basel (Nachtmaschine), S. 95–103. Repr. 1983n.

f) Buchbesprechung: Suter, D. (1983): Rechtsauflösung durch Angst und Schrecken. Zur Dynamik des Terrors im totalitären System. Berlin (Duncker & Humblot). In: Psyche 38, S. 372–374.

1985

a) Zu viele Teufel im Land. Aufzeichnungen eines Afrikareisenden. Frankfurt/Main: Syndikat. Neuausgabe 1993b; Trsl. 1997b.

b) »The Mark of Oppression«. Ethnopsychoanalytische Studie über Juden und Homosexuelle in einer relativ permissiven Kultur. In: Psyche 39, S. 193–219. Repr. 1986a (SiW, S. 115–139); Trsl. 1985e, 1989f.

c) Kommentar zu »Psychoanalyse in Schwulitäten« von der Bundesarbeitsgemeinschaft Schwule im Gesundheitswesen. In: Psyche 39, S. 561–564.

d) Freedom and independence. On the psychoanalysis of political commitment. In: Free Associations (London) 1, Nr. 3, S. 65–79. Trsl. 1969b; Repr. 1989e.

e) »The Mark of Oppression«. Studio etnopsicoanalitico su ebrei e su omosessuali in un cultura relativamente permissiva. In: Psicoterapia e scienze umane 19, Nr. 4, S. 3–27. Trsl. 1985b, 1989f, Repr. 2000m.

f) Geleitwort. In: Páramo-Ortega, R.: Das Unbehagen an der Kultur. München, Wien, Baltimore (Urban & Schwarzenberg), S. 7–8.

g) Die äusseren und die inneren Verhältnisse. Ethnopsychoanalytische Betrachtungen, auf unsere eigene Ethnie angewandt. In: Geigenmüller, H. (Hg.): Das Menschenbild der Gegenwart. Littenheider Schriften, Bd. 2. St. Gallen (Erker-Verlag), S. 47–68. Repr. 1980c.

h) Die Psychoanalyse und die kritische Interpretation der Geschichte. In: Widerspruch. Beiträge zur sozialistischen Politik (Zürich) 5, Nr. 9, S. 50–57. Repr. 1981h.

i) Hexenjagd im Geistigen. Tendenzwende gegen die Psychoanalyse. In: Tages-Anzeiger Magazin Nr. 14, 6. April. Repr. 1985j, 1986a (SiW, S. 241–252).

j) Tendenzwende gegen die Psychoanalyse. In: Links. Sozialistische Zeitung (Offenbach) 17, Nr. 188, S. 27–29. Repr. 1985i, 1986a.

k) »Zu viele Teufel in diesem Land«. Reisen in Äthiopien. In: Merkur. Deutsche Zeitschrift für europäisches Denken 39, Nr. 438, Heft 8, S. 652–663. Repr. 1985a.

l) Buchbesprechung: Samonà, C. (1984): Der Aufseher. Aus dem Italienischen von Marianne Schneider. Berlin (Wagenbach). In: Psyche 39, S. 760–761.

1986

a) (& Parin-Matthèy, G.): Subjekt im Widerspruch. Aufsätze 1978–1985. Frankfurt/Main (Syndikat. Repr.): **1978g** (S. 189–194), **1979d** (S. 153–164), **1980c** (S. 140–152), **1981c** (S. 195–211), **1981e** (S. 175–185), **1981f** (S. 43–60), **1983d** (S. 61–80), **1983g** (S. 219–229), **1983i** (S. 96–112), **1983j** (S. 90–95), **1985b** (S. 115–139), **1985i** (S. 241–252), **1986b** (S. 7–39), **1986e** (S. 212–218), **1986m** (S. 81–89), **1987n** (S. 230–240); Neuausgabe 1988a.

b) Statt einer Einleitung. Kurzer Aufenthalt in Triest oder Koordinaten der Psychoanalyse. In: Parin, P., Parin-Matthèy, G. (1986): Subjekt im Widerspruch. Aufsätze 1978–1985. Frankfurt/Main (Syndikat), S. 7–39.

c) Lo stato dell'arte della tecnica psicoanalitica. In: Psicoterapia e scienze umane 20, Nr. 3, S. 296–300. Trsl. 1995b.

d) Vorwort. In: Codignola, E. (1986): Das Wahre und das Falsche. Essay über die logische Struktur der psychoanalytischen Deutung. Frankfurt/Main (Fischer), S. 7–11.

e) Armee-Volk dank Volksarmee? In: Parin, P., Parin-Matthèy, G.: Subjekt im Widerspruch. Aufsätze 1978–1985. Frankfurt/Main (Syndikat), S. 212–218. Repr. 1986n.

f) Bemerkungen zum subjektiven Faktor. In: Links. Sozialistische Zeitung (Offenbach) 18, Nr. 200, S. 40–41.

g) Lo studio del »fattore soggettivo«. In: Psicoterapia e scienze umane 20, Nr. 3, S. 145–159.

i) Erinnern. Zum 40. Jahrestag der Zeitschrift »Psyche«. In: Psyche 40, S. 1049–1050.

j) (& Heinrichs, H.-J.): Vorbemerkungen. In: Morgenthaler, F.: Der Traum. Fragmente zur Theorie und Technik der Traumdeutung. Frankfurt/Main (Campus), S. 7–9.

k) »Die Ehrlichkeit nimmt zu«. Die Schweizer und die Fremden. In: Tages- Anzeiger Magazin Nr.12, März, S. 16–22.

m) Die Verflüchtigung des Sexuellen. In: Parin, P., Parin-Matthèy, G.: Subjekt im Widerspruch. Aufsätze 1978–1985. Frankfurt/Main (Syndikat), S. 81–89. Repr. 1987b.

n) Armee-Volk dank Volksarmee. In: Brodmann, R., Gross, A. & Spescha, M. (Hg.): Unterwegs zu einer Schweiz ohne Armee. Basel (Z-Verlag), S. 74–84. Repr. 1986e.

o) Die Mystifizierung von Aids. In: Sexualität Konkret Heft 7, S. 58–62. Repr. 1986a (SiW, S. 230–240), **1987n**, 1987o.

1987

a) Abstinenz? In: Brede, K. et al. (Hg.): Befreiung zum Widerstand. Aufsätze zu Feminismus, Psychoanalyse und Politik. Margarete Mitscherlich zum 70. Geburtstag. Frankfurt/Main (Fischer), S. 172–178.

b) Die Verflüchtigung des Sexuellen in der Psychoanalyse. In: Pfäfflin, F., Schorsch, E. (Hg.): Sexualpolitische Kontroversen. Stuttgart (Enke), S. 11–17. Repr. 1986m.
c) Ziviler Ungehorsam. Der psychoanalytische Gesichtspunkt. In: Komitee für Grundrechte und Demokratie (Sensbachtal) (Hg.): Jahrbuch 1987, S. 157–174. Repr. 1988f, 1988g, 1990d.
d) Analysis of the Arms Race. Psychologists' Conception of the Arms Race. In: Kerby, W., Rilling, R. (Hg.): Ways out of the Arms Race. Proceedings zum I. Internationalen Naturwissenschaftler-Friedenskongress Hamburg 1986. Marburg, S. 43–53.
e) Analyse des Wettrüstens. Ein psychologisches Konzept. In: Anmerkungen aus dem Institut für Politische Psychoanalyse München 1, Nr. 2, S. 16–42. Repr. 1987f, 1987g.
f) Analyse des Wettrüstens. Ein psychologisches Konzept. In: Schweizerische Friedensbewegung (Basel), Broschüre Nr. 16, S. 1–30. Repr. 1987e, 1987g.
g) Analyse des Wettrüstens. Ein psychologisches Konzept. In: Werkblatt. Zeitschrift für Psychoanalyse und Gesellschaftskritik (Salzburg) 4, Nr. 10/11, S. 17–37. Repr. 1987e, 1987f.
h) Die Schweizer und die Fremden. Ethnopsychologische Betrachtungen zur Überfremdungsdebatte und Asylpolitik. In: Fremdenhass. Trend-Reihe, Bd. 6. Basel (GS-Verlag), S. 63–81.
i) Die therapeutische Aufgabe und die Verleugnung der Gefahr. In: Passett, P., Modena, E. (Hg.): Krieg und Frieden aus psychoanalytischer Sicht. München, Zürich (Piper), S. 22–35. Repr. 1983g.
j) Drohende Einsamkeit. In: Werkblatt. Zeitschrift für Psychoanalyse und Gesellschaftskritik (Salzburg) 4, Nr. 12/13, S. 19–26. Repr. 1988j.
k) Buchbesprechung: Nadig, M. (1986): Die verborgene Kultur der Frau. Ethnopsychoanalytische Gespräche mit Bäuerinnen in Mexiko. Subjektivität und Gesellschaft im Alltag von Otomi-Frauen. Frankfurt. In: Psyche 41, S. 1041–1043.
m) Alles was Recht ist. In: Manuskripte (Graz) Nr. 98, S. 40–43. Repr. 1988i.
n) Die Mystifizierung von Aids. In: Sigusch, V. (Hg.): Aids als Risiko. Über den gesellschaftlichen Umgang mit einer Krankheit. Hamburg (Konkret Literatur Verlag), S. 54–66. Repr. 1986a, 1986o, 1987o.
o) Die Mystifizierung von Aids. In: Soziale Medizin (Zürich) 14, Nr. 9, S. 29–33. Repr. 1986a, 1986o, 1987n.
p) Breve soggiorno a Trieste, ovvero coordinate della psicoanalisi. In: Accerboni, A. M. (Hg.): La cultura psicoanalitica. Atti del Convegno Trieste 5–8 dicembre 1985. Pordenone (Studio Tesi), S. 207–214.
q) Unentbehrliche künstlerische Werke. In: Kurrent, F. (Hg.): Maria Biljan-Bilger. Keramik-Plastik-Textil. Bilder und Schriften. Salzburg (Verlag Galerie Welz), S. 116.
r) Der Analytiker. Angepaßt im Widerspruch. In: Psychologie heute 14, Nr. 3, S. 29–35.

1988

a) (& Parin-Matthèy, G.): Subjekt im Widerspruch. Frankfurt/Main (Athenäum). Neuausgabe 1986a.
b) (& Parin-Matthèy, G.): Psychoanalyse der Macht. Zur Einleitung einer Diskussion. In: Merkur. Deutsche Zeitschrift für europäisches Denken 42, Nr. 475/476, Heft 9/10, S. 867–872.
c) The Ego and the mechanisms of adaptation. In Boyer, L. Bryce, Grolnik, S. A. (Hg.): The Psychoanalytic Study of Society, Bd. 12. Hillsdale (The Analytic Press), S. 97–130. Trsl. 1977a.
d) Es gibt so viele Eifersüchte, wie es eifersüchtige Menschen gibt. Passagen aus einem Gespräch. In: Kultur Magazin (Basel) 68, April/Mai, S. 5–8.
e) Vorwort. In: Ottomeyer, K.: Ein Brief an Sieglinde Tschabuschnig. Kriegsfolgen, Vergangenheitsbewältigung und Minderheitenkonflikt am Beispiel Kärnten. Klagenfurt (Drava), S. 7–9.
f) Ziviler Ungehorsam. Der psychoanalytische Gesichtspunkt. In: Institut für Psychologie und Friedensforschung (München) (Hg.): Psychologie und Frieden Nr. 4., S. 1–11. Repr. 1987c.
g) Ziviler Ungehorsam. Der psychoanalytische Gesichtspunkt. In: Anmerkungen aus dem Institut für Politische Psychoanalyse München 2, Nr. 7, S. 46–67. Repr. 1987c.
h) Ziviler Ungehorsam. Der psychoanalytische Gesichtspunkt. In: Werkblatt, Zeitschrift für Psychoanalyse und Gesellschaftskritik (Salzburg) 5, Nr. 16/17, S. 17–34.
i) Alles was Recht ist. In: Einspruch (Zürich) 2, Nr. 7, Februar, S. 5–10. Repr. 1987m.
j) Drohende Einsamkeit. In: Hoffmann, H. (Hg.): Jugendwahn und Altersangst. Frankfurt/Main (Athenäum), S. 153–162. **Repr. 1987j.**
k) Ergänzung einer Grabrede. In: Feigl, S., Bond-Pablé, E. (Hg.): Väter unser. Reflexionen von Töchtern und Söhnen. Wien (Verlag der Österreichischen Staatsdruckerei), S. 265–290. Repr. 1993a.
m) Marie Langer. In: Links. Sozialistische Zeitung (Offenbach) 20, Nr. 215, S. 18–19.
n) (& Parin-Matthèy, G.): Aufruf statt Nachruf: zum Tod von Karl Schiffer. In: Sterz. Zeitschrift für Literatur, Kunst und Kulturpolitik (Graz), Nr. 42, S. 38.
o) (& Parin-Matthèy, G.): Freiheit und Gleichberechtigung für Kosovo. In: Wiener Tagebuch, Nr. 11, S. 16–18.
p) Buchbesprechung: Lohmann, H.-M. (1987): Alexander Mitscherlich, mit Selbstzeugnissen und Bilddokumenten dargestellt. Reinbek (Rowohlt). In: Psyche 42, S. 81–82.
q) Buchbesprechung: Heenen-Wolff, S. (1987): »Wenn ich Oberhuber hieße ...«. Die Freudsche Psychoanalyse zwischen Assimilation und Antisemitismus. Frankfurt/Main (Nexus). In: Psyche 42, S. 460–462.

1989

a) (& Morgenthaler, F., Parin-Matthèy, G.): Die Weissen denken zuviel. Psychoanalytische Untersuchungen bei den Dogon in Westafrika. 3., überarb. Aufl. Mit einem neuen Vorwort der Autoren. Frankfurt/Main (Fischer). Neuausgabe **1983a**.
b) Zanesljiva Znamenja Spreminjanja – Leta v Sloveniji. Prevedel ˇStefan Vevar. Ljubljana: Zaloˇzba Mladinska knjiga. Trsl. **1980d**.
c) Zur Kritik der Gesellschaftskritik im Deutungsprozess. In: Psyche 43, S. 98–119.
d) (& Parin-Matthèy, G.): Psychoanalyse und politische Macht. Thesen zur Psychoanalyse politischer Verhältnisse. In: Widerspruch. Beiträge zur sozialistischen Politik (Zürich) 9, Nr. 18, S. 6–19.
e) Freedom and independence. On the Psychoanalysis of Political Commitment. In: Boyer, L. B., Grolnik, S. A. (Hg.): The Psychoanalytic Study of Society, Bd. 14. Hillsdale (The Analytic Press), S. 1–13. Trsl. **1969b**; Repr. **1985d**.
f) The Mark of Oppression. Jews and Homosexuals as Strangers. In: Boyer, L. B., Grolnik, S. A. (Hg.): The Psychoanalytic Study of Society, Bd. 14. Hillsdale (The Analytic Press), S. 15–39. Trsl. **1985b**, **1985e**.
g) Psychoanalytische Entlarvung des Glücks. In: Kursbuch (Berlin) 95, S. 111–120. Trsl. **1992s**.
h) Die Beschädigung der Psychoanalyse in der Emigration. In: Wiener Tagebuch, Nr. 6, S. 19–22. Repr. **1989i**.
i) Bemerkungen zur Beschädigung der Psychoanalyse. In: Fallend, K., Handlbauer, B. & Kienreich, W. (Hg.): Der Einmarsch in die Psyche. Psychoanalyse, Psychologie, Psychiatrie im Nationalsozialismus und die Folgen. Wien (Junius), S. 53–59. Repr. **1989h**.
j) Verehrter Kollege. In: Heinrichs, H.-J. (Hg.): F. J. Strauss. Frankfurt/Main (Athenäum), S. 19–27.
k) (& Parin-Matthèy, G.): Vorwort. In: Strobl, I.: Frausein allein ist kein Programm. Freiburg i. Br. (Kore, Verlag Traute Hensch), S. 9–13.
m) Zivilschutzgesetz verpflichtet zu unsinnigem Tun, das Mittel von möglicher Abhilfe abzieht. Plädoyer zur Verteidigung von R.Z. In: Das Verrückte ist normal. Neu Allschwil/Basel, Carouge/Genève (Heuwinkel), S. 112–118.
n) Sozialwissenschaftler für eine lebenswerte Zukunft. In: Psychologie und Frieden (München), Nr. 3, S. 33–34. **Repr. 1989o**.
o) Sozialwissenschaftler für eine lebenswerte Zukunft. In: Psychosozial 11, Nr. 36, S. 109–110. Repr. **1989n**.

1990

a) Noch ein Leben. Eine Erzählung. Zwei Versuche. Freiburg i. Br. (Kore, Verlag Traute Hensch).
b) Der nationalen Schande zu begegnen. Ein ethno-psychoanalytischer Vergleich der deutschen und italienischen Kultur. In: Psyche 44, S. 643–659. Repr. **1990a**.

c) Die Beschädigung der Psychoanalyse in der angelsächsischen Emigration und ihre Rückkehr nach Europa. In: Psyche 44, S. 191–201.
d) Ziviler Ungehorsam und Staatsgewalt. In: Gross, A., Spescha, M. (Hg.): Demokratischer Ungehorsam für den Frieden. Zürich (Realotopia Verlagsgesellschaft), S. 305–315. Repr. 1987c.
e) (& Parin-Matthèy, G.): Vorwort. In: Tripet, L.: Wo steht das verlorene Haus meines Vaters? Afrikanische Analysen. Freiburg i. Br. (Kore, Verlag Traute Hensch), S. 9–16.
f) Vorwort. In: Reichmayr, J.: Spurensuche in der Geschichte der Psychoanalyse. Frankfurt/Main (Nexus), S. 7–11. Repr. 1994f.
g) Vorwort. In: Furrer-Kreski, E., Furrer, H. et al.: Handbuch Eritrea. Geschichte und Gegenwart eines Konflikts. Zürich (Rio-Verlag), S. 7–8.

1991

a) Es ist Krieg und wir gehen hin. Bei den jugoslawischen Partisanen. Berlin (Rowohlt Berlin Verlag). Neuausgabe 1994a.
b) (& Parin-Matthèy, G.): Psychoanalyse und Macht. In: Psychoanalyse im Widerspruch (Heidelberg-Mannheim) 3, Nr. 6, S. 5–12.
c) Lederschnüre statt Computer. Lineare, zirkuläre und andere Zeiten. In: WoZ, Die Wochenzeitung (Zürich), Nr. 27, 5. Juli.
d) Psychoanalyse eines Konflikts. Gespräch mit Paul Parin. In: Ost-West Gegen-Informationen (Graz) 3, Nr. 7/8, Okt.–Dez., S. 40–44.
e) Von der Brauchbarkeit des Fremden. Ein Gespräch von Marco Meier mit Paul Parin. In: Du. Die Zeitschrift der Kultur (Zürich), Heft 4, April, S. 92–95.
f) Der aufrechte Gang beim Verlassen der Kaserne. In: PMS (Pro mente sana) Aktuell, Stiftung Freiestr. 26, 8570 Weinfelden, Nr. 1, S. 24–27.
g) Plädoyer für junge Lesende. In: Bücher, nur Bücher. Texte vom Lesen und Schreiben. Zürich (Zürcher Buchhändler- und Verleger-Verein), S. 114–117.
h) Reise nach Slowenien. In: Literatur und Kritik (Salzburg) 257/258, Nr. 26, S. 75–79.

1992

a) Der Widerspruch im Subjekt. Ethnopsychoanalytische Studien. Hamburg (Europäische Verlagsanstalt). Neuausgabe 1978a.
b) Untrügliche Zeichen von Veränderung. Jahre in Slowenien. Hamburg (Europäische Verlagsanstalt). Erweiterte Neuausgabe 1980b, 1982b.
c) Vorwort zur dritten Auflage. In: Untrügliche Zeichen von Veränderung. Jahre in Slowenien. Hamburg (Europäische Verlagsanstalt), S. 7–10.
d) Das Bluten aufgerissener Wunden. Ethnopsychoanalytische Überlegungen zu den Kriegen im (ehemaligen) Jugoslawien. In: Aufrisse (Wien) 13, Nr. 3, S. 54–63. Repr. 1993e, 1993q.

e) Die Seele des Soldaten. In: Psychoanalyse im Widerspruch (Heidelberg-Mannheim) 3, Nr. 8, S. 59–71.
f) Gruss an Horst-Eberhard Richter. In: Psychosozial 15, Nr. 49/50, Heft 1/2, S. 7–9.
g) Witz und Lachen in der Technik der Psychoanalyse. In: Werkblatt. Zeitschrift für Psychoanalyse und Gesellschaftskritik (Salzburg) 9, Nr. 28, S. 5–21.
h) Es wäre am übersichtlichsten, wenn man eine politische Psychologie hätte. Interview mit Paul Parin von Karl Hoffmann. In: Beermann, W., Dreyer, M. & Hoffmann, K. (Hg.): Fünf Interviews zur Veränderung des Sozialen. Stuttgart (Factor, Merz Akademie), S. 153–189.
i) Reise an den Rand der Utopie. Der Ethnopsychoanalytiker Paul Parin über seine Erinnerungen als Partisanen-Feldarzt in Jugoslawien im Gespräch mit Jürgen K. Ehrmann. In: Störfaktor (Wien) 17, Nr. 5, Heft 1, S. 60–74.
j) Ist die sozialistische Utopie tot? In: Stiftung Studienbibliothek zur Geschichte der Arbeiterbewegung Zürich (Hg.): Erinnern und Ermutigen. Hommage für Theo Pinkus 1909–1991. Zürich (Rotpunktverlag), S. 25–26.
k) Vorwort. In: Heider, U.: Die Narren der Freiheit. Anarchisten in den USA. Berlin (Karin Kramer), S. 9–12.
m) Vorwort. In: Becker, D.: Ohne Hass keine Versöhnung. Das Trauma der Verfolgten. Freiburg i. Br. (Kore, Verlag Traute Hensch), S. 9–15.
n) Gedanken eines entsetzten Zuschauers. In: Journal Nr. 2, die tageszeitung (Berlin): Krieg in Europa. Bosnien-Herzegowina. Krieg, Flucht und Vertreibung auf dem Balkan, S. 6–7 (Repr. die tageszeitung, Berlin, 11.8.92). Repr. 1992o, 1992p.
o) Westeuropa hat Jugoslawien allein gelassen. Gedanken eines entsetzten Zuschauers. In: Europa im Krieg. Die Debatte über den Krieg im ehemaligen Jugoslawien. Frankfurt/Main (Suhrkamp), S. 26–32. Repr. 1992n, 1992p.
p) Desintegration Jugoslawiens – Integration Europas. Gedanken eines entsetzten Zuschauers. In: Gaisaber, J., Kaser, K. et al. (Hg.): Krieg in Europa. Analysen aus dem ehemaligen Jugoslawien. Linz (edition sandkorn), Frankfurt/Main (DIPA-Verlag), S. 11–16. Repr. 1992m, 1992n.
q) Vom Versagen der Politik. Zum Hass zwischen Serben und Kroaten und zur europäischen Staatsräson. In: Links. Sozialistische Zeitung (Offenbach) 24, Nr. 26, S. 7–9.
r) Vom Versagen der Politik. Zum Hass zwischen Serben und Kroaten und zur europäischen Staatsräson. In: Orte. Schweizer Literaturzeitschrift 17, Nr. 81, S. 59–62.
s) Lo smascheramento psicoanalitico della fortuna. In: Psicoterapia e scienze umane 26, Nr. 2, S. 41–52. Trsl. 1989g.
t) Wenn jetzt kein Has' kommt ... In: Kursbuch (Berlin) 110, S. 89–99. Repr. 1993a.
u) Ein Fall von Trunksucht. Erzählung. In: Manuskripte. Zeitschrift für Literatur (Graz) 32, Heft 118, S. 35–40. Repr. 1993a, 1995o.

v) Der Laternenanzünder. In: Literatur und Kritik (Salzburg) 27, Nr. 265/266, S. 31–34. Repr. 1993a.
w) Geoffrey und das Glück. Eine Erzählung. Schriften der Internationalen Erich Fried-Gesellschaft für Literatur und Sprache (Wien), Bd. 1.
x) Eigenes Wissen und Wünschen. In: WoZ, Die Wochenzeitung (Zürich), Nr. 39, 25. September, S. 35–36.

1993

a) Karakul. Erzählungen und ein Faksimile. Hamburg (Europäische Verlagsanstalt). Trsl. 1996a.
b) Zu viele Teufel im Land. Aufzeichnungen eines Afrikareisenden. Hamburg (Europäische Verlagsanstalt). Neuausgabe 1985a.
c) (& Morgenthaler, F., Parin-Matthèy, G.): Die Weissen denken zuviel. Psychoanalytische Untersuchungen bei den Dogon in Westafrika. Mit einem neuen Vorwort von Paul Parin und Goldy Parin-Matthèy. Hamburg (Europäische Verlagsanstalt). Neuausgabe 1963a, 1983a.
d) (& Parin-Matthèy, G.): Vorwort zur vierten Auflage. In: Parin, P., Morgenthaler, F. & Parin-Matthèy, G. (Hg.) (1993): Die Weissen denken zuviel. Psychoanalytische Untersuchungen bei den Dogon in Westafrika. Hamburg (Europäische Verlagsanstalt), S. I–X.
e) Das Bluten aufgerissener Wunden. Ethnopsychoanalytische Überlegungen zu den Kriegen im ehemaligen Jugoslawien. In: Stiglmayer, A. (Hg.): Massenvergewaltigung. Krieg gegen Frauen. Freiburg i. Br. (Kore, Verlag Traute Hensch), S. 57–84. Repr. 1992d, 1993q.
f) Aus der psychoanalytischen Behandlung einer schweren Sexualstörung. Vorbemerkung des Verfassers – 40 Jahre später. In: Zeitschrift für Sexualforschung 6, Nr. 1, S. 56–73. Repr. 1960b, 1994e; Trsl. 1963c.
g) Fritz Morgenthaler. In: Lautmann, R. (Hg.): Homosexualität. Handbuch der Theorie- und Forschungsgeschichte. Frankfurt, New York (Campus), S. 273–278.
i) Die Gewalt des Vorurteils – Vorurteile der Gewalt. In: Kunst + Exil (Hg.): Öffnungszeit. Basel (Eigenverlag) S. 213–225. Repr. 1993j, 1995c.
j) Die Gewalt des Vorurteils – Vorurteile der Gewalt. In: Schöne Neue Welt & Pupille e.V. (Hg.): Escape to life? ... weil sie leben wollen wie ein Mensch, werden sie erschlagen wie ein Tier ... . Frankfurt/Main, S. 6–14. **Repr. 1993i, 1995c.**
k) Sozialpsychologie des Antisemitismus. Interview mit Guy Kempfert und Dani Schönmann. In: Kulturmagazin (Basel), Bd. 99/100: Antisemitismus, S. 20–22.
m) »Gegen den Völkermord und gegen die Aufteilung von Bosnien-Herzegowina«. In: Neue Wege. Beiträge zu Christentum und Sozialismus 87, Nr. 6, S. 186–189.
n) Zürich. In: Literatur und Kritik (Salzburg) 28, Nr. 279/280, S. 17–18.
o) Gespräch über Geschichtsbilder. In: Taufer, V. (Hg.): Vilenica 93. Ljubljana, S. 122–123.

p) Zur Verleihung des Literaturpreises 1992 der Internationalen Erich Fried-Gesellschaft Wien, 3. Mai 1992. In: Psychosozial 16, Nr. 53, Heft 1, S. 126–131.
q) Das Bluten aufgerissener Wunden. Ethnopsychoanalytische Überlegungen zu den Kriegen im ehemaligen Jugoslawien. In: Sippel-Süsse, J. et al. (Hg.): Ethnopsychoanalyse, Bd. 3. Körper, Krankheit und Kultur. Frankfurt/Main (Brandes & Apsel), S. 7–38. Repr. 1992d, **1993e**.

1994

a) Es ist Krieg und wir gehen hin. Bei den jugoslawischen Partisanen. Reinbek (Rowohlt). Neuausgabe 1991a.
b) Das Lügenarsenal des Westens. Die Produktion falschen Bewusstseins zum Zwecke der Legitimierung von Politik. In: Stefanov, N., Werz, M. (Hg.): Bosnien und Europa. Die Ethnisierung der Gesellschaft. Frankfurt/Main (Fischer), S. 32–41.
c) Zeitgemässes über Gewalttaten und Grausamkeiten in Europa. In: Endres, M. (Hg.): Krisen im Jugendalter. Gerd Biermann zur Vollendung des 80sten Lebensjahres. München (Ernst Reinhardt), S. 102–107.
d) Ein Brief an Johannes Cremerius. In: Wiesse, J. (Hg.): Aggression am Ende des Jahrhunderts. Psychoanalytische Blätter, Bd. 1. Göttingen, Zürich (Vandenhoeck & Ruprecht), S. 136–144.
e) Aus der psychoanalytischen Behandlung einer schweren Sexualstörung. Vorbemerkung des Verfassers – 40 Jahre später. In: Rebus – Blätter zur Psychoanalyse (Bern) 5, S. 7–33. Repr. 1960b, **1993f**; Trsl. **1963c**.
f) **Vorwort. In: Reichmayr, J.: Spurensuche in der Geschichte der Psychoanalyse. Frankfurt/Main (Fischer), S. 9–13. Repr. 1990f.**
g) Heimat, eine Plombe. In: Die Zeit, Nr. 52, 23. Dezember, 43. Repr. 1995h, **1996b**.
h) Der polnische und der preussische Adler – beide beschädigt. In: Wolf, G. (Hg.): Ein Text für C.W. Berlin (Janus press), S. 143–166. Repr. 1995a.
i) Mein Wunschtraum – Eine Erzählung. In: Passagen. Schweizerische Kulturzeitschrift, Nr. 17, S. 17–18. Trsl. 1994j.
j) Chimère – un récit (Trad. Marielle Larré). In: Passage. Magazine Culturel Suisse, Nr.17, Automne, S. 17–18. 1994i.
k) Die zweite Kontroverse um Ivo Andri´c. In: Literatur und Kritik (Salzburg) 29, Nr. 287/288, S. 34–38. Repr. 1995f
m) **Vorwort. In: Muhidin Šarić: Keraterm. Erinnerungen aus einem serbischen Lager. Klagenfurt (Drava), S. 7–9.**
n) Wie ich erzähle. In: Tresch, C. (Hg.): Schreibweisen. Autorinnen und Autoren aus der Schweiz über ihre Arbeit. WoZ, Die Wochenzeitung (Zürich), S. 48–50. Repr. 1993a.
o) Nachruhm. In: Literarität (Salzburg), Nr. 2, November, S. 53–58.
p) Zeitgemässe Nachbemerkung. In: Roy Wiehn, E., Picard, J. (Hg.): Levental, Zdenko: Auf glühendem Boden. Ein jüdisches Überlebensschicksal in Jugoslawien 1941–1947. Mit einer Dokumentation. Konstanz (Hartung-Gorre), S. 169–170.

q) Nachwort. In: Morgenthaler, F.: Homosexualität, Heterosexualität, Perversion. Frankfurt/Main, New York (Campus), S. 199–205.
r) Die Gewalt des Vorurteils – Vorurteile der Gewalt. In: Ost-West Gegen-Informationen 6, Nr. 3, S. 41–47.

1995

a) Eine Sonnenuhr für beide Hemisphären und andere Erzählungen. Hamburg (Europäische Verlagsanstalt).
b) **Tempora mutantur. Änderungen der psychoanalytischen Praxis in vierzig Jahren.** In: Werkblatt. Zeitschrift für Psychoanalyse und Gesellschaftskritik (Salzburg) 12, Nr. 34, S. 37–41. Trsl. 1986c.
c) Die Gewalt des Vorurteils. Vorurteile der Gewalt. In: Moma – Monatsmagazin für neue Politik (Zürich), Nr. 2, S. 41–56. Repr. 1993i, 1993j.
d) Ex-Jugoslawien: Vom National-Kommunismus zum »National-Sozialismus«. Ethnisierung der Politik, faschistische Ideologie und Gewalt. In: Widerspruch. Beiträge zur sozialistischen Politik (Zürich) 15, Heft 30, S. 87–102. Repr. 1996h.
e) **Sozialpsychologie des Antisemitismus (Interview).** In: Hentges, G., Kempfert, G. & Kühnl, R.: Antisemitismus. Geschichte-Interessensstruktur-Aktualität. Heilbronn (Distel), S. 84–89.
f) Kontroversen um Ivo Andri´c. In: Meyer-Gosau, F., Emmerich, W. (Hg.): Über Grenzen. Jahrbuch für Literatur und Politik in Deutschland, Bd. 2. Göttingen (Wallstein), S. 128–132. Repr. 1994k.
h) Heimat, eine Plombe. In: Kursiv, eine Kunstzeitschrift aus Oberösterreich (Linz), Heft 2, S. 8–11. Repr. 1994g, **1996b**.
i) Weise Pharma-Greise. In: Weltwoche Supplement (Zürich), Nr. 3, März, S. 12–16. **Repr. 1997e**, 2001a (S. 187–197).
j) Solidarisch im Irrsinn. In: FriedensZeitung spezial (Zürich), Nr. 169, September, S. 21.
k) **Nachwort. In: Dizdarevi´c, Z.: Der Alltag des Krieges. Ein Tagebuch aus Sarajevo.** Frankfurt/Main, New York (Campus), S. 203–214.
m) **Vorwort. In: Ponger, L., Schmiederer, E. (Hg.): Xenographische Ansichten. Klagenfurt, Salzburg (Wieser)**, S. VII–XIV.
n) Déjà vu. In: Olof, K. D., Okuka, M. (Hg.): Traumreisen und Grenzermessungen. Reisende aus fünf Jahrhunderten über Slowenien. Klagenfurt (Drava). Repr. 1980b.
o) Ein Fall von Trunksucht. In: Hermer, M. (Hg.): Gesellschaft der Patienten. Tübingen (dgvt-Verlag), S. 3–11. Repr. 1993a.
p) Ansprache an der Kundgebung »Solidarität mit dem multiethnischen Bosnien-Herzegowina« am 3. August 1995. In: Studienbibliothek Info. Bulletin der Stiftung Studienbibliothek zur Geschichte der Arbeiterbewegung Zürich, Nr. 24, Dezember, S. 2 und 4.
q) **Das real existierende Paradies.** In: Weltwoche Supplement Nr. 12, Dezember, S. 28–31.

r) »Grausame Kriege« und »gesittete Welt«. Über Kriegsgründe als Naturtatsachen und die Legitimation der Untätigkeit des Westens. In: Vollmer, J. (Hg.): »Dass wir in Bosnien zur Welt gehören«. Für ein multikulturelles Zusammenleben. Solothurn, Düsseldorf (Benziger), S. 212–228.

s) Zwei Reisen nach Slowenien. In: Miladinoviʻc-Zalaznik, Mira (Hg.): Begegnungen. Ljubljana (Zaloˇzba Nova revija), S. 37–42.

1996

a) Karakul. Sedem zgodb in en faksimile. Klagenfurt/Celovec (Založba Drava). Trsl. 1993a.

b) Heimat, eine Plombe. Rede am 16. November 1994 in Wien. Mit einem Essay von Peter Paul Zahl. Hamburg (Europäische Verlagsanstalt). Repr. 1994g, 1995h.

c) Warum die Psychoanalytiker so ungern zu brennenden Zeitproblemen Stellung nehmen. Eine ethnologische Betrachtung. In: Krovoza, A. (Hg.): Politische Psychologie. Ein Arbeitsfeld der Psychoanalyse. Stuttgart (Verlag Internationale Psychoanalyse), S. 25–40. **Repr. 1978e.**

d) Frustration – Ichideal – Realitätsveränderung. Diskussion über Protest und Revolution. In: Krovoza, A. (Hg.): Politische Psychologie. Ein Arbeitsfeld der Psychoanalyse. Stuttgart (Verlag Internationale Psychoanalyse), S. 248–250. **Repr. 1970b.**

e) Das Mikroskop der vergleichenden Psychoanalyse und die Makrosozietät. In: Haase, H. (Hg.): Ethnopsychoanalyse. Wanderungen zwischen den Welten. Stuttgart (Verlag Internationale Psychoanalyse), S. 116–142. **Repr. 1976a.**

f) Die Abwehrmechanismen der Psychopathen. In: Brede, K. (Hg.): Das Überich und die Macht seiner Objekte. Stuttgart (Verlag Internationale Psychoanalyse), S. 193–202. **Repr. 1961a.**

g) Geschwister-Beziehungen im Kulturvergleich. Interview: Christian Urech. In: Pro Juventute. Zeitschrift für Jugend, Familie und Gesellschaft, Nr. 2, S. 28–33.

h) Ex-Jugoslawien: vom National-Kommunismus zum »National-Sozialismus«. In: Psychoanalytisches Seminar Zürich (Hg.): Das Faschismus-»Syndrom«. Zu den politisch-psychologischen Voraussetzungen totalitärer Herrschaft und dem Aufschwung der Neuen Rechten in Europa. Sonderheft des Journal. Zürich, S. 15–27. Repr. 1995d.

i) Othello, der Mohr von Venedig. In: Werkblatt. Zeitschrift für Psychoanalyse und Gesellschaftskritik (Salzburg) 13, Nr. 36, S. 3–9.

j) Lebenserfahrungen mit Vorurteilen. In: Romano Centro 13, Juni, S. 4–5.

k) Vorwort. In: Maier, C.: Das Leuchten der Papaya. Ein Bericht von den Trobriandern in Polynesien. Hamburg (Europäische Verlagsanstalt), S. 5–11.

m) Rede anlässlich der Verleihung der Ehrendoktorwürde der Universität Klagenfurt. In: Universität Klagenfurt (Hg.): 25 Jahre Universität Klagenfurt 1970–1995, S. 278.

n) (& Cremerius, J., Rosenkötter, L.): Das Hexeneinmaleins des Faschismus. Podiumsdiskussion anläßlich der gleichnamigen Tagung des Psychoanalytischen Seminars Zürich vom 28.–30.6.1996. In: Werkblatt. Zeitschrift für Psychoanalyse und Gesellschaftskritik (Salzburg) 13, Nr. 36, S. 22–53.
o) Meine Freundschaft mit Erich Fried. In: Studienbibliothek Info Nr. 28, Dezember 1996. Bulletin der Stiftung Studienbibliothek zur Geschichte der Arbeiterbewegung, S. 5–8.

1997

a) Es ist Krieg und wir gehen hin. Bei den jugoslawischen Partisanen. Mit einem Vorwort von Paul Parin zur Neuausgabe 1997. Hamburg (Europäische Verlagsanstalt). Neuausgabe 1991a, 1994a.
b) Trop de diables dans le pays. Récits d'un voyager en Afrique. Paris (Ed. L. Maugin). Trsl. 1985a.
c) Vorwort. In: Parin, P.: Es ist Krieg und wir gehen hin. Bei den jugoslawischen Partisanen. Hamburg (Europäische Verlagsanstalt), S. 1–8.
d) (& Parin-Matthèy, G., Morgenthaler, F.): »Unsere Vorstellungen von normal und anormal sind nicht auf andere Kulturen übertragbar.« In: Heinrichs, H.-J. (Hg.): Das Fremde verstehen. Gießen (Psychosozial-Verlag), S. 33–50. Repr. 1982d.
e) Weise Pharma-Greise. In: Kursbuch (Berlin) 128, S. 142–149. Repr. 1995i, 2001a (S. 187–197).
f) (& Parin-Matthèy, G.): Das obligat unglückliche Verhältnis der Psychoanalytiker zur Macht. In: Lohmann, H.-M. (Hg.): Das Unbehagen in der Psychoanalyse. Gießen (Psychosozial-Verlag), S. 17–23. Repr. 1983j.
g) Hartnäckige innere Bilder. Antisemitismus: Zur Psychologie eines Vorurteils. In: WoZ, Die Wochenzeitung (Zürich), Nr. 5, 31. Januar, S. 5. Repr. 1997l.
h) Als Zeitzeuge gebraucht. In: Entwürfe für Literatur (Zürich) 3, Nr. 10, S. 28–38.
i) Venedig, offene Stadt. In: Literatur und Kritik (Salzburg) 32, Nr. 317/318, S. 33–38.
j) Was entschuldigt ein Gerechter? (Zu Richard Dindos Dokumentarfilm »Grüningers Fall«). In: WoZ, Die Wochenzeitung (Zürich), Nr. 47, 20. November, S. 17–18.
k) Tourist mit den Ohren. Gespräch mit dem Schweizer Psychoanalytiker und Schriftsteller Paul Parin. Das Gespräch führte Thomas Heim. In: Neurologie Psychiatrie 11, Nr. 12, S. 901–903.
l) Hartnäckige innere Bilder. In: Dreyfus, M., Fischer, J. (Hg.): Manifest vom 21. Januar 1997. Geschichtsbilder und Antisemitismus in der Schweiz. In: WoZ, Die Wochenzeitung (Zürich), S. 29–35. **Repr. 1997g.**
m) Ein Dorf macht Schule (Buchbesprechung: Busch, B. (1996): Lepena. Ein Dorf macht Schule. Klagenfurt (Drava)). In: WoZ, Die Wochenzeitung (Zürich), Nr. 3, 17. Januar, S. 24.

1998

a) Ethnisierung der Politik. Ex-Jugoslawien: Vom National-Kommunismus zum »National-Sozialismus«. In: Modena, E. (Hg.): Das Faschismus-Syndrom. Zur Psychoanalyse der Neuen Rechten in Europa. Gießen (Psychosozial-Verlag), S. 100–118.

b) Lügen in Zeiten des Friedens. Versuch einer psychoanalytischen und ethnologischen Kritik der »Menschenrechte«. In: Haland-Wirth, T., Spangenberg, N. & Wirth, H. J. (Hg.): Unbequem und engagiert. Horst-Eberhard Richter zum 75. Geburtstag. Gießen (Psychosozial-Verlag), S. 348–372. Trsl. 1999a.

c) Gibt es ein Leben hinter der Couch? In: NZZ-Folio. Die Zeitschrift der Neuen Zürcher Zeitung, Nr. 11, November, S. 33–40.

d) Als Kleinkind verlassen, von den Familien getrennt – und doch glücklich? Zur Ethnopsychoanalyse zweier Agnifrauen. In: Unterwegs auf neuen Lern- und Erziehungswegen, Nr. 18 (Basel), September, S. 18–21.

e) Soll man »Geschichten aus Afrika« lesen? Leopold Rosenmayrs »Baobab«. In: Literatur und Kritik (Salzburg) 33, Nr. 325/326, S. 94–97.

f) Der Anfang einer Freundschaft. In: Rings, W.: (19.5.1910–16.4.1998) Zürich. (Privatdruck), S. 6–8.

g) Die Flöte des Herrn von Karasek. In: Universitätskulturzentrum Unikum Klagenfurt (Hg.): 1986–1997. Elf Jahre Universitätskulturzentrum Unikum. Lese- und Bilderbuch. Klagenfurt, S. 22–32. Repr. 1999d.

h) Haie. In: Strutz, J. (Hg.): Europa erlesen: Dalmatien. Klagenfurt (Wieser), S. 66–78. Repr. 1995a (87–97).

i) Dankrede. In: Deutsche Akademie für Sprache und Dichtung Darmstadt (Hg.): Jahrbuch 1997. Göttingen (Wallstein), S. 165–169.

j) Warnung vor Seelenmord an Kindern. Bosnische Flüchtlinge vor der Rückschaffung. In: WoZ, Die Wochenzeitung (Zürich), Nr. 5, 29. Januar, S. 2.

k) Unsere Dummheit ist mitverantwortlich. Paul Parins Lektüre aktueller Balkan-Reportagen. In: WoZ, Die Wochenzeitung (Zürich), Nr. 21, 21. Mai, S. 24.

l) Lob des Agnostizismus (Buchbesprechung: Künzli, A. (1998): Gotteskrise. Fragen zu Hiob. Lob des Agnostizismus. Reinbek (Rowohlt)). In: WoZ, Die Wochenzeitung (Zürich), Nr. 34, 20. August, S. 13.

m) Von der Versklavung zur Blaxploitation (Buchbesprechung: Heider, U. (1996): Schwarzer Zorn und weisse Angst. Reisen durch Afro-Amerika. Frankfurt/Main (Fischer); Scharenberg, A. (1998): Schwarzer Nationalismus in den USA. Das Malcolm X-Revival. Münster (Verlag Westfälisches Dampfboot)). In: WoZ, Die Wochenzeitung (Zürich), Nr. 41, 8. Oktober, S. 28.

n) Die Falle. Asylland Schweiz. Eine Erzählung. In: St. Galler Tagblatt, 23. Dezember, S. 2.

o) Ist der Tod das Ende einer Freundschaft? Nachruf auf Thomas Mitscherlich. In: Frankfurter Rundschau, 2. Mai 1998.

p) (& Parin-Matthèy, G.): La obligatoriamente infeliz relación de los psicoanalistas para con el poder. In: Giros de Aspas No. 4 (San José, Costa Rica), S. 31–35. Trsl. 1983j.

q) El desenlace del conflicto edípico en tres culturas diferentes. In: Giros de Aspas No. 4 (San José, Costa Rica), S. 43–60. Trsl. 1972b.
r) El yo y los mecanismos de adaptacíon. In: Giros de Aspas No. 4 (San José, Costa Rica), S. 61–88. Repr. 1981j; Trsl. 1977a.

1999

a) Menzogne in tempo di pace. Tentativo di una critica psicoanalitica ed etnologica dei diritti dell'uomo. In: Psicoterapia e scienze umane 33, Nr. 2, S. 5–30. Trsl. 1998b.
b) Die Flöte des Herrn von Karasek. In: Literatur und Kritik (Salzburg) 34, Nr. 333/334, S. 50–56. Repr. 1998g.
c) »Die Weissen denken zuviel«. Über das Eigene und das Fremde – im Gespräch mit Paul Parin. In: Heinrichs, H.-J. (Hg.): Die Geschichte ist nicht zuende! Gespräche über die Zukunft des Menschen und Europas. Wien (Passagen), S. 163–179.
d) Über Georges Devereux. In: Psychoanalytisches Seminar Bern (Hg.): Rebus – Blätter zur Psychoanalyse (Bern) 15, Oktober, S. 181–182.
e) Wir und die unheimlichen anderen (Buchbesprechung: Eckert, R. (Hg.) (1998): Wiederkehr des »Volksgeistes«? Ethnizität, Konflikt und politische Bewältigung. Opladen (Leske & Budrich)). In: WoZ, Die Wochenzeitung (Zürich), Nr. 2, 14. Januar, S. 24.
f) Der gefährliche Alltag einer Forscherin (Buchbesprechung: Weiss, F. (1999): Vor dem Vulkanausbruch. Eine ethnologische Erzählung. Frankfurt/Main (Fischer)). In: Basler Magazin Nr. 13, 3. April, S. 15.
g) Mit Eric Hobsbawm Geschichte lesen (Buchbesprechung: Hobsbawm, E. (1998): Wie viel Geschichte braucht die Zukunft? Wien, München (Hanser)). In: WoZ, Die Wochenzeitung (Zürich), Nr. 14, 8. April, S. 24.
h) Gedanken eines verspäteten Gastes. In: Tages-Anzeiger (Zürich), 12. April, S. 49.
i) Milošević' Verbrechen – mißbilligend in Kauf genommen. Bemerkungen eines Psychoanalytikers zu Kosovo und Serbien. In: Die Welt, 14. April, S. 19.
j) Unbekannte Résistance (Buchbesprechung: Kühnrich, H., Hitze, F.-K. (1997): Deutsche bei Titos Partisanen 1941–1945. Berlin (GNN Verlag). In: WoZ, Die Wochenzeitung (Zürich), Nr. 15, 15. April, S. 24.
k) »Wahn ist leicht zu erzeugen ...« und schwer zu korrigieren: Ein Gespräch mit dem Ethnopsychoanalytiker Paul Parin über die Riten der Diplomatie und die Psyche der serbischen Bevölkerung, die Versäumnisse des Westens und den real existierenden Faschismus. In: die tageszeitung (Berlin), 17./18. April, S. 25–26.
l) Prinzip Gerechtigkeit. Gespräch mit Traugott Biedermann. In: P.S. (Zürich), 26. August, Nr. 26, S. 8–9.
m) »Tod dem Faschismus, Freiheit dem Volk«. In: Jüdische Rundschau, 29. April, Nr. 17, S. 14–15.

n) Sechs Signale. Korrigiert wird, wenn es zu spät ist: Blicke auf das Jahrhundert der Katastrophen. In: Frankfurter Rundschau, Nr. 210, 10. September 1999, S. 15.
o) Sterbeurkunde aus Mauthausen (Buchbesprechung: Kokot, A. (1996): Das Kind, das ich war. Erinnerung an die Vertreibung der Slowenen aus Kärnten. Klagenfurt (Drava). In: WoZ, Die Wochenzeitung (Zürich), Nr. 39, 30. September, S. 28.
p) Die giftigen Pfeile der Freiheit. Vom Überleben der Mentalitäten. Die Transformation in Osteuropa und in der Schweiz. In: Frankfurter Rundschau, 26. Oktober 1999.
q) Wissen und Besser wissen (Buchbesprechung: Diner, D. (1999): Das Jahrhundert verstehen. Eine universalhistorische Deutung. München (Luchterhand Literaturverlag). In: WoZ, Die Wochenzeitung (Zürich), Nr. 45, 11. November, S. 28.
r) Zentraleuropäische Mikrokosmen (Buchbesprechung: Magris, C. (1999): Die Welt en gros und en détail. München, Wien (Hanser)). In: WoZ, Die Wochenzeitung (Zürich), Nr. 48, 2. Dezember, S. 24.
s) Grußwort. In: texte. psychoanalyse.ästhetik.kulturkritik (Wien) 19, Nr. 3, S. 30–32. Repr. 1999t.
t) Grußwort zum Symposion »Der fremde Blick«. In: Journal (Psychoanalytisches Seminar Zürich) 36, März, S. 27–29. Repr. 1999s.

2000

a) (& Parin-Matthèy, G.): Subjekt im Widerspruch. Gießen (Psychosozial-Verlag). Erweiterte Neuausgabe 1986.
b) Die Machtlosigkeit der Psychoanalyse. Und das Versagen der Diplomatie. Von Harold Dwight Lasswell bis zu Vamik D. Volkan. In: Frankfurter Rundschau, Nr. 18, 22. Januar, ZB3. Repr. 2000k.
c) Der Sinn des Sinnwidrigen (Buchbesprechung: Gauss, K.-M. (1999): Der Mann, der ins Gefrierfach wollte. Albumblätter. Wien (Paul Zsolnay). In: WoZ, Die Wochenzeitung (Zürich), Nr. 13, 30. März, S. 24.
d) Lebendige Geschichte von unten. In: Basler Magazin, Nr. 11, 18. März 2000, S. 15. Repr. 2000e.
e) Lebendige Geschichte »von unten«. Essay über Schiess, R. (1999): Wie das Leben nach dem Fieber. Gießen (Psychosozial-Verlag). In: Journal (Psychoanalytisches Seminar Zürich) 38, Mai, S. 45–48.
f) Gesamtbibliographie der medizinischen, psychoanalytischen, ethnopsychoanalytischen, kulturkritischen und literarischen Veröffentlichungen 1944–1999. In: Journal (Psychoanalytisches Seminar Zürich) 38, Mai, S. 49–62.
g) Komplizen im Look von Feinden (Buchbesprechung: Rumiz, P. (2000): Masken für ein Massaker. Der manipulierte Krieg. Spurensuche auf dem Balkan. München (Antje Kunstmann). In: WoZ, Die Wochenzeitung (Zürich), Nr. 21, 25. Mai, S. 28.

h) Ist die menschliche Natur unmenschlich? In: Claussen, D., Negt, O. & Werz, M. (Hg.): Hannoversche Schriften 2. Kritik des Ethnonationalismus. Frankfurt am Main (Verlag Neue Kritik), S. 193-196.
i) Lebenslanger Querdenker. Gespräch mit Paul Parin. In: Zeitlupe, Pro Senectute Schweiz 78, Nr. 6, Juni, S. 14-17.
j) Geschichten aus Afrika. Rede zur Ausstellungseröffnung in Innsbruck, Juni 1995. In: Körbitz, U.: Zeichen aus dem Unter-Grund. Frankfurt am Main (Brandes & Apsel), S. 34-44.
k) Die Machtlosigkeit der Psychoanalyse und das Versagen der Diplomatie. In: (& Parin-Matthèy, G.): Subjekt im Widerspruch. Gießen (Psychosozial-Verlag), S. 259-266. Repr. 2000b.
l) Es ist Krieg und wir gehen hin (Zusammenfassung aus einem Kapitel über Wiederherstellungschirurgie in »Es ist Krieg und wir gehen hin« (1997). In: Ströbel, N.: Reparaturen der Welt. Compilation zum Ausstellungs- und Buchprojekt von Nele Ströbel. O.O., o.J. (2000).
m) »The mark of oppression«. Studio etnopsicoanalitico su ebrei e su omosessuali in un cultura relativamente permissiva. In: Bassi, F., Galli, P. F. (Hg.): L'omosessualità nella psicoanalisi. Piccola Biblioteca Einaudi. Nuova Serie. Psicologia.Psicoanalisi. Psichiatria. Torino (Einaudi) S. 3-36. Trsl. 1985b, Repr. 1985e.
n) Die Haider-Show (Buchbesprechung: Ottomeyer, K. (2000): Die Haider-Show. Zur Psychopolitik der FPÖ. Klagenfurt (Drava)). In: WoZ, Die Wochenzeitung (Zürich), Nr. 38, 21. September, S. 28.
o) Vorwort. In: Koellreuter, A.: Das Tabu des Begehrens. Die Verflüchtigung des Sexuellen in Theorie und Praxis der feministischen Psychoanalyse. Gießen (Psychosozial-Verlag), S. 9-11.

2001

a) Der Traum von Ségou. Neue Erzählungen. Hamburg (Europäische Verlagsanstalt).
b) Mythos in den Filmen von Thomas Mitscherlich und in der Psychoanalyse. In: Dehnbostel, K., Rumpf, M. & Seifert, J. (Hg.): Thomas Mitscherlich. Bilder – Medium des Erinnerns. Der Blick des Filmemachers Thomas Mitscherlich auf unsere Vergangenheit. Marburg (Schüren), S. 77-82.
c) Aufbruch und Skepsis - Visionen für das neue Jahrtausend. Signale geschichtlicher Ereignisse. In: Psychoanalyse im Widerspruch (Heidelberg-Mannheim) 13, Nr. 26, S. 77-85.
d) Ist Psychoanalyse eine Sozialwissenschaft? In: Psychoanalyse – Texte zur Sozialforschung 5, Nr. 8, S. 93-109. Trsl. 1975d.
e) Wer richtet ein Tabu ein und zu welchem Zweck? Tabuisierung, ein Werkzeug der Politik: Legitimationsorgan, Geschichtsfälschung und Sündenbocktaktik. In: Sippe-Süsse, J., Apsel, R. (Hg.): Ethnopsychoanalyse, Bd. 6. Forschen, erzählen und reflektieren. Frankfurt/Main (Brandes & Apsel), S. 9-18.

f) Unchristliche Dreifaltigkeit (Buchbesprechung: Künzli, A. (2001): Menschenmarkt. Die Humangenetik zwischen Utopie, Kommerz und Wissenschaft. Reinbek (Rowohlt Enzyklopädie)). In: WoZ, Die Wochenzeitung (Zürich), Nr. 13, 29. März, S. 24.

g) Wahrheiten, scheibchenweise (Buchbesprechung: Melčić, D. (Hg.) (1999): Der Jugoslawien-Krieg. Handbuch zu Vorgeschichte, Verlauf und Konsequenzen. Wiesbaden (Westdeutscher Verlag)). In: WoZ, Die Wochenzeitung (Zürich), Nr. 19, 10. Mai, S. 24.

4.4. Literaturverzeichnis

Die Bibliographie zu Sigmund Freud folgt der *Freud-Bibliographie mit Werkkonkordanz* (Meyer-Palmedo/Fichtner 1989).
Die bibliographischen Angaben zu den Arbeiten von Paul Parin (bis 2001) sind in der *Gesamtbibliographie der Veröffentlichungen von Paul Parin 1944–2001* enthalten, die im Kapitel 4.3. abgedruckt ist; siehe auch www.paul-parin.info.

Abu-Lughod, L. (1991): Writing against culture. In: Fox, R. G. (Hg.) Recapturing anthropology. Santa Fe (School of American Research Press), S. 137–162.
- (1993): Writing women's world's. Bedouin stories. Berkeley (Univ. of California Press).
Adler, M. (1993): Ethnopsychoanalyse. Das Unbewußte in Wissenschaft und Kultur. Stuttgart, New York (Schattauer).
Adorno, T. W. et al. (1950): The Authoritarian Personality. New York (Harper & Brothers).
Allenbach von Moos, B. (1997): Frauen im Spannungsfeld von ökonomischer Selbständigkeit und sozialer Marginalisierung. Auswertung einer Feldforschung in Koudougou, Burkina Faso. Zürich (Argonaut).
Allenbach, B. (2002): »Hier wissen alle, wer Sie sind!« Ein sozialwissenschaftlicher Beitrag zum Phänomen der Übertragung. In: Egli, W. et al. (Hg.) (2002): Neuere Entwicklungen der Ethnopsychoanalyse. Münster (Lit Verlag), S. 119–132.
Arbeitsgruppe Ethnologie Wien (Hg.) (1989): Von fremden Frauen. Frausein und Geschlechterbeziehungen in nichtindustriellen Gesellschaften. Frankfurt/Main (Suhrkamp).
Apsel, R. (Hg.) (1998): Ethnopsychoanalyse, Bd. 5. Jugend und Kulturwandel. Frankfurt/Main (Brandes & Apsel).
Apsel, R., Baumgart, M., Blum, E. M. & Sippel-Süsse, J. (Hg.) (1990): Ethnopsychoanalyse, Bd. 1. Glaube, Magie, Religion. Frankfurt/Main (Brandes & Apsel).
Apsel, R., Blum, E. & Rost, W.-D. (Hg.) (1995): Ethnopsychoanalyse, Bd. 4. Arbeit, Alltag, Feste. Frankfurt/Main (Brandes & Apsel).
Association des Chercheurs Sénégalais (Hg.) (1997): La folie au Sénégal. Dakar (ACS).
Awart, S. (1993): Psychische Verarbeitung der Akkulturation von Frauen in Lihir. Eine ethnopsychologische Studie in Papua Neuguinea. Diplomarbeit Universität Wien.
- (1998): Schweineschmaus oder Disco-Rausch. Generationskonflikte in Papua Neuguinea in Zeiten des rapiden Kulturwandels. In: Apsel, R. (Hg.): Ethnopsychoanalyse, Bd. 5. Jugend und Kulturwandel. Frankfurt/Main (Brandes & Apsel), S. 118–152.

- (1999): GeisterheilerInnen und SozialforscherInnen. Begegnungen in einem außergewöhnlichen Forschungsfeld. In: Obrecht, A.: Die Welt der Geisterheiler. Die Renaissance magischer Weltbilder. Wien (Böhlau), S. 246–260.
- (2000): Die »petits métiers« in Dakar. Eine sozialpsychologische Studie des informellen Sektors im Senegal. Diss. Universität Klagenfurt.
- (2000a): Frauenleben im Senegal. Einblicke in das Leben einer Erdnussverkäuferin in den Straßen der Hauptstadt Dakar. In: Südwind Magazin (Wien), Nr. 11, S. 18–19.

Badawia, T. (2002): Der dritte Stuhl. Eine Grounded Theory-Studie zum kreativen Umgang bildungserfolgreicher Immigrantenjugendlicher mit kultureller Differenz. Frankfurt/Main (IKO-Verlag).

Balke, F., Habermas, R., Nanz, P. & Sillem, P. (Hg.) (1993): Schwierige Fremdheit. Über Integration und Ausgrenzung in Einwanderungsländern. Frankfurt/Main (Fischer).

Bally, A. (1992): Geheimnisvoll und rätselhaft? Ethnopsychoanalytische Feldforschung. In: Rebus – Blätter zur Psychoanalyse (Bern) 2, S. 35–48.

Bateson, G. (1958): Naven. A survey of the problems suggested by a composite picture of the culture of a New Guinea tribe drawn from three points of view. Stanford (Stanford Univ. Press).

Bazzi, D. (1996): Vom Ort des Notstands zur Gruppenhaut. In: Tsantsa 1, S. 54–65.
- (1999): Asyl geben. Ein Nachwort. In: Ninck Gbeassor, D. et al. (Hg.) (1999): Überlebenskunst in Übergangswelten. Ethnopsychologische Betreuung von Asylsuchenden. Berlin (Reimer), S. 131–144.
- (2000): Migration als Inszenierung von Flucht und Zuflucht. Konflikte in Grenzbegegnungen. In: Bazzi, D. et al. (Hg.) (2000): Fluchten, Zusammenbrüche, Asyl. Fallstudien aus dem Ethnologisch-Psychologischen Zentrum in Zürich. Mit einem Vorwort von David Becker. Zürich (Argonaut), S. 121–142.

Bazzi, D., Schär Sall, H., Signer, D., Wetli, E. & Wirth, D. P. (Hg.) (2000): Fluchten, Zusammenbrüche, Asyl. Fallstudien aus dem Ethnologisch-Psychologischen Zentrum in Zürich. Mit einem Vorwort von David Becker. Zürich (Argonaut).

Beindorff, K. (1986): Gespräch mit Paul Parin am 1. Juni 1986. Unveröffentlichtes Manuskript.

Belgrad, J., Görlich, B., König, H. D. & Schmid Noerr, G. (Hg.) (1987): Zur Idee einer psychoanalytischen Sozialforschung. Dimensionen szenischen Verstehens. Alfred Lorenzer zum 65. Geburtstag. Frankfurt/Main (Fischer).

Bell, K., Holder, A., Janssen, P. & van de Sande, J. (Hg.) (2002): Migration und Verfolgung. Psychoanalytische Perspektiven. Gießen (Psychosozial-Verlag).

Benedict, R. (1934): Patterns of Culture. Boston (Houghton Mifflin Co.).
- (1955): Urformen der Kultur. Reinbek (Rowohlt).

Bennani, J. (1980): Le corps suspect. Paris (Galilée).
- (1996): La psychanalyse au pays des saints. Les débuts de la psychiatrie et de la psychanalyse au Maroc. Préface Alain de Mijolla. Casablanca (Le Fennec).
- (1999): Parcours d'Enfants. Casablanca (Le Fennec).

- (2000): Le voyage de la psychanalyse au Maroc. In: Benmakhlouf, A. (Hg.): Le Voyage des théories. Casablanca (Le Fennec), S. 81–89.
- (2002): Maghreb. In: Mijolla, A. de (Hg.): Dictionnaire international de la psychanalyse. Paris (Calmann-Lévy), S. 950–951.

Bennani, J., Braconnier, A. (2002): Le temps des ados. Casablanca (Le Fennec).

Benz, A. (1997): Der Lebenskünstler. Drei Inszenierungen zur Überwindung des Traumas. Hamburg (Europäische Verlagsanstalt).

- (1997a): Der Ethnopsychoanalytiker Tobie Nathan. Emigration, Trauma und Metamorphose. In: Benz, A. (1997): Der Lebenskünstler. Drei Inszenierungen zur Überwindung des Traumas. Hamburg (Europäische Verlagsanstalt), S. 63–115.

Berg, E., Fuchs, M. (Hg.) (1993): Kultur, soziale Praxis, Text. Die Krise der ethnographischen Repräsentation. Frankfurt/Main (Suhrkamp).

Berghold, J., Menasse, E. & Ottomeyer, K. (Hg.) (2000): Trennlinien. Imagination des Fremden und Konstruktionen des Eigenen. Klagenfurt (Drava).

Berry, J. W., Poortinga, Y. H., Segall, M. H. & Dasen, P. R. (1992): Cross-cultural psychology. Research and applications. Cambridge (Cambridge Univ. Press).

Bettelheim, B. (1982): Symbolische Wunden. Pubertätsriten und der Neid des Mannes. Frankfurt/Main (Fischer).

Beuchelt, E. (1974): Ideengeschichte der Völkerpsychologie. Meisenheim am Glan (Verlag Anton Hain).

- (1988): Psychologische Anthropologie. In: Fischer, H. (Hg.) (1988): Ethnologie. Einführung und Überblick. 2., überarb. u. erw. Aufl. Berlin (Reimer), S. 313–329.

Bielefeld, U. (1991): Das Eigene und das Fremde. Neuer Rassismus in der Alten Welt? Hamburg (Junius).

Blum, E., Baumgart, M., Sippel-Süsse, J., Wegeler, C. & Apsel, R. (Hg.) (1991): Ethnopsychoanalyse, Bd. 2. Herrschaft, Anpassung, Widerstand. Frankfurt/Main (Brandes & Apsel).

Bock, P. K. (Hg.) (1994): Handbook of psychological anthropology. London, Westport (Greenwood).

- (1999): Rethinking Psychological Anthropology. Continuity and Change in the Study of Human Action. Prospect Heights (Waveland Press).

Bojadzijev, M. (2002): Antirassistischer Widerstand von Migrantinnen und Migranten in der Bundesrepublik: Fragen der Geschichtsschreibung. In: 1999. Zeitschrift für Sozialgeschichte des 20. und 21. Jahrhunderts 17, Heft 1, S. 125-152.

Bonß, W. (1982): Psychoanalyse als Wissenschaft und Kritik. Zur Freudrezeption der Kritischen Theorie. In: Bonß, W., Honneth, A. (Hg.) (1982): Sozialforschung als Kritik. Zum sozialwissenschaftlichen Potential der Kritischen Theorie. Frankfurt/Main (Suhrkamp), S. 367–425.

Boroffka, A. (1995/1996): Psychiatric care in Nigeria. In: Psychopathologie africaine 27, Nr. 1, S. 27–36.

Bosse, H. (1979): Diebe, Lügner, Faulenzer. Zur Ethno-Hermeneutik von Abhängigkeit und Verweigerung in der Dritten Welt. Frankfurt/Main (Syndikat).

- (1991): Zugänge zur verborgenen Kultur der Jugendlichen. Ethnoanalyse in Papua Neuguinea und ethnohermeneutische Textinterpretation. In: Combe, A., Helsper, W. (Hg.) (1991): Hermeneutische Jugendforschung. Theoretische Konzepte und methodologische Ansätze. Opladen (Westdeutscher Verlag), S. 200–229.
- (1992): Das Fremde am Mann oder Die Sexualität, die »von außen kommt«. In: Zeitschrift für Sexualforschung 5, S. 144–162.
- (1994): Der fremde Mann. Jugend, Männlichkeit, Macht. Eine Ethnoanalyse. Unter Mitarbeit von Werner Knauss. Frankfurt/Main (Fischer).
- (1998): Der fremde Mann. Männlichkeitsbildung zwischen Bindung und Herrschaft. Eine ethnopsychoanalytische Fallstudie mit Adoleszenten in Papua-Neu-Guinea, interpretiert mit dem Ansatz der Ethnohermeneutik. In: Psychosozial 21, Nr. 72, Heft 2, S. 49–77.

Bosse, H., Knauss, W. (1984): Erfahrungen mit Jugendlichen in Papua-Neuguinea. Die Gruppenanalyse als Methode, gesellschaftliche Veränderungen zu verstehen. In: Psychosozial 7, Nr. 23, Heft 1, S. 68–90.

Bourguignon, E. (1978): Psychological Anthropology. In: Honigman, J. J. (Hg.) (1978): Handbook of Social and Cultural Anthropology. Chicago (Rand McNally & Company), S. 1073–1118.

Boxberg, F. von (1976): Analytische Feldforschungen. In: Eicke, D. (Hg.) (1976): Die Psychologie des 20. Jahrhunderts, Bd. 2. Freud und die Folgen (I). Zürich (Kindler), S. 1103–1132.

Boyer, L. B. (1976): Die psychoanalytische Behandlung Schizophrener. München (Kindler).
- (1979): Childhood and Folklore. A Psychoanalytic Study of Apache Personality. New York (The Library of Psychological Anthropology).
- (1980): Die Psychoanalyse in der Ethnologie. In: Psyche 34, S. 694–715.
- (1982): Kindheit und Mythos. Eine ethno-psychoanalytische Studie der Apachen. Stuttgart (Klett-Cotta).
- (1983): Approaching Cross-Cultural Psychotherapy. In: The Journal of Psychoanalytic Anthropology 6, S. 237–245.
- (1985): Psychoanalytische Arbeit mit einer Borderline-Patientin. In: Psyche 39, S. 1067–1101.
- (1999): Countertransference and Regression. Edited by Laura L. Doty. Northvale, London (Jason Aronson).

Boyer, L. B., Boyer, R. M. & De Vos, G. A. (1987): Der Erwerb der Schamanenwürde. Klinische Untersuchung und Rorschach-Untersuchung eines besonderen Falles. In: Duerr, H. P. (Hg.): Die wilde Seele. Zur Ethnopsychoanalyse von Georges Devereux. Frankfurt/Main (Suhrkamp), S. 220–273.

Boyer, L. B., Grolnik, S. A. (Hg.) (1985): The Psychoanalytic Study of Society, Bd. 11. Essays in Honor of Werner Muensterberger. Hillsdale (The Analytic Press).
- (Hg.) (1988): The Psychoanalytic Study of Society, Bd. 12. Essays in Honor of George Devereux. Hillsdale (The Analytic Press).
- (Hg.) (1989): The Psychoanalytic Study of Society, Bd. 14. Essays in Honor of Paul Parin. Hillsdale (The Analytic Press).

Boyer, R. M. (1992): Apache Mothers and Daughters. Four Generations of a Family. Norman (Univ. of Oklahoma Press).
Brauns, H.-D. (1981): Die Rezeption der Psychoanalyse in der Soziologie im deutschsprachigen Raum bis 1940. In: Cremerius, J. (Hg.) (1981): Die Rezeption der Psychoanalyse in der Soziologie, Psychologie und Theologie im deutschsprachigen Raum bis 1940. Frankfurt/Main (Suhrkamp), S. 31–133.
Brenner, E. (1993): Weibliche Potenzen, Mutterbindung und männliche Identität in Nicaragua. In: Werkblatt 10, Nr. 29/30, S. 98–129.
– (2002): Ethnopsychoanalyse als Synthese. In: Egli, W. et al. (Hg.) (2002): Neuere Entwicklungen der Ethnopsychoanalyse. Münster (Lit Verlag), S. 159–170.
Briggs, J. L. (1970): Never in Anger. Portrait of an Eskimo Family. Cambridge (Harvard Univ. Press).
– (1998): Inuit morality play. The emotional education of a three-year-old. New Haven (Yale Univ. Press).
Brockhaus, G. (1994): Vom Nutzen psychoanalytischen Vorgehens in der Sozialpsychologie. In: Keupp, H. (Hg.) (1994): Zugänge zum Subjekt. Perspektiven einer reflexiven Sozialpsychologie. Frankfurt/Main (Suhrkamp), S. 54–96.
Brückner, P. (1975): Sigmund Freuds Privatlektüre. Köln (Verlag Rolf Horst).
Brunner, J. (2001): Psyche und Macht. Freud politisch lesen. Stuttgart (Klett-Cotta).
Buden, B. (1990): Inconscientia Jugoslavica. In: Werkblatt 7, Nr. 22/23, S. 7–24.
Bukow, W.-D., Nikodem, C., Schulze, E. & Yildiz, E. (2001): Auf dem Weg zur Stadtgesellschaft. Die multikulturelle Stadt zwischen globaler Neuorientierung und Restauration. Opladen (Leske & Budrich).
Burt, R. (1990): Friedrich Salomo Krauss (1859–1938). Selbstzeugnisse und Materialien zur Biobibliographie des Volkskundlers, Literaten und Sexualforschers mit einem Nachlaßverzeichnis. Mit einem Beitrag von Michael Martischnig. Zum 50. Todestag von Friedrich Salomo Krauss (Salomon Friedrich Krauss). Eine Nachlese. Wien (Verlag der Österreichischen Akademie der Wissenschaften).
Busslinger, G. (1999): Darstellung einer psychoanalytisch orientierten Psychotherapie in einem interkulturellen Kontext. In: Journal (Psychoanalytisches Seminar Zürich) 36, März 1999, S. 6–14.
– (2002): Vom Umgang mit dem Familiären in der Migration. Fallbeispiel einer bikulturellen Partnerschaft aus der psychotherapeutischen Praxis. In: Egli, W. et al. (Hg.) (2002): Neuere Entwicklungen der Ethnopsychoanalyse. Münster (Lit Verlag), S. 27–36.
Byer, D. (2002): Evolutionistische Anthropologien. Zur Ambivalenz eines hundertjährigen Fortschrittsparadigmas. In: Ash, M. G., Stiftner, C. H. (Hg.): Wissenschaft, Politik und Öffentlichkeit. Von der Wiener Moderne bis zur Gegenwart. Wien (WUV-Universitätsverlag), S. 185–206.
Cassirer Bernfeld, S. (1981): Freud und die Archäologie (1951). In: Bernfeld, S., Cassirer Bernfeld, S. (1981): Bausteine der Freud-Biographik. Eingeleitet, herausgegeben und übersetzt von Ilse Grubrich-Simitis. Frankfurt/Main (Suhrkamp), S. 237–259.
Cherki, A. (2002): Frantz Fanon. Ein Portrait. Hamburg (Nautilus).
Clifford, J. (1993): Halbe Wahrheiten. In: Rippl, G. (Hg.): Unbeschreiblich weiblich.

Texte zur feministischen Anthropologie. Frankfurt/Main (Fischer), S. 104–136.
- (1993a): Über ethnographische Allegorie. In: Berg, E., Fuchs, M. (Hg.): Kultur, soziale Praxis, Text. Die Krise der ethnographischen Repräsentation. Frankfurt/Main (Suhrkamp), S. 200–239.
- (1993b): Über ethnographische Autorität. In: Berg, E., Fuchs, M. (Hg.): Kultur, soziale Praxis, Text. Die Krise der ethnographischen Repräsentation. Frankfurt/Main (Suhrkamp), S. 109–157.

Clifford, J., Marcus, G. E. (Hg.) (1986): Writing Culture. The Poetics and Politics of Ethnography. Experiments in Contemporary Anthropology. Berkeley (Univ. of California Press).

Collignon, R. (1978): Vingt ans de travaux à la clinique psychiatrique de Fann-Dakar. In: Psychopathologie africaine 14, Nr. 2/3, S. 133–324.
- (2000): Vingt ans de travaux en psychiatrie en santé mentale au Sénégal (1979–1999). Essai de Bibliographie annotée. In: Psychopathologie africaine 30, Nr. 1/2, S. 3–184.
- (2000a): Santé mentale entre psychiatrie contemporaine et pratique traditionelle (Le cas du Sénégal). In: Psychopathologie africaine 30, Nr. 3, S. 283–298.
- (2002): Pour une historisation de la psychiatrie coloniale française. A partir de l'exemple du Sénégal. In: L'Autre. Cliniques, cultures et sociétés 3, Nr. 3.

Conzen, P. (1996): Erik H. Erikson. Stuttgart (Kohlhammer).

Crapanzano, V. (1973): The Hamadsha. A Study in Moroccan Ethnopsychiatry. Berkeley (Univ. of California Press).
- (1980): Tuhami. A Portrait of a Moroccan. Chicago (Univ. of Chicago Press).
- (1981): Die Hamadša. Eine ethnopsychiatrische Untersuchung in Marokko. Mit einer Einführung von Paul Parin. Stuttgart (Klett-Cotta).
- (1983): Tuhami. Portrait eines Marokkaners. Stuttgart (Klett-Cotta).
- (1985): Waiting. The Whites of South Africa. New York (Random House).
- (1987): Text, Übertragung und Deixis. In: Psyche 41, S. 385–410.
- (1991): Kevin – Prediger und Soldat. Eine ethnopsychoanalytische Betrachtung seiner Geschichte. In: Ethnopsychoanalyse, Bd. 2. Herrschaft, Anpassung, Widerstand. Frankfurt/Main (Brandes & Apsel), S. 58–95.
- (1992): Hermes' Dilemma and Hamlet's Desire. On the Epistemology of Interpretation. Cambridge (Harvard Univ. Press).
- (1992a): Some thoughts on hermeneutics and psychoanalytic anthropology. In: Schwartz, T., White, G. M. & Lutz, C. A. (Hg.) (1992): New directions in psychological anthropology. Cambridge (Cambridge Univ. Press), S. 294–307.

Dahmer, H. (1982): Libido und Gesellschaft. Studien über Freud und die Freudsche Linke. 2., erw. Aufl. Frankfurt/Main (Suhrkamp).
- (1988): Psychoanalyse und Organisation. In: Werkblatt 5, Nr. 16/17, S. 7–14.
- (1991): Überleben im Slum. Hinweis auf eine Veröffentlichung des Centro Psicoanálisis y Sociedad. In: Werkblatt 8, Nr. 26, S. 23–31.

Dammann, R. (1991): Die dialogische Praxis der Feldforschung. Der ethnographische Blick als Paradigma der Erkenntnisgewinnung. Frankfurt/Main, New York (Campus).

Daston, L. (2001): Wunder, Beweise und Tatsachen. Zur Geschichte der Rationalität. Frankfurt/Main (Fischer).
Devereux, G. (1955): A Study of Abortion in Primitive Societies. New York (Julian Press).
- (1967): From Anxiety to Method in the Behavioral Sciences. Den Haag, Paris (Mouton & Co).
- (1973): Angst und Methode in den Verhaltenswissenschaften. München, Wien (Hanser).
- (1974): Normal und anormal. Aufsätze zur allgemeinen Ethnopsychiatrie. Frankfurt/Main (Suhrkamp).
- (1978): Ethnopsychoanalyse. Die komplementaristische Methode in den Wissenschaften vom Menschen. Frankfurt/Main (Suhrkamp).
- (1981): Baubo. Die mythische Vulva. Frankfurt/Main (Syndikat).
- (1982): Träume in der griechischen Tragödie. Eine ethnopsychoanalytische Untersuchung. Frankfurt/Main (Suhrkamp).
- (1985): Realität und Traum. Psychotherapie eines Prärie-Indianers. Mit einem Vorwort von Margaret Mead. Frankfurt/Main (Suhrkamp).
- (1986): Frau und Mythos. München (Wilhelm Fink).
- (1998): Psychothérapie d'un Indien des Plaines. Paris (Fayard).
Diefenbacher, A. (1985): Psychiatrie und Kolonialismus. Frankfurt, New York (Campus)
Du Bois, C. (1944): The People of Alor. A Social-Psychological Study of an East-Indian Island. Minneapolis (Univ. of Minnesota Press).
- (1960): The People of Alor. A Social-Psychological Study of an East-Indian Island. Cambridge (Harvard Univ. Press).
Dubow, S. (1993): Black Hamlet. A case of »Psychic Vivisection«? In: Boyer, L. B., Boyer, R. M. & Sonnenberg, S. M. (Hg.): The Psychoanalytic Study of Society, Bd. 18. Hillsdale (The Analytic Press), S. 171–210.
- (1996): Introduction. Part One. In: Sachs, W. (1937): Black Hamlet. With new introductions by Saul Dubow and Jaqueline Rose. Baltimore (John Hopkins), S. 1–37.
Duerr, H. P. (Hg.) (1981): Der Wissenschaftler und das Irrationale, Bd. 1. Beiträge aus Ethnologie und Anthropologie. Frankfurt/Main (Syndikat).
- (Hg.) (1987): Die wilde Seele. Zur Ethnopsychoanalyse von Georges Devereux. Frankfurt/Main (Suhrkamp).
Dumont du Voitel, W. (1994): Macht und Entmachtung der Frau. Eine ethnologisch-historische Analyse. Frankfurt/Main, New York (Campus).
Ebermann, E. (Hg.): (2002): Afrikaner in Wien. Zwischen Mystifizierung und Verteufelung. Erfahrungen und Analysen. Münster (Lit Verlag).
Edmunds, L., Dundes, A. (Hg.) (1984): Oedipus. A Folklore Casebook. New York, London (Garland Publishing).
Egli, W. (2002): Vorwort. Ethnopsychoanalyse am Ethnologischen Seminar Zürich – Zur Vorgeschichte der Tagung. In: Egli, W. et al. (Hg.) (2002): Neuere Entwicklungen der Ethnopsychoanalyse. Münster (Lit Verlag), S. 3–6.
- (2002a): Ethnopsychoanalyse und Kulturvergleichende Psychologie. In: Egli, W.

et al. (Hg.) (2002): Neuere Entwicklungen der Ethnopsychoanalyse. Münster (Lit Verlag), S. 133–144.
Egli, W., Saller, V. & Signer, D. (Hg.) (2002): Neuere Entwicklungen der Ethnopsychoanalyse. Münster (Lit Verlag).
Eisenbach-Stangl, I., Stangl, W. (Hg.) (2000): Das äußere und innere Ausland. Fremdes in soziologischer und psychoanalytischer Sicht. Wien (WUV-Universitätsverlag).
Eissler, K. R. (1965): Medical Orthodoxy and the Future of Psychoanalysis. New York (International Univ. Press).
Ellenberger, H. F. (1973): Die Entdeckung des Unbewußten. 2 Bde. Bern, Stuttgart, Wien (Hans Huber).
Englert, E., Migsch, G. & Rainer, J. (1989): Vergangenheitsbewältigung und Volksgruppenkonflikt in Kärnten. In: Graf, W. et al. (Hg.): Szenen der Gewalt in Alltagsleben, Kulturindustrie und Politik. Wien (Verlag für Gesellschaftskritik), S. 99–134.
Erdheim, M. (1973): Prestige und Kulturwandel. Eine Studie zum Verhältnis subjektiver und objektiver Faktoren des kulturellen Wandels zur Klassengesellschaft bei den Azteken. Wiesbaden (Focus-Verlag).
- (1982): Die gesellschaftliche Produktion von Unbewußtheit. Eine Einführung in den ethnopsychoanalytischen Prozeß. Frankfurt/Main (Suhrkamp).
- (1984): Vorwort zur Taschenbuchausgabe. In: Erdheim, M. (1984): Die gesellschaftliche Produktion von Unbewußtheit. Eine Einführung in den ethnopsychoanalytischen Prozeß. Frankfurt/Main (Suhrkamp), S. VII–XVIII.
- (1986): Fritz Morgenthaler und die Entstehung der Ethnopsychoanalyse. In: Morgenthaler, F. (1986): Der Traum. Fragmente zur Theorie und Technik der Traumdeutung. Mit Zeichnungen des Autors. Frankfurt/Main, New York (Campus), S. 187–211.
- (1988): Psychoanalyse und Unbewußtheit in der Kultur. Aufsätze 1980–1987. Frankfurt/Main (Suhrkamp).
- (1991): Einleitung. Zur Lektüre von Freuds »Totem und Tabu«. In: Freud, S. (1991): Totem und Tabu. Einige Übereinstimmungen im Seelenleben der Wilden und der Neurotiker. Frankfurt/Main (Fischer), S. 7–42.
- (1992): Die Zukunft der Ethnopsychoanalyse. In: Heinemann, E., Krauß, G. (Hg.): Beiträge zur Ethnopsychoanalyse. Der Spiegel des Fremden. Erste Nürnberger Jahrestagung zur Ethnopsychoanalyse am 7. und 8. Juni 1991. Nürnberg (Institut für soziale und kulturelle Arbeit), S. 11–25.
- (1993): Psychoanalyse, Adoleszenz und Nachträglichkeit. In: Psyche 47, S. 934–950.
- (1997): Die Veränderung der psychischen Dynamik durch historische Prozesse am Beispiel von Dorothea Schlegels »Florentin«. In: Psyche 51, S. 905–925.
- (1998): Adoleszenz, Esoterik und Faschismus. In: Modena, E. (Hg.): Das Faschismus-Syndrom. Zur Psychoanalyse der neuen Rechten in Europa. Gießen (Psychosozial-Verlag), S. 311–329.
- (2001): Omnipotenz als Möglichkeitssinn. In: Freie Assoziation 4, Nr. 1, S. 7–22.

Erdheim, M., Nadig, M. (1983): Ethnopsychoanalyse. In: Mertens W. (Hg.): Psychoanalyse. Ein Handbuch in Schlüsselbegriffen. München, Wien, Baltimore (Urban & Schwarzenberg), S. 129–135.
- (1991): Ethnopsychoanalyse. In: Blum, E. et al. (Hg.): Ethnopsychoanalyse, Bd. 2. Herrschaft, Anpassung, Widerstand. Frankfurt/Main (Brandes & Apsel), S. 187–201.
Erikson, E. H. (1957): Kindheit und Gesellschaft. Zürich, Stuttgart (Pan-Verlag).
- (1984): Kindheit und Gesellschaft. 9. Aufl. Stuttgart (Klett-Cotta).
Fassin, D. (2000): Les politiques de l'ethnopsychiatrie. La psyché africaine, des colonies britanniques aux banlieues parisiennes. In: L'Homme 153, S. 231–250.
Fassmann, H., Matuschek, H., Menasse, E. (Hg.) (1999): Abgrenzen, ausgrenzen, aufnehmen: Empirische Befunde zu Fremdenfeindlichkeit und Integration. Klagenfurt/Celovec (Drava Verlag).
Felber-Villagra, N. (1995): Das Gespenst der Politik in der Psychoanalyse. In: Möhring, P., Apsel, R. (Hg.) (1995): Interkulturelle psychoanalytische Therapie. Frankfurt/Main (Brandes & Apsel), S. 222–249.
- (1998): Das Gespenst des Exils in der Psychoanalyse. In: Büttner, C. et al. (Hg.) (1998): Brücken und Zäune. Interkulturelle Pädagogik zwischen Fremden und Eigenem. Gießen (Psychosozial-Verlag), S. 75–105.
- (2002): Gedanken zur Tagung. In: Egli, W. et al. (Hg.) (2002): Neuere Entwicklungen der Ethnopsychoanalyse. Münster (Lit Verlag), S. 181–188.
Fenichel, O. (1935): Besprechung: Róheim, G. : The Evolution of Culture. Int. Journal of PsA. 15, Nr. 4. In: Internationale Zeitschrift für Psychoanalyse 21, S. 300–304.
- (1998): 119 Rundbriefe. Bd.1. Europa (1934–1938), hrsg. von Johannes Reichmayr und Elke Mühlleitner. Bd. 2. Amerika (1938–1945), hrsg. von Elke Mühlleitner und Johannes Reichmayr. Frankfurt am Main (Stroemfeld).
Fermi, P. (2002): Ethnopsychoanalyse. Esquisse d'un roman familial. In: L'Autre. Cliniques, cultures et sociétés 3, Nr. 2, S. 329–344.
Fischer, H. (1990): Völkerkunde im Nationalsozialismus. Aspekte der Anpassung, Affinität und Behauptung einer wissenschaftlichen Disziplin. Berlin, Hamburg (Reimer).
- (Hg.) (2002): Feldforschungen. Erfahrungsberichte zur Einführung. Neufassung. Berlin (Reimer).
Flaake, K. (1997): Buchbesprechung: Bosse, H. (1994): Der fremde Mann. Jugend, Männlichkeit, Macht. Eine Ethnoanalyse. Unter Mitarbeit von Werner Knauss. Frankfurt/Main (Fischer). In: Psyche 51, S. 76–80.
Flick, U. (1995). Qualitative Forschung. Theorie, Methoden, Anwendung in Psychologie und Sozialwissenschaften. Reinbek (Rowohlt).
Flick, U., Kardorff, E. von & Steinke, I. (Hg.) (2000): Qualitative Forschung. Ein Handbuch. Reinbek (Rowohlt).
Fogelson, R. D. (1991): A. Irving Hallowell and the Study of Cultural Dynamics. In: Boyer, L. B., Boyer, R. M. (Hg.): The Psychoanalytic Study of Society, Bd. 16. Essays in Honor of A. Irving Hallowell. Hillsdale (The Analytic Press), S. 9–16.

Fortes, M. (1966): Ödipus und Hiob in westafrikanischen Religionen. Frankfurt/Main (Suhrkamp).
Fox, R. C. (1979): Mead, Margaret. In: Sills, D. L. (Hg.): International Encyclopedia of the Social Sciences, Bd. 18. Biographical Supplement. New York, London (The Free Press, Collier Macmillan Publishers), S. 513–528.
Freeman, D. (1967): Totem and Taboo. A reappraisal. In: Muensterberger, W., Axelrad, S. (Hg.): The Psychoanalytic Study of Society, Bd. 4. New York (International Univ. Press), S. 9–33.
- (1983): Liebe ohne Aggression. Margaret Meads Legende von der Friedfertigkeit der Naturvölker. München (Kindler).
Freud, S. (1909): Vorwort zur zweiten Auflage. In: Freud, S.: Die Traumdeutung. Gesammelte Werke, Bd. 2–3. Frankfurt/Main (S. Fischer), S. IX–X.
- (1910f): Brief an Dr. Friedrich S. Krauss (26.6.1910) über die Anthropophyteia. In: Freud, S.: Gesammelte Werke, Bd. 8. Frankfurt/Main (S. Fischer), S. 224f.
- (1912–13a): Totem und Tabu. In: Freud, S.: Gesammelte Werke, Bd. 9. Frankfurt/Main (S. Fischer).
- (1912e): Ratschläge für den Arzt bei der psychoanalytischen Behandlung. In: Freud, S.: Gesammelte Werke, Bd. 8. Frankfurt/Main (S. Fischer), S. 376–387.
- (1912i): Einleitungspassagen zu: »Über einige Übereinstimmungen im Seelenleben der Wilden und der Neurotiker«. In: Freud, S.: Gesammelte Werke, Nachtragsband. Frankfurt/Main (S. Fischer), S. 743–745.
- (1913k): Geleitwort zu: Bourke, J. G.: Der Unrat in Sitte, Brauch, Glauben und Gewohnheitsrecht der Völker, verdeutscht und neubearb. von Friedrich S. Krauss und H. Ihm, Leipzig 1913 (Beiwerke zum Studium der Anthropophyteia, 6). In: Freud, S.: Gesammelte Werke, Bd. 10. Frankfurt/Main (S. Fischer), S. 453–455.
- (1935a): Nachschrift 1935 zur »Selbstdarstellung«. In: Freud, S.: Gesammelte Werke, Bd. 16. Frankfurt/Main (S. Fischer), S. 31–34.
Freud, S., Ferenczi, S. (1993): Sigmund Freud, Sándor Ferenczi: Briefwechsel, Bd. I/1. 1908–1911. Wien, Köln, Weimar (Böhlau).
- (1994): Sigmund Freud, Sándor Ferenczi: Briefwechsel, Bd. I/2, 1912–1914. Wien, Köln, Weimar (Böhlau).
Freud, S., Oppenheim, D. E. (1958a): Träume im Folklore. In: Freud, S.: Gesammelte Werke, Nachtragsband. Frankfurt/Main (S. Fischer), S. 576–600.
Fritz, T. (Hg.) (2001): 280 Sprachen für Wien. Ein Almanach. Zusammengestellt von Thomas Fritz, Claudia Hrubesch, Thomas Jochum, Ulrike Kramer, Michael Reichmayr und Nicole Rossmanith. Wien (Edition Volkshochschule).
Fromm, E. (1931): Die Entwicklung des Christusdogmas. Eine psychoanalytische Studie zur sozialpsychologischen Funktion der Religion. Wien 1931 (Int. Psychoanalytischer Verlag).
- (1993): Die Gesellschaft als Gegenstand der Psychoanalyse. Frühe Schriften zur Analytischen Sozialpsychologie, hrsg. von Rainer Funk. Frankfurt/Main (Suhrkamp).
Gamm, G. (1989): Wahrheit aus dem Unbewußten? Mythendichtung bei C. G. Jung

und Sigmund Freud. In: Kemper, P. (Hg.) (1989): Macht des Mythos – Ohnmacht der Vernunft? Frankfurt/Main (Fischer), S. 148–175.
Geertz, C. (1972). Dichte Beschreibung. Frankfurt/Main (Suhrkamp).
- (1973): The Interpretation of Cultures. New York (Basic Books).
- (1990): Die künstlichen Wilden. Anthropologen als Schriftsteller. München, Wien (Hanser).
Gehrie, M. J. (1989): Psychonanalytic anthropology. The analogous tasks of the psychoanalist and the ethnographer. In: Boyer, L. B. et al. (Hg.): The Psychoanalytic Study of Society, Bd. 14, S. 41–69.
Gekle, H., Kimmerle, G. (Hg.) (1993): Das Psychoanalytische Seminar Zürich. In: Luzifer-Amor. Zeitschrift zur Geschichte der Psychoanalyse 6, Nr. 12.
Gerlach, A. (1995): Kastrationsangst und oraler Neid im Geschlechterverhältnis. Analytisches Arbeiten mit einer ethnologischen Beobachtung. In: Psyche 49, S. 965–988.
- (2000): Die Tigerkuh. Ethnopsychoanalytische Erkundungen. Gießen (Psychosozial-Verlag).
Gingrich, A. (1999): Erkundungen. Themen der ethnologischen Forschung. Wien (Böhlau)
Görlich, B., Lorenzer, A. & Schmidt, A. (Hg.) (1980): Der Stachel Freud. Beiträge und Dokumente zur Kulturismus-Kritik. Frankfurt/Main (Suhrkamp).
Goldmann, H., Krall, H. & Ottomeyer, K. (1992): Jörg Haider und sein Publikum. Eine sozialpsychologische Untersuchung. Klagenfurt (Drava).
Gottschalk-Batschkus, C. E., Rätsch, C. (Hg.) (1998): Ethnotherapien – Therapeutische Konzepte im Kulturvergleich. Ethnotherapies – Therapeutic Concepts in Transcultural Comparison. Berlin (VWB-Verlag für Wissenschaft und Bildung).
Gottschalk-Batschkus C. E., Prinz, A. & Schuler, J. (2002): Grundlagen der Ethnomedizin. Berlin (VWB-Verlag für Wissenschaft und Bildung).
Gould, S. (1977): Ontogeny and Phylogeny. London (Belknap Press).
Graf, W., Ottomeyer, K. & Österreichisches Institut für Friedensforschung (Hg.) (1989): Szenen der Gewalt in Alltagsleben, Kulturindustrie und Politik. Wien (Verlag für Gesellschaftskritik).
Green, A. (1995): La causalité psychique, entre nature et culture. Paris (Jacob).
- (1999): Zur Universalität des Ödipuskomplexes in Anthropologie und Psychoanalyse. In: Gast, L., Körner, J. (1996): Psychoanalytische Anthropologie II. Ödipales Denken in der Psychoanalyse. Tübingen (edition diskord), S. 164–187.
Grubrich-Simitis, I. (1993): Zurück zu Freuds Texten. Stumme Dokumente sprechen machen. Frankfurt/Main (S. Fischer).
Haase, H. (1996): Ethnopsychoanalyse. Wanderungen zwischen den Welten. Stuttgart (Verlag Internationale Psychoanalyse).
Haasen, C., Yagdiran, O. (2000): Beurteilung psychischer Störungen in einer multikulturellen Gesellschaft. Freiburg i. Br. (Lambertus).
Hall, S. (1994): Rassismus und kulturelle Identität. Hamburg (Argument-Verlag).

- (Hg.) (1997): Representation. Cultural representations and signifying practices. London (Sage).
Hannerz, U. (1992): Cultural complexities. Studies in the Sociological Organization of Meaning. New York (Columbia Univ. Press).
- (1995): »Kultur« in einer vernetzten Welt. Zur Revision eines ethnologischen Begriffs. In: Kaschuba, W. (Hg.): Kulturen, Identitäten, Diskurse. Perspektiven europäischer Ethnologie. Berlin (Akademie), S. 64–84.
Harding, S. (1994): Ist die westliche Wissenschaft eine Ethnowissenschaft? Herausforderung und Chance für die Feministische Wissenschaftsforschung. In: Die Philosophin 5, S. 26–44.
Harris, M. (1968): The Rise of Anthropological Theory. A History of Theories of Culture. New York (Thomas Y. Crowell Company).
- (2001): The Rise of Anthropological Theory. A History of Theories of Culture. Updated Edition. Walnut Creek (Altamira Press).
Hartmann, H., Kris, E. & Loewenstein, R. (1974): Einige psychoanalytische Anmerkungen über »Kultur und Persönlichkeit«. In: Muensterberger, W. (Hg.): Der Mensch und seine Kultur. Psychoanalytische Ethnologie nach »Totem und Tabu«. München (Kindler), S. 137–169.
Hauschild, T. (1981): Ethno-Psychoanalyse. Symboltheorien an der Grenze zweier Wissenschaften. In: Schmied-Kowarzik, W., Stagl, J. (Hg.): Grundfragen der Ethnologie. Beiträge zur gegenwärtigen Theorie-Diskussion. Berlin (Reimer), S. 151–168.
Hauser-Grieco, U. (1994): »Mujeres en Camino«. Frauenleben im politischen Wandel. Eine ethnopsychoanalytische Untersuchung mit Städterinnen und Landarbeiterinnen in Nicaragua. Diss. Universität Klagenfurt.
- (1999): Fax aus Costa Rica. In: Journal (Psychoanalytisches Seminar Zürich) 36, März 1999, S. 24–26.
Hauser-Schäublin, B., Röttger-Rössler, B. (Hg.) (1998): Differenz und Geschlecht. Neue Ansätze in der ethnologischen Forschung. Berlin (Reimer).
Heald, S., Deluz, A. (Hg.) (1994). Anthropology and Psychoanalysis. An encounter through culture. London, New York (Routledge).
Heer, F. (1967): Gottes erste Liebe. 2000 Jahre Judentum und Christentum. Genesis des österreichischen Katholiken Adolf Hitler. München, Esslingen (Bechtle).
Hegemann, T., Salman, R. (2001): Transkulturelle Psychiatrie. Konzepte für die Arbeit mit Menschen aus anderen Kulturen. Bonn (Psychiatrie-Verlag).
Heinemann, E. (1990): Mama Afrika. Das Trauma der Versklavung. Eine ethnopsychoanalytische Studie über Persönlichkeit, Magie und Heilerinnen in Jamaika. Frankfurt/Main (Nexus).
- (1990a): Mütter der Magie – Afrokaribische Kulte auf Jamaika. In: Apsel, R. et al. (Hg.): Ethnopsychoanalyse, Bd. 1. Glaube, Magie, Religion. Frankfurt/Main (Brandes & Apsel), S. 32–54.
- (1995): Die Frauen von Palau. Zur Ethnoanalyse einer mutterrechtlichen Kultur. Frankfurt/Main (Fischer).
- (1997): Das Erbe der Sklaverei. Ethnopsychoanalytische Studie in Jamaika. Frankfurt/Main (Fischer).

- (1998): Hexen und Hexenangst. Eine psychoanalytische Studie des Hexenwahns der frühen Neuzeit. Göttingen (Vandenhoeck & Ruprecht).
- (1998a): »Fakafefine«. Männer, die wie Frauen sind. Inzesttabu und Transsexualität in Tonga (Polynesien). In: Psyche 52, S. 472–498.
- (2002): Der psychische Konflikt in der motorischen Unruhe. Mit Beiträgen aus der ethnopsychoanalytischen Forschung. In: Arbeitshefte Kinderpsychoanalyse, Nr. 31, S. 113–129.

Heinemann, E., Groef, J. de (1997): Psychoanalyse und Geistige Behinderung. Fallstudien aus Belgien, Deutschland, England, Frankreich und den USA. Mainz (Grünewald).

Heinemann, E., Hopf, H. (2001): Psychische Störungen in Kindheit und Jugend. Symptome – Psychodynamik – Fallbeispiele – psychoanalytische Therapie. Stuttgart (Kohlhammer).

Heinemann, E., Krauß, G. (Hg.) (1992): Beiträge zur Ethnopsychoanalyse. Der Spiegel des Fremden. Erste Nürnberger Jahrestagung zur Ethnopsychoanalyse am 7. und 8. Juni 1991. Nürnberg (Institut für soziale und kulturelle Arbeit).
- (Hg.) (1995): Beiträge zur Ethnopsychoanalyse. Geschlecht und Kultur. Nürnberg (Institut für soziale und kulturelle Arbeit).

Heinrichs, H.-J. (1993): Über Ethnopsychoanalyse, Ethnopsychiatrie und Ethno-Hermeneutik. In: Schmied-Kowarzik, W., Stagl, J. (Hg.): Grundfragen der Ethnologie. 2., überarb. u. erw. Aufl. Berlin (Reimer), S. 359–380.

Heise, T. (Hg.) (1998): Transkulturelle Psychotherapie. Hilfen im ärztlichen und therapeutischen Umgang mit ausländischen Mitbürgern. Berlin (VWB).
- (Hg.) (2000): Transkulturelle Beratung, Psychotherapie und Psychiatrie in Deutschland. Berlin (VWB).

Hemecker, W. W. (1991): Vor Freud. Philosophiegeschichtliche Voraussetzungen der Psychoanalyse. München, Hamden, Wien (Philosophia Verlag).

Hermanns, L. M. (1993): Biographisches Nachwort. In: Simenauer, E. (1993): Wanderungen zwischen Kontinenten. Gesammelte Schriften zur Psychoanalyse, Bd. 2. Stuttgart, Bad Cannstatt (frommann-holzboog), S. 615–633.

Hoffmann, S. O. (1981): In memoriam Erich Simenauer 1901–1988. In: Jahrbuch der Psychoanalyse. Beiträge zur Theorie und Praxis 21, S. 246–252.

Hoffmann, K., Machleidt, W. (1997): Psychiatrie im Kulturvergleich. Beiträge des Symposiums 1994 des Referats Transkulturelle Psychiatrie der Deutschen Gesellschaft für Psychiatrie, Psychotherapie und Nervenheilkunde im Zentrum für Psychiatrie Reichenau. Berlin (VWB).

Holmes, L. D. (1987): Über Sinn und Unsinn von Restudies. In: Duerr, H. P. (Hg.): Authentizität und Betrug in der Ethnologie. Frankfurt/Main (Suhrkamp), S. 225–251.

Huber, W. (1977): Psychoanalyse in Österreich seit 1933. Wien, Salzburg (Geyer).
- (Hg.) (1978): Beiträge zur Geschichte der Psychoanalyse in Österreich. Wien, Salzburg (Geyer).

Hunt, J. C. (1989): Psychoanalytic Aspects of Fieldwork. Newbury Park, London, New Dehli (Sage Publications).

Ins, J. v. (2002): Gibt es Kulturen des Unbewussten? In: Egli, W. et al. (Hg.) (2002): Neuere Entwicklungen der Ethnopsychoanalyse. Münster (Lit Verlag), S. 65–72.
Jacoby, R. (1985): Die Verdrängung der Psychoanalyse oder Der Triumph des Konformismus. Frankfurt/Main (S. Fischer).
Jansen, M. M., Prokop, U. (Hg.) (1993): Fremdenangst und Fremdenfeindlichkeit. Basel, Frankfurt/Main (Stroemfeld).
Jones, E. (1924): Psychoanalyse und Anthropologie. In: Imago 10, S. 133–158.
- (1927): Das Mutterrecht und die sexuelle Unwissenheit der Wilden. In: Imago 13, S. 199–222.
- (1962): Das Leben und Werk von Sigmund Freud, Bd. 2 u. 3. Bern, Stuttgart, Wien (Hans Huber).
Josefsen, T. (1993): Als Dänin in Deutschland psychotherapeutisch arbeiten. Ein Erfahrungsbericht. In: Sippel-Süsse, J. et al. (Hg.): Ethnopsychoanalyse, Bd. 3. Körper, Krankheit und Kultur. Frankfurt/Main (Brandes & Apsel), S. 236–246.
Juillerat, B. (1991): Œdipe chasseur. Une mythologie du sujet en Nouvelle-Guinée. Paris (Presses Universitaires de France).
- (1995): L'avènemenet du père. Rite, représentation, fantasm dans un culte mélanésien. Paris (CNRS – Editions de la Maison des sciences de l'homme).
- (2001): Penser l'imaginaire. Essays d'anthropologie psychanalytique. Lausanne (Payot).
Kakar, S. (1984): Schamanen, Heilige und Ärzte. Psychotherapie und traditionelle indische Heilkunst. München (Biederstein).
- (1988): Kindheit und Gesellschaft in Indien. Eine psychoanalytische Studie. Frankfurt/Main (Nexus).
- (1995): Klinische Arbeit und kulturelle Imagination. In: Möhring, P., Apsel, R. (Hg.) (1995): Interkulturelle psychoanalytische Therapie. Frankfurt/Main (Brandes & Apsel), S. 193–208.
- (1997): Die Gewalt der Frommen. Zur Psychologie religiöser und ethnischer Konflikte. München (Beck).
- (1999): Psychoanalyse in nicht westlichen Kulturen. In: Pedrina, F. et al. (Hg.) (1999): Kultur, Migration, Psychoanalyse. Therapeutische Konsequenzen theoretischer Konzepte. Eine Vortragsreihe des Psychoanalytischen Seminars Zürich. Tübingen (edition diskord), S. 13–28.
- (2001): The Essential Writings of Sudhir Kakar. With an introduction by T. G. Vaidyanathan. New Dehli (Oxford Univ. Press).
Kardiner, A. (Hg.) (1939): The Individual and His Society. New York (Columbia Univ. Press).
- (1945): The Psychological Frontiers of Society. New York (Columbia Univ. Press).
- (1979): Meine Analyse bei Freud. München (Kindler).
Kardiner, A., Preble, E. (1974): Wegbereiter der modernen Anthropologie. Frankfurt/Main (Suhrkamp).
Karrer, M. (1995): Die Piazza. Frauen und Männer in einem süditalienischen Dorf. Frankfurt/Main, New York (Campus).
Kaufhold, R. (Hg.) (1993): Annäherung an Bruno Bettelheim. Mainz (Grünewald).

Kayales, C. (1998): Gottesbilder von Frauen auf den Philippinen. Die Bedeutung der Subjektivität für eine interkulturelle Hermeneutik. Münster (Lit Verlag).

Keupp, H. (Hg.) (1994): Zugänge zum Subjekt; Perspektiven einer reflexiven Sozialpsychologie. Frankfurt/Main (Suhrkamp).

Kiesel, D., Lüpke, H. v. (Hg.) (1998): Vom Wahn und vom Sinn. Krankheitskonzepte in der multikulturellen Gesellschaft. Frankfurt/Main (Brandes & Apsel).

Koch-Wagner, G. (2001): Gefühlserbschaften aus Kriegs- und Nazizeit. Mutter-Tochter-Beziehungen unter dem Einfluss von Kriegstraumen und nationalsozialistischen Ideologiefragmenten. Aachen (Shaker).

Köpping, K.-P. (1987): Authentizität als Selbstfindung durch den anderen. Ethnologie zwischen Engagement und Reflexion, zwischen Leben und Wissenschaft. In: Duerr, H. P. (Hg.) (1987): Authentizität und Betrug in der Ethnologie. Frankfurt/Main (Suhrkamp).

– (1993): Ethik in ethnographischer Praxis. Zwischen Universalismus und pluralistischer Autonomie. In: Schmied-Kowarzik, W., Stagl, J. (Hg.) (1993): Grundfragen der Ethnologie. Beiträge zur gegenwärtigen Theorie-Diskussion. 2., erw. u. überarb. Aufl. Berlin (Reimer), S. 107–128.

Kohl, K.-H. (1987): Abwehr und Verlangen. Zur Geschichte der Ethnologie. Frankfurt/Main, New York (Qumran).

– (1990): Bronislaw Kaspar Malinowski (1884–1942). In: Marschall, W. (Hg.) (1990): Klassiker der Kulturanthropologie. Von Montaigne bis Margaret Mead. München (Beck), S. 227–247.

– (1993): Geordnete Erfahrung. Wissenschaftliche Darstellungsformen und literarischer Diskurs in der Ethnologie. In: Schmied-Kowarzik, W., Stagl, J. (Hg.): Grundfragen der Ethnologie. Beiträge zur gegenwärtigen Theorie-Diskussion. 2., erw. u. überarb. Aufl. Berlin (Reimer), S. 407–420.

– (1993a): Ethnologie – die Wissenschaft vom kulturell Fremden. Eine Einführung. München (Beck).

– (1997): Von Ethnologen lernen heißt Siegen lernen. Christian Maier war nicht nur als Fußballtrainer auf den Inseln der Trobriander. In: Frankfurter Allgemeine Zeitung Nr. 46, 24. Januar 1997, S. 9.

Kohte-Meyer, I. (1993): Ich bin fremd, so wie ich bin. Migrationserleben, Ich-Identität und Neurose. In: Streek, U. (Hg.) (1993): Das Fremde in der Psychoanalyse. Erkundungen über das »Andere« in Seele, Körper und Kultur. Gießen (Psychosozial-Verlag), S. 119–132.

– (1999): Spannungsfeld Migration. Ich-Funktionen und Ich-Identität im Wechsel von Sprache und kulturellem Raum. In: Pedrina, F. et al. (Hg.) (1999): Kultur, Migration, Psychoanalyse. Therapeutische Konsequenzen theoretischer Konzepte. Eine Vortragsreihe des Psychoanalytischen Seminars Zürich. Tübingen (edition diskord), S. 71–98.

– (2000): Die Gerüche des Basars in meinem Behandlungszimmer. Zum psychoanalytischen Verständnis psychosomatischer Zusammenhänge im Migrationsprozess. In: Rodewig, H. (Hg.) (2000): Identität, Integration und psychosoziale Gesundheit. Aspekte transkultureller Psychosomatik und Psychotherapie. Gießen (Psychosozial-Verlag), S. 87–105.

Kossek, B., Langer, D. & Seiser, G. (Hg.) (1989): Verkehren der Geschlechter. Reflexionen und Analysen von Ethnologinnen. Wien (Wiener Frauenverlag).
Krafczyk, P. (1978): Psychoanalyse und Ethnologie. Eine wissenschaftshistorische und methodologische Analyse. Diss. Freie Universität Berlin.
Krall, H. (1991): Das Automobil oder »Die Rache des kleinen Mannes«. Verborgene Bedeutungen des Internationalen Golf-GTI-Treffens in Maria Wörth/Kärnten. Klagenfurt (Drava).
Krauss, F. S. (1912): Besprechung: Stekel, W.: Störungen des Trieb- und Affektlebens. In: Anthropophyteia, Bd. 9, S. 567–570.
Kretzen, F. (1991): Vorwort. In: Weiss, F.: Die dreisten Frauen. Ethnopsychoanalytische Gespräche in Papua-Neuguinea. Frankfurt/Main, New York (Campus), S. 7–12.
Kroeber, A. L. (1920): Totem and Taboo. An Ethnologic Psychoanalysis. In: American Anthropologist 22, S. 48–55.
- (1939): Totem and Taboo in Retrospect. In: The American Journal of Sociology 45, S. 446–451.
Kronsteiner, R. (2003): Kultur und Migration in der Psychotherapie. Ethnologische Aspekte in der psychoanalytischen und systemischen Therapie. Frankfurt/Main (Brandes & Apsel).
Kubik, G. (1982): Musikgeschichte in Bildern. Ostafrika. Leipzig (VEB Deutscher Verlag für Musik).
- (1987): Tusona – Luchazi ideographs. A graphic tradition practised by a people of West-Central Africa. Föhrenau (E. Stiglmeyer).
- (1989): Musikgeschichte in Bildern. Westafrika. Leipzig (VEB Deutscher Verlag für Musik).
- (1991): Extensionen afrikanischer Kulturen in Brasilien. Aachen (Alano).
- (1993): Makisi – Nyau – Mapiko. Maskentraditionen im Bantu-sprachigen Afrika. München (Trickster).
- (1993a): Die mukanda-Erfahrung. Zur Psychologie der Initiation der Jungen im Ostangola-Kulturraum. In: Loo, M.-J. van de, Reinhart, M. (Hg.): Kinder. Ethnologische Forschungen in fünf Kontinenten. München (Trickster), S. 309–347.
- (1994): Ethnicity, cultural identity and the psychology of culture contact. In: Behague, G. (Hg.): Music and Black Ethnicity. The Caribbean and South America. New Brunswick (Transaction Publishers), S. 17–46.
- (1999): Africa and the Blues: Connections and Reconnections. Jackson (Univ. of Mississippi Press).
- (2000): Symbolbildungen und Symbolhandlungen. Ethnopsychologische Forschungen bei den Mpyεmõ. (Zentralafrikanische Republik, 1966). In: Anthropos 95, S. 1–23.
- (2001): Der mütterliche Onkel als Tod. Die Mythe von Kintu, Begründer der Dynastie des Königreiches Buganda. In: Tunis, A. (Hg.): Faszination der Kulturen. Berlin (Reimer), S. 181–218.
- (2001a): Psychoanalysis in sub-Saharan Africa. My own research 1959 to now. In: Viennese Ethnomedicine Newsletter 3, Nr. 3, S. 11–12, 16–17.

- (2002b): Formeln der Abwehr. In: Egli, W. et al. (Hg.) (2002): Neuere Entwicklungen der Ethnopsychoanalyse. Münster (Lit Verlag), S. 81–92.
- (2002c): Mukanda – Boys' initiation in Eastern Angola. Transference, Countertransference and Taboo Symbolism in an Age-Group Related Ritual Therapeutic Intervention. In: Pritz, A., Wenzel, T. (Hg.): Weltkongreß Psychotherapie. Mythos-Traum-Wirklichkeit (1999). Wien (Facultas), S. 65–89.
- (2002d): Africa, Latin America and North America. In: Stone, R. M. (Hg.) (2002): Ethnomusicologists at Work. The Garland Encyclopedia of World Music, Bd. 10. New York, London (Routledge), S. 109–125.
- (2003): Zur ontogenetischen Basis der Inzestscheu. Ein kulturvergleichender Ansatz. Münster (Lit Verlag).
- (2003): Totemismus. Ethnopsychoanalytische Forschungsmaterialien und Interpretationen aus Ost- und Zentralafrika. Münster (Lit Verlag).

Kubik, G., Malamusi, M. A. (2002): Formulas of Defense. A Psychoanalytic Investigation in Southeast Africa. In: American Imago 59, Nr. 2, S. 171–196.

Kuhn, T. (1976): Die Struktur wissenschaftlicher Revolutionen. 2. Aufl. Frankfurt/Main (Suhrkamp).
- (1977): Die Entstehung des Neuen. Studien zur Struktur der Wissenschaftsgeschichte. Frankfurt/Main (Suhrkamp).

Kuper, A. (1973): Among the anthropologists. History and context in anthropology. New York (Pica Press).

La Barre, W. (1958): The Influence of Freud on Anthropology. In: The American Imago 15, S. 275–328.
- (1961): Psychoanalysis in Anthropology. In: Masserman, J. H. (Hg.): Psychoanalysis and Social Process. New York, London (Grune & Stratton), S. 10–20.
- (1966): Géza Róheim. 1891–1953. Psychoanalysis and Anthropology. In: Alexander, F., Eisenstein, S. & Grotjahn, M. (Hg.): Psychoanalytic Pioneers. New York, London (Basic Books), S. 272–281.

Laible, E. (1987): Sigmund Freud alla Stazione Zoologica di Trieste. In: Accerboni, A. M. (Hg.) (1987): La Cultura Psicoanalitica. Atti del Convegno Trieste 5–8 dicembre 1986. Pordenone (Studio Tesi), S. 177–188.

Lanwerd, S. (1993): Mythos, Mutterrecht und Magie. Zur Geschichte religionswissenschaftlicher Begriffe. Berlin (Reimer).

Larcher, D. (1992): Kulturschock. Fallgeschichten aus dem sozialen Dschungel. Meran (Alpha & Beta).

Leithäuser, T., Volmerg, B. (1988): Psychoanalyse in der Sozialforschung. Opladen (Westdeutscher Verlag).

Leuzinger, M. (1998): Qualitative und quantitative Einzelfallforschung. Versuch einer Brückenbildung zwischen klinischer »Junktim-Forschung« und nachträglicher »extraklinischer« Psychotherapieforschung. Psychotherapieforum 6, S. 102–117.

Leuzinger-Bohleber, M., Garlichs, A. (1993): Früherziehung West-Ost. Zukunftserwartungen, Autonomieentwicklung und Beziehungsfähigkeit von Kindern und Jugendlichen. Weinheim, München (Juventa).

LeVine, R. (1973): Culture, Behavior and Personality. Chicago (Aldine).
Littlewood, R., Dein, S. (Hg.) (2000): Cultural Psychiatry and Medical Anthropology. An Introduction and Reader. London, New Brunswick (The Athlone Press).
Lohmann, H.-M. (Hg.) (1984): Die Psychoanalyse auf der Couch. Frankfurt/Main, Paris (Qumran).
Lorenzer, A. (1981): Zum Beispiel der »Malteser Falke«. Analyse der psychoanalytischen Untersuchung literarischer Texte. In: Urban, B., Kudszus, W. (Hg.): Psychoanalytische und psychopathologische Literaturinterpretation. Darmstadt (Wissenschaftliche Buchgesellschaft), S. 23–46.
- (Hg.) (1986): Kultur-Analysen. Frankfurt/Main (Fischer).
Lück, H. E., Mühlleitner, E. (Hg.) (1993): Psychoanalytiker in der Karikatur. München (Quintessenz).
Lütkehaus, L. (Hg.) (1989): »Dieses wahre innere Afrika«. Texte zur Entdeckung des Unbewußten vor Freud. Frankfurt/Main (Fischer).
Lyotard, F. (1993): Das Postmoderne Wissen. Ein Bericht. Wien (Passagen).
Maier, C. (1993): Der Ausgang des ödipalen Konflikts bei den Trobriandern in Papua-Neuguinea. In: Streeck, U. (Hg.): Das Fremde in der Psychoanalyse. Erkundungen über das »Andere« in Seele, Körper und Kultur. München (J. Pfeiffer).
- (1993a): Identity and Cultural Change. In: South Pacific Journal of Psychology 6, S. 12–17.
- (1993b): Voraussetzungen und Lösung des ödipalen Konflikts bei den Trobriandern in Melanesien. Ergebnisse eines ethnopsychoanalytischen Projekts. In: Psychoanalyse im Widerspruch 4, Nr. 10, S. 23–45.
- (1994): Identität und Kulturwandel. In: Werkblatt 11, Nr. 31, S. 47–56.
- (1995): Der Fremde und der Zauberer. Eine Psychotherapie mit einem Melanesier von New Hanover. In: Möhring, P., Apsel, R. (Hg.) (1995): Interkulturelle psychoanalytische Therapie. Frankfurt/Main (Brandes & Apsel), S. 162–192.
- (1996): Das Leuchten der Papaya. Ein Bericht von den Trobriandern in Melanesien. Mit einem Vorwort von Paul Parin. Hamburg (Europäische Verlagsanstalt).
- (1996a): Melancholie in den Tropen. Eine ethnopsychoanalytische Studie depressiver Störungen. In: Curare 19, Nr. 2, S. 331–340.
- (1996b): Psychose und Gruppen-Ich. Ethnopsychoanalytische Aspekte der Psychosen. Teil 1. In: Psychoanalyse im Widerspruch 8, Nr. 16, S. 48–66.
- (1997): Zur Objektsehnsucht des Psychotikers. Ethnopsychoanalytische Aspekte der Psychosen. Teil 2. In: Psychoanalyse im Widerspruch 9, Nr. 18, S. 49–64.
- (1998): Adoleszenzkrise und die Angst vor der Fremde. Zur Ablösungsproblematik in modernen Mittelschichtfamilien. In: Apsel, R. (Hg.) (1998): Ethnopsychoanalyse, Bd. 5. Jugend und Kulturwandel. Frankfurt/Main (Brandes & Apsel), S. 61–78.
- (2001): Warum fliegen die Hexen auf Kiriwina? Zum Verhältnis von Aktionsforschung und Ethnopsychoanalyse. In: Sippel-Süsse, J., Apsel, R. (Hg.) (2001): Ethnopsychoanalyse, Bd. 6. Forschen, erzählen und reflektieren. Frankfurt/Main (Brandes & Apsel), S. 19–41.

Malinowski, B. (1915): The Natives of Mailu. Preliminary Results of the Robert Mond Research Work in British New Guinea. In: Transactions and Proceedings of the Royal Society of South Australia 39, S. 494–706.
- (1924): Mutterrechtliche Familie und Ödipus-Komplex. In: Imago 10, S. 228–277.
- (1927): Sex and Repression in Savage Society. London, New York (Paul Kegan, Harcourt, Brace & Co.).
- (1929): The Sexual Life of Savages in North-Western Melanesia. An Ethnographic Account of Courtship, Marriage and Family Life among the Natives of the Trobriand Islands. London, New York (Routledge & Sons, H. Liveright).
- (1930): Das Geschlechtsleben der Wilden in Nordwest-Melanesien. Liebe/Ehe und Familienleben bei den Eingeborenen der Trobriand-Inseln/Britisch-Neu-Guinea. Leipzig, Zürich (Grethlein & Co).
- (1962): Geschlecht und Verdrängung in primitiven Gesellschaften. Reinbek (Rowohlt).

Mansfeld, C. (2002): Mädchen in der Migration und das Forschen an der »Artikulationsgrenze«. In: Egli, W. et al. (Hg.) (2002): Neuere Entwicklungen der Ethnopsychoanalyse. Münster (Lit Verlag), S. 171–180.

Manson, W. C. (1988): The Psychodynamics of Culture. Abram Kardiner and Neo-Freudian Anthropology. New York (Greenwood Press).

Marcella, A. J. (1993): Sociocultural Foundations of Psychopathology. An Historical Overview of Concepts, Events and Pioneers Prior to 1970. In: Transcultural Psychiatric research review 30, Nr. 2, S. 97–142.

Mayring, P. (1989): Die qualitative Wende. Grundlagen, Techniken und Integrationsmöglichkeiten qualitativer Forschung in der Psychologie. In: Schönpflug, W. (Hg.): Bericht über den 36. Kongreß der DGfPs in Berlin. Göttingen (Hogrefe), S. 306–313.
- (2002): Einführung in die qualitative Sozialforschung. Eine Anleitung zu qualitativem Denken. 5. Aufl. Weinheim, Basel (Beltz).

Mead, M. (1955): Mann und Weib. Das Verhältnis der Geschlechter in einer sich wandelnden Welt. Stuttgart, Konstanz (Diana Verlag).
- (1963): Totem and Taboo – Reconsidered with Respect. In: The Bulletin of the Menninger Clinic 27, S. 185–199.
- (1965): Leben in der Südsee. Jugend und Sexualität in primitiven Gesellschaften. München (Szczesny Verlag).
- (1985): Vorwort. In: Devereux, G. (Hg.): Traum und Realität. Psychotherapie eines Prärie-Indianers. Frankfurt/Main (Suhrkamp), S. 11–21.

Mead, M., Bateson, G. (1942): Balinese Character. A Photographic Analysis. New York (New York Academy of Sciences).

Meiser, U. (1995): Sie leben mit den Ahnen. Krankheit, Adoption und Tabukonflikt in der polynesisch-tonganischen Kultur. Schriften zur Ethnopsychoanalyse, Bd. 1. Frankfurt/Main (Brandes & Apsel).
- (1995a): Subjektivität und Setting im Forschungsprozess. Die Beziehungsanalyse als Beispiel von Arbeit und methodischer Konzeption in einer Feldforschung

in Tonga. In: Apsel, R. et al. (Hg.) (1995): Ethnopsychoanalyse, Bd. 4. Arbeit, Alltag, Feste. Frankfurt/Main (Brandes & Apsel), S. 11–52.
- (Hg.) (1996): Krankheit, Behinderung und Kultur. Frankfurt/Main (Verlag für interkulturelle Kommunikation).
- (1999): Animismus und Christentum – eine kritische Betrachtung der durch Missionierung geprägten Entwicklungshilfe in Tonga. In: Behinderung und Dritte Welt 10, Nr. 3, S. 88–94.

Melk-Koch, M. (1989): Auf der Suche nach der menschlichen Gesellschaft. Richard Thurnwald. Berlin (Reimer).

Menschik-Bendele, J., Ottomeyer, K. (1998): Sozialpsychologie des Rechtsradikalismus. Entstehung und Veränderung eines Syndroms. Opladen (Leske & Budrich).
- (2002): Sozialpsychologie des Rechtsradikalismus. Entstehung und Veränderung eines Syndroms. 2., rev. Aufl. Opladen (Leske & Budrich).

Merini, A., Vigherani, A. (2002): Fra Djinn e Super-io. La relazione terapeutica possibile fra persone di mondi altri. In: Psicoterapia e scienze humane 36, Nr. 1, S. 59–81.

Meyer-Palmedo, I., Fichtner, G. (1989): Freud-Bibliographie mit Werkkonkordanz. Frankfurt/Main (S. Fischer).

Michel, L. (1999): Kulturelle Stereotypen in Übertragung und Gegenübertragung in der interkulturellen Psychotherapie. In: Pedrina, F. et al. (Hg.) (1999): Kultur, Migration, Psychoanalyse. Therapeutische Konsequenzen theoretischer Konzepte. Eine Vortragsreihe des Psychoanalytischen Seminars Zürich. Tübingen (edition diskord), S. 29–44.

Miörner Wagner, A.-M. (1994): Entfremdende Ausgrenzung – Arbeit mit Flüchtlingen. Ein Werkstattbericht aus Graz. In: texte-psychoanalyse.ästhetik.kulturkritik 14, Nr. 1, S. 9–20.

Modena, E. (1984): Über einige Schwierigkeiten bei der psychoanalytischen Arbeit im Proletariat. In: Institutsgruppe Psychologie der Universität Salzburg (Hg.) (1984): Jenseits der Couch. Psychoanalyse und Sozialkritik. Frankfurt/Main (Fischer), S. 163–188.
- (1992): Die politische Funktion der Psychoanalyse zwischen Ausgrenzung und Anpassung (Grundsätzliches zur Vogt-Parin-Kontroverse). In: Psychoanalyse im Widerspruch 3, S. 89–105.
- (1993): Hoffnungsvoll verzweifelt. Eine Neue Freudsche Linke im Spiegel ihrer internationalen Kongresse. In: Luzifer-Amor. Zeitschrift zur Geschichte der Psychoanalyse 12, Nr. 6, S. 63–98.
- (1995): Das Fremde verstehen. Erfahrungen mit ArbeiterInnen aus dem Mittelmeerraum in der psychoanalytischen Einzel- und Gruppentherapie. In: Möhring, P., Apsel, R. (Hg.) (1995): Interkulturelle psychoanalytische Therapie. Frankfurt/Main (Brandes & Apsel), S. 20–45.
- (Hg.) (1998): Das Faschismus-Syndrom. Zur Psychoanalyse der Neuen Rechten in Europa. Gießen (Psychosozial-Verlag).
- (1999): Psychoanalyse Zürich-Havanna. In: Journal (Psychoanalytisches Seminar Zürich) 36, März 1999, S. 3–5.

- (1999a): Psychoanalyse und Marxismus – eine Autobiographie-Skizze. In: texte-psychoanalyse.ästhetik.kulturkritik 19, Nr. 3, S. 68–79.
- (2000): Selbstverwaltete Psychoanalyse – Zürich zum Beispiel. In: Journal (Psychoanalytisches Seminar Zürich) 39, November 2000, S. 22–39.
- (Hg.) (2002): »Mit den Mitteln der Psychoanalyse...« – www.psychoanalysestiftung.ch. Gießen (Psychosozial-Verlag).

Möhring, P. (1993): Anpassung als Krankheit. In: Sippel-Süsse, J. et al. (Hg.): Ethnopsychoanalyse, Bd. 3. Körper, Krankheit und Kultur. Frankfurt/Main (Brandes & Apsel), S. 39–74.
- (1995): Kultur, Krankheit und Migration. Zur Problematik interkultureller Begegnung und zur Bedeutung kultureller Faktoren für die Entstehung psychosomatischer Erkrankung. In: Möhring, P., Apsel, R. (Hg.) (1995): Interkulturelle psychoanalytische Therapie. Frankfurt/Main (Brandes & Apsel), S. 93–110.

Möhring, P., Apsel, R. (Hg.) (1995): Interkulturelle psychoanalytische Therapie. Frankfurt/Main (Brandes & Apsel).

Molinari, D. (1995): Dem Fremden begegnen – die Wiederinszenierung des Kulturschocks. Möglichkeiten und Grenzen im Bereich der Beratung und Therapie von Immigrantenfamilien. In: Möhring, P., Apsel, R. (Hg.) (1995): Interkulturelle psychoanalytische Therapie. Frankfurt/Main (Brandes & Apsel), S. 74–92.

Morgenthaler, F. (1951): Übertragungs- und Widerstandsmechanismen in der Psychoanalyse. Darstellung einer Analyse. In: Schweizerische Zeitschrift für Psychologie und ihre Anwendungen 10, S. 116–135, 185–200.
- (1952): Mischneurose und psychosomatische Krankheit. Die doppelt geführte Reaktionsbildung. In: Schweizerische Zeitschrift für Psychologie und ihre Anwendungen 11, S. 33–45.
- (1957): Der schwarze Widerspruch. In: Du. Schweizerische Monatsschrift Nr. 7, Juli, S. 60–66.
- (1961): Psychoanalytische Technik bei Homosexualität. In: Jahrbuch für Psychoanalyse 2, S. 174–198.
- (1972): Störungen der männlichen und weiblichen Identität in der psychoanalytischen Praxis. In: Psyche 27, S. 59–66.
- (1974): Die Stellung der Perversionen in Metapsychologie und Technik. In: Psyche 28, S. 1077–1098.
- (1978): Technik. Zur Dialektik der psychoanalytischen Praxis. Frankfurt/Main (Syndikat).
- (1984): Homosexualität Heterosexualität Perversion. Frankfurt/Main, Paris (Qumran).
- (1984a): Das Fremde verstehen. In: Morgenthaler, F., Weiss, F. & Morgenthaler, M. (1984): Gespräche am sterbenden Fluß. Ethnopsychoanalyse bei den Iatmul in Papua Neuguinea. Frankfurt/Main (Fischer), S. 9–16.
- (1991): Technik. Zur Dialektik der psychoanalytischen Praxis. Hamburg (Europäische Verlagsanstalt).

Morgenthaler, F., Weiss, F. & Morgenthaler, M. (1984): Gespräche am sterbenden Fluß. Ethnopsychoanalyse bei den Iatmul in Papua Neuguinea. Frankfurt/Main (Fischer).

Moro, M. R. (2001): Parents en exil. Psychopathologie et migration. 2. Aufl. Paris (PUF).
- (2000): Psychothérapie transculturelle des enfants et des migrants. 2. Aufl. Paris (Dunod).
- (1999): Aufwachsen im Exil. Ethnopsychoanalyse mit Eltern und Kindern. In: Pedrina, F. et al. (Hg.) (1999): Kultur, Migration und Psychoanalyse. Therapeutische Konsequenzen theoretischer Konzepte. Eine Vortragsreihe des psychoanalytischen Seminars Zürich. Tübingen (edition diskord), S. 149–186.
- (2002): Enfants d'ici venues d'ailleurs. Naître et grandir en France. Paris (La Découverte).
- (2002a): Ethnopsychoanalyse. In: Mijolla, A. de (Hg.) (2002): Dictionnaire international de la psychanalyse. Paris (Calmann-Lévy), S. 551–552.

Moro, M. R., Sturm, G. (2001): Frauen in der Migration. Zur transkulturellen Psychiatrie mit Migrantinnen. In: Hegemann, T., Salman, R. (Hg.) (2001): Transkulturelle Psychiatrie. Konzepte für die Arbeit mit Menschen aus anderen Kulturen. Bonn (Psychiatrie-Verlag), S. 255–263.

Moser, C., Nyfeler, D. & Verwey, M. (Hg.) (2001): Traumatisierung von Flüchtlingen und Asyl Suchenden. Einfluss des politischen, sozialen und medizinischen Kontextes. Zürich (Seismo).

Mühlleitner, E. (1992): Biographisches Lexikon der Psychoanalyse. Die Mitglieder der Psychologischen Mittwoch-Gesellschaft und der Wiener Psychoanalytischen Vereinigung 1902–1938. Tübingen (edition diskord).
- (2001): Zur Biographie von Otto Fenichel (1897–1946). In: Fenichel, O. (2001): Probleme der psychoanalytischen Technik, hrsg. von Michael Giefer und Elke Mühlleitner. Gießen (Psychosozial-Verlag), S. 167–181.

Mühlleitner E., Reichmayr J. (1995): The Exodus of Psychoanalysts from Vienna. In: Stadler F., Weibel P. (Hg.) (1995): Vertreibung der Vernunft. The Cultural Exodus from Austria. 2., überarb. u. erw. Aufl. Wien, New York (Springer), S. 98–121.

Mühlmann, W. E. (1986): Geschichte der Anthropologie. Wiesbaden (Aula).

Muensterberger, W. (1949): Ethnologie und Ich-Forschung. In: Pfister-Ammende, M. (Hg.): Die Psychohygiene. Grundlagen und Ziele. Bern (Hans Huber), S. 145–152.
- (1953): Über einige psychologische Fundamente der menschlichen Gesellschaftsbildung. In: Psyche 6, S. 683–698.
- (1968): Psyche und Milieu. Ontogenetische Betrachtungen über Entwicklung und Enkulturation. In: Jahrbuch der Psychoanalyse 5, S. 89–106.
- (1973): Buchbesprechung: Parin, P., Morgenthaler, F. & Parin-Mattèy, G.: Fürchte deinen Nächsten wie dich selbst. Psychoanalyse und Gesellschaft am Modell der Agni in Westafrika. In: Psyche 27, S. 276–280.
- (Hg.) (1974): Der Mensch und seine Kultur. Psychoanalytische Ethnologie nach »Totem und Tabu«. München (Kindler).
- (1974a): Über die kulturellen Grundlagen der individuellen Entwicklung. In: Muensterberger, W. (Hg.): Der Mensch und seine Kultur. München (Kindler), S. 9–29.

- (1974b): Oralität und Abhängigkeit. Charakterzüge unter Südchinesen. In: Muensterberger, W. (Hg.): Der Mensch und seine Kultur. München (Kindler), S. 170–205.
- (1980): Versorgung durch mehrere »Mütter«. Interkulturelle Betrachtungen. In: Psyche 34, S. 677–693.
- (1982): Versuch einer transkulturellen Analyse. Der Fall eines chinesischen Offiziers. In: Psyche 36, S. 865–887.
- (1993): Buchbesprechung: Obeyesekere, G. (1990): The Work of Culture. Symbolic Transformation in Psychoanalysis and Anthropology. Chicago/London (The Univ. of Chicago Press). In: The Psychoanalytic Quarterly 62, S. 299–304.

Muensterberger, W. (1994): Persönliche Mitteilung an Johannes Reichmayr.

Muensterberger, W., Kishner, I. A. (1968): Interkultureller Konflikt und Psychose. In: Psyche 22, S. 245–270.

Münzel, M. (1993): Gibt es eine postmoderne Feldforschung? Skizze einiger möglicher Fragen zum ethnologischen Umgang mit Altmodischem. In: Schmied-Kowarzik, W., Stagl, J. (Hg.): Grundfragen der Ethnologie. Beiträge zur gegenwärtigen Theorie-Diskussion. 2., überarb. u. erw. Aufl. Berlin (Reimer), S. 395–406.

Nadig, M. (1980): Auf den Spuren »unwürdiger« Machtstrategien. In: Berliner Hefte 15, S. 53–65.
- (1985): Ethnopsychoanalyse und Feminismus – Grenzen und Möglichkeiten. In: Feministische Studien 4, S. 105–118.
- (1986): Die verborgene Kultur der Frau. Ethnopsychoanalytische Gespräche mit Bäuerinnen in Mexiko. Subjektivität und Gesellschaft im Alltag von Otomi-Frauen. Frankfurt/Main (Fischer).
- (1986a): Zur ethnopsychoanalytischen Erarbeitung des kulturellen Raums der Frau. In: Psyche 40, S. 193–219.
- (1990): Die gespaltene Frau. Mutterschaft und öffentliche Kultur. In: Psyche 44, S. 53–70.
- (1990a): Der Macho. Die Realität der Ideologie des mexikanisch-indianischen Machismo. In: Journal für Geschichte 1, S. 42–53.
- (1991): Formen von Frauenkultur aus ethnopsychoanalytischer Sicht. In: Hauser-Schäublin, B. (Hg.) (1991): Ethnologische Frauenforschung. Ansätze, Methoden, Resultate. Berlin (Reimer), S. 213–248.
- (1991a): Frauenräume – Formen gelebter Frauenkultur. Einige Ergebnisse aus einer ethnopsychoanalytischen Untersuchung in der eigenen Kultur. In: Blum, E. et al. (Hg.): Ethnopsychoanalyse, Bd. 2. Herrschaft, Anpassung, Widerstand. Frankfurt/Main (Brandes & Apsel), S. 36–57.
- (1992): Der ethnologische Weg zur Erkenntnis. Das weibliche Subjekt in der feministischen Wissenschaft. In: Knapp, G.-A., Wetterer, A. (Hg.) (1992): Traditionen Brüche. Entwicklungen feministischer Theorie. Freiburg i. Br. (Kore).
- (1993): Die Ritualisierung von Haß und Gewalt im Rassismus. In: Schwierige Fremdheit. Über Integration und Ausgrenzung in Einwanderungsländern. Frankfurt/Main (Fischer), S. 264–284.

- (1997): Die Dokumentation des Konstruktionsprozesses. Theorie und Praxisfragen in Ethnologie und Ethnopsychoanalyse heute. In: Völger, G. (Hg.): Sie und er. Frauenmacht und Männerherrschaft im Kulturvergleich. Köln (Rautenstrauch-Joest-Museum Köln), S. 77–84.
- (1997a): Die verborgene Kultur der Frau. Ethnopsychoanalytische Gespräche mit Bäuerinnen in Mexiko. Frankfurt/Main (Fischer).
- (1998): Körperhaftigkeit, Erfahrung und Ritual. Geburtsrituale im interkulturellen Bereich. In: Hauser-Schäublin, B., Röttger-Rössler, B. (Hg.) (1998): Differenz und Geschlecht. Neue Ansätze in der ethnologischen Forschung. Berlin (Reimer).

Nadig, M. et al. (1991): Formen gelebter Frauenkultur. Ethnopsychoanalytische Fallstudien am Beispiel von drei Frauengenerationen des Zürcher Oberlandes. Unveröffentlicher Forschungsbericht an den Nationalfonds Zürich.

Nadig, M., Erdheim, M. (1980): Die Zerstörung der wissenschaftlichen Erfahrung durch das akademische Milieu. Ethnopsychoanalytische Überlegungen zur Aggressivität in der Wissenschaft. In: Berliner Hefte 15, S. 35–52.

- (1984): Frauen Leben Psychoanalyse. Gespräche mit Marie Langer-Glas und Goldy Parin-Matthèy. In: Lohmann, H.-M. (Hg.): Die Psychoanalyse auf der Couch. Frankfurt/Main (Qumran), S. 311–328.

Nadig, M., Reichmayr, J. (2000): Paul Parin, Fritz Morgenthaler und Goldy Parin-Matthèy. In: Flick, U. et al. (Hg.) (2000): Qualitative Forschung. Ein Handbuch. Reinbek (Rowohlt), S. 72–84.

Nathan, T. (1977): Ideologie, Sexualität und Neurose. Eine Abhandlung zur ethnopsychoanalytischen Klinik. Frankfurt/Main (Suhrkamp).

- (1986): La folie des autres. Traité d'ethnopsychiatrie clinique. Paris (Dunod).
- (1988): Psychoanalyse païenne. Essays ethnopsychoanalytiques. Paris (Dunod).
- (1995): L'influence qui guérit. Paris (Odile Jacob).
- (1998): Éléments de psychothérapie. Paris (Odile Jacob).
- (1999): Zum Begriff des sozialen Netzes in der Analyse therapeutischer Dispositive. In: Pedrina, F. et al. (Hg.) (1999): Kultur, Migration und Psychoanalyse. Therapeutische Konsequenzen theoretischer Konzepte. Eine Vortragsreihe des psychoanalytischen Seminars Zürich. Tübingen (edition diskord), S. 189–220.
- (2001): Préface à la 2e édition. Vingt ans après. Développement de l'ethnopsychiatrie clinique en France – espoirs et embûches. In: Nathan, T. (2001): La folie des autres. Traité d'ethnopsychiatrie clinique. Paris (Dunod).

Nathan, T., Stengers, I. (1995): Médecins et sorciers – manifeste pour une psychopathologie scientifique – le médecin et le charlatan. Le Plessis-Robinson (Synthélabo).

Niederland, W. G. (1988): Die Philippsonsche Bibel und die Freudsche Faszination für die Archäologie. In: Psyche 42, S. 465–470.

Niekisch, S. (2002): Kolonisation und Konsum. Kulturkonzepte in Ethnologie und cultural studies. Bielefeld (Transcript).

Ninck Gbeassor, D. (1999): Kinder von Asylsuchenden. In: Ninck Gbeassor, D. et al. (Hg.) (1999): Überlebenskunst in Übergangswelten. Ethnopsychologische Betreuung von Asylsuchenden. Berlin (Reimer), S. 109–130.

Ninck Gbeassor, D., Schär Sall, H., Signer, D., Stutz, D. & Wetli, E. (Hg.) (1999): Überlebenskunst in Übergangswelten. Ethnopsychologische Betreuung von Asylsuchenden. Berlin (Reimer).

Nunberg, H., Federn, E. (Hg.) (1976–1981): Protokolle der Wiener Psychoanalytischen Vereinigung. Frankfurt/Main (S. Fischer).

Obeyesekere, G. (1990): The Work of Culture. Symbolic Transformation in Psychoanalysis and Anthropology. Chicago (Univ. of Chicago Press).

Oester, K. (1992): Das sexuelle Verstehen – ein Witz? Die Freudsche Witztheorie als erkenntnistheoretischer Ansatz in der ethnopsychoanalytischen Forschung zur Sexualität. In: Heinemann, E., Krauss, G. (Hg.): Beiträge zur Ethnopsychoanalyse. Nürnberg (Institut für soziale und kulturelle Arbeit, ISKA), S. 64–76.

Oppitz, M. (1993): Notwendige Beziehungen. Abriß der strukturalen Anthropologie. 2., mit einem neuen Vorwort versehene Aufl. Frankfurt/Main (Suhrkamp).

Ortigues, M.-C., Ortigues, E. (1966): Œdipe africain. Paris (Plon).

– (2000): L'évolution d'une pratique de psychothérapie. In: Psychopathologie africain 30, Nr. 3, S. 299–315.

Ottomeyer, K. (1976): Anthropologieproblem und marxistische Handlungstheorie. Kritisches und Systematisches zu Sève, Duhm, Schneider und zur Interaktionstheorie im Kapitalismus. Gießen (Focus).

– (1985): Das Kanu und das Huhn. Zum Verhältnis von psychoanalytischer und marxistischer Sozialpsychologie. In: Werkblatt 2, Nr.3/4, S. 23–32.

– (1992): Prinzip Neugier. Einführung in eine andere Sozialpsychologie. Unter Mitarbeit von Michael Wieser. Heidelberg (Asanger).

– (1997): Kriegstrauma, Identität und Vorurteil. Mirzadas Geschichte und Ein Brief an Sieglinde Tschabuschnig. Klagenfurt (Drava).

– (2000): Die Haider-Show. Zur Psychopolitik der FPÖ. Klagenfurt (Drava).

Ottomeyer, K., Peltzer, K. (Hg.) (2002): Überleben am Abgrund. Psychotrauma und Menschenrechte. Klagenfurt (Drava).

Parin, P. (2002): Gruss an die Teilnehmer und Teilnehmerinnen der Tagung. In: Egli, W. et al. (Hg.) (2002): Neuere Entwicklungen der Ethnopsychoanalyse. Münster (Lit Verlag), S. 8, 13–14.

– (2003): Psychoanalyse, Ethnopsychoanalyse, Kulturkritik. CD-ROM, ediert und hrsg. von Johannes Reichmayr. Gießen (Psychosozial-Verlag).

Parin-Matthèy, L. (1962): Das Wunderkind und sein Scheitern. In: Schweizerische Zeitschrift für Psychologie und ihre Anwendungen 21, S. 247–267.

Parsons, A. (1969): Is the Oedipus Complex universal? The Jones-Malinowski debate Revisited and a South Italian »nuclear complex«. In: Muensterberger, W. (Hg.): Man and His Culture. Psychoanalytic Anthropology after Totem and Taboo. New York (Taplinger Publ. Comp.), S. 331–384.

– (1974): Besitzt der Ödipuskomplex universelle Gültigkeit? Eine kritische Stellungnahme zur Jones-Malinowski-Kontroverse sowie die Darstellung eines süditalienischen Kernkomplexes. In: Muensterberger, W. (Hg.): Der Mensch und seine Kultur. Psychoanalytische Ethnologie nach »Totem und Tabu«. München (Kindler), S. 206–259.

Paskauskas, R. A. (Hg.) (1993): The Complete Correspondance of Sigmund Freud and Ernest Jones 1908–1939. Cambridge, London (Belknap Press of Harvard Univ. Press).
Paul, R. A. (1989): Psychoanalytic Anthropology. In: Annual Review of Anthropology 18, S. 177–202.
– (1990): Bettelheim's Contribution to Anthropology. In: Boyer, L. B., Grolnik, S. A. (Hg.) (1990): The Psychoanalytic Study of Society, Bd. 15. Essays in Honor of Melford E. Spiro. Hillsdale (The Analytic Press), S. 311–334.
Paul, S. (1979): Begegnungen. Zur Geschichte persönlicher Dokumente in Ethnologie, Soziologie, Psychologie, 2 Bde. München (Renner).
Pedrina, F. (1995): Symbolisierungsstörungen im Vorschulalter im interkulturellen Kontext. Diagnostische und therapeutische Aspekte. In: Möhring, P., Apsel, R. (Hg.) (1995): Interkulturelle psychoanalytische Therapie. Frankfurt/Main (Brandes & Apsel), S. 46–73.
– (1999): Identitätsentwicklung in einer Welt in Bewegung. In: Pedrina, F. et al. (Hg.) (1999): Kultur, Migration, Psychoanalyse. Therapeutische Konsequenzen theoretischer Konzepte. Eine Vortragsreihe des Psychoanalytischen Seminars Zürich. Tübingen (edition diskord), S. 45–70.
– (Hg.) (2001): Beziehung und Entwicklung in der frühen Kindheit. Psychoanalytische Interventionen in interdisziplinären Kontexten. Tübingen (edition diskord).
– (2001): Eltern und Babys im Exil. Orientierungspunkte für die therapeutische Arbeit mit Migrantenfamilien. In: Pedrina, F. (Hg.) (2001): Beziehung und Entwicklung in der frühen Kindheit. Psychoanalytische Interventionen in interdisziplinären Kontexten. Tübingen (edition diskord), S. 103–118.
Pedrina, F., Saller, V., Weiss, R. & Würgler, M. (Hg.) (1999): Kultur, Migration und Psychoanalyse. Therapeutische Konsequenzen theoretischer Konzepte. Eine Vortragsreihe des Psychoanalytischen Seminars Zürich. Tübingen (edition diskord).
Peltzer, K. (1995): Psychology and Health in African Cultures. Examples of Ethnopsychotherapeutic Practice. Frankfurt/Main (IKO-Verlag).
Peltzer, K., Ebigbo, P. O. (Hg.) (1989): Clinical Psychology in Africa (South of the Sahara, the Caribbean and Afro-Latin America). A textbook for Universities and paramedial Schools. Frankfurt/Main (IKO-Verlag).
Peltzer, K., Reichmayr, J. (2002): Africa and Psychoanalysis. In: Erwin, E. (Hg.): The Freud Enciclodedia. Theory, Therapy, and Culture. New York, London (Routledge), S. 12–15.
Pfeiffer, W. M., Schoene, W. (Hg.): Psychopathologie im Kulturvergleich. Stuttgart 1980 (Enke).
Pfleiderer, B., Greifeld, K. & Bichmann, W. (1995): Ritual und Heilung. Eine Einführung in die Ethnomedizin. Berlin (Reimer).
Pritz, A. (Hg.) (2002): Globalized Psychotherapy. Wien (Facultas Universitätsverlag).
Probst, P. (1992): Angewandte Ethnopsychologie während der Epoche des Deutschen Kolonialismus (1884–1918). In: Psychologie und Geschichte 3, S. 67–80.
Psychoanalytisches Seminar Zürich (Hg.) (1986): Sexualität. Frankfurt/Main (Athenäum).

- (1987): Bei Lichte betrachtet wird es finster. FrauenSichten. Frankfurt/Main (Athenäum).
- (1989): Die Gesellschaft auf der Couch. Psychoanalyse als sozial-wissenschaftliche Methode. Frankfurt/Main (Athenäum).

Rechtman, R. (1995): De l'ethnopsychiatrie à la psychiatrie culturelle. À propos de »Fier de n'avoir ni pays, ni amis quelle scottise c'était« de Tobie Nathan. In: L'évolution psychiatrique 60, S. 637–694.

Reich, W. (1932): Der Einbruch der Sexualmoral. Zur Geschichte der sexuellen Ökonomie. Berlin, Leipzig, Wien (Verlag für Sexualpolitik).
- (1933): Charakteranalyse. Technik und Grundlagen. Für studierende und praktizierende Analytiker. Wien (Selbstverlag).
- (1935): Der Einbruch der Sexualmoral. Zur Geschichte der sexuellen Ökonomie. 2. erw. Aufl. Kopenhagen (Verlag für Sexualpolitik).

Reiche, R. (1972): Ist der Ödipuskomplex universell? In: Kursbuch 29, S. 159–176.
- (1995): Von innen nach aussen? Sackgassen im Diskurs über Psychoanalyse und Gesellschaft. Psyche 49, S. 227–258.

Reicheneder, J. G. (1990): Zum Konstitutionsprozeß der Psychoanalyse. Stuttgart, Bad Cannstatt (frommann-holzboog).

Reichmayr, J. (1994): Spurensuche in der Geschichte der Psychoanalyse. Frankfurt/Main (Fischer).
- (1995): Einführung in die Ethnopsychoanalyse. Geschichte, Theorien und Methoden. 1. u. 2. Aufl. Frankfurt/Main (Fischer).
- (1995a): Text zur Diskussion. In: Conci, M., Marchioro, F. (Hg.): Totem e Tabù (1912–13) Totem und Tabu. Psicoanalisi e religione Psychoanalyse und Religion. Melpignano (Media 2000 editrice), S. 197–210.

Reichmayr, J., Pletzer, B. (2003): Lexikon der psychoanalytischen Ethnologie, Ethnopsychoanalyse und interkulturellen psychoanalytischen Therapie. Gießen (Psychosozial-Verlag).

Reif, E. (1989): »Das revolutionäre Potential der Ethnopsychoanalyse«. Zur Methode und Theorie. In: Kossek, B. et al. (Hg.) (1989): Verkehren der Geschlechter. Reflexionen und Analysen von Ethnologinnen. Wien (Wiener Frauenverlag), S. 299–312.
- (2001): Konfliktforschung am Beispiel des Balkankrieges. Plädoyer für ein psychoanalytisches Arbeitsfeld. In: Psychoanalyse im Widerspruch (Heidelberg, Mannheim) 13, Nr. 26, S. 87–105.
- (2002): Ethnopsychoanalyse und Konfliktforschung. In: Egli, W. et al. (Hg.) (2002): Neuere Entwicklungen der Ethnopsychoanalyse. Münster (Lit Verlag), S. 145–158.

Ribeiro, D. (1971): Der zivilisatorische Prozeß. Frankfurt/Main (Suhrkamp).

Richter, H.-E. et al. (1995): Psychoanalytische Beiträge zu Rechtsextremismus und Fremdenfeindlichkeit. Materialien aus dem Sigmund-Freud-Institut, Bd. 14. Münster (Lit Verlag).

Rippl, G. (Hg.) (1993): Unbeschreiblich weiblich. Texte zur feministischen Anthropologie. Frankfurt/Main (Fischer).

Ritvo, L. B. (1990): Darwin's Influence on Freud. A Tale of Two Sciences. New Haven, London (Yale Univ. Press).
Robertson, R. (1994): On the Sources of Moses and Monotheism. In: Gilman, S. et al. (Hg.) (1994): Reading Freud's Reading. New York, London (New York Univ. Press).
Rodewig, K. (Hg.) (2000): Identität, Integration und psychosoziale Gesundheit. Aspekte transkultureller Psychosomatik und Psychotherapie. Gießen (Psychosozial-Verlag).
Rodríguez Rabanal, C. (1990): Überleben im Slum. Psychosoziale Probleme in peruanischen Elendsvierteln. Frankfurt/Main (Fischer).
- (1995): Elend und Gewalt. Eine psychoanalytische Studie aus Peru. Unter Mitarbeit von Celina Rodríguez Drescher. Frankfurt/Main (Fischer).
Róheim, G. (1919): Spiegelzauber. Leipzig, Wien (Internationaler Psychoanalytischer Verlag).
- (1921): Das Selbst. Leipzig, Wien, Zürich (Internationaler Psychoanalytischer Verlag).
- (1927): Mondmythologie und Mondreligion. Wien (Internationaler Psychoanalytischer Verlag).
- (1932): Die Psychoanalyse primitiver Kulturen. In: Imago 18, S. 296–563.
- (1933): Besprechung: Reich, W. (1932): Der Einbruch der Sexualmoral. Berlin (Verlag für Sexualpolitik). In: Internationale Zeitschrift für Psychoanalyse 19, S. 552–561.
- (1941): Die psychologische Deutung des Kulturbegriffs. In: Internationale Zeitschrift für Psychoanalyse und Imago 26, S. 9–31.
- (1974): Psychoanalyse und Anthropologie. In: Psyche 28, S. 1099–1113.
- (1974a): Kultur in psychoanalytischer Sicht. In: Muensterberger, W. (Hg.): Der Mensch und seine Kultur. München (Kindler), S. 30–49.
- (1974b): Traumanalyse und ethnologische Feldforschung. In: Muensterberger, W. (Hg.): Der Mensch und seine Kultur. München (Kindler), S. 97–133.
- (1975): Die Panik der Götter. Die Quellen religiöser Glaubensformen in psychoanalytischer Sicht, hrsg. und mit einem Vorwort und einer Einführung versehen von Werner Muensterberger. München (Kindler).
- (1977): Psychoanalyse und Anthropologie. Drei Studien über die Kultur und das Unbewußte. Frankfurt/Main (Suhrkamp).
- (1988): Children of the Desert II. Myth and Dreams of the Aborigines of Central Australia. Edited and introduced by John Morton and Werner Muensterberger. Sidney (Oceania Publications Univ. of Sidney).
Rohr, E. (1990): Der Traum vom Fliegen. Sektenmission in Südamerika. In: Apsel, R. et al. (Hg.): Ethnopsychoanalyse, Bd. 1. Glaube, Magie, Religion. Frankfurt/Main (Brandes & Apsel), S. 55–87.
- (1992): Sinnlichkeit als Tabu. Zur Subjektivität von Forschungserfahrungen. In: Heinemann, E., Krauss, G. (Hg.): Beiträge zur Ethnopsychoanalyse. Der Spiegel des Fremden. Erste Nürnberger Jahrestagung zur Ethnopsychoanalyse am 7. und 8. Juni 1991. Nürnberg (Institut für soziale und kulturelle Arbeit), S. 131–144.

- (1993): Faszination und Angst. In: Jansen, M. M., Prokop, U. (Hg.) (1993): Fremdenangst und Fremdenfeindlichkeit. Basel, Frankfurt/Main (Stroemfeld), S. 133–162.
Rohr, E., Jansen, M. M. (Hg.) (2002): Grenzgängerinnen. Gießen (Psychosozial-Verlag).
Roth, C. (1994): Und sie sind stolz. Zur Ökonomie der Liebe. Die Geschlechtertrennung bei den Zara in Bobo-Dioulasso, Burkina Faso. Frankfurt/Main (Brandes & Apsel).
- (1995): Wehe, wenn die Frauen von Bobo sich schmücken. Ein ethnologischer Beitrag. In: Apsel, R. et al. (Hg.) (1995): Ethnopsychoanalyse, Bd. 4. Arbeit, Alltag, Feste. Frankfurt/Main (Brandes & Apsel), S. 205–221.
- (1998): Kulturschock, Macht und Erkenntnis. Zur Auseinandersetzung mit Grenzen in der ethnologischen Forschungssituation. In: Schröter, S. (Hg.): Körper und Identitäten. Ethnologischge Ansätze zur Konstruktion von Geschlecht. Münster (Lit Verlag), S. 169–185.
- (1998a): Tee und Träume. Zum Generationenkonflikt der Männer in Bobo-Dioulasso. In: Apsel, R. (Hg.) (1998): Ethnopsychoanalyse, Bd. 5. Jugend und Kulturwandel. Frankfurt/Main (Brandes & Apsel), S. 153–166.
- (1999): »Was suchen die zwei weißen Frauen hier?« Bei den Seifenfrauen in Bobo-Dioulasso. Ein Forschungsbericht. In: Roost Vischer, L. et al. (Hg.) (1999): Brücken und Grenzen – Passages et frontières. Le forum suisse des africanistes. Münster (Lit Verlag), S. 49–65.
Roth, C., Lindig, S. (1998): Travail dans une décharge. Les femmes de la savonnerie de Bobo-Dioulasso/Arbeit im Abfall. Die Seifenfrauen in Bobo-Dioulasso. Katalog zur Fotoausstellung, Herbst 1998 Zürich. Bezugsquelle über E-Mail: slindig@bluewin.ch
- (1999): Arbeit im Abfall. Die Seifenfrauen von Bobo-Dioulasso. In: Basler Magazin Nr. 32, 21. August 1999, S. 1–5.
Rothschild, B. (1993): »Plataforma« in den letzten zwanzig Jahren. In: Luzifer-Amor. Zeitschrift zur Geschichte der Psychoanalyse 12, Nr. 6, S. 55–62.
- (1993a): Von Babylon nach Ägypten. S. Freuds verwirrender Umgang mit seinem Judentum. In: Widerspruch 13, S. 109–118.
Rütten, U. (1996): Im unwegsamen Gelände. Paul Parin – Erzähltes Leben. Hamburg (Europäische Verlagsanstalt).
Sachs, W. (1937): Black Hamlet. The Mind of an African Negro Revealed by Psychoanalysis. London (Geoffrey Bles).
- (1996): Black Hamlet (1937): With new introductions by Saul Dubow and Jaqueline Rose. Baltimore (John Hopkins).
Said, E. W. (2002): Freud und das Nicht-Europäische. In: Zeitschrift für psychoanalytische Theorie und Praxis 17, Nr. 3, S. 215–238.
Salis Gross, C. (2001): Der ansteckende Tod. Eine ethnologische Studie zum Sterben im Altersheim. Frankfurt/Main, New York (Campus).
Saller, V. (1993): Von der Ethnopsychoanalyse zur interkulturellen Therapie. In: Luzifer-Amor. Zeitschrift zur Geschichte der Psychoanalyse 12, Nr. 6, S. 99–123.

- (1995): Tobie Nathan. Genialer Theoretiker, orientalischer Geschichtenerzähler oder Scharlatan? In: Möhring, P., Apsel, R. (Hg.) (1995): Interkulturelle psychoanalytische Therapie. Frankfurt/Main (Brandes & Apsel), S. 209–221.
- (1999): Die Bedeutung des Kulturbegriffs für psychoanalytische Therapien. In: Pedrina, F. et al. (Hg.) (1999): Kultur, Migration und Psychoanalyse. Therapeutische Konsequenzen theoretischer Konzepte. Eine Vortragsreihe des psychoanalytischen Seminars Zürich. Tübingen (edition diskord), S. 99–148.
- (2002): Die Leib-Seele-Problematik in der Psychoanalyse, Ethnologie und Ethnopsychoanalyse. In: Egli, W. et al. (Hg.) (2002): Neuere Entwicklungen der Ethnopsychoanalyse. Münster (Lit Verlag), S. 105–118.

Santos-Stubbe, C. dos (1995): Arbeit, Gesundheit und Lebenssituation afrobrasilianischer Empregadas Domésticas (Hausarbeiterinnen). Eine empirische sozialpsychologische Untersuchung. Frankfurt/Main (Peter Lang).

Sargent, S. S., Smith, M. W. (Hg.) (1949): Culture and Personality. New York (Viking Found).

Schär Sall, H. (1999): Überlebenskunst in Übergangswelten. In: Ninck Gbeassor, D. et al. (Hg.) (1999): Überlebenskunst in Übergangswelten. Ethnopsychologische Betreuung von Asylsuchenden. Berlin (Reimer), S. 77–107.
- (2000): Überleben im Asylalltag. Fallbeispiele. In: Bazzi, D. et al. (Hg.) (2000): Fluchten, Zusammenbrüche, Asyl. Fallstudien aus dem Ethnologisch-Psychologischen Zentrum in Zürich. Mit einem Vorwort von David Becker. Zürich (Argonaut), S. 9–30.
- (2001): Intermediärer Raum und ein lebensweltbezogener Zugang zu Asyl Suchenden in psychischen Schwierigkeiten. In: Moser, C. et al. (Hg.) (2001): Traumatisierung von Flüchtlingen und Asyl Suchenden. Einfluss des politischen, sozialen und medizinischen Kontextes. Zürich (Seismo), S. 97–102.
- (2002): Wie die Ethnopsychoanalyse am Ethnologisch-Psychologischen Zentrum weiterlebt. Teil I. In: Egli, W. et al. (Hg.) (2002): Neuere Entwicklungen der Ethnopsychoanalyse. Münster (Lit Verlag), S. 15–20.

Schiess, R. (1999): »Wie das Leben nach dem Fieber«. Gießen (Psychosozial-Verlag).

Schmidt, W. (1929): Der Ödipuskomplex der Freudschen Psychoanalyse und die Ehegestaltung des Bolschewismus. In: Nationalwirtschaft 2, S. 401–436.

Schoene, W. (1966): Über die Psychoanalyse in der Ethnologie. Eine theoriegeschichtliche Auseinandersetzung mit einigen Grundlagen der nordamerikanischen »Kultur- und Persönlichkeits«-Forschung. Dortmund (Verlag Fr. Wilh. Ruhfus).

Schröder, E., Frießem, D. H. (Hg.) (1984): George Devereux zum 75. Geburtstag. Eine Festschrift. Curare, Sonderband. Braunschweig, Wiesbaden (Friedr. Vieweg & Sohn).

Schwartz, T., White, G. M. & Lutz, C. A. (Hg.) (1992): New directions in psychological anthropology. Cambridge (Cambridge Univ. Press).

Serpell, R. (1976): Culture's influence on behaviour. London (Methuen).
- (1993): The significance of schooling. Life-journeys in an African society. Cambridge (Cambridge Univ. Press).

Siege, N. (1993): Asiada. Veränderungen im Gruppen-Ich einer tansanischen Frau. In: Sippel-Süsse, J. et al. (Hg.): Ethnopsychoanalyse, Bd. 3. Körper, Krankheit und Kultur. Frankfurt/Main (Brandes & Apsel), S. 90–116.
- (1995): Die Strassenkinder von Dar-es-Salaam. In: Apsel, R. et al. (Hg.) (1995): Ethnopsychoanalyse, Bd. 4. Arbeit, Alltag, Feste. Frankfurt/Main (Brandes & Apsel), S. 222–238.
- (1999): Straßenkindergeschichten aus vier Kontinenten. Frankfurt/Main (Brandes & Apsel).

Signer, D. (1994): Konstruktionen des Unbewussten. Die Agni in Westafrika aus ethnopsychoanalytischer und poststrukturalistischer Sicht. Wien (Passagen).
- (1999): Raum geben. Die Arbeit mit Asylsuchenden mit psychischen Schwierigkeiten in den Foyers. In: Ninck Gbeassor, D. et al. (Hg.) (1999): Überlebenskunst in Übergangswelten. Ethnopsychologische Betreuung von Asylsuchenden. Berlin (Reimer), S. 13–32.
- (2000): Der Fremde, der sich mit seinen Gedanken fast zerstörte. In: Bazzi, D. et al. (Hg.) (2000): Fluchten, Zusammenbrüche, Asyl. Fallstudien aus dem Ethnologisch-Psychologischen Zentrum in Zürich. Mit einem Vorwort von David Becker. Zürich (Argonaut), S. 53–80.
- (2002): Aids-Übertragung. Die Kluft zwischen Denken und Handeln. In: Egli, W. et al. (Hg.) (2002): Neuere Entwicklungen der Ethnopsychoanalyse. Münster (Lit Verlag), S. 73–80.

Simenauer, E. (1961/62): Ödipus-Konflikt und Neurosenbedingungen bei den Bantu Ostafrikas. In: Jahrbuch der Psychoanalyse. Beiträge zur Theorie und Praxis 2, S. 41–62.

Sippel-Süsse, J., Apsel, R. (Hg.) (2001): Ethnopsychoanalyse, Bd. 6. Forschen, erzählen und reflektieren. Frankfurt/Main (Brandes & Apsel).

Sippel-Süsse, J., Wegeler, C., Baumgart, M. & Apsel, R. (Hg.) (1993): Ethnopsychoanalyse, Bd. 3. Körper, Krankheit, Kultur. Frankfurt/Main (Brandes & Apsel).

Spain, D. H. (Hg.) (1992): Psychoanalytic Anthropology after Freud. Essays Marking the Fiftieth Anniversary of Freud's Death. New York (Psyche Press).
- (Hg.) (1992): Introduction. Psychoanalytic Anthropology after Freud. A Personal and Appreciative Introduction. In: Spain, D. H. (Hg.) (1992): Psychoanalytic Anthropology after Freud. Essays Marking the Fiftieth Anniversary of Freud's Death. New York (Psyche Press), S. 1–34.

Spindler, G. D. (Hg.) (1978): The Making of Psychological Anthropology. Berkeley (Univ. of California Press).

Spiro, M. E. (1982): Oedipus in the Trobriands. Chicago (Univ. of Chicago Press).

Staeuble, I. (1992): Wir und die Anderen. Ethno-psychologische Konstruktionen im Wandel. In: Psychologie und Geschichte 4, S. 139–157.

Stagl, J. (1988): Boas, Franz. In: Hirschberg, W. (Hg.) (1988): Neues Wörterbuch der Völkerkunde. Berlin (Reimer), S. 65.
- (1993): Malinowskis Paradigma. In: Schmied-Kowarzik, W., Stagl, J. (Hg.): Grundfragen der Ethnologie. Beiträge zur gegenwärtigen Theorie-Diskussion. 2., überarb. u. erw. Aufl. Berlin (Reimer), S. 93–105.

Stanek, M. (1982): Geschichten der Kopfjäger. Mythos und Kultur der Iatmul auf Papua-Neuguinea. Köln (Diederichs).

Steiner, E. (2002): Ausschnitte aus der Behandlung eines gefolterten bosnischen Flüchtlings. In: Egli, W. et al. (Hg.) (2002): Neuere Entwicklungen der Ethnopsychoanalyse. Münster (Lit Verlag), S. 37–42.

Stockhammer, H. (1985): Schnappschüsse in Schwarzweiß oder: Wo liegt Afrika? Kolonialistische Denkformen in Hegels Geschichtsphilosophie und Freuds Metapsychologie. In: Duerr, H. P. (1985): Unter dem Pflaster liegt der Strand, Bd. 15. Berlin (Karin Kramer), S. 125–158.

Streek, U. (Hg.) (1993): Das Fremde in der Psychoanalyse. Erkundungen über das »Andere« in Seele, Körper und Kultur. München (J. Pfeiffer).

- (2000): Das Fremde in der Psychoanalyse. Erkundungen über das »Andere« in Seele, Körper und Kultur. München (Psychosozial-Verlag).

Stroeken, H. (1992): Freud und seine Patienten. Frankfurt/Main (Fischer).

Stubbe, H. (1985): Formen der Trauer. Eine kulturanthropologische Untersuchung. Berlin (Reimer).

- (2001): Kultur und Psychologie in Brasilien. Eine ethnopsychologische und wissenschaftshistorische Studie. Bonn (Holos-Verlag).

Studer, R. (1993): Psychotherapie unter Fremden. In: Praxis der Psychtherapie und Psychosomatik 38, S. 138–144.

- (2002): Erfahrung-Wissen-Wissenschaft. In: Egli, W. et al. (Hg.) (2002): Neuere Entwicklungen der Ethnopsychoanalyse. Münster (Lit Verlag), S. 57–64.

Sturm, G. (2000): Le rôle de l'ethnicité en thérapie. Une étude sur le vécu subjectif des appartenances. In: L'Autre. Cliniques, cultures et sociétés 1, Nr. 2, S. 339–348.

- (2001): Aktuelle Entwicklungen in der ethnopsychoanalytisch orientierten Psychotherapie in Frankreich. Der ethnopsychiatrische Therapieansatz von Marie Rose Moro. In: Sippel-Süsse, J., Apsel, R. (Hg.): Ethnopsychoanalyse, Bd. 6. Forschen, erzählen und reflektieren. Frankfurt/Main (Brandes & Apsel), S. 218–237.

- (2002): Die Ko-Konstruktion kultureller Repräsentationen in der transkulturellen Psychotherapie. Ein Beispiel aus der französischen ethnopsychoanalytischen Therapiepraxis. In: Egli, W. et al. (Hg.) (2002): Neuere Entwicklungen der Ethnopsychoanalyse. Münster (Lit Verlag), S. 43–56.

- (2002a): Le racisme l'exclusion. In: Moro, M., Mouchenik, Y. & de la Noe, Q. (Hg.) (2002): Cours de psychiatrie transculturelle Paris (Dunod).

Stutz, D. (1999): Kein neues Königreich im fremden Land. Eine Fallrekonstruktion. In: Ninck Gbeassor, D. et al. (Hg.) (1999): Überlebenskunst in Übergangswelten. Ethnopsychologische Betreuung von Asylsuchenden. Berlin (Reimer), S. 61–75.

- (2001): Zur Differenz von Fremdem und Neuem. Die Relevanz der Verknüpfung körperlicher Symptome mit der individuellen Geschichte am Beispiel einer kurdischen Familie. In: Moser, C. et al. (Hg.) (2001): Traumatisierung von Flüchtlingen und Asyl Suchenden. Einfluss des politischen, sozialen und medizinischen Kontextes. Zürich (Seismo), S. 108–113.

- (2002): Wie die Ethnopsychoanalyse am Ethnologisch-Psychologischen Zentrum weiterlebt. Teil II. In: Egli, W. et al. (Hg.) (2002): Neuere Entwicklungen der Ethnopsychoanalyse. Münster (Lit Verlag), S. 21–26.
Stutz, D., Erdheim, M. (1991): Zur ethnopsychoanalytischen Problematik der Adoleszenz. Ein ecuadoranisches Beispiel. In: Combe, A., Helsper, W. (Hg.): Hermeneutische Jugendforschung. Theoretische Konzepte und methodologische Ansätze. Opladen (Westdeutscher), S. 175–199.
Sulloway, F. J. (1982): Freud – Biologe der Seele. Jenseits der psychoanalytischen Legende. Köln-Lövenich (Hohenheim).
Theux-Bauer, E. (1995): Psychoanalyse in fremder Sprache. Klinik, Theorie und Technik. In: Möhring, P., Apsel, R. (Hg.) (1995): Interkulturelle psychoanalytische Therapie. Frankfurt/Main (Brandes & Apsel), S. 111–142.
Thurnwald, R. (1912): Probleme der ethno-psychologischen Forschung. Zur Praxis der ethno-psychologischen Ermittlungen besonders durch sprachliche Forschungen. In: Beihefte zur Zeitschrift für angewandte Psychologie, 5. Leipzig (Joh. Ambr. Barth), S. 1–27, 117–124.
- (1913): Ethno-psychologische Studien an Südseevölkern. In: Beihefte zur Zeitschrift für angewandte Psychologie, 6. Leipzig (Joh. Ambr. Barth).
- (1928): Ethnologie und Psychoanalyse. In: Prinzhorn, H., Mittenzwey, K. (Hg.): Krisis der Psychoanalyse. Systematische Diskussion der Lehre Freuds. Leipzig (Der Neue Geist Verlag), S. 114–133.
Todorov, T. (1985): Die Eroberung Amerikas. Das Problem des Anderen. Frankfurt/Main (Suhrkamp).
Toulmin, S. (1991): Kosmopolis. Die unerkannten Aufgaben der Moderne. Frankfurt/Main (Suhrkamp).
Tripet, L. (1968): Quelques exemples d'expression picturale chez les malades mentaux du centre hospitalier de Fann-Dakar. In: Psychopathologie africaine 4, Nr. 3, S. 419–449.
- (1990): Wo steht das verlorene Haus meines Vaters? Afrikanische Analysen. Freiburg i. Br. (Kore, Verlag Traute Hensch).
Tseng, W.-S. (2001): Handbook of Cultural Psychiatry. San Diego, London (Academic Press).
Verwey, M. (Hg.) (1992): Kommentar zu Emilio Modenas Kritik an meiner Position in der »Vogt-Parin-Kontroverse«. In: Psychoanalyse im Widerspruch 3, S. 106–109.
- (2001): Trauma und Ressourcen. Trauma and Empowerment. Curare. Sonderband 16. Berlin (VWB–Verlag für Wissenschaft und Bildung).
Vogt, R. (1988): Innere und äußere Realität in Psychoanalysen. In: Psyche 42, S. 657–688.
Volf, P., Bauböck, R. (2001): Wege zur Integration. Was man gegen Diskriminierung und Fremdenfeindlichkeit tun kann. Klagenfurt/Celovec (Drava Verlag).
Volmerg, B., Senghaas-Knobloch, E. & Leithäuser, T. (1986): Betriebliche Lebenswelt. Eine Sozialpsychologie industrieller Arbeitsverhältnisse. Opladen (Westdeutscher Verlag).

Waldvogel, R. (1998): Ein »Salud Mental«-Projekt in El Salvador. In: Soziale Medizin (Basel) 25, Nr. 4, S. 28–32.
- (1999): »Salud mental« für traumatisierte Menschen. Psychosoziale Projektarbeit in El Salvador. In: Soziale Medizin (Basel) 26, Nr. 6, S. 36–39.
- (2001): Intervención en crisis. Mi experiencia en una situación de catástrofe. In: Avance 1, S. 10–13.

Wallace, E. R. (1983): Freud and Anthropology. A History and Reappraisal. New York (International Universities Press).

Weilenmann, M. (1985): Zur Bedeutung der eigenen Traumwelt im ethnologischen Erkenntnisprozeß. Eine ethnopsychoanalytische Studie zum Problem subjektiver Wahrnehmungsprozesse in Burundi. Lizentiatsarbeit Universität Zürich.
- (1990): »Femme – garçon«. Ein Gespräch in Burundi. In: Journal (Psychoanalytisches Seminar Zürich) 22, S. 18–38.
- (1994): Das Unbewußte im Rechtsprozeß. Eine ethnopsychoanalytische Studie über Burundi. In: Journal (Psychoanalytisches Seminar Zürich) 29, S. 26–55.
- (1997): Burundi – Konflikt und Rechtskonflikt. Eine rechtsethnologische Studie zur Konfliktregelung der Gerichte. Frankfurt/Main (Brandes & Apsel).
- (1998): Burundi – Claire Ngerageze ist im Koma. Eine ethnopsychoanalytische Fallgeschichte. In: Apsel, R. (Hg.) (1998): Ethnopsychoanalyse, Bd. 5. Jugend und Kulturwandel. Frankfurt/Main (Brandes & Apsel), S. 31–60.
- (1998a): In Burundi gibt es keine Ethnien – aber »ethnische« Massaker. In: Modena, E. (Hg.) (1998): Das Faschismus-Syndrom. Zur Psychoanalyse der Neuen Rechten in Europa. Gießen (Psychosozial-Verlag), S. 140–175.

Weiss, F. (1981): Kinder schildern ihren Alltag. Die Stellung des Kindes im ökonomischen System einer Dorfgemeinschaft in Papua-New Guinea (Palimbei, Iatmul, Mittelsepik). Basler Beiträge zur Ethnologie, Bd. 21. Basel (Ethnologisches Seminar der Universität und Museum für Völkerkunde).
- (1982): Abwanderung in die Städte. Der widersprüchliche Umgang mit kolonialen Ausbeutungsstrategien. Die Iatmul in Papua Neuguinea. In: Centlivres-Demont, M. (Hg.): Urban-Ethnologie. Ethnologica Helvetica 6. Bern (Schweizerische Ethnologische Gesellschaft), S. 151–168.
- (1984): Magendaua. In: Morgenthaler, F., Weiss, F. & Morgenthaler, M. (1984): Gespräche am sterbenden Fluß. Ethnopsychoanalyse bei den Iatmul in Papua Neuguinea. Frankfurt/Main (Fischer), S. 173–232.
- (1984a): Ethnopsychoanalyse. In: Morgenthaler, F., Weiss, F. & Morgenthaler, M. (1984): Gespräche am sterbenden Fluß. Ethnopsychoanalyse bei den Iatmul in Papua-Neuguinea. Frankfurt/Main (Fischer), S. 17–24.
- (1987): Sprache und Geschlecht bei den Iatmul in Papua-Neuguinea. Untersuchungen zum Verhältnis von ethnologischer Forschung und Sprachgebrauch. In: Schlechten, M. (Hg.): Oralité. A propos du passage de l'oral à l'écrit. Ethnologica Helvetica 11. Bern (Schweizerische Ethnologische Gesellschaft), S. 151–188.
- (1989): Mutterschaft und frühe Kindheit bei den Iatmul in Papua-Neuguinea. In: Kroeber-Wolf, G. (Hg.): Der Weg ins Leben. Mutter und Kind im Kulturvergleich. Frankfurt/Main (Museum für Völkerkunde), S. 77–87.

- (1990): The Child's Role in the Economy of Palimbei. In: Lutkehaus, N. et al. (Hg.): Sepik Heritage. Tradition and Change in Papua New Guinea. Carolina (Carolina Academic Press).
- (1990a): Abwanderung in die Städte. Der widersprüchliche Umgang mit kolonialen Ausbeutungsstrategien. In: Menschen in Bewegung. Reise – Migration – Flucht. Basel, Boston, Berlin (Birkhäuser), S. 35–46.
- (1991): Die dreisten Frauen. Ethnopsychoanalytische Gespräche in Papua-Neuguinea. Frankfurt/Main, New York (Qumran).
- (1991a): Frauen in der urbanethnologischen Forschung. In: Hauser-Schäublin, B. (Hg.): Ethnologische Frauenforschung. Ansätze, Methoden, Resultate. Berlin (Reimer), S. 251–281.
- (1994): Die Beziehung als Kontext der Datengewinnung. Ethnopsychoanalytische Gesichtspunkte im Forschungsprozeß. In: Spuhler, G. et al. (Hg.) (1994): Vielstimmiges Gedächtnis. Beiträge zur Oral History. Zürich (Chronos).
- (1999): Vor dem Vulkanausbruch. Eine ethnologische Erzählung. Frankfurt/Main (Fischer).
- (2001): Die dreisten Frauen. Eine Begegnung in Papua-Neuguinea. Frankfurt/Main (Fischer).
- (2001a): Vor dem Vulkanausbruch. Meine Freundinnen in Rabaul. Frankfurt/Main (Fischer).

Weiss, R. (1999): Fremd- und Muttersprache im psychoanalytischen Prozess. In: Pedrina, F. et al. (Hg.) (1999): Kultur, Migration, Psychoanalyse. Therapeutische Konsequenzen theoretischer Konzepte. Eine Vortragsreihe des Psychoanalytischen Seminars Zürich. Tübingen (edition diskord), S. 243–269.
- (2002): Macht Migration krank? Eine transdisziplinäre Übersicht zur Gesundheit von Migrantinnen und Migranten. Zürich (Seismo).

Wetli, E. (1999): »Gestern wollte ich sterben, heute will ich leben«. Krisenintervention bei psychisch kranken Asylsuchenden. In: Ninck Gbeassor, D. et al. (Hg.) (1999): Überlebenskunst in Übergangswelten. Ethnopsychologische Betreuung von Asylsuchenden. Berlin (Reimer), S. 33–59.
- (2000): Fremde Kommunikationsformen: Eine Fallschilderung. In: Bazzi, D. et al. (Hg.) (2000): Fluchten, Zusammenbrüche, Asyl. Fallstudien aus dem Ethnologisch-Psychologischen Zentrum in Zürich. Mit einem Vorwort von David Becker. Zürich (Argonaut), S. 31–52.
- (2001): Krisenprävention und -intervention bei psychisch kranken Asyl Suchenden. In: Moser, C. et al. (Hg.) (2001): Traumatisierung von Flüchtlingen und Asyl Suchenden. Einfluss des politischen, sozialen und medizinischen Kontextes. Zürich (Seismo), S. 103–107.

Wienand, U. (1999): Ein deutscher Psychoanalytiker in den Träumen seiner italienischen Patienten. In: Pedrina, F. et al. (Hg.) (1999): Kultur, Migration, Psychoanalyse. Therapeutische Konsequenzen theoretischer Konzepte. Eine Vortragsreihe des Psychoanalytischen Seminars Zürich. Tübingen (edition diskord), S. 221–242.

Wiesbauer, E. (1982): Das Kind als Objekt der Wissenschaft. Medizinische und psychologische Kinderforschung an der Wiener Universität 1800–1914. Mit einem Vorwort von Igor A. Caruso. Wien, München (Löcker).

Wilbur, G. B., Muensterberger, W. (Hg.) (1951): Psychoanalysis and Culture. Essays in Honor of Géza Róheim. New York (International Universities Press).

Wirth, D. P. (2000): Wenn sich alle überraschen lassen müssen. Fragmente aus der Arbeit mit Gruppen und Familien in der ethnologisch-psychologischen Betreuung von Asylsuchenden. In: Bazzi, D. et al. (Hg.) (2000): Fluchten, Zusammenbrüche, Asyl. Fallstudien aus dem Ethnologisch-Psychologischen Zentrum in Zürich. Mit einem Vorwort von David Becker. Zürich (Argonaut), S. 81–120.

Wissenschafterinnen in der Europäischen Ethnologie (WIDEE) (Hg.) (1993): Nahe Fremde – fremde Nähe. Frauen forschen zu Ethnos, Kultur, Geschlecht. Wien (Wiener Frauenverlag).

Würgler, M. (2002): Heimat – Identität im Spiegel. In: Egli, W. et al. (Hg.) (2002): Neuere Entwicklungen der Ethnopsychoanalyse. Münster (Lit Verlag), S. 93–104.

Zanolli, N. V. (1990): Margaret Mead (1901–1978). In: Marschall, W. (Hg.) (1990): Klassiker der Kulturanthropologie. Von Montaigne bis Margaret Mead. München (Beck), S. 295–314.

Zempléni, A. (1977): From Symptom to Sacrifice. The Story of Khady Fall. In: Crapanzano, V., Garrison, V. (1977): Case Studies in Spirit Possession. New York, London, Sydney, Toronto (John Wiley & Sons), S. 87–139.

Zinser, H. (1977): Mythos und Arbeit. Studien über psychoanalytische Mytheninterpretationen am Beispiel der Untersuchungen Géza Róheims. Wiesbaden (B. Heymann).

– (1981): Der Mythos des Mutterrechts. Verhandlungen von drei aktuellen Theorien des Geschlechterkampfes. Frankfurt/Main, Berlin, Wien (Ullstein).

– (1984): Die Wiedereinsetzung des Subjektes. Von der psychoanalytischen Ethnologie zur Ethnopsychoanalyse. In: Müller, E. W. et al. (Hg.): Ethnologie als Sozialwissenschaft. Kölner Zeitschrift für Soziologie und Sozialpsychologie, Sonderheft 26/1984. Opladen (Westdeutscher Verlag), S. 101–112.

– (1992): Theorien des Mythos. In: Kohl, K.-H. (Hg.): Mythen im Kontext. Ethnologische Perspektiven. Frankfurt/Main, New York (Qumran), S. 147–161.

Zwiauer, C. (2002): Science in Exile. Vienna 2002. In: http://scienceexile.coresearch.org/

4.5. Personenregister

Die fett hervorgehobenen Personennamen werden in einer Kurzbiographie im Anhang vorgestellt (Kap. 4.1.).
Die Namen Paul Parin, Goldy Parin-Matthèy und Fritz Morgenthaler sind nicht im Personenregister enthalten.

A

Abraham, Karl	32, 42, 47
Abu-Lughod, Lila	231, 317
Adler, Alfred	34
Adler, Matthias	15, 25, 150, 317
Adorno, Theodor Wiesengrund	60, 317
Agossou, Thérèse	282
Aistenstein, Clara	283
Allilaire, Jean-François	283
Ahyi, René Gualbert	282
Allenbach, Brigit	248, 257, 317
Apsel, Roland	177, 229, 242–244, 281, 315, 317, 319, 325, 328, 330, 334, 336, 337, 342, 344–350
Augé, Marc	283
Awart, Sigrid	18, 175, 176, 257, 317, 318
Axelrad, Sidney	71, 284, 291, 326

B

Ba, Moussa	282
Bachofen, Johann Jakob	29
Badawia, Tarek	318
Bailly, Lionel	283
Bálint, Alice	16, 32, 53
Bálint, Michael	284
Balke, Friedrich	241, 318
Bally, Anna	177, 318

Barnouw, Victor	285
Barriguete, Armando	283
Basehart, Harry M.	81, 84
Bateson, Gregory	58, 67, 130, 133, 318, 335
Bauböck, Rainer	241, 349
Baumgart, Marion	317, 319, 347
Bazzi, Danielle	242, 244, 246, 318, 346, 347, 351, 352
Becker, Charles	282
Beindorff, Karin	95, 318
Bell, Karin	242, 318
Benedict, Ruth	38, 53, 58–60, 67, 79, 80, 264, 318
Beneduce, Roberto	283
Bennani, Jalil	18, 221, 225, 258, 318, 319
Benz, Andreas	247, 249, 258, 319
Berg, Eberhard	85, 230, 319, 321, 322
Berghold, Josef	241, 319
Bernfeld, Siegfried	27, 51, 187, 239, 262, 321
Bernhard, Heike	219
Bensa, Alban	283
Berry, John W.	15, 319
Bettelheim, Bruno	72, 258, 319, 330, 342
Beuchelt, Eno	25, 45, 47, 57, 319, 340
Bibeau, Gilles	283
Bichmann, Wolfgang	342
Bielefeld, Uli	241, 319, 340
Blanchet, Alain	284
Bloch, Iwan	33
Blos, Peter	239
Blum, Eva Maria	177, 229, 317, 319, 325, 339
Blumenbach, Johann Friedrich	37
Boas, Franz	33, 37, 38, 57, 347
Bock, Philip K.	57, 319
Bohr, Niels	78, 207
Bojadzijev, Manuela	241, 319
Bonaparte, Marie	32, 46, 48, 284
Bonnet, Doris	283
Bonß, Wolfgang	62, 319
Borch-Jacobsen, Mikkel	284
Bornstein, Berta	187
Boroffka, Alexander	15, 299, 319

Bosse, Hans	18, 172, 173, 176, 259, 274, 319, 320, 325
Botbol, Michel	283
Bouhdiba, Abdelwahab	283
Bourguignon, Erika	57, 320
Bourguignon, Odile	283
Bourke, John G.	33, 326
Boxberg, Ferdinand von	14, 25, 84, 320
Boyer, L. Bryce	13, 14, 17, 25, 41, 61–63, 67, 70–73, 81–84, 90, 111, 259, 264, 269, 284, 285, 298, 299, 303, 304, 320, 323, 325, 327, 342
Boyer, Ruth M.	17, 81–84, 259, 284, 320
Brauns, Hans-Dieter	36, 320
Brenner, Edith	177, 248, 259, 260, 321
Breuer, Josef	31
Briggs, Jane L.	85, 321
Brockhaus, Gudrun	217, 321
Brückner, Peter	27, 179, 321
Brühl, Carl	29
Brun, Rudolf	92–94, 268
Brunner, José	30, 321
Buden, Boris	42, 321
Bukow, Wolf-Dietrich	241, 321
Bunzel, Ruth	80
Burt, Raymond	33, 321
Busslinger, Gregor	227, 247, 260, 321
Byer, Doris	31, 321

C

Caruso, Igor A.	179, 351
Cassirer Bernfeld, Suzanne	27, 321
Celia, Salvador	283
Centlivres, Pierre	350
Cherki, Alice	242, 321
Clifford, James	231, 321, 322
Collignon, René	15, 158, 283, 285, 322
Collomb, Henri	158, 159, 278, 282
Conzen, Peter	262, 322
Coppo, Piero	284

Corin, Ellen	283, 284
Crapanzano, Vinzent	17, 72, 85–87, 90, 212, 260, 281, 284, 296, 322, 352
Cyrulnik, Boris	283

D

Dagognet, François	284
Dahmer, Helmut	34, 45, 62, 179, 222, 293, 296, 322
Daly, Claude	53
Dammann, Rüdiger	231, 322
Darwin, Charles	29–31, 344
Dasen, Pierre R.	319
Daston, Lorraine	230, 322
Dein, Simon	334
Deluz, Ariane	328
Delvecchio-Good, Mary-Jo	285
Devereux, Georges	13, 14, 17, 18, 25, 61, 68, 72–79, 82, 84, 90, 142, 171, 204–211, 233, 242, 248–250, 252, 260, 261, 269, 276, 283–286, 293, 313, 320, 322, 323, 335, 346
Deshayes, Patrick	284
Despret, Vinciane	284
DeVos, George A.	81, 83
Diefenbacher, Albert	15, 158, 323
Diop, Abdulaye Bara	282
Diop, Momar Coumba	282
Dolar, Mladen	42
Dollard, John	57, 262, 284
Du Bois, Cora	17, 59, 63, 64, 323
Dubow, Saul	73, 323, 345
Duerr, Hans-Peter	73, 85, 230, 297, 320, 323, 329, 331, 348
Dumont du Voitel, Waltraud	323
Dundes, Alan	45, 284, 323
Dwyer, Kevin	85

E

Ebermann, Erwin	241, 323

Ebigbo, Peter O.	272, 285, 342
Edmunds, Lowell	45, 323
Egli, Werner	243, 245, 246, 248, 261, 282, 317, 321, 323, 325, 329, 333, 335, 341, 343, 346–349, 352
Ehrenfels, Christian von	31, 356
Eiguer, Alberto	283
Eisenbach-Stangl, Irmgard	241, 324
Eissler, Kurt R.	64, 239, 324
Ellenberger, Henry F.	35, 324
Endleman, Robert	285
Englert, Ewald	214, 324
Erdheim, Mario	14, 15, 18, 25, 26, 31, 34, 35, 78, 93, 96, 97, 106, 116, 142, 172, 177, 182, 211, 212, 214, 225, 232–241, 245, 261, 268, 275, 281, 299, 324, 325, 340, 349
Erikson, Erik Homburger	16, 53, 58, 66–71, 80, 84, 90, 188, 216, 217, 223, 239, 261, 262, 264, 284, 322, 325
Erwin, Edward	342
Esman, Aaron	71, 284
Eulenburg, Albert	33

F

Fanon, Frantz	242, 321
Fassin, Didier	249, 325
Fassmann, Heinz	241
Favret-Saada, Jeanne	85
Federn, Ernst	32, 341
Federn, Paul	284
Felber-Villagra, Nelda	221, 247, 325
Fenichel, Otto	5, 11, 12, 15, 16, 32, 37, 47, 51–56, 62, 187, 221, 262, 325, 338
Ferenczi, Sándor	26, 46, 47, 273, 326
Fermi, Patrick	248, 325
Fichtner, Gerhard	317, 336
Fischer, Hans	11, 230, 276, 319, 325
Flaake, Karin	174, 325

Flick, Uwe	12, 231, 325, 340
Flugel, John C.	53
Fogelson, Raymond D.	57, 325
Fox, Renée C.	58, 326
Fox, Richard G.	317
Franklin, Robert R.	282
Frazer, James George	27
Freeman, Derek	26, 326
Frenkel-Brunswick, Else	60
Freud, Anna	62, 181, 239, 261
Freud, Sigmund	13, 15–17, 25–44, 46–48, 52, 53, 56–58, 60–62, 66, 67, 69–72, 83, 92, 107, 116, 131, 135–137, 142, 180, 181, 186–188, 220, 222, 223, 229, 231, 235–239, 241, 245, 249, 251–253, 258, 260, 262, 264, 268, 271, 273–274, 277, 293, 303, 317, 320–322, 324, 326, 327, 330, 333–336, 340, 341–350
Frießem, Dieter H.	73, 346
Fritz, Thomas	19, 326
Frobenius, Leo Victor	38
Fromm, Erich	16, 47, 51, 53, 55, 60, 62, 65, 66, 80, 187, 262, 326
Fuchs, Martin	85, 230, 319, 321, 322
Fürstenau, Peter	281

G

Gamm, Gerhard	33, 326
Garlichs, Ariane	217, 218, 333
Garma, Angel	284
Gast, Lilli	327
Geber, Marcelle	283
Geertz, Clifford	87, 327
Gehrie, Mark J.	327
Geoffroy, Allan	249, 283
Gerlach, Alf	18, 171, 176, 262, 263, 327
Gerin, Philippe	283
Gerö, Georg	221, 262
Gilbert, Anne-Françoise	197, 198

Gingrich, Andre	230, 327
Görlich, Bernard	62, 147, 318, 327
Goldenweiser, Alexander A.	38
Goldmann, Harald	215, 327
Goldschein, Samuel	53
Golse, Bernard	283
Good, Byron J.	285
Gottschalk-Batschkus, Christine E.	15, 244, 327
Gould, Stephen	29, 31, 327
Graebner, Fritz	38
Graf, Wilfried	214, 324, 327
Grandsard, Catherine	284
Green, André	26, 327
Greifeld, Katarina	342
Griaule, Marcel	109
Grivois, Henri	284
Grolnik, Simon A.	71, 73, 259, 261, 269, 271, 284, 299, 303, 304, 320, 342
Gross, Otto	187
Grosz, Pedro	247, 295
Grosz-Ganzoni, Ita	247
Grotjahn, Martin	284, 333
Grubrich-Simitis, Ilse	321, 327
Gubelmann, Maria	197, 198
Guedeney, Antoine	283, 358
Guèye, Momar	282, 283
Gyömröi, Edith	53

H

Haase, Helga	15, 310, 327
Haasen, Christian	244, 327
Habermas, Rebekka	318
Haddon, Alfred C.	38
Haeckel, Ernst	29
Haider, Jörg	215, 315, 327, 341
Hallowell, Alfred Irving	57, 284, 325
Hannerz, Ulf	230, 328
Harding, Sandra	29, 328
Harris, Marvin	25, 61, 328

Hartmann, Heinz	62, 66, 73, 90, 181, 190, 194, 195, 284, 328
Hauschild, Thomas	14, 25, 33, 34, 36, 45, 48, 328
Hauser, Ursula	18, 221, 226, 227, 263, 267, 328
Hauser-Schäublin, Brigitta	151, 328, 339, 340, 351
Heald, Suzette	328
Heer, Friedrich	40, 328
Hegemann, Thomas	244, 328, 338
Heinemann, Evelyn	18, 174–176, 263, 324, 328, 329, 341, 344
Heinrichs, Hans-Jürgen	15, 25, 48, 295, 297, 301, 303, 311, 313, 329
Heise, Thomas	244, 282, 329
Heisenberg, Werner	78
Hemecker, Wilhelm H.	329
Hensch, Traute	11, 304–307, 349
Hermann, Imre	47, 284
Hermanns, Ludger M.	73, 329
Hermant, Emilie	284
Herskovits, Melville J.	38
Hippler, Arthur E.	72, 84, 285
Hitschmann, Eduard	284
Hoffmann, Klaus	15, 244, 306, 329
Hoffmann, Sven Olaf	73, 298, 329
Holder, Alex	318
Holmes, Lowell D.	329
Honegger, Johann Jakob	35
Horkheimer, Max	60
Horn, Klaus	179
Horney, Karen	16, 52, 53, 62, 66, 80
Hounkpatin, Lucien	284
Hrubesch, Claudia	326
Huber, Wolfgang	41, 276, 329
Hunt, Jennifer C.	87, 329

I

Inglese, Salvatore	284
Ins, Jürg von	247, 263, 329

J

Jacoby, Russell	262, 330
Jacobson, Edith	187, 262
Jansen, Mechthild M.	177, 241, 330, 345
Janssen, Paul	318
Jeggle, Utz	281
Jochum, Thomas	326
Jones, Ernest	5, 15, 16, 27, 32, 35, 36, 39, 43–46, 48, 284, 330, 341, 342
Josefsen, Tove	229, 330
Juillerat, Bernard	29, 330
Jung, Carl Gustav	32, 34, 35, 326

K

Kakar, Sudhir	18, 221–225, 264, 330
Kaplan, Leo	32
Kardiner, Abram	16, 47, 52–54, 56, 58–65, 67, 68, 252, 264, 330, 335
Kardorff, Ernst von	325
Karrer, Marva	211, 212, 264, 330
Kassowitz, Max	31
Kaufhold, Roland	258, 330
Kayales, Christina	330
Keupp, Heiner	213, 217, 321, 331
Kiesel, Doron	244, 331
Kirmayer, Laurence J.	285
Kishner, Ira A.	79, 339
Klein, Melanie	47, 51, 55
Klopfer, Bruno	81
Kluckhohn, Clyde	65, 90, 284
Knauss, Werner	172, 320, 325
Koch-Wagner, Gesa	18, 219, 220, 264, 331
König, Hans-Dieter	147, 318
Köpping, Klaus-Peter	86, 331
Körner, Jürgen	327
Kohl, Karl-Heinz	29, 31, 39, 43, 85, 170, 171, 230, 267, 329, 331, 352
Kohte-Meyer, Irmhild	242, 265, 331

Kossek, Brigitte	151, 331, 343
Koumaré, Baba	282
Kovács, Vilma	46
Krafczyk, Peter	332
Krall, Hannes	215, 217, 327, 332
Kramer, Ulrike	306, 326
Kraus, Flora	32
Krauss, Friedrich Salomo	33, 34, 265, 321, 326, 332
Kretzen, Friederike	152, 332
Kris, Ernst	73, 90, 181, 190, 284, 328
Kroeber, Alfred Louis	26, 28, 34, 37, 38, 58, 65, 67, 74, 261, 265, 332, 350
Kronsteiner, Ruth	243, 244, 332
Kubik, Gerhard	12, 17, 26, 134–137, 139, 247, 266, 282, 332, 333
Kuhn, Thomas S.	230, 333
Kuper, Adam	230, 333

L

La Barre, Weston	13, 38, 43, 59, 68, 71, 74, 82, 284, 285, 333
Lacan, Jacques M.	249, 252, 253
Laforgue, René	52, 225
Laible, Eva	30, 333
Lallemand, Suzanne	283
Lamarck, Jean-Baptiste	29
Lampl, Hans	268
Lange, Jon	283
Langer, Dorothea	151, 331
Lanwerd, Susanne	29, 333
Larcher, Dietmar	217, 333
Laszig, Parfen	281, 286
Latour, Bruno	284
Lebovici, Serge	250, 283
Leithäuser, Thomas	213, 217, 333, 349
Lemay, Michel	283
Leuzinger-Bohleber, Marianne	217, 218, 266, 333
LeVine, Robert	36, 333
Lévy-Bruhl, Lucien	73, 260

Lévy-Strauss, Claude	28, 68, 238
Levy Warren, Marsha	283
Lindig, Susi	168, 274, 345
Linton, Ralph	17, 59, 63, 74, 264
Lipman, Otto	40
Littlewood, Roland	334
Loeb, Martin	67
Loewenstein, Rudolph	73, 90, 181, 190, 328
Lohmann, Hans-Martin	299, 300, 303, 311, 334, 340
Lorenz, Emil	32
Lorenzer, Alfred	62, 147, 179, 213, 217, 274, 318, 372, 334
Lowie, Robert H.	38
Lubbock, John	29
Lück, Helmut E.	46, 334
Lüpke, Hans von	244, 331
Lütkehaus, Ludger	31, 334
Lutz, Catherine A.	322, 346
Ly, Boubakar	282
Lyotard, François	230, 334

M

Machleidt, Wielant	15, 244, 329
Maeder, Alphonse	32
Maier, Christian	18, 168–170, 176, 266, 310, 331, 334
Malamusi, Moya A.	135, 247, 333
Malaurie, Jean	283
Maldonado Duran, Martin Jesus	283
Malinowski, Bronislaw	5, 15, 16, 38, 39, 41, 43–47, 49, 50, 52, 56, 61, 87, 90, 168, 252, 266, 290, 331, 335, 341, 347
Mansfeld, Christine	248, 267, 335
Manson, William C.	264, 335
Marcella, Anthony J.	15, 335
Marcus, George E.	231, 322
Marcuse, Herbert	66
Matuschek, Helga	241, 325
Mause, Lloyd de	285
Mauss, Marcel	73, 260

Mayring, Philipp	229, 231, 335
Mbodji, Mamadou	282
McLachlan, Bruce	81
McLennan, John F.	29
Mead, Margaret	17, 28, 37, 38, 53, 58, 59, 67, 68, 74–76, 80, 130, 323, 326, 331, 335, 352
Meiser, Ute	18, 176, 267, 335
Mekeel, Scudder	67
Melk-Koch, Marion	40, 336
Menasse, Elisabeth	241, 319, 325
Meng, Heinrich	268, 289, 290
Menninger, Karl A.	284
Menschik-Bendele, Jutta	213, 216, 217, 336
Merini, Alberto	336
Meyer-Palmedo, Ingeborg	317, 336
Michel, Luc	336
Migsch, Gertraud	214, 324
Miörner Wagner, Anne-Marie	336
Mitscherlich, Alexander	90, 179, 292, 293, 295, 298, 301, 303, 312, 315
Modena, Emilio	227, 234, 245, 247, 267, 298, 302, 312, 324, 336, 349, 350
Möhring, Peter	241, 243, 244, 267, 281, 325, 330, 334, 336, 337, 342, 346, 349
Molinari, Daniela	337
Morgan, Lewis Henry	29
Morgenthaler, Marco	14, 17, 131, 132, 337, 350
Morgenthaler, Ruth	95
Moro, Marie Rose	25, 76, 244, 250–252, 268, 283, 296, 338, 348
Moser, Catherine	242, 297, 338, 346, 348, 351
Mühlberger, Verena	197, 198
Mühlleitner, Elke	32, 34, 46, 67, 221, 262, 272, 325, 334, 338, 369
Mühlmann, Wilhelm E.	338
Muensterberger, Werner	17, 25, 61, 71, 72, 79–81, 84, 89, 90, 259, 268, 269, 274, 284, 291, 292, 320, 326, 328, 338, 339, 341, 344, 352
Münzel, Mark	87, 339

Mundy-Castle, Alastair	285
Murray, Henry A.	65

N

Nadig, Maya	14, 15, 17, 18, 25, 78, 93, 139–154, 176, 196–203, 211, 230–235, 245, 269, 275, 281, 282, 302, 324, 339, 340
Nanz, Patrizia	318
Nathan, Tobi	25, 76, 244, 248–250, 252, 269, 270, 283, 319, 340, 343, 346
Ndiaye, Octavie Keny	282
Neumann, Heinrich	94
Niederland, William G.	27, 340
Niekisch, Sibylle	230, 340
Nikodem, Claudia	241, 321
Ninck Gbeassor, Dorothée	242, 244, 246, 318, 340, 341, 346–348, 351
Nunberg, Hermann	32, 284, 341
Nyfeler, Doris	338

O

Oberholzer, Emil	63, 64
Obeyesekere, Gananath	80, 85, 339, 341
Oester, Kathrin	229, 341
Oppenheim, David Ernst	33, 326
Oppitz, Michael	31, 341
Ortigues, Edmond	158, 159, 252, 292, 341
Ortigues, Marie-Cécile	158, 159, 252, 292, 341
Ottomeyer, Klaus	18, 44, 45, 213–217, 242, 244, 270, 303, 315, 319, 327, 336, 341

P

Pandolfi, Mariella	283, 284
Parsons, Anne	45, 46, 90, 341
Paskauskas, R. Andrew	44, 49, 342
Paul, Robert A.	25, 72, 342
Paul, Sigrid	43, 342

Pedrina, Fernanda	242–244, 247, 271, 272, 330, 331, 336, 338, 340, 342, 346, 351
Pfeiffer, Wolfgang M.	15, 334, 342, 348
Pfister, Oskar	32, 284, 338
Peltzer, Karl	15, 242, 244, 272, 285, 341, 342
Pfleiderer, Beatrix	15, 342
Pitrè, Guiseppe	33
Pletzer, Binja	11, 257, 343
Poortinga, Ype H.	319
Preble, Edward	59–61, 63–65, 330
Prinz, Armin	327
Probst, Paul	40, 342
Prokop, Ulrike	241, 330, 345
Pury, Sybille de	284

R

Rabain Jamin, Jacqueline	283
Rabinow, Paul	85
Radin, Paul	38
Rätsch, Christian	244, 372
Rainer, Jutta	214, 324
Rank, Otto	32, 42
Rassial, Jean Jacques	283
Ratzel, Friedrich	38
Rechtman, Richard	249, 343
Reich, Annie	187, 262
Reich, Wilhelm	32, 45, 47, 49, 51, 66, 97, 98, 187, 262, 272, 343, 344
Reiche, Reimut	45, 343
Reicheneder, Johann	30, 343
Reichmayr, Johannes	11, 15, 18, 33, 34, 45, 221, 230–232, 244, 257, 265, 269, 281, 282, 305, 308, 325, 338–343
Reichmayr, Michael	326
Reif, Elisabeth	14, 248, 272, 273, 343
Reik, Theodor	32, 42, 55, 61, 275
Reiwald, Paul	90
Ribeiro, Darcy	31, 343
Richter, Horst-Eberhard	293, 294, 343

Riklin, Franz	32
Rippl, Gabriele	151, 321, 343
Ritvo, Lucille B.	29, 30, 344
Rivers, William H. R.	38, 39, 266
Robertson, Ritchie	41, 344
Rodewig, Klaus	244, 331, 344
Rodríguez Rabanal, César	18, 221–223, 273, 344
Röttger-Rössler, Birgitt	151, 328, 340
Róheim, Géza	15–17, 25, 32, 39, 43–58, 61, 62, 68, 71, 72, 77, 79, 90, 169, 221, 261, 269, 273, 284, 286, 325, 333, 344, 352
Róheim, Ilonka	46
Rohr, Elisabeth	177, 274, 344, 345
Rossmanith, Nicole	326
Rost, Wolf-Detlef	317
Roth, Claudia	18, 165–168, 176, 274, 345
Rothschild, Berthold	35, 245, 247, 345
Rousseau, Cécile	283
Rufo, Marcel	283
Rütten, Ursula	271, 345

S

Sachs, Wulf	72, 73, 274, 323, 345
Said, Edward W.	345
Salis Gross, Corina	213, 275, 345
Saller, Vera	243, 245, 248–250, 275, 282, 323, 342, 345
Salman, Ramazan	244, 328, 338
Sande, Jan van de	318
Santos-Stubbe, Chirly dos	15, 285, 346
Sapir, Edward	38, 39, 53, 57–59
Sarasin, Philipp	268
Sargent, S. Standfeld	346
Saul, Leon J.	53
Schär Sall, Heidi	246, 275, 318, 341, 346
Schiess, Regula	232, 314, 346
Schmid Noerr, Gunzelin	147, 318
Schmidt, Wilhelm	37, 40, 41, 276, 346
Schoene, Wolfgang	15, 342, 346

Schreber, Daniel Paul	28, 299
Schröder, Ekkehard	73, 346
Schuler, Judith	282, 327
Schulze, Erika	241, 321
Schwartz, Theodore	57, 322, 346
Seck, Birama	282, 319, 321, 326
Segall, Marshall H.	319
Seiser, Gerti	151, 321
Seligman, Charles G.	38, 39, 41, 266
Senghaas-Knobloch, Eva	217, 349
Sillem, Peter	318
Serpell, Robert	346
Siege, Nasrin	177, 276, 347
Signer, David	245, 247, 276, 318, 323, 341, 347
Simenauer, Erich	73, 329, 347
Sippel-Süsse, Jutta	177, 229, 308, 317, 319, 330, 334, 337, 347, 348
Sironi, Françoise	284
Smith, Marian W.	65, 346
Sow, Daouda	282
Spain, David H.	25, 347
Spencer, Herbert	29
Spindler, George D.	57, 284, 285, 347
Spiro, Melford	45, 284, 342, 347
Staeuble, Irmingard	40, 347
Stagl, Justin	328, 329, 331, 339, 347
Stanek, Milan	130–132, 151, 153, 268, 276, 348
Stangl, Wolfgang	241, 324
Stein, Howard F.	285, 348
Steiner, Elisabeth	247
Steinke, Ines	325
Stekel, Wilhelm	34, 332
Stengers, Isabelle	283, 284, 340
Stern, William	40
Stockhammer, Helmut	296, 348
Storfer, Adolf Josef	32
Stork, Hélèn	283, 287
Streek, Ulrich	241, 331, 348
Stroeken, Harry	348
Stubbe, Hannes	282, 285, 348

Studer, Ruedi	247, 277, 348
Stutz, Daniel	177, 246, 277, 341, 348, 349
Sturm, Gesine	247, 250, 251, 277, 348
Sullivan, Harry Stack	62, 66
Sulloway, Frank J.	349
Sylla, Omar	282

T

Taussig, Michael	85
Theux-Bauer, Edith	349
Thompson, Clara	62, 66
Thurnwald, Richard	38–41, 277, 349
Todorov, Tzvetan	31, 349
Toulmin, Stephen	230, 349
Tripet, Lise	17, 158–161, 176, 252, 278, 305, 349
Tseng, Wen-Shing	15, 349
Tylor, Edward B.	29

V

Verwey, Martine	242, 338, 349
Vigherani, Annalisa	336
Vogt, Rolf	234, 336, 349
Volf, Patrick	241, 349
Volmerg, Birgit	213, 217, 333, 349

W

Waelder, Robert	284
Waldvogel, Ruth	18, 222, 227, 228, 278, 350
Wallace, Edwin R.	25, 29, 35, 350
Walter, Emil	90
Wegeler, Cornelia	319, 347
Weilenmann, Markus	18, 161, 162, 164, 165, 176, 279, 350
Weiss, Florence	14, 17, 130–134, 151–153, 158, 211, 243, 268, 276, 279, 281, 313, 332, 337, 342, 350, 351
Weiss, Regula	243, 279, 342, 351
Weissberg, Ronald	247, 279

West, James	59
Wetli, Elena	280, 318, 341, 351
White, Geoffrey M.	65, 322. 346
White, Leslie	65
Wienand, Ulrich	244, 280, 351
Wiesbauer, Elisabeth	31, 351
Wilbur, George B.	274, 352
Winnicott, Donald W.	160
Winterstein, Alfred	32
Wirth, Dieter P.	318, 352
Wirth, Hans-Jürgen	11, 312
Wissler, Clark	38, 368
Wittels, Fritz	284
Würgler, Mirna	243, 247, 280, 342, 352
Wundt, Wilhelm	266

Y

Yagdiran, Oktay	244, 327, 336
Yahyaoui, Abdessalem	283
Yildiz, Erol	241, 321

Z

Zajde, Natalie	284
Zanolli, Noa Vera	58, 352
Zeichen, Sigrid	216
Zempléni, Andras	43, 283, 369
Zilboorg, Gregory	284
Zinser, Hartmut	14, 25, 42, 47, 352
Zwiauer, Charlotte	221, 352

Psychosozial-Verlag

Sudhir Kakar
Kultur und Psyche
Psychoanalyse im Dialog mit nicht-westlichen Gesellschaften

2012 · 149 Seiten · Broschur
ISBN 978-3-8379-2098-7

»Sudhir Kakars Bücher zu lesen, bedeutet immer eine große Freude. Seine Mischung aus Wissen, Humor und Weisheit ist so selten wie sein sowohl schriftstellerischer und zugleich psychoanalytischer Zugang zur Welt.«
die tageszeitung

Der bekannte indische Psychoanalytiker Sudhir Kakar zeigt, dass die Rolle der Kultur in der Ausbildung der Psyche ebenso grundlegend in der menschlichen Entwicklung ist wie früheste körperliche Erfahrungen oder familiäre Erlebnisse. Kakars Ansatz zeichnet sich nicht nur dadurch aus, dass er die Psychoanalyse anwendet, um nicht-westliche Kulturen besser zu verstehen; er stellt auch psychoanalytische Modelle infrage, von denen Universalität angenommen wird, die sich aber historisch und kulturell auf den modernen Westen beschränken.

Die vorliegenden Essays behandeln die Rolle der Kultur und kulturelle Unterschiede in verschiedenen Kontexten. Themen sind die Psychotherapie mit nicht-westlichen Patienten, Erfahrungen und Identität von Immigranten, die indische Identitätsbildung, Liebe in der islamischen Welt und das psychoanalytische Verständnis von Religion.

Psychosozial-Verlag

Hannes Stubbe
Lexikon der Psychologischen Anthropologie
Ethnopsychologie, Transkulturelle und Interkulturelle Psychologie

2012 · 708 Seiten · Gebunden
ISBN 978-3-8379-2120-5

Das umfassende und vielschichtige Lexikon verknüpft Erkenntnisse aus verschiedenen theoretischen, angewandten und methodischen Richtungen.

Es integriert die unterschiedlichen Sichtweisen der Ethnologie und Psychologie, wobei die Psychologische Anthropologie als Teilgebiet der Kulturanthropologie verstanden wird. Mit Schwerpunkt auf dem Kulturvergleich werden ethnologische, kulturanthropologische, psychologische, soziologische, religionswissenschaftliche, pädagogische, psychiatrische und weitere Begriffe, die im Forschungsfeld eine Rolle spielen, interdisziplinär erklärt. Wissenschaftshistorisch angelegt, arbeitet das Lexikon zugleich alle gegenwärtigen sowie erkennbare zukünftige Tendenzen heraus. Jeder der ca. 470 Einträge ist mit einer ausführlichen Bibliografie versehen.

Psychosozial-Verlag

Jean Hatzfeld
Zeit der Macheten
Gespräche mit den Tätern des Völkermordes in Ruanda

3. Auflage 2012 · 314 Seiten · Broschur
ISBN 978-3-8379-2245-5

»**Die Kunst der Reportage besteht darin, unseren Blick auf die gesellschaftliche Wirklichkeit und deren Deutung zu schärfen:**

Dies erreicht zu haben, können die Reportagen Jean Hatzfelds ohne Einschränkung für sich in Anspruch nehmen. (...) Die Präzision der Angaben bis in die Details hinein gibt dem Leser das Gefühl, Augenzeuge der begangenen Verbrechen zu sein und zugleich, aus der Distanz heraus, die anthropologische Dimension des Geschehens zu begreifen, zumindest im Ansatz.«
Hans-Jürgen Heinrichs, Frankfurter Rundschau am 27. April 2005

Nachdem Jean Hatzfeld Überlebende des Völkermordes in Ruanda interviewt hat, kehrt er nach Ruanda zurück und befragt die Täter des organisierten Mordens von 1994. Er versucht zu verstehen, wie es dazu kam, dass ganz normale Bauern scheinbar plötzlich auf ihre Nachbarn losgingen und diese aufs Brutalste mit Macheten und Knüppeln ermordeten.

Die thematisch zusammengestellten Berichte stellen ein einmaliges Zeugnis dar und geben aufschlussreiche Einblicke in die Denkweisen und Verleugnungsstrategien der Täter. In seinem Nachwort analysiert Hans-Jürgen Wirth die individuellen und kollektiven psychosozialen Prozesse, die diese Verbrechen möglich machten.

Walltorstr. 10 · 35390 Gießen · Tel. 0641-969978-18 · Fax 0641-969978-19
bestellung@psychosozial-verlag.de · www.psychosozial-verlag.de

Psychosozial-Verlag

Andrea Lilge-Hartmann
Transkulturalität und interkulturelle Psychotherapie in der Klinik
Ethnopsychoanalytische Untersuchung eines stationären Behandlungskonzepts für Migranten

2012 · 322 Seiten · Broschur
ISBN 978-3-8379-2211-0

Die vorliegende Studie über ein stationäres Behandlungskonzept für Patienten und Patientinnen mit Migrationshintergrund beleuchtet die Dynamik und Komplexität transkultureller Situationen im psychotherapeutischen Klinikalltag.

Vor dem Hintergrund eines qualitativen Psychotherapieforschungsansatzes werden die in einer Feldforschung gewonnenen subjektiven Mitarbeiter- und Patientenperspektiven mit einer strukturellen Analyse des institutionellen Kontextes verknüpft. Anhand reichhaltigen ethnografischen Materials – Szenen, Gesprächen, Beobachtungen und Diskursen aus der Klinik – entfaltet die Autorin die Problematik der interkulturell orientierten Psychotherapiepraxis in ihrer ganzen Vielschichtigkeit. Die differenzierte, multiperspektivische Darstellung verdeutlicht die subtilen Beziehungsmuster des »doing culture« im therapeutischen Alltag und zeigt die Spannungen und Diskrepanzen zwischen dem intendierten Behandlungsansatz und den institutionellen Zwängen auf.

Walltorstr. 10 · 35390 Gießen · Tel. 0641-969978-18 · Fax 0641-969978-19
bestellung@psychosozial-verlag.de · www.psychosozial-verlag.de

www.ingramcontent.com/pod-product-compliance
Lightning Source LLC
LaVergne TN
LVHW041654060526
838201LV00043B/436